1950년대편 **3**권
한국현대사산책

1950년대편 3권 개정증보판

한국 현대사 산책

6·25 전쟁에서 4·19 혁명 전야까지

강준만 지음

인물과 사상사

차례

제1부   1956년: '동원 대중'과 '피해 대중'

제1장 — 김창룡을 알면 이승만과 1950년대가 보인다

최초의 국군장으로 치러진 김창룡의 장례 • 19   김창룡의 '반공 노이로제' • 21   이승만은 이론, 김창룡은 실천 • 23   김창룡의 정치공작 • 25   함경도파·평안도파·이남파의 군내 파벌 싸움 • 28   정일권은 어떻게 무사할 수 있었는가? • 30   "파벌주의와 부패는 쌍둥이" • 31

제2장 — 이승만과 자유당: '우의마의 정치'

"국민이 원하면 자살도 할 수 있다" • 33   대한노총: 우의마의 돌격대 • 35   이승만 재출마를 요구하는 관제 시위 홍수 • 36   혈서 전문가들의 출현 • 38   이승만은 '민족의 태양' • 39

제3장 — 신익희와 민주당: '비 내리는 호남선'

"못살겠다 갈아보자" vs "갈아봤자 소용없다" • 41   30만 인파가 몰린 한강 백사장 연설 • 43   호남선 열차에서 뇌일혈로 사망한 신익희 • 45   이승만 52%, 조봉암 23.8%, 신익희 추모표 20.5% • 48   "이승만은 하늘에서 낸 사람" • 49

제4장 — 조봉암과 진보당: '피해 대중'을 위하여

진보당 창당준비위원회 출범 • 51   조봉암의 '피해 대중론' • 53   조봉암의 '평화통일론' • 55   이승만을 지지한 민주당 • 58   216만 표에 기반한 진보당 창당 • 59   왜 진보세력은 분열했을까? • 60

제5장 ── 자유당의 '민주당 죽이기'

야당 후보자들의 등록 방해 공작 • 63 헌정 사상 초유의 국회의원 시위 • 64 여촌야도 현상 • 66 신·구파 갈등과 장면 저격 사건 • 68 이기붕·이익흥·김종원이 배후 • 70

제6장 ── 미국의 잉여농산물과 여촌야도

미국산 잉여농산물과 짜장면의 대중화 • 72 대책 없는 이농 현상 • 73 밀가루·설탕·면화, 삼백산업의 횡포 • 75 농촌을 희생으로 한 자본주의 발전 • 77 여촌야도의 수수께끼 • 79

제7장 ── 북한: '주체 이론'과 '8월 종파사건'

김일성의 좌수우수론 • 82 흐루쇼프의 스탈린 격하 운동 • 83 개인숭배 논란과 '8월 종파사건' • 86 김일성의 위기 탈출 • 88 천리마 운동 추진 • 90

역사 산책 1 북한의 도식주의 논쟁 • 92

제8장 ── "한국의 기독교는 무엇을 하고 있는가"

'권력과의 유착'과 '양적 팽창' • 95 "예수도 돈 있어야 믿겠습니다" • 97 함석헌은 왜 기독교를 비판했는가? • 98 대통령 장로 이승만, 부통령 권사 이기붕 • 99 개신교와 천주교의 '행복한 전쟁' • 101

제9장 ── 22세 논객 이어령의 '우상의 파괴'

'문단의 무서운 테러리스트' • 103 『한국일보』의 '상업적 진보성' • 104 호흡의 문제와 세대의 문제 • 107 세대·속도에 쫓기는 이승만의 '우상 정치' • 109

제10장 ── 『동아일보』· HLKZ-TV · AFKN-TV

한국엔 언론자유가 없다? • 111   신문 배포 방해와 독자 협박 • 113   반공 기념일과 이승만 생일 경축 행사 • 115   HLKZ-TV의 개국 • 118   창업자 황태영의 집념 • 120   경영난으로 무너진 HLKZ-TV • 122   AFKN-TV와 DBC-TV • 123

제11장 ── 김시스터스 · 〈자유부인〉· 수세식 화장실

'미8군 쇼'는 '한국 대중문화의 모태' • 126   영화 〈자유부인〉과 '고무신 관객' • 129   '영화 암표상'이라는 신종 직업의 등장 • 131   유료 화장실과 아파트 수세식 화장실의 등장 • 132

제2부   1957년: '장길산'과 '홍길동'을 기다린 세상

제1장 ── 국민반, 장충단공원 폭력 사태, 선거법 개정 논란

총선에 대비한 국민반 조직 • 139   장충단공원 폭력 사태 • 141   조병옥·이기붕 밀약설 • 143

제2장 ── 세상을 조롱한 가짜 이강석 사건

이승만의 양자가 된 이강석 • 146   이승만의 혈통에 대한 집착 • 147   제3인자로 통한 '귀하신 몸'의 출현 • 148   장길산과 홍길동의 출현을 기다리다 • 151   '고바우 영감' 필화 사건 • 152

제3장 ── 북진통일 · 병역 기피 · 맥아더 · 유엔군 사령부

영국에 대한 선전포고? • 155   군대 내 폭력과 병역 기피 부정 • 156   '구국의 은인' 맥아더 동상의 제막 • 159   유엔군 사령부의 서울 이전 • 162

제4장 —— 1957년은 '소년소녀 사냥의 해'?

"얌생이 몬다"는 말이 생겨난 이유 • 163　미군과 합작한 "양주 열차 강도 사건" • 164　주한미군 범죄의 급증 • 166　한국인들에 대한 린치 사건 • 168

제5장 —— "그래도 남한은 이렇게 자유스럽지 않아요?"

결식아동 70만 명과 부정부패 • 170　식모와 '에레나가 된 순희' • 172　오상원의 「황선지대」의 비극 • 173　이범선의 「오발탄」의 비극 • 175　자유당의 '자유'는 무엇인가? • 176　선우휘의 「불꽃」 • 178

역사 산책 2 "이밥(쌀밥)에 고깃국"의 꿈 • 180

제6장 —— 관훈클럽·언론 부패·만화잡지·앰프촌

관훈클럽과 '신문의 날' 탄생 • 183　말세를 향해 달리는 부패 잔치 • 184　'낙양의 지가'를 올린 『사상계』 • 185　류근일 필화 사건 • 187　『만화세계』와 만화잡지의 인기 • 187　라디오 수신을 위한 앰프촌 조성 • 188　땐스홀과 카바레의 차이가 무엇인가 • 190　'기타부기'와 '미스코리아' • 191

제3부　1958년: '생각하는 백성'과 '인의 장막'

제1장 —— '인의 장막'에 갇힌 이승만

83세인 이승만은 1875년생 • 197　이승만의 자기중심주의 • 199　부인 프란체스카의 영향력 • 202　'인의 장막'은 야당의 정치선전? • 205　어린아이 같은 이승만 • 208

역사 산책 3 "이승만은 법 관념이 결여된 사람" • 212

제2장 ─ 이승만의 '세계 4대 강국론'

국군 병력은 세계 4위 • 215 '반공 독재는 형용 모순 • 217 한국은 '일본 경제 부흥을 위한 뒷마당' • 218 이승만의 슬픈 허세 • 220

제3장 ─ '진보당 죽이기'와 제4대 총선거

미국의 매카시는 죽었건만 • 221 진보당 등록 취소 사건 • 223 제4대 민의원 총선거 • 226 "친공 판사 유병진을 타도하라!" • 228

역사 산책 4 이기붕과 이정재 • 231

제4장 ─ "생각하는 백성이라야 산다"

『사상계』와 함석헌 필화사건 • 233 언론의 적극적인 지원 사격 • 234 『사상계』와 장준하의 친미·반공 • 236 이승만의 '병든 민족주의' 비판 • 238

제5장 ─ 국가보안법과 내각제 개헌 파동

자유당의 국가보안법 개악 정략 • 240 야당 의원 감금 후 날치기 통과 • 242 이기붕과 조병옥의 밀담 • 244 이승만을 반대하면 공산주의자인가? • 246

역사 산책 5 1958년 '개띠 해'는 산부인과 전성시대 • 248

제4부   1959년: 파국을 향한 질주

제1장 — 대한반공청년단·반공예술인단·대한노총

전국 89개 단부를 거느린 최대 관변단체 • 253   "민주당이 집권하면 나라가 망한다" • 256   임화수의 반공예술인단 • 257   임화수를 위한 변명 • 259   임화수도 못 건드린 문단 파워 • 261   대한노총도 이승만의 친위부대 • 262

제2장 — 재일교포 북송 반대 시위

북한은 노동력, 일본은 골칫거리 해결 • 265   21일간 4,312회 736만 명 참가 • 267   이승만 정권의 무능력·무책임성 • 271   이승만의 "권력 강화용 동원정책" • 273

제3장 — 조봉암 사형: 216만 표는 어디로 갔는가?

조봉암 사형 집행 • 275   23.8%, 216만 3,808표의 행방 • 278   양명산은 '이승만 정권의 공작원' • 280   미국은 왜 침묵했는가? • 282   민주당과 언론도 공유한 '반공 히스테리' • 283

제4장 — 『경향신문』 폐간 사건

자유당 정권과 『경향신문』의 갈등 • 285   정략적 보복에 눈이 먼 자유당 • 287   신문의 정론성과 상업성 • 289   광고 수입 의존도 30%의 의미 • 290

제5장 — 재벌의 형성: 정경유착의 게임

귀속업체 불하 특혜 • 292   원조 경제와 수입 대체 특혜 • 294   은행 민영화 특혜 • 296   1950년대 한국 경제 다시 보기 • 298   「콜론 보고서」의 예견 • 301

역사 산책 6 인천의 성냥공장 아가씨 • 302

역사 산책 7 드럼통 자동차와 피마자 기름 • 305

제6장 — 김동리·이어령 논쟁: 실존주의와 서구적 교양주의

문단의 실존주의 열풍 • 308   서구 지식 이용의 검증 경쟁 • 310   '서구적 교양주의의 탄생' • 311   카뮈는 '우리들의 정신적 동지' • 313

제7장 — 라디오, 아나운서, 멜로영화 전성시대

최초의 국산 라디오 생산 • 316   라디오의 국산화·대중화 • 318   '오빠 부대'를 거느린 아나운서의 인기 • 319   멜로영화의 전성시대 • 321   교외 지도교사와 풍기 문란 단속 • 323   베스트셀러와 책의 월부 판매 • 325

제8장 — 조병옥 사망: 청천벽력·망연자실

민주당 신파와 구파의 이전투구 • 328   대통령 후보 조병옥, 부통령 후보 장면 • 330   치료를 위해 미국으로 떠난 조병옥의 사망 • 331   민주당의 '한심한 작태' • 334

제9장 — "지식을 팔아 영달을 꿈꾸는 지식인들이여"

이승만·이기붕 출마 환영 예술인 대회 • 336   이기붕을 따르는 '만송족' 동원 • 337   이승만 신격화 '충성 경쟁' • 340   장준하의 지식인 비판 • 342

제10장 — 3·15 선거에서 4·19 전야까지

자유당의 화려한 상상력 • 344   2·28 대구 학생 시위 • 347   자유당의 유세 방해 공작 • 350   자유당의 '9할 5분 득표 전략' • 352   3·15 마산 시위 • 353   자유당의 선거 장난질 • 355   김주열의 시체 발견 • 357   4·19 혁명의 진실 • 360

역사 산책 8 개신교와 천주교의 싸움 • 362

맺는말 — '소용돌이 문화'의 명암

'분단의 역설' 또는 '전쟁의 역설' • 365   한국의 '소용돌이 문화' • 367   '소용돌이 문화'의 양면성 • 369   과연 이데올로기가 문제였는가? • 371   골육상쟁의 근본주의 • 373   "우선 그놈의 사진을 떼어서 밑씻개로 하자" • 375   대중의 '과잉 순응' 전략 • 376   이승만의 최대 업적 • 378   학벌주의와 숭미주의 • 380   "점증하는 좌절의 혁명" • 382   여촌야도의 정치학 • 383   "공적 소극성, 사적 적극성" • 385   이제는 골로 가지 말자 • 386

주 • 389

1950년대편 1권

머리말 6·25는 아직 끝나지 않았다

제1부 1950

골육상쟁의 근본주의

제1장 '공갈 때리기'의 비극
제2장 이승만의 참패로 끝난 총선거
제3장 1950년 6월 25일 새벽 4시 40분
제4장 이승만과 정부의 갈팡질팡
제5장 서울에서 벌어진 '서바이벌 게임'
제6장 학살: 뿌리 뽑고 씨 말리기
제7장 노근리: "모든 피난민을 향해 사격하라"
제8장 두 얼굴: 학도병과 상류층
제9장 적반하장: 도강파와 잔류파
제10장 악순환: 피를 보면 피에 굶주린다
제11장 "평양 점령은 수치였다"
제12장 신천 학살, 중국 참전, 미국 원자탄
제13장 함평과 흥남: 두 개의 다른 지옥도
제14장 "전쟁의 최초 희생자는 진실이다"

제2부 1951

'톱질 전쟁'의 와중에서

제1장 1·4 후퇴: 서울에서 부산까지
제2장 맥아더와 리지웨이: 원자폭탄과 몰살 작전
제3장 국민방위군: 9만 명을 죽인 '해골의 행렬'
제4장 거창: 무엇을 지키기 위한 전쟁인가?

1950년대편 1권

제5장　해리 트루먼의 더글러스 맥아더 해임
제6장　휴전회담: 개성에서 판문점까지
제7장　지리산에서 '쥐잡기 작전'
제8장　이승만의 자유당 창당
제9장　전쟁 중의 뜨거운 교육열

| 제3부 1952 | '군사 전쟁'과 '정치 전쟁' |

제1장　미국은 세균폭탄을 투하했는가?
제2장　부산: 경계가 없는 전쟁과 정치
제3장　거제도: 6·25 전쟁의 축소판
제4장　대통령 선거: 이승만과 아이젠하워
제5장　조선방직·삼성물산·기아산업
제6장　전쟁 속의 언론과 대중문화

1950년대편 2권

제1부 1953
전쟁의 잿더미 속에서

- 제1장　보릿고개와 인플레이션
- 제2장　'스탈린 사망'에서 '북진궐기대회'까지
- 제3장　이승만의 '반공포로 석방'
- 제4장　휴전: '반공이 아닌, 반한을 위한 전쟁'
- 제5장　민간인 학살: 끝나지 않은 전쟁
- 제6장　포로 송환: '광장'과 '밀실'의 와중에서
- 제7장　김일성의 남로당파 숙청
- 제8장　한미상호방위조약과 '반공 선민주의'
- 제9장　유엔 마담·꿀꿀이죽·비로도
- 제10장　샌프란시스코: 동경과 숭배 대상으로서 미국
- 제11장　기독교: 반공·친미·기복
- 제12장　만인에 대한 만인의 투쟁
- 제13장　월남과 월북: 두 개의 생존 방식

제2부 1954
자유당 독재체제의 구축

- 제1장　이승만의 족청계 제거
- 제2장　제3대 총선: "개헌 조건부로 입후보케 하라"
- 제3장　이승만의 방미: 불행한 방문
- 제4장　중임 제한 폐지를 위한 사사오입 개헌
- 제5장　'자유부인'과 '허벅다리 부인'
- 제6장　이승만이 일으킨 한글 간소화 파동
- 제7장　『한국일보』 창간, 기독교방송 개국

1950년대편 2권

제8장　문학: 예술원·펜클럽·실존주의
제9장　군복·강도·졸업식·카투사·월드컵

제3부 1955 ‘우상 정치'와 '동원 정치'

제1장　이승만은 '예수나 석가와 같은 성자'
제2장　반둥회의: 평화공존은 친공인가?
제3장　반일운동과 반공운동의 결합
제4장　"학도를 정치 도구로 이용하지 말라"
제5장　민국당 자유민주파가 만든 민주당
제6장　'괴뢰 이승만' 사건과 『사상계』의 활약
제7장　군: 부정부패의 창궐
제8장　불교: 정화인가, 법난인가?
제9장　박인수 사건: '숫처녀 논쟁'
제10장　"전쟁 미망인의 타락을 막아라"
제11장　〈피아골〉·〈아리조나 카우보이〉·국민 명랑화 운동
제12장　박태선·문선명·나운몽, 신흥종교 번성
제13장　도시화·베이비붐·결혼식장·박인환·노동귀족

제1부 1956년 | '동원 대중'과 '피해 대중'

- 김창룡을 알면 이승만과 1950년대가 보인다
- 이승만과 자유당: '우의마의 정치'
- 신익희와 민주당: '비 내리는 호남선'
- 조봉암과 진보당: '피해 대중'을 위하여
- 자유당의 '민주당 죽이기'
- 미국의 잉여농산물과 여촌야도
- 북한: '주체 이론'과 '8월 종파사건'
- "한국의 기독교는 무엇을 하고 있는가"
- 22세 논객 이어령의 '우상의 파괴'
- 『동아일보』· HLKZ-TV · AFKN-TV
- 김시스터스 · 〈자유부인〉· 수세식 화장실

김창룡을 알면
이승만과 1950년대가 보인다

최초의 국군장으로 치러진 김창룡의 장례

1956년 1월 30일 오전 7시 30분 서울 원효로 1가 출근길에서 이승만의 총애를 누리던 육군 특무대장인 소장 김창룡이 정체불명의 사람들에게서 권총 5발을 맞고 숨지는 사건이 발생했다. 이승만은 김창룡의 암살 소식을 접하자마자 적십자병원으로 직접 찾아가서 유해를 살펴본 후 그 날짜로 김창룡을 중장으로 추서했다. 이승만은 담화를 발표해 애도의 뜻을 표한 후 빠른 시일 내에 범인을 체포하라는 엄명을 내렸다. 군은 전국에 비상경계망을 펴고 수사에 착수했으며, 전군 장병의 휴가와 외출 금지령을 내렸다.¹

2월 3일 김창룡의 장례는 대한민국 최초의 국군장國軍葬으로 성대하게 치러졌다. 그날 하루 동안 전 육해공군 부대가 조기를 게양했고 장병들에게는 가무음곡歌舞音曲과 음주 금지령이 내려졌다. 이승만은 이날

이승만의 총애를 누리던 김창룡은 암살되었는데, 그의 장례는 대한민국 최초의 국군장으로 치러졌다. 국립묘지 대전현충원에 있는 김창룡의 묘.

조사에서 "김 중장은 나라를 위해서 순국한 것이며 충렬忠烈의 공을 세운 것이다"고 말하고 비문을 직접 써서 보낸 후 범인 체포를 거듭 독촉했다.[2]

김창룡의 묘비 비명碑銘은 당대 최고의 역사학자인 이병도가 썼다. "그 사람됨이 총명하고 부지런하고 또 불타는 조국애와 책임감은 공사를 엄별하여 직무에 진수하더니 급기야 그 직무에 죽고 말았다. 아 그는 죽었으니 그 흘린 피는 전투에 흘린 그 이상의 고귀한 피였고 그 혼은 기리 호국의 신이 될 것이다."

이병도의 비명은 "동란 중에는 군검경 합동수사본부장으로 맹활동을 개시하여 간첩 오열伍列 부역자 기타를 검거 처단함이 근 2만 5천 명"

이라는 김창룡의 업적도 소개했다. 물론 이 업적엔 수많은 민간인 학살도 포함된 것이었다.[3]

김창룡의 '반공 노이로제'

김창룡이 도대체 누구이길래 이승만이 그토록 강한 애도의 뜻을 표했으며, 한 저명한 역사학자로 하여금 '호국의 신'이라는 헌사까지 바치게 한 것일까? 김창룡을 알면 이승만과 1950년대가 보인다. 김창룡은 누구인가?

1916년 7월 함남 영흥에서 태어난 김창룡은 일제 치하에서 일본 관동군 헌병 하사관으로 항일 중국인 조직을 파괴하는 정보수집 업무에 종사했다. 그는 해방 뒤 북한에서 전범으로 사형 선고를 받았는데 용케 탈출해 월남했다. 그는 남한에서 군에 입대해 국내의 좌익 색출 작업을 맡았으며, 여순 사건 이후 숙군 작업의 실무 책임자로 일했다.

김창룡은 6·25 전쟁이 발발하자 1950년 8월 1일 부산 방첩대 Counter Intelligence Corps, CIC 대장으로 임명되었으며, 서울 수복 뒤 군·검·경 합동수사본부장으로 일했다. 그는 국군과 유엔군의 북진시 평양지구 특무대장으로 일하다가 1·4후퇴로 다시 부산으로 내려가 군·검·경 합동수사본부장 일을 계속했다. 이때 김창룡은 35세의 젊은 나이였지만 이미 권력 실세였다. 그는 수사권을 독점했으며, 이승만과 직통 보고 라인을 갖고 있었다.

김창룡과 같이 숙군 작업의 실무 책임자였고, 김창룡을 이해해주는 사람 중 하나인 김안일은 김창룡에 대해 "반공의식이 투철했고 일에 대한 집념은 무서울 정도였다. 그러나 두 가지 단점이 있었다. 공功 앞에선 전우가 없었고, 이해가 상반되는 사람을 용공으로 모는 버릇이 있었다"고 말한다.[4]

김혜진은 김창룡이 "복수심을 불태우며 공산당에 대해 그처럼 광적으로 집착했던 것도 해방 직후 북한에서 공산 세력에게 붙들려 일제하 행적으로 인해 호되게 고초를 당했던 앙갚음에서 비롯되었"다고 말한다. "그는 어떤 이념적 지향보다 자신의 복수심 때문에 군 내외 공산당 색출에 뛰어들었고, 정보 업무를 담당하는 군인으로서의 자기 업무에 대한 어떤 공적인 윤리의식도 없이 공사를 구분하지 않고 권력을 사용했던 것이다. 공산당 색출에 대한 김창룡의 집착은 점차 병적으로 변해갔다."[5]

어떤 글은 김창룡의 그런 '병적 집착'을 이렇게 표현했다. "공산당과 연관이 있다고만 하면 부모 형제, 백년지기 할 것 없이 즉각 체포·구속하는 그런 사람이었다. 오랜 세월 동안 그의 이와 같은 생활은 붉은 고추만 보아도 즉각 처놓고 싶고, 여성들의 붉은 치마만 보아도 온 신경을 곤두세워 공산당과 연관시켜볼 정도로 되게 하였다. 붉은빛에 대한 노이로제 기미라고나 할까."[6]

김창룡의 노이로제 기미는 앞서 음미했던 고은의 시 한 대목을 떠오르게 만든다. "이 나라에서는/붉은 꽃을 노래하지 못한다/붉은 낙조를 그리지 못한다/결코 나의 피는 붉지 않다/붉은 구호물자 치마는/검정색으로 물들여 입어라."[7]

이승만은 이론, 김창룡은 실천

1950년대 이승만 반공체제의 히스테리, 바로 그걸 온몸으로 표현하고 실천한 인물이 김창룡이었다. 이승만이 이론이었다면, 김창룡은 실천이었다. '실천'이 죽었을 때, '이론'이 뛰어가 애도를 표하는 건 자연스럽고 당연한 일이었다.

이승만의 이론이 '빨갱이 사냥'에만 국한된 건 아니었다. 그의 '빨갱이 사냥'은 늘 정치적이었고 정치와 연관되었다. 이승만에겐 그것까지 이해하고 실천할 수 있는 수하가 필요했고, 그게 바로 김창룡이었다. 김창룡을 위한 육군 특무대가 창설되었을 때, 특무대에 부여된 주요 임무 중의 하나는 정치공작이었다. 그 정치공작은 당연히 군부도 대상으로 삼았다. 특무대의 고문 행위와 군내의 이간질은 악명이 높았다.[8]

이승만은 정치권은 물론 군부에 대해서도 '분리·지배술'을 구사했다. 여러 세력끼리 상호 충성 경쟁을 하게 만들어 그 어느 쪽도 절대적 권력을 갖지 못하게끔 하면서 자신만이 절대 권력을 행사할 수 있게 하는 통치술이었다.

이승만은 출신별·지역별로 형성된 군내 파벌이 상호 반목하도록 조장하는 동시에 그 모든 걸 감시하고 공작을 추진하기도 하는 기구로 헌병대와 특무대를 이용했다. 김창룡의 충성 경쟁 라이벌은 헌병대의 원용덕이었던 셈이다. 헌병대는 반민특위 활동에 쫓겨 입대한 이익흥, 전봉덕, 노덕술 등 경찰 간부들까지 가세해 정치 개입 성향이 매우 강했지만, 충성 경쟁에서 김창룡보다는 한 수 아래였다.[9]

김창룡 암살 사건이 아니었더라면 그냥 파묻혀 버렸을지도 모를 많은 비밀이 범인들의 재판 과정과 이후의 관련 증언들을 통해 알려지게 되었다. 암살범은 특무대 대령 허태영의 부하인 송용고와 신초식인 것으로 밝혀졌다. 허태영은 육군 특무대 창설과 동시에 이 부대에 전입해, 1954년 6월 대령으로 진급했다. 그가 김창룡 암살을 조종하고 있을 때엔 무보직 상태였다. 김창룡의 측근은 관동군·만주군 헌병 출신자, 조선군 헌병 출신자, 일제 고등계 형사 출신 등 세 부류였는데, 이들 사이의 갈등이 만만치 않았다.

조갑제는 『고문과 조작의 기술자들: 고문에 의한 인간 파멸 과정의 실증적 연구』(1987)에서 "조선군 헌병 출신으로는 노엽, 염희춘, 허태영, 장보형 등이 있었다. 조선군 헌병들은 관동군이나 만주군 헌병들을 멸시하는 풍조가 있었다. 조선군 헌병 출신과 관동군 헌병 출신자들 사이엔 반목 관계가 있어 김창룡은 조선군 헌병 출신들을 중용하지 않았다"며 다음과 같이 말했다.

"허태영과 김창룡 반목의 심리적 배경에는 출신 성분의 차이에서 오는 감정도 깔려 있었다고 한다. 일제 헌병 출신이긴 했지만 허태영은 김창룡과 같은 질의 인간은 아니었고, 정의감이 아주 강한 사람이었다는 것이 일반적인 평이다. 노엽은 '허태영은 보통학교 때 그림을 그리라고 하니까 태극기를 그릴 만큼 반일의식이 뿌리 깊었고 중학교 때는 스트라이크도 주동했다. 가족들이 그를 피신시킨다면서 일본 헌병으로 집어넣었던 것이다'고 했다."[10]

김창룡의 정치공작

허태영은 군 교도소 안에서 쓴 『김창룡 저격 거사 동기』에서 김창룡의 정치공작 사례들을 낱낱이 폭로했다. 그는 "김창룡은 일제시대 북만주에서 악질 일본 헌병으로 일하면서 수많은 애국독립투사를 투옥했으며, 중지中支 방면의 연합국 포로수용소의 감시원으로 일할 때는 포로를 학대한 친일 전범이다. 그는 월남한 후 공산당을 쫓는 군 정보기관에서 근무하게 된 것을 기화로 하여 개인적 영달을 위해 혈안이 되어 행동하였다"며 다음과 같이 말했다.

"그는 옥석을 가리지 않고 무분별하게 숙청을 되풀이하여 공산당원 1에 대해서 양민 10의 비율로 무고한 사람들을 괴롭혔다. 김창룡이 취급한 사건 전부가 허위날조됐거나 침소봉대된 것이다. 그 대표적 사건으로는 관棺 사건, 조선방직 사건, 조병창 화재 사건, 김종평 장군 사건, 김도영 대령 사건, 삼각산 사건 등 20여 건을 꼽을 수 있다. 한편 뒤켠에선 살인, 약탈, 협박, 공갈, 항명, 군수품 부정처분, 밀수 등등 모든 수단과 방법을 다 동원하여 20억 원의 재산을 끌어모았다. 이 대통령의 신임을 받고 나서부터는 그 본래의 임무인 군내 방첩 업무를 등한시하고 정계·법조계를 상대로 종횡무진으로 활동, 정치적 혼란을 일층 심화시켰다. 군내에서는 참모총장·국방장관 등 고급 장교들을 모함하고, 위협·이간·항명·월권을 일삼아 안하무인으로 군통수권과 지휘권을 유린하였다."[11]

그 20여 건의 사건 가운데 하나인 1952년의 부산 무장공비 침투 사건이 김창룡의 조작 작품이란 건 앞서 지적한 바 있다. 또 다른 사례로 '김도영 대령 사건'을 살펴보도록 하자. 이는 김도영이 쿠데타를 음모했

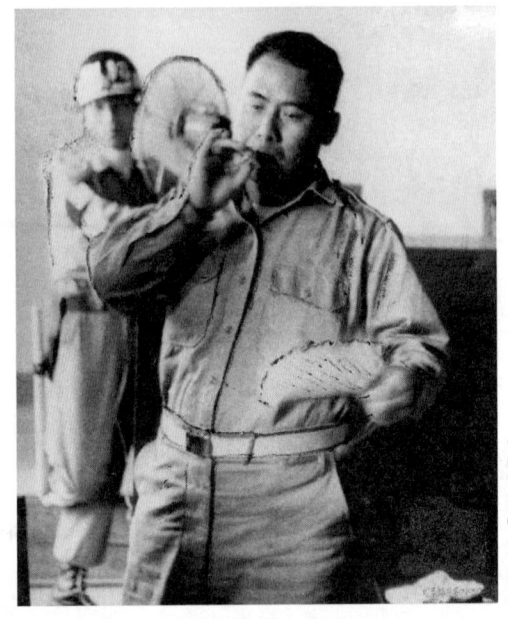

허태영과 김창룡은 출신 성분의 차이에서 오는 감정으로 반목했는데, 허태영은 김창룡의 정치공작 사례들을 낱낱이 폭로하기도 했다. 군법회의 결심공판에서 구형받은 허태영.

다는 것이었는데, 이 사건을 맡았던 특무처장 이진용의 증언을 들어보자. 그는 "김창룡 부대장이 서울로 올라가 대통령에게 이 사건에 관해 보고한 직후 대구에 있는 나에게 전화를 걸어, 서둘러 김 대령 등 3명을 잡아넣으라는 것이었다. 나는 영문도 모르고 시키는 대로 했다. 그 뒤 김 대령을 내가 직접 신문했다. 혐의는 민국당의 신익희를 추대하여 정권을 탈취할 목적으로 쿠데타를 계획했다는 것이었다. 그러나 도무지 그런 사실이 확인되지 않고, 사건이 조작되어가는 기분이 들었다"며 다음과 같이 말했다.

"그래서 김창룡에게 이 정보를 제공한 신모를 한번 조사해봐야겠다고 했다. 김 부대장은 화를 벌컥 내면서, '당신은 왜 피의자를 옹호하고 제보자를 의심하느냐'고 했다. 내가 완강히 사건이 애매하다고 버티니까 김창룡은, '나도 알겠는데 이미 대통령께 보고한 일이니 어떻게 하느냐, 당신은 지금 일이 많으니 이 사건에서 손을 떼라'고 했다. 장모 처장이 이 사건을 만들어 기소했다. 워낙 허구가 많아 재판 과정에서 뒤집힐 것 같으니까 김 대령의 다른 비행을 조사하여 횡령죄를 덧붙여 기소했다. 김은 재판부에 압력을 넣었고, 재판정에 직접 나가서 방청, 분위기를 살벌하게 만들었다. 그러나 재판부도 반란음모 부분에 대해서는 무죄를 선고하는 양식을 보였다."[12]

김창룡이 죽기 3개월 전인 1955년 10월에 발표한 국가원수 암살모의 사건도 조작이었다. 특무대는 중앙청에서 열린 개천절 기념식에서 이승만을 죽이려고 했던 9명을 검거했다고 발표했다. 이 사건은 이승만 정권에 크게 실망한 김재호 등 독립투사들에게 프락치를 넣어 암살 음모를 꾸미도록 유도해 만들어낸, 제법 정교한 작품이었다.

암살을 하기로 한 청년 이종태에게 수류탄을 구해준 김재호의 아들 김동훈과 이종태를 포섭했다는 혐의를 받은 이범륜은 사형이 집행되었고 김재호 등 피고인들은 징역 10년에서 15년의 중형을 받고 복역하다가 4·19 뒤 출감했다. 그런데 이들의 사주를 받아 수류탄을 호주머니에 넣고 식장에 들어갔다가 투척을 포기했다는 이종태는 기소도 되지 않았고, 증인으로도 나오지 않았으며, 피의자 신문조사를 받은 적도 없었다. 그럴 수밖에 없었다. 이종태는 김창룡의 부하였기 때문이다. 김재호의 증언이다.

"이종태는 우리를 찾아와 도탄에 빠진 나라를 구하기 위해서는 이 박사를 제거해야 한다고 열을 올리더니 모든 것을 자기한테 맡겨달라고 했어요. 우리는 그저 그의 주장이 옳다고만 생각했었는데, 나중에 보니 그자가 김창룡의 부하로서 우리를 유인하는 연극을 했더군요. 우리가 만주에서 독립운동을 할 때 독립투사들을 잡아죽이던 관동군 헌병 출신한테, 해방된 조국에서 또 고문을 당하게 되니 그것이 견딜 수 없이 분했오."[13]

김종평 장군 사건은 일명 '동해안 반란 사건'으로 1955년 육군본부 정보국장인 준장 김종평이 반란을 주동했다는 내용이다. 속초에 있는 1군단에 이승만이 오면 저격하고 쿠데타를 일으켜 조봉암을 대통령으로 추대한다는 이야기인데, 이 또한 조작 작품이었다.[14]

함경도파·평안도파·이남파의 군내 파벌 싸움

법정에서 허태영은 "나의 행동은 이등박문伊藤博文(이토 히로부미)을 암살한 안중근 의사의 거사와 같은 것이다"고 주장했으며, 신초식은 "김구 선생을 살해한 안두희가 백주에 명동거리를 활보하도록 허용하고 있는 이 나라의 법률이 도대체 어떻게 나를 죽일 수 있단 말인가"라고 항변했다.[15]

재판에서 허태영에게 사형이 선고되자 그의 부인이 남편의 구명을 위한 탄원서를 제출했다. 이 탄원서는 사건의 배후로 2군사령관인 중장 강문봉과 전 헌병사령관인 준장 공국진을 지목했다.[16] 그 결과, 허태영의 김창룡 암살 계획을 지원한 혐의로 육군 중장 강문봉, 준장 공국진, 중령 백학규 등이 체포되어 재판을 받게 되었다. 1957년 1월 24일 강문봉은 군사법정에서 다음과 같이 말했다.

"특무대는 육군본부의 관계 국·감·실장들에게 압력을 넣어 위조 전표를 끊게 한 다음 이 전표로써 대량의 병기 부품을 횡령했다. 특무대는 이러한 부정으로 손에 넣은 자동차 타이어를 일반 상인들에게 팔았다. 이는 미군 사령부에서도 알고 있었다. 공병 자재로 도입된 목재 전량을 특무대 창고에 집어넣은 사실이 미군에게도 알려져 군사원조의 중지까지 검토된 적이 있다. 많은 승용차가 정치가 및 행정부의 고관들에게 공급됐는데 이것도 특무대 루트를 통해서 나온 것이다. 김창룡이 피살된 뒤 신임 특무대장에게 나는 60장의 위조 전표를 제시, 부정의 시정을 촉구했으나 그는 되려 나를 제거하려고 했다. 김창룡은 직속상관인 참모총장이나 국방부 장관을 무시하고 직접 대통령에게 보고하는 따위의 월권을 자행했다. 비위 사실의 보고 내용도 사감에서 나온 것이 많았다. 김은 정보를 군사 목적으로서가 아니라 자신의 세력 확장에 이용했다. 그는 또 지휘관 사이를 이간시켜 장성들을 분열시켰다. 특무대는 본래의 사명을 망각하고 지휘관들을 감시하는 데 열중했다.……특무대는 육군의 암적 존재다."[17]

강문봉은 최후 진술에서 특무대의 체질 개선과 정일권·백선엽·이형근 등 세 대장 간의 화목을 요구했다.[18] 이는 당시 군내 파벌 싸움이 얼마나 심각했는지를 시사해주는 발언이었다. 부산 정치 파동에서 4·19 혁명에 이르기까지 군부의 헤게모니 쟁탈전은 정일권 중심의 함경도파(동북파, 강문봉·공국진 등), 백선엽 중심의 평안도파(서북파, 백인엽·장도영 등), 이형근 중심의 이남파(중남부파, 민기식·김종오 등) 중심으로 이루어졌다(정일권과 이형근의 퇴역으로 진정되어가던 파벌 간 대립과 갈등은 일본군 지원병 출신 송요찬이 1959년 2월 육군참모총장이 되어 일본군 지원군 출신들이 득세하면서 새로운 양상을 띠게 되었다. 중남부파는 만주군 출신 비주류파[박정희·송석하], 일본 육사 출신파[유재흥·장창국], 일본군 지원병 출신파[송요찬·최경록], 일본군 학도병 출신파[최영희·김종오] 등으로 4분되는 기미를 보이다가 4·19 이후 또다시 변화하게 된다.)[19]

정해구는 이러한 파벌이 이승만의 용인술 차원에서 조장되었다며 이렇게 말했다. "이승만의 후원을 받았던 만군 출신, 특히 이북 출신의 젊은 장교들은 전쟁을 거치면서 군 내부의 주도권을 장악했다. 그들은 크게 정일권이 이끄는 함경도 출신의 관북파와 백선엽이 이끄는 평안도 출신의 서북파로 나뉘어 있었고, 이승만은 이들을 경쟁시킴으로써 군의 충성을 확보하고 있었다. 백선엽과 정일권을 교대로 참모총장에 임명한 것은 바로 이러한 의도에서였다."(백선엽은 30대의 나이에 육군참모총장을 2번 역임했다. 1952년 7월 부산 정치 파동 때 병력 파견 요청을 거부한 이종찬의 후임으로 육군참모총장에 임명되었을 때 그의 나이는 32세였다. 그는 1954년 2월 제1야전군 사령관으로 잠시 전직되었다가 1957년 5월 재차 육군참모총장에 임명되었다. 백선엽이 1960년 5월 31일 연합참모본부 의장을 끝으로 군에서 전역했을 때의 나이는 40세였다.)[20]

정일권은 어떻게 무사할 수 있었는가?

김창룡 암살 사건으로 최대 위기에 처하게 된 사람은 강문봉의 배후로 의심을 받은 정일권이었다. 이 사건이 일어났을 당시 정일권은 제8대 육군참모총장(1954년 2월 14일~1956년 6월 26일)으로 재임 중이었는데, 1956년 6월 27일 육군참모총장이 정일권에서 이형근으로 바뀌었다(정일권은 제2대 합참의장으로 전보되었다가 1957년 5월에 예편하고 주 튀르키예 대사로 외교관 생활을 시작했다).²¹

정일권은 그간 자신의 참모인 노덕술을 활용해 김창룡을 견제하려고 했지만 뜻을 이루지 못했다. 김창룡은 오히려 대규모 절도단이 미군 수송선에서 16만 달러어치의 군수품을 훔쳐 팔아먹는 것을 노덕술이 비호한 사실을 밝혀내고 노덕술을 구속해버렸다(친일 경찰의 대표격으로 악명을 떨치다가 헌병 중령으로 변신했던 노덕술은 김창룡의 라이벌인 헌병사령부에서 근무했던 관계로 김창룡의 견제를 받아 이승만에 대한 충성 경쟁에서 밀려났다. 노덕술은 부산 CID[육군범죄수사단] 대장을 거쳐 1955년엔 서울의 15CID 대장으로 있었다. 노덕술은 1년가량 징역살이를 하다가 김창룡이 암살된 뒤 석방되었으나 역사의 무대에선 완전히 사라졌다).²²

당시 군법회의는 강문봉의 배후에 사성장군四星將軍이 있다는 소문을 수사하기 위해 이승만에게 품신稟申(웃어른이나 상사에게 여쭘)했지만, 이승만은 "대장을 조사하면 국제적인 물의가 빚어진다"며 배후 수사를 중단시켰다는 설이 있다.²³ 그러나 김영삼의 주장은 다르다. 이승만은 정일권도 잡아넣으려고 했지만 자신을 비롯한 국회조사단이 심증만으로 그렇게 해선 안 된다고 강하게 반발해 정일권이 무사할 수 있었다는 것이다.²⁴

"파벌주의와 부패는 쌍둥이"

김창룡은 암살당하기 직전 고급 장교들의 신원조사로 원성을 샀고 1955년의 군대 내 후생 차량 단속과 원면 사건으로 군의 사기를 떨어뜨

린다는 비난을 받았다. 그래서 그의 암살은 원면 사건 수사 때문이라는 소문까지 나돌았다고 한다.[25] 그러나 앞서 살펴보았듯이, 원면 사건엔 이승만도 관련되어 있었다. 설사 그 소문이 타당하다 하더라도, 이는 이승만 정권에서 '파벌주의와 부패는 쌍둥이'였다고 말하는 그레고리 헨더슨Gregory Henderson,1922~1988이 『소용돌이의 한국정치』(1968)에서 내놓은 다음과 같은 해설로 설명될 수 있을 것 같다.

"그(이승만)의 전략은 어떤 단일 파벌이나 단일 지도자의 권력 확대를 방지하는 것이다. 그의 전술은 주요 군 파벌 간부들이 참모총장과 다른 주요 자리를 놓고 경쟁을 벌이도록 조장해 상호 견제토록 함으로써 어부지리를 얻는 것이다. 또한 그는 부패를 이용하는 상투적인 수법을 사용했다. 즉, 부패에 대한 수사와 처벌을 행하고 정기적인 개혁의 수단으로 삼은 것이다. 수사기관들이 그의 도구가 되었다."[26]

허태영을 비롯한 3인에게는 사형이 집행되었고 강문봉은 무기징역을 선고받고 형을 살다가 4·19 혁명 후 석방·복권되었다. 정말 김영삼 덕분에 정일권이 무사했던 건지는 알 수 없으나 정일권이 김영삼에 대해 매우 고맙게 생각했던 건 분명한 것 같다. 정일권은 그로부터 36년 후인 1992년 대통령 선거 때 하와이에서 암으로 투병하고 있었지만 귀국해 김영삼을 지지하는 찬조연설을 해주게 된다.

 # 이승만과 자유당: '우의마의 정치'

"국민이 원하면 자살도 할 수 있다"

이승만은 1956년 3월 5일 개최된 자유당의 정·부통령 후보 지명대회에서 대통령 후보로 지명받자 불출마를 선언하면서 "제3대 대통령에는 좀더 박력 있는 인사가 나와 국토통일을 이룩해주기 바란다"고 말했다.[27] 조봉암은 이승만의 불출마를 기정사실화하기 위해 "이번 성명을 혹 제스처라고 보는 이도 있을 것이나, 나는 이번 담화는 진정을 토로하는 담화로 본다"고 논평했다. 『한국일보』 3월 6일자 사설 「대통령에서 국로國老로」도 그런 기정사실화를 위한 것이었겠지만, 그건 곧 과욕임이 밝혀졌다.[28]

3월 6일부터 이승만이 사랑하는 '민의民意'의 발상지라 할 부산에서부터 온갖 관변단체들이 총궐기하기 시작했다. 3월 10일 이승만은 외국 기자들에게 국민이 강청強請하면 재고려할 것을 시사하면서 "나는 그들

이 원하는 것이라면 무엇이든지 할 생각으로서 자살을 원한다면 자살이라도 하겠다"고 말했다.[29]

국민이 원하면 자살도 할 수 있다는 대통령을 위해 무엇을 아끼랴. 그날부터 더욱 뜨겁게 불붙은 시위는 3월 12일 동원된 노동자와 농민들이 경무대 앞으로 우마차牛馬車 800여 대를 끌고 행진한 사건에서 백미를 이루었다. 우차와 마차는 서울시 통행이 규제되어 있기 때문에 이 행진은 불법이었지만, 자유당이 동원하고 "노동자들은 이승만 박사의 3선을 지지한다"는 함성을 질러대니 감히 그 누구도 막을 수 없었다. 서울 거리는 우마의 분뇨로 인한 냄새가 코를 찔렀다. 14일에는 마사회의 마

수많은 관변단체가 이승만의 대선 출마를 촉구하기 위해 소와 말까지 동원해 시위를 벌였다. 이승만은 그들이 자살을 원한다면 자살이라도 하겠다고 말했다.

상 시위가 벌어졌고, 선거권이 없는 남녀 중고등학생들도 수업 시간에 교기校旗를 앞세우고 비를 맞으며 시위에 돌입했다.[30]

한 언론인은 우차와 마차를 동원해서 이승만의 출마를 촉구하는 시위를 풍자해 '우의牛意 마의馬意, 민의民意'라는 말을 만들어냈다.[31] '민의' 조작이 지나쳐 소나 말의 의사까지 동원시켰다는 뜻이다. 그래서 '우의마의牛意馬意 정치'라는 말도 입에 오르내렸다.

대한노총: 우의마의 돌격대

'우의마의 정치'의 선봉엔 대한노총이 있었다. 대한노총은 이런 사태를 예견한 듯, 이미 1955년 12월 긴급회의를 소집하고 이승만이 재출마하지 않을 때는 파업을 감행하기로 결의한 바 있었다.[32] 예견했던 일이 벌어지자 대한노총 간부들은 직장은 물론 자신들의 목숨까지도 포기하겠다는 협박(?)을 해가면서 이승만의 출마를 요구했다. 3월 7일에 발표한 '재출마 요청 메시지'는 "오늘 이 자리에 모인 대한노총 전체 맹원들은 이에 대통령 출마 요청 궐기대회를 열고 그 결의로써 삼가 존경하는 각하에게 제3대 대통령으로 기어이 재출마하여 주실 것을 요청케 됨을 무한한 영광으로 생각하는 바입니다"라면서 다음과 같이 말했다.

"저희들 국민으로서는 또다시 각하로 하여금 이 같은 중난한 과업을 맡아주십사 함에는 하나의 자연인으로서 다시 없이 송구함을 금할 수 없습니다. 그러나 아직도 조국통일이 이룩되지 못하고 각하의 창업이 결실을 보지 못한 대공투쟁의 준전시하에 있는 위박한 정세 아래서의 국민으로서는 각하를 대통령으로 추대치 않는 한 다시는 살길이 없음을 잘 인지하고 있습니다.······이 같은 전 민족의 살기 위한 충성을 보살피시와 부디 쾌연히 출마를 승낙하시어서 한시바삐 모든 국민에게 환희를 베풀어주시기 바라옵니다."[33]

3월 13일 대한노총 전국 대표자 60명이 이승만을 알현한 자리에서 대한노총 최고위원 정대천은 "백만 근로자는 이 대통령께서 재출마를 하지 않으시면 직장을 포기하고 죽음을 택하지 않을 수 없다"는 내용의 '재출마 탄원서'를 올렸다.[34]

이승만 재출마를 요구하는 관제 시위 홍수

이승만은 3월 12일과 20일, 두 번에 걸쳐 경무대 앞에 와서 호소하는 민중들이 고생하니 글로 써서 보내달라고 호소했다. 그 바람에 경찰만 죽어났다. 3월 15일 부여군의 한 순경은 동장과 소방대장을 대동하고 마을을 다니며 밤새도록 날인 연판장을 받아가지고 새벽 1시 반경 지서로 되돌아오던 중 때마침 홍수로 물이 불어 익사하고 말았다.[35]

3월 19일 치안국 집계에 따르면, 이승만의 재출마를 요구하는 시위 횟수는 1,004회, 참가 연인원 450만 5,890명, 메시지 2,152통, 전보 7,300통 등이었다. 관제 시위에 참가한 사람들의 대부분은 자유당 산하 단체들의 회원이었다는 주장이 있는가 하면,[36] "이승만 박사 재출마 요청 궐기대회에 댄서, 다방마담, 창녀까지 동원한 인원이 420만이었는데 그중 거의 전부가 학생이었다"는 주장도 있다.[37]

주미대사 양유찬은 한 담화 기사를 통해 "이 박사를 제거하고 누가 이 난국을 극복해나가겠는가.······한국의 투표자들은 만일 이 대통령이 주미대사 양유찬은 이승만이 대통령에 출마하지 않으면 미국이 대한원조를 중단할 것이라고 말했다. 그러자 신문들은 사설을 통해 그의 말을 비판했다. (「조선일보」, 1956년 1월 29일)

하야하신 경우 미국은 대한원조를 중단하게 될 것이다"고 협박했다. 이에 대해 『동아일보』는 「양 대사를 소환하라」, 『조선일보』는 「규명되어야 할 양 대사의 발언」, 『경향신문』은 「발언의 진부眞否를 규명하라」, 『한국일보』는 「교만과 억설을 삼가라」 등의 사설을 통해 비판했다.[38] 그러나 이승만의 생각은 달랐다. 그는 3월 19일 "외국에서는 선거 때가 되면 돌아다니며 해달라고 운동을 하지만, 나는 안 나오겠으니 들어달라고 간청하니 우리의 민주주의가 높은 자리에 있다는 것을 알 수 있을 것"이라고

주장했다.[39]

혈서 전문가들의 출현

이승만은 3월 23일 "300만 명 이상의 민의들이 날인한 탄원서 혈서가 들어왔고, 수만 군중이 불철주야로 우설雨雪을 무릅쓰고 재출마를 간청하고 있으니 이는 국민 대부분을 대표하는 것으로, 내가 이에 불응하면 민중들이 다시 몰려올 것 같아서 민의에 양보하여 재출마하기로 결정하였다"는 성명을 발표했다.[40] 3월 29일 서울운동장에서는 이승만의 81회 탄생 경축식이 정부와 서울시의 주최로 열렸다. 남녀 고교생 수만 명이 참가했고, 여고생들은 〈우리 대통령〉, 〈대통령 찬가〉 노래를 불렀으며, 매스게임이 서울운동장을 뒤덮었다. 각 지방에서도 성대한 경축행사가 벌어졌다.[41]

이번 '우의마의 정치'에도 수많은 혈서血書가 양산되었다. 정말 가슴에서 우러나와 혈서를 쓴 사람들도 전혀 없진 않았겠지만, 이승만 정권 시절엔 거의 직업적으로 혈서를 쓰는 사람이 많이 있었다. 물론 이런 직업적인 혈서 전문가들에게도 강한 애국충정에서 비롯된 동기가 없지는 않았겠지만, 혈서에 대한 보상이 뒤따랐기 때문에 이를 순수한 자발성이라고 보기엔 좀 모호한 점이 있었다. 문순태의 소설 『이어鯉魚의 눈』에 나오는 아버지의 혈서도 그런 경우로 볼 수 있겠다.

"아버지의 자랑은 6·25 때 공비토벌 작전에서 혁혁한 공을 세운 것이었고, 나라가 누란累卵에 처했을 때 애국충정으로 혈서를 썼다는 것이었다. 아버지의 말대로라면 자유당 때만 하더라도 이승만 정권을 위해 열두 차례나 혈서를 썼노라고 하였다. 중학교 다닐 때, 나는 아버지가 혈서를 쓴 것을 보았었다. 장충공원에서 선거 연설이 있었다. 그날은 일요일이었고 집에서 가까운 곳이어서 연설장에 구경삼아 나갔었다. 시민들한테 별로 인기도 없는 자유당 후보의 연설이 끝나자마자 아버지가 연단 위로 뛰어올라가서, 그 후보를 지지한다는 혈서를 썼다. 그때 나는 아버지가 너무 불쌍해서 울고 싶었다. 아버지는 또 학생들과 공무원들이 동원되는 큰 궐기대회 때마다 혈서를 썼다. 혈서를 쓴 날의 저녁상엔 어김없이 푸짐하게 고기가 올랐으며, 아버지는 왕성한 식욕으로 맛있게 고기를 먹으면서, 거즈를 감은 손으로 허공을 찌르며, 애국투사가 된 기분으로 일장 연설을 하곤 하였다."[42]

이승만은 '민족의 태양'

조봉암은 『신세계』 1956년 4월호에 쓴 「민의와 민주주의」라는 글에서 이승만의 '우의마의 정치'를 이렇게 꼬집었다. "민의대民意隊는 국회의원 소환에 활용되고, 국회를 질식게 하는 정치 파동에 동원되고, 이제 다시 이 대통령 3선 출마 요청에 등장하였다.……민의의 표현이 비밀투표를 통해서 이루어져야 한다는 간단하고도 명료한 민주주의의 철칙을 배반하고 권력의 배경을 가지고 통·반장, 이·동장을 동원하여 출동을 요구하고 백지 날인을 요구하는 사실은 우리나라에서만 볼 수 있는 기현상이다."[43]

조봉암은 "배움에 굶주린 학생들이 단벌 옷을 적셔가며 비 내리는 아침에 행진을 하고, 삶에 굶주린 품팔이꾼과 교통기관에 목매여 사는 종업원들이 백주에 민의대로 동원된다"고 개탄했다.[44] 그러나 그 노동자들 위에 군림하는 '노동귀족'들은 이승만 100만 노동자에게 '민족의 태양'이라고 주장했다.

5월 1일 메이데이 행사 때 대한노총은 "백만 노동자의 소원 성취는 이승만 박사의 3선과 이기붕 선생의 당선에 있음을 재확인하고 5·15 선거의 필승을 위하여 총궐기한다"는 결의문을 채택했다. 최고위원 정대천은 기념사에서 "우리가 이와 같이 자유로운 환경 속에서 발전된 경제 토대 위에서 자신의 명정을 즐길 수 있다는 것은 오직 우리 민족의 태양이시고 우리의 현명한 지도자이신 이 대통령 각하의 은혜"라고 주장했다.[45]

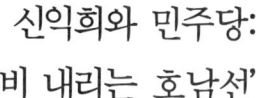

신익희와 민주당: '비 내리는 호남선'

"못살겠다 갈아보자" vs "갈아봤자 소용없다"

민주당은 1956년 3월 28일 전국대회를 열어 신익희를 대통령 후보로, 장면을 부통령 후보로 지명했다. 민주당은 선거구호로 '못살겠다 갈아보자'를 내걸었다. 파고다공원 근처 5층 건물의 민주당 중앙당사의 스피커는 하루 종일 '못살겠다 갈아보자'는 구호를 내보냈는데, 이게 서울 장안의 명물로 등장해 사람들이 몰려들었다.

그러자 자유당은 민주당 당사 건너편에 스피커를 설치해놓고 방송국 아나운서 2명까지 동원해 맞불작전을 폈다. 민주당 스피커에서 '못살겠다 갈아보자'고 떠들면 똑같이 '갈아봤자 소용없다. 구관이 명관이다'고 맞받았다. 자유당은 '갈아봤자 별수 없다', '갈아봤자 소용없다'는 구호 외에도 '못살겠으면 북으로 가라'고 외쳐대기도 했다(이와 유사한 "싫으면 북한으로 가라"는 지금까지도 애용되고 있다).[46] "두 개의 스피커가 떠드는 바람에 파고다(탑골)공원 근처는 고막을 찢는 난장판이 되었다. 청중들은 자유당 스피커 쪽에 대고 욕설을 퍼붓거나 팔뚝을 휘두르며 고약한 욕을 하고는 사라졌다."[47]

4월 11일 서울 종로 수송초등학교 운동장에서 가진 첫 번째 연설회에서 신익희는 이렇게 말했다. "전쟁 중에 일선에서 죽어가는 사병이 대한민국 만세를 부르는 대신에 '빽'이라고 외치고 죽어갔다는 얘기를 여러분 아시죠! 왜 민중으로 하여금 억울하게 만드느냐 말입니다. 정치를 왜 그렇게 해요? 사바사바라는 말은 왜 생겼습니까? 이 정치하에서는 사바사바가 없으면 아무것도 못해! 하다못해 호적초본 한 장 뗄려도 양담배 한 갑 들이밀구 사바사바하는 세상이에요! 이러니 선량하고 정직한 국민이 어찌 살아가느냐 말이에요! 못살겠다는 얘기는 우리 민주당의 구호가 아니요, 전 국민의 구호요, 갈아보자는 생각 또한 전 국민의 생각이 되는 이유가 거기 있는 것이에요!"[48]

자유당은 신익희에 대한 마타도어matador 공세에 돌입했다. 여당계 신문엔 「장남은 중공에서 활약」이라는 기사까지 등장했다. 그래서 한국에 있는 장남인 신하균이 직접 나서야 했다. 경남 거제군 장승포경찰서 사찰주임은 관내 유지를 모아놓고 자신이 직접 본 듯이 "신익희가 인기가 있닥 카드만도 이 사람 대통령 되어보소. 정말 큰일잉기라. 서울 명월관가면 신익희 첩이 한타스나 있능기라!"고 떠들어댔다.[49] 이건 사찰주임 혼자만의 주장이 아니라 자유당의 선거 전술이었다. 자유당은 "신익희 후보에게는 첩이 12명이나 된다. 현재의 부인도 세 번째 아내다"고 대대적으로 떠들어댔지만, 아무런 타격을 주지 못했다.[50]

4월 26일 이리(익산)여고 강당에선 전북 각급 학교 교직원들을 모아놓고 문교부 장관 이선근은 이런 연설을 했다. "못살겠다 갈아보자? 도대체 무얼 못살겠다는 거야. 그건 공산당이나 하는 소리에요. 여러분 현혹되어서는 안 된단 말입니다. 못살겠다고 외치는 놈이 누구야? 그런 놈들은 일본이나 삼팔 이북으로 보따리를 싸서 쫓아내야 돼! 감히 제깐 놈들이 우리 국부 이 대통령 각하를 욕하고 이기붕 의장을 비난해? 어림도 없는 수작이지."[51]

30만 인파가 몰린 한강 백사장 연설

자유당과 민주당의 선거자금 차이는 '10대 1' 이상이었다. 선거일을 약 한 달 앞둔 시점의 선거 간행물을 비교해 보더라도 자유당은 벽보·선전·책자 등 30종에 450만 부를 배부했고, 연극·영화까지 동원해 홍보에 힘썼던 반면, 민주당은 벽보·전단·성명서·당면 정책 등 4종류에 불과 40만 장을 돌렸을 뿐이다.[52]

그러나 그런 간행물보다 훨씬 더 영향력이 있는 건 군중 연설이었다. 이승만 정권에 대한 염증의 반사 효과였겠지만, 신익희의 인기는 그야말로 하늘을 찌를 듯했다. 5월 3일 한강 백사장에서 열린 신익희의 연설회에는 30만 인파가 몰렸다. 서울운동장도 장충단공원도 빌릴 수가 없어 어쩔 수 없이 선택한 장소였다. 예정된 시간은 오후 2시였지만 오전부터 인파가 몰려들었다. 신익희가 "만약 내가 대통령에 당선된다면 일본 지도자들과 회담할 용의가 있다. 한일 양국 정부는 무엇보다 먼저 부당한 감정을 청산해야 한다"고 주장하자, 이승만과 자유당은 신익희를 친일분자로 비난했다. 이들은 '평화통일'을 말하는 조봉암은 용공세

5월 3일 한강 백사장에서 열린 신익회의 연설회에는 30만 인파가 몰렸다. 그의 인기는 그야말로 하늘을 찌를 듯했다.

력으로 몰아붙였다.

　이승만은 5월 3일 논산훈련소에서 수만 장병이 도열한 가운데 행한 연설에서 "일본과 회동하여 국가의 독립과 자유를 발전케 하겠다든가 또는 공산당과 싸우지 않고 평화적으로 통일을 하겠다든가 하는 것은 다시 국권을 일본에게 빼앗겨도 좋다는 것이나, 또 소련을 조국이라고 하는 유의 언동이다"고 주장했다.[53]

　이승만은 그날 유세에서 심지어 "친공산주의자와 친일파들이 권력을 추구하고 있음"을 경고하고 그들은 "일본과 북괴에 비밀리에 연결되어 있다"는 주장까지 했다.[54] 이승만은 담화를 통해선 "이러한 사람들에게 투표를 해주어 이들이 정권을 잡게 되면 이것은 반역분자들이 나라를 팔아먹는 것뿐이 아니라 민중이 나라를 팔아먹는 것"이라는 매우 과격한 주장을 폈다.[55]

이승만의 그런 과격성은 자유당의 선거운동이 나아갈 바를 지시한 것과 다름없었다. 지방에선 "이 동리에서 만약에 야당계 표가 나온다면 이 동네는 몰살을 해버린다. 만약에 우리가 북진할 때 있어서는 이 동네의 너희들부터 전부 다 죽이고 가버린다"고 주민들을 위협하는 경우도 있었다.[56]

"미국에서 이상한 기계가 와 있는데, 그것은 투표한 사람의 얼굴을 투표용지에 나타낼 수 있는 것이니 누가 누구에게 투표했다는 것이 드러난다"는 이야기도 유포되었다. 나일론 옷이 보급되기 시작할 때였는데, 투표용지가 나일론으로 되어 있어 투표하면 다 보인다고 해서 '나이롱' 투표용지란 말까지 생겨났다.[57]

호남선 열차에서 뇌일혈로 사망한 신익희

이승만의 과격 대응과 자유당의 부정선거 획책은 사실상 자유당의 위기 상황을 방증하는 것이었다. 게다가 야권 후보 단일화의 기운도 무르익고 있었다. 진보당 후보 조봉암은 4월 3일 정·부통령 후보 지명의 백지화, 나아가서는 자신의 출마까지도 취소할 수 있다는 성명을 발표했다. 막후의 후보 단일화 협상에선 책임 정치의 수립, 수탈 없는 경제체제의 실현, 평화통일의 성취 등 세 가지 정책을 단일화된 대통령 후보의 정책으로 내세워야 한다는 것과 부통령을 진보당에 양보하라는 안을 내놓왔다.

혹 후보 단일화가 될까봐 겁이 났던 걸까? 이승만은 "공산당과 합작해서 통일을 이룩하겠다는 등의 언동은 50년 전의 매국매족하던 비참한 연극을 재현하려는 망동"이라며 진보당이 내건 평화통일 구호를 반박하면서 민주당이 놀아나지 말 것을 경고했다.[58] 단일 후보 협상에 가장 강력히 반대한 사람은 장면이었다. 대통령 후보를 신익희로 단일화할 경우 부통령 후보 자리를 진보당의 박기출에게 양보하는 걸 참을 수 없었을 것이다. 그러나 신익희의 생각은 달랐다. 선거일이 임박하면서 신익희와 조봉암은 단일화 결정을 위해 5월 5일 전주에서 미리 만날 약속을 해두었다.[59](신익희의 호남 유세는 원래 계획에 없었는데 일부 지지자들이 찾아와 "지금 조봉암이 호남 방면 유세로 대성과를 거두고 있는데 선생님은 어찌하여 이렇게 집에서 쉬고 있습니까? 빨리 일어나서 호남 방면으로 가셔서 유세를 해 현 상황을 급히 만회하셔야지요"라고 요청해서 이루어진 것이라는 주장도 있다. 바로 그런 이유로 신익희가 호남 유세를 떠났다가 과로로 숨졌기 때문에 신익희의 부인은 상가를 찾은 진보당 재정부장 신창균에게 조봉암과 진보당 사람들이 꼴 보기 싫다며 당장 나가라고 노발대발했다고 전해진다.)[60]

그러나 대통령 선거를 열흘 앞둔 바로 그날 신익희가 죽을 줄 누가 알았으랴. 신익희는 5월 5일 새벽 5시경, 부통령 후보 장면과 함께 호남선 열차를 타고 전북 이리(현재 익산)로 향하던 중 열차 안에서 뇌일혈로 졸도했다. 수행원들이 인공호흡을 시도하며 기차 내에 의사를 찾았지만 의사는 한 사람도 없었다. 신익희가 졸도한 후 45분 만에 열차는 이리역에 도착했다. 장면의 경호책임자인 시라소니 일행은 신익희를 업고 역에서 가까운 호남병원으로 달렸지만 신익희는 숨을 거두고 말았다.[61]

신익희의 운구가 그날 오후 4시 서울역에 도착하자 운집한 군중들이 그의 유해를 경무대 쪽으로 끌고 가려 하여 경찰과 충돌하는 사건이 일어났다. 경찰의 발포로 10여 명의 사상자가 났고 700여 명이 피검되었다. 신익희의 죽음 이후 〈비 내리는 호남선〉이라는 노래의 음반이 날개 돋친 듯 팔려나갔다. 손인호가 부른 이 노래의 가사는 이랬다. "목이 메인 이별가를 불러야 옳으냐/돌아서서 피눈물을 흘려야 옳으냐/사랑이란 이런가요/비 내리는 호남선에/헤어지던 그 인사가/야속도 하더란다."

작곡가 박춘석은 "평생 정치와는 무관한 삶을 살아왔지만 이 노래로 나는 한동안 고초를 겪었다"며 훗날 이렇게 말했다. "경찰은 그 곡이 신익희 선생의 죽음을 애도하는 뜻에서 만들어진 것이라며 가사는 고인

신익희는 대통령 선거를 열흘 앞둔 5월 5일 전북 이리로 유세를 가던 도중 뇌일혈을 일으켜 사망했다. 민주당 대통령 후보 신익희의 선거 포스터. (대한민국역사박물관 소장)

의 미망인이 붙이지 않았느냐고 집요하게 물었다. 또 이 노래가 민주당의 당가黨歌처럼 불리고 있다는 것이었다. 조사 결과 〈비 내리는 호남선〉은 신익희 선생이 타계하기 3개월 전에 만들어졌다는 사실이 드러나 풀려났지만 작사자인 손노원 씨는 괴로움을 많이 당했다."[62]

이승만 52%, 조봉암 23.8%, 신익희 추모표 20.5%

5월 15일 선거의 개표 결과 이승만이 총 유효표의 52%인 504만 6,437표를 얻어 대통령에 당선되었다. 조봉암은 23.8%인 216만 3,808표를 얻었고, 신익희 추모표는 20.5%인 185만 표였다. 부통령 선거에서는 장면이 46%인 401만 2,654표를 얻어 이기붕을 제치고 당선되었다. 다른 부통령 후보들이 얻은 표는 이기붕 380만여 표, 이범석 31만여 표, 윤치영 24만여 표, 백성욱 23만여 표, 이윤영 3만여 표 등이었다.

지역별로 이승만이 얻은 표와 조봉암이 얻은 표, 무효표(신익희에 대한 추모표)를 1만 표 단위로 비교해보면 서울 20.5:11.9:28.4, 경기 60.7:18.0:27.1, 충북 35.3:5.7:8.9, 충남 53.0:15.7:21.2, 전북 42.4:28.1:16.9, 전남 74.1:28.6:25.7, 경북 62.1:50.1:27.5, 경남 83.0:50.2:20.5, 강원 64.4:6.5:7.9, 제주 8.6:1.1:1.2 등이었다.[63]

조봉암은 총 득표수의 4분의 3을 경상남북도와 전라남북도에서 얻었으며, 전국적으로 181개 선거구 가운데 25개 선거구에서 이승만을 눌렀다. 특히 경북 지역에서는 총 29개 선거구 가운데 11개 선거구에서 우세를 보였으며, 대구에서는 이승만에 비해 3배에 가까운 압도적 승리를 거두었다.[64]

강원도에서는 이승만과 이기붕에게 8할이 넘는 지지표가 나와 이때부터 강원도 사람이 '강원도 감자바위'로 불리게 되었다는 이야기도 있으나, 조작이 워낙 심해 강원도의 개표 결과는 믿기 어려운 것이었다. 강원도 정선에서 이승만 표는 2만 5,000표가 나왔는데 조봉암 표는 34표밖에 안 나왔으니 이걸 어찌 믿을 수 있겠는가? 5·16 군사쿠데타 후 최인규가 사형선고를 받고 나서 쓴 자서전에 따르면, 강원도 유권자의 대부분을 차지하고 있는 군인들의 70% 이상이 조봉암에게 투표했는데 투표 결과는 거꾸로 뒤집혀 나왔다는 것이다.[65]

이영석에 따르면, "개표가 시작되었을 때 예상 밖의 조봉암 표에 놀랐다. 이래서 민주당과 협상했다. 부통령 개표는 공정하게 할 테니 대통령 선거 개표는 종사원에게 맡기라는 것이었다. 이리하여 전국 대부분의 지역에서 민주당 참관인들은 대통령 선거 개표를 방관하거나 외면했다".[66]

"이승만은 하늘에서 낸 사람"

〈비 내리는 호남선〉이라는 노래의 인기가 시사하듯이, 신익희의 사망은 많은 사람을 허탈과 좌절에 빠지게 만들었다. 박경수는 "그런 민심의 허탈은 한편으로 '이승만은 하늘에서 낸 사람'이라는 엉뚱한 '신수설神授說'까지 떠돌게 하면서 그 추종자들로 하여금 전혀 반성이나 개전의 빌미조차 가져보지 못하게 했다"고 말했다.[67]

그랬다. 반성하기는커녕 오히려 정반대였다. 이승만은 5월 26일 기자회견에서 이기붕의 부통령 낙선에 대한 질문을 받고 "나는 과거에 민중의 인텔리젠쓰, 즉 명철을 믿어왔던 것이나 지금은 그것을 의심하지 않을 수 없게 되었다"고 답변했다.[68]

또 이승만은 "이번 선거 결과를 보면 친일하는 사람과 용공주의자들을 지지하는 사람이 많은 것 같다"는 말도 했다. 이제 곧 다가올 8·8 지방의회 선거를 염두에 둔 이승만으로선 준비를 단단히 해야겠다는 생각을 했던 것 같다. 그는 기자회견을 가진 그날 선거 주무장관인 내무부장관에 이익흥을, 치안국장에 김종원을 임명했다. 이익흥은 일제 때 경찰서장 출신으로 이승만의 방귀에 '각하! 시원하시겠습니다!'라는 명언을 남겼고, 김종원은 여순·거창 사건에서 이미 악명을 떨친 바 있는 인물이었다.[69]

공보실은 이승만의 10년 업적을 수록한 기록영화 〈조국의 통일을 위하여〉를 제작해 일반 시중 극장에서 상영했다. 민주당원과 친인척인 관공리官公吏를 파면될 것이라는 암시 때문에 민주당원의 탈당 성명서가 곳곳에 나붙고 있었다.[70]

조봉암과 진보당: '피해 대중'을 위하여

진보당 창당준비위원회 출범

조봉암은 진보당이 채 창당되기도 전인 창당준비위원회 차원에서 대통령 후보로 출마했다. 대통령 선거 이전의 준비 과정, 선거시 나타난 민주당과의 갈등, 선거 후 진보당의 창당 등에 대해 살펴보기로 하자. 조봉암 등 혁신세력은 1955년 12월 22일 진보당 창당준비위원회를 발족했는데, 이들이 공표한 발기 취지문 중 일부는 다음과 같다.

"우리 민족의 자주독립과 민주주의 쟁취의 역사적 성업인 3·1 운동의 숭고한 정신을 다시 환기·계승하여 우리가 당면한 민주 수호와 조국통일의 양대 과업을 수행할 수 있는 혁신적 신당을 조직하고자 이제 분연히 일어섰다. 우리는 진정한 혁신은 오로지 피해를 받고 있는 대중 자신의 자각과 단결 위에서만 실현될 수 있다는 것을 깊이 인식하고, 관료적 특권 정치의 배격과 대중 본위의 균형 있는 경제체제를 확립할 것을 기약하고, 국민 대중의 토대 위에 선 신당을 발기하고자 한다."[71]

진보당 창당추진위원회의 강령은 "우리는 공산독재는 물론 자본가와 부패분자의 독재도 배격하고, 민주주의 체제를 확립하여 책임 있는 혁신정치를 실현한다. 생산·분배의 합리적 통제로 민족자본을 육성한다. 민주우방과 유대하여 민주세력이 결정적 승리를 얻을 수 있는 조국통일의 실현을 기한다. 교육체제를 혁신하여 국가 보장제를 수립한다" 등이었다.[72]

진보당은 1956년 1월 26일 서상일·조봉암·박기출·김성숙 등 12인으로 창당준비위원회를 공식 출범시키고 1956년 3월 31일 전국대표자회의를 통해 정강정책을 채택한 후 5·15 정·부통령 선거의 후보로 대통령 후보 조봉암, 부통령 후보 서상일을 지명했다. 그러나 왕년의 한민당 출신인 서상일을 옹립하고 있던 소수파는 불만이었다. 우파의 공세를 염두에 둔 전술적 차원에서라도 서상일이 대통령 후보가 되어야 한다는 것이었다. 그게 뜻대로 안 되자 서상일은 조봉암을 '대통령병 환자'라고 비난하면서 즉석에서 거부 연설을 했다. 일주일 뒤 무명의 부산 의사 출신인 박기출이 부통령 후보로 지명되었다.[73]

연시중은 "서상일의 입장에서 볼 때 민주국민당의 중진으로서 민주대동의 명분으로 조봉암과 정당은 같이하면서도 13년이나 연하인 조봉암 밑에서 부통령 후보로 러닝 메이트가 될 수는 없었다"며 이렇게 말했다. "역시 진보당에도 주도권 문제가 수반된 것이었다. 결국 서상일은 조봉암과 결별하고 장택상과 합세하여 민혁당을 추진했다. 그러나 이 또한 끝내 결렬되고 말았다. 이념의 차이라기보다는 당의 주도권 장악 문제로 이합집산하는 군소 정당의 생태를 드러낸 것이었다."[74]

조봉암의 '피해 대중론'

선거에서 나타난 조봉암의 주장 가운데 핵심적인 것은 '피해 대중론'과 '평화통일론'이었다. 서중석은 조봉암의 '피해 대중' 개념이 '계급'보다는 '민족' 개념에 가까운 것이라고 말한다. "내 부모, 내 형제, 내 처자와 서로서로 총으로 쏘고 칼로 찔러 뜨거운 심장의 피를 흘리게 하고 개돼지와도 같이 물고 뜯는 결과를 자아낼 것을 두려워하지 않을 자 있는가"라는 조봉암의 절규는 피해 대중의 가슴에 사무쳐 파고들었다는 것이다.[75]

조봉암은 1955년에 "어떠한 경우이든지 간에 그 내용을 구체적으로 연구하고 검토해서 실질적으로 우리에게 유익하도록 만드는 것, 이것이 소위 정치입니다"고 말한 바 있는데,[76] '피해 대중'이야말로 바로 이 원칙에 충실한 개념이었다고 볼 수 있을 것이다. 이념을 먼저 내세우지 않고 현실에 대한 분석을 강조하는 게 조봉암의 독특한 면모였다. 그는 1955년 9월 광릉회합에서 정치노선을 먼저 정할 것인가, 아니면 당을 먼저 만든 후 정치노선을 결정할 것인가 하는 문제가 대두되었을 때에 당연히 후자 쪽을 택했다. 조봉암은 사회민주주의 또는 민주사회주의를 내세우는 사람들도 그걸 잘 알고서 내세우는 게 아니기 때문에 이론 투쟁을 해봐야 소모적이라는 주장을 폈다.[77]

36년간 나라를 빼앗기고 이민족의 지배하에서 피해를 입은 걸로도 모자라 해방정국과 6·25전쟁에서 수백만 명의 인명을 살상하는 동족상잔同族相殘으로 또 한 번 상상을 초월하는 피해를 입은 민중에게 '계급'을 말하는 건 성급할 뿐만 아니라 가슴에 와닿지도 않았을 것이다. '피해

5월 15일 정·부통령 선거에서 나타난 조봉암의 주장 가운데 핵심은 '피해 대중론'과 '평화통일론'이었다. 1956년 4월 진보당 선거대책위원회에서 조봉암의 정책과 약력을 국민들에게 홍보하기 위해 제작한 선거 전단. (대한민국역사박물관 소장)

대중' 개념은 좌우익을 막론하고 6·25 전쟁을 민족이 아닌 이념의 관점에서 파악하는 것에 대한 도전이었다. 예컨대, 신익희의 전쟁관을 보자. "외국 사람을 비롯하여 혹자는 말하기를 한국전쟁을 동족상잔이라고 한다. 그러나 이것은 어디까지나 부당한 소견인 것이다. 한국전쟁은 곧 민주와 공산 두 진영의 시험장이었고 전위적인 열전인 것이다."[78]

이런 견해는 비단 신익희뿐만 아니라 이승만을 포함해 남한의 우익이 갖고 있는 공통된 견해였다. 북한도 마찬가지였다. 두 이념 가운데 어느 쪽을 택하느냐 하는 차이만 있을 뿐, 이들은 똑같이 '피해 대중'의 입장보다는 이념을 우선시했던 것이다. 그런 점에서 보자면 초기 진보당원의 이념적 색깔이 다양했다는 건 당연한 일일 수도 있겠다. 윤길중은 진보당 안에는 우익 청년단 출신이나 특무기관 출신이 너무 많다는 불평

이 나올 정도로 조직은 우파색이 강했다고 말한다.[79]

그렇다 하더라도 조봉암의 색깔이 계급적으로 민주당의 한참 왼쪽에 있었던 분명했다. 조봉암의 공약 10장 중 첫째가 "남북한에 걸쳐 조국의 통일을 저지하고 동족상잔의 유혈극의 재발을 꾀하는 극좌극우의 불순세력을 배제"한다는 것이었는데,[80] 민주당은 배제의 경계선상에 놓여 있는 정당이었다. 그래서 조봉암도 한편으론 민주당과의 후보 단일화를 위해 애쓰면서도 다른 한편으론 민주당에 대해 '배제 담론'을 구사했다. 조봉암은 4월 14일 서울 수송초등학교에서 열린 제1회 정견발표회에서 자유당의 독재와 아울러 민주당의 보수성을 다음과 같이 비판했다.

"우리 대다수 민중이 굶고 있는데도 정부는 책임을 안 진다는 것이 올시다. 능력도 없는 정부올시다. 부정부패하고 권위나 세우는 이외에 오늘날 이 정부가 하는 일이 뭐냐 말씀입니다.……내 단언하지만 민주당 그 완고한 사람들한테 정권을 맡기면 요새보다 더하면 더했지 조금도 덜할 사람들이 아니란 말씀입니다. 여러분! 민주당의 경제정책을 보세요. 자본가들 잘살고 권력 있는 사람이나 잘살게 되어 있어요. 가난하고 힘이 없는 사람들은 꼭 마찬가지로 못살게 된다 이 말씀이에요."[81]

조봉암의 '평화통일론'

조봉암의 '평화통일론'은 이승만 정권의 매카시즘 공격을 받은 이론이었다. '평화통일'은 지금은 하등 이상할 것 없는 당연한 말이지만, 이승만의 북진통일론이 지배하던 1950년대엔 매우 위험한 말이었다. 게다가 소련이나 북한에서 주장하면 무엇이든 위험한 것이 되고 말았는데, 이 평화통일론의 원조라 할 평화공존론은 소련에 의해, 평화통일론은 북한에 의해 제창되었으니 더 말해 무엇하랴.

1953년 8월 소련 총리 게오르기 말렌코프Georgii Malenkov, 1902~1988는 세계적 긴장을 완화하기 위한 조치들을 발표하면서 '평화 공세'에 착수했다. 1953년 9월 니키타 흐루쇼프Nikita Khrushchyov, 1894~1971가 집단 지도체제하에서 이오시프 스탈린Iosif Stalin, 1879~1953의 후계자 말렌코프를 누르고 소련공산당 제1서기가 되면서 '평화'라는 단어는 더욱 힘을 얻게 되었다.[82]

집단 지도체제의 일원으로 있다가 1955년에 최고 지도자로 부각된 흐루쇼프는 1956년 2월 24일 소련공산당 제20차 당대회에서 스탈린이 주장한 자본주의와 사회주의 간 전쟁 불가피론을 비판하면서 '평화공존론'을 제시했다. 제국주의가 존재하더라도 전쟁이 불가피한 것은 아니라고 말하면서 사회주의로 이행하는 길은 다양하다고 역설한 것이다.[83]

1953년 8월 말렌코프(왼쪽)가 세계적 긴장을 완화하기 위한 조치들을 발표하고 9월 흐루쇼프(오른쪽)가 소련공산당 제1서기가 되면서 '평화'라는 단어는 더욱 힘을 얻게 되었다.

흐루쇼프의 평화공존론에 영향받은 북한에서 평화통일론을 처음 공식화한 것은 1956년 4월 23일부터 28일까지 평양에서 열린 조선노동당 제3차 당대회였다. 대회 마지막 날 '조국의 평화적 통일을 위하여'라는 제목의 선언문이 채택되었다. 이 선언문은 미국과 이승만이 새로운 전쟁을 일으키려 한다고 비난하고 조국통일은 평화적인 방법으로 해결할 수 있다고 주장했다.[84]

흐루쇼프의 평화공존론은 남한의 진보당에도 영향을 미쳤다. 당시 동양통신 기자이면서 진보당 당원이었던 정태영은 "1956년 2월 소련공산당 제20차 당대회에서 흐루쇼프가 스탈린을 비난하는 문건이 그 당시 『사상계』에 실렸습니다. 그때 문제가 된 것이 스탈린 독재 즉 개인숭배에 대한 배격과 평화공존론의 공식화였습니다"라면서 다음과 같이 말했다.

"소련이 평화공존을 부르짖는다는 것은 공산주의 이론으로 볼 때 폭력혁명의 포기이자 확대해석하자면 의회민주주의를 택하게 되었다는 것으로 보일 수도 있습니다. 그렇게 되면 자연히 국제 정세는 완화될 것이고 따라서 남북 대결 양상도 완화되리라고 보았던 거죠. 그러니까 진보당의 정치 이념인 사회적 민주주의는 세계사의 전개 방향과 때맞춰 참 적절한 시기에 나왔다고 보여져요.……그런데 그 이후 국제 정세가 전개되는 과정을 보면 오히려 극도로 악화되었지요."[85]

그러나 소련과 북한이 긍정적으로 평가하는 걸 수용하는 일은 무조건 용공 혐의를 스스로 뒤집어쓰는 것과 다름없었다. 반둥회의에 대한 지지마저도 매우 위험한 것이 되었다. 김일성이 1956년 4월 제3차 당대회에서 다음과 같이 반둥회의에 대해 적극적인 의미를 부여했기 때문이다. "작년 4월 29개국 대표가 참가한 반둥회의는 식민주의를 반대하여 공고한 평화를 지향하는 수억만 아세아, 아프리카 인민들의 일치한 염원을 표명하였으며 유명한 5개 원칙에 입각한 이 지역 인민들의 장성하는 단결을 뚜렷이 보여주었으며 제국주의자들에게 커다란 타격을 주었습니다."[86]

이승만을 지지한 민주당

조봉암과 진보당의 평화통일론은 이승만뿐만 아니라 민주당에 의해서도 불온시되었다. 민주당계 신문인 『동아일보』 1956년 5월 9일자는 진보당의 평화통일론에 대해 "현실을 무시하는 하나의 패배주의"라고 비판했다.[87] 민주당의 그런 적대적 태도는 신익희 사후에 극명하게 드러났다. 신이희가 사망하자 진보당은 박기출의 부통령 후보직을 사퇴하게 하고 부통령 후보로 장면 지지를 선언했다. '조봉암과 장면'으로 정·부통령 단일 후보를 이루려는 뜻이었다. 그러나 신익희가 없는 민주당에서는 조봉암을 이전보다 더 배척했다.

그래도 진보당은 재차 민주당과의 연합전선 구축을 모색했지만, 민주당 측은 조봉암을 지지하지 않는다는 입장을 분명히 하고 신익희의 추모표를 유도하는 발언을 했다. 민주당 측은 "용공적 노선을 지지하는 대통령 후보에 대해서는 1표라도 고 신익희 씨를 지지하던 유권자가 투표하는 것을 희망하지 않는다"고 밝혔다.[88] 민주당의 진보당에 대한 사상적 공격은 표의 중복성을 염두에 둔 정략 때문에 오히려 자유당보다 더 심한 면도 있었다. 그래서 조봉암을 아예 공산주의자로 몰아붙이기도

했다.[89]

　민주당 최고위원 김준연은 5월 9일 "조봉암에게 투표하느니 차라리 이승만에게 표를 주라"는 성명을 발표했다.[90] 조병옥도 김준연과 같은 태도였다. 급기야 민주당은 5월 10일 "남은 두 사람의 대통령 후보는 그 행장行狀이나 노선으로 보아, 그 어느 편도 지지할 수 없다. 우리는 부득이 정권교체를 단념하고 부통령 선거에만 전력을 기울이기로 했다"는 공식성명을 발표했다.[91]

216만 표에 기반한 진보당 창당

　대통령 선거에서 얻은 216만 표라는 대중적 지지를 기반으로 1956년 11월 10일 서울 명동 시공관에서 진보당 창당대회가 열렸다. 엄청난 인원이 운집해 창당대회장 안팎을 꽉 메웠다. 당시 진보당 재정부장이었던 신창균은 "이승만 정권은 대경실색하여 정사복 경찰 500여 명을 동원, 감시케 하면서 입장하는 인사들을 낱낱이 검열하였고 대회장 밖에서는 운집한 군중들에 대하여 해산 귀가할 것을 강력히 종용하며 압박을 가했으나 대중들은 그 경찰들의 말과 협박을 외면한 채 경찰들과 시비가 붙어 소란이 이만저만이 아니었다"며 다음과 같이 말했다.

　"이李 정권은 경찰들을 사복으로 가장시켜 대회장 내에 입장시켰다. 그들이 난동을 부리며 단상으로 뛰어 올라오려고 하는 것을 단상에 있는 간부들이 완력과 발길로 물리치는 소동까지 벌어졌다. 그러자 그 가장한 경찰들이 뒤로 물러서며 수십 개의 계란을 단상으로 집어던져서 단상에 있는 간부들은 계란 세례를 흠뻑 받게 되었다.……그러던 중에 참으로 놀랄 만한 일이 생겼다. 진보당 창당준비위원 때부터 가담한 자들 중에 창당 당시 난동에 극력 앞장선 자들이 있었는데 이날에야 비로소 이승만 정권의 프락치였다는 것을 알게 되어 한편으로는 이승만 정권의 악랄한 술법에 놀랐고, 우리 내부에도 조직 상황이 너무나 허술했던 것을 느끼게 되는 아쉬움이 있었다."[92]

창당대회에서 진보당은 조봉암을 위원장에, 윤길중을 간사장에 선출하고 책임 있는 혁신정치와 수탈 없는 계획경제, 민주적 평화통일의 3대 정강을 채택했다.[93] (윤길중은 원래 신익희의 사람이었는데, 6·25 발발이 그만 둘을 갈라 놓았다. 신익희는 자신의 부하인 윤길중에게 "자네를 두고 내가 혼자 가겠느냐"면서 함께 피난가자고 약속해놓고 아무 연락도 없이 가족과 함께 먼저 서울을 빠져나갔으며, 이 일로 인해 윤길중은 신익희의 사람에서 조봉암의 사람이 되었다는 것이다.)[94]

이 창당대회에서 조봉암은 이렇게 말했다. "자본주의 세계도 날로 수정되어서 사회민주주의적인 전법을 쓰고……공산주의 세계도 날로 수정되고 탈취脫臭돼서, 그들이 원수같이 생각하던 사회민주주의적인 방향으로 움직여가고……따라서 우리들 지식인은……자본주의와 공산주의를 다 같이 거부하고 청산하는 동시에……인류의 새 이상을 옳게 파악하고 실현해내지 않으면 안 된다고 생각하는 것입니다."[95]

왜 진보세력은 분열했을까?

서상일계는 진보당에 참여하지 않고 1957년 10월 15일 민주혁신당을 창당했다. 왜 이런 진보세력의 분열이 일어났을까? 정태영은 당시에 모두 진보당으로 결집되지 못한 것은 아직 이데올로기적으로 정리가 안 된 상황이어서 헤게모니의 문제가 있었다고 했다.

정태영은 "당시의 지도자는 전부 권위주의의 유물이었어요. 지도자는 떠받듦을 받는 것이지, 일을 통해서 또 민중으로부터의 지지에 의해서 부상하는 것이 아니라고 생각했어요. 그러니 당연히 행동은 없고 항상 지시만 하는 입장이에요. 처음에는 같이 출발을 했지만 나중에는 점점 죽산(조봉암)에게 밀리게 되니까 그때부터 합세하지 않고 '이데올로기적'으로 대립만 하는 거예요. 죽산의 노선이 틀렸다는 거지. 그러면서도 그 노선이 뭐냐고 물으면 대답을 못해요"라면서 다음과 같이 말했다.

"장건상의 경우에도 사회민주주의자라고 자처한단 말이에요. 그러면서도 '죽산은 어떤가요' 하면 '나하곤 생각이 다르다'고 하는데, '어떻게 다릅니까'라고 물어보면 말을 못해요. 조봉암도 같은 노선을 취했으니까 이데올로기적으로 크게 반대하지는 못했지요. 그 사람들은 민혁당에도 속하지 않아요. 소위 혁신세력으로서 민혁당에도 속하지 않고 진보당에도 속하지 않고 계속 분파를 형성하였지요. 장건상은 죽산을 가리켜 단정에 참여했기 때문에 변절자라는 거예요. 같은 민족주의 진영에서조차 민족 분단에 협조했다는 것을 용납하지 않았죠. 그래서 아예 '타락한 놈이다. 이승만에게 몸을 팔아버린 놈이다'라고 하지요. 그렇지만 내가 알기엔 그렇지 않아요.……죽산은 스스로 설정한 이론에 따라 행동한 거지, 일시적으로 또 누구의 지시에 따라 그런 것이 아니예요."[96]

조봉암도 1957년 1월 초에 이와 같은 취지의 문제 제기를 했다. "혁신이나 진보세력 운운하는 인사들 중에는 진실로 인류의 새 이상을 파악하고 우리나라 현실에 맞는 정치를 하려는 사람, 다른 말로 하자면 우리 민족성에 맞고 우리 정치 현실에 맞고 우리의 인정에 맞는 정치를 하려는 사람들도 있지만, 개중에는 보수당 내의 충돌로 감정적으로 대립되어 혁신이니 진보니 하는 사람들도 있고, 자유당이나 민주당에는 갈 수가 없고 가기가 싫은 사람들이 제3당을 하겠다는 의미에서 혁신이니 진보니 하는 사람들도 있다는 것을 알아야겠다."[97]

불행하게도 조봉암의 이런 진단은 그가 얼마 후 이승만 정권에 의해 억울한 죽음을 당할 때에 현실로 나타난다. 혁신이나 진보세력 운운했던 인사들 가운데 이승만 정권의 '조봉암 죽이기'에 협조하는 사람들이 나타남으로써 비로소 자신들의 정체를 드러내게 된다.

자유당의 '민주당 죽이기'

야당 후보자들의 등록 방해 공작

1956년 8월 8일로 예정된 제2대 지방의회 선거를 앞두고 여권이 바빠졌다. 이미 내무부 장관 이익흥은 이승만의 81회 생일을 기념해 만든 '팔일봉사회'를 전국적으로 조직해 지방선거에 대비해왔는데,[98] 점차 선거일이 다가오자 치안국장 김종원과 더불어 새로운 유형의 야당 탄압을 선보였다. 그건 바로 관권을 통한 야당 후보자들의 등록 방해 공작이었다. 선거 담당 공무원을 파출소로 피신시켜 야당은 등록을 못하게 만드는가 하면 경범죄처벌법까지 동원해 등록 방해를 하는 바람에 야당은 힘겨운 '등록 투쟁'을 벌여야만 했다.[99]

7월 중순경 한 의원은 국회에서 "경범죄처벌법이 요렇게도 대단한 법인 줄은 미처 알지 못했습니다"라면서 다음과 같이 말했다. "야반에 집 앞에다가 쓰레기를 버려놓고 새벽같이 찾아와서는 청소 불결이라는 죄목으로 구류처분하지 않나, 밤 사이에 단단히 붙여놓은 문패를 떼어버리고는 문패가 없으니 구류처분이라고 집어넣지를 않나, 형사들이 술을 사달라고 졸라서 술을 사주었더니 밤 12시가 되도록 나가지를 못하게 해놓고 12시가 지나 집으로 가려고 한즉 통금위반이라고 집어넣지를 않나……."[100]

심지어 이런 수법도 동원되었다. "부산의 경우 야당 성향의 한 입후보자가 길에서 불심검문을 당했는데, 호주머니에서 아편이 나와 국민의료법 저촉으로 구속되었다. 그러나 본인은 아편의 출처를 전혀 몰랐다. 한마디로 야비하고 지능적인 수법이었다."[101] 자유당과 경찰은 왜 그런 짓을 했던 걸까? 그건 경범죄로 11~25일간 구류처분을 받으면 자동적으로 후보자로 등록을 할 수가 없다는 점을 노린 수법이었다. 부산, 마산 등 경남에서 이처럼 경범죄로 구류처분을 받은 사람들이 선거 초반인 7월 18일까지 36명이나 나왔다.[102]

등록 마감이 가까워오자 사복경찰은 조사를 빙자해 등록서류를 압수 또는 강탈하기 시작했다. 야당이 집단등록을 하려고 하자 수백 명의 괴한이 몰려와 폭행 끝에 서류를 탈취해가는 일까지 벌어졌다. 그래서 부산의 시의원 입후보자 86명 중 민주당원은 겨우 3명만 등록을 할 수 있었다. 여기에 입후보 사퇴 공작까지 가세해 각급 지방선거에서 사퇴한 후보는 3,800여 명에 이르렀다.[103]

헌정 사상 초유의 국회의원 시위

이런 상황에서 정상적인 선거는 불가능했다. 그래서 민주당 의원

38명은 "지방의원과 시·읍·면장 후보자의 등록 기간에 관한 임시조치 법안"을 국회에 제출해 등록 방해로 인해 등록하지 못한 입후보 희망자 들에게 기회를 주자고 했지만, 자유당이 반대하고 나섰다.[104] 7월 26일 야당 의원 72명은 국민주권옹호투쟁위원회를 구성했고, 27일에는 모든 야당 의원이 국회의사당을 뛰쳐나와 가두시위에 돌입하는 사태가 발생 했다. 헌정 사상 초유의 국회의원 시위였다. 이들은 "관권의 횡포를 배제 하자!", "선거의 자유를 사수하자!" 등의 플래카드를 들고 시청 쪽으로 방향을 잡았다.

경찰의 저지선을 뚫는 데 이철승과 김두환이 맹활약을 했지만, 경찰

1956년 8월 제2대 지방의회 선거를 앞두고 여권의 극심한 관권 개입 등으로 정상적인 선거가 불가 능해지자 야당 의원들이 '국민주권옹호투쟁위원회'를 결성하고 시위에 나섰다.

들에 의해 강제 해산당하고 말았다. 그 와중에 의원 김선태가 경찰에 끌려갔다. 국회에서 야당은 김선태 석방 결의안을 놓고 여당과 대치했다. 자유당이 예산 심의를 종결하려 하자 야당은 그전에 김선태 석방결의안을 통과시키기 위해 유옥우가 나서서 3시간 동안 필리버스터링(의사진행 방해)에 들어갔다. 유옥우는 3시간 동안 마이크를 붙들고 연설하는 가운데 이익흥 관련 일화를 소개했다.

"이익흥 내무부 장관이 경기도지사로 있을 때 이 대통령이 광나루에 나와 낚시질을 한 적이 있습니다. 그때 대통령이 어쩌다가 방귀를 뀌었다 이 말씀이에요. 아 그러자 바로 이익흥 도지사가 그 뒤에 서 있다가 대뜸 한다는 말이 '각하! 시원하시겠습니다!' 하더란 말씀이에요!"[105]

먼 훗날까지 아첨의 극치로 자주 인용되는 이 이야기는 바로 이 발언에서부터 비롯된 것이었다.

여촌야도 현상

야당의 손발을 꽁꽁 묶어 그라운드에 들어오지도 못하게끔 해놓고 치른 8월 8일의 기초의회 선거 결과가 자유당의 압승으로 끝난 건 당연한 일이었다. 여권이 전국에서 90% 이상을 먹었다. 선거 후 한 경찰관이 환표換票 사건을 폭로함으로써 자유당이 다단계 선거 대책을 세웠다는 게 알려졌다.

전북 정읍 소성지서에서 근무하던 순경 박재표는 소성면 투표함 2개를 수송 도중 바꿔치기한 경찰관들의 선거 부정을 『동아일보』를 찾아가 폭로했다. 경찰은 박재표를 체포하기 위해 현상금 30만 환에 일계급

특진을 내걸었다. 박재표는 25일 만에 체포되어 10개월간 감옥살이를 하는 등 개인적으로 큰 수난과 고초를 당했다.[106]

그러나 8월 13일에 치러진 서울특별시·도의원 선거에선 민주당이 22%의 당선자를 배출했으며, 서울에서는 자유당이 참패했다. 서울시의원 47명 중 민주당이 40명이나 차지했다. 서울에서는 자유당원이 자유당으로 입후보하지 못하고 무소속으로 나와 무소속 후보자들은 '순수 무소속'을 표방하는 사태가 빚어졌다.[107] 서울에서 자유당 공천을 받아놓고 무소속으로 출마한 이른바 '가면假面 입후보자'가 42명이었는데, 이 중 5명만 당선되었다.[108] 전형적인 여촌야도與村野都 현상이었다.

8월 15일 정·부통령 취임식이 거행되었다. 이날『한국일보』는「들어라 국민의 절규를: 정치의 부패와 민심의 동향」이라는 사설에서 이번 지방선거는 주권재민主權在民의 말살이며 민주주의의 매장이라고 비판했다.[109] 민주주의만 매장당한 게 아니었다. 모든 일상적 삶의 영역에서 자유당의 횡포는 극에 달해 있었다. 대다수 공무원은 자유당과 인연을 맺지 않으면 살기 어려웠고, 각종 인허가도 자유당에 줄이 있어야만 했다. 정당정치가 아니라 '줄 정치'였다.

『조선일보』1956년 5월 24일자 사설은 자유당 간부는 지방에 가면 한 도의 지사나 국장보다도, 또한 군에 가면 군수나 서장을 젖혀 놓고 뗄 것 떼고 살릴 것 살리는 등 위세가 등등하다고 비판했다.[110] 국회의원 김홍식은 1956년 7월 자유당에는 무법, 불법, 유시법諭示法밖에 없기 때문에 자유당이 정권을 잡는 한 법이론을 따지지 말자고 말했다.[111]

신·구파 갈등과 장면 저격 사건

1956년 9월 28일 명동 시공관에서 열린 민주당 제2차 전당대회에서 벌어진 장면 저격 사건은 자유당의 '민주당 죽이기'는 수단과 방법을 가리지 않는다는 걸 잘 보여주었다. 이 사건은 자유당이 민주당 내부의 파벌 싸움을 이용하는 고단수 수법을 쓰긴 했지만, 그 점을 너무 의식하는 바람에 오히려 어색한 쇼가 되고 말았다.

신익희의 타계로 권위 있는 조정자 역할이 사라지면서 민주당은 신·구파 대립으로 파벌 싸움에 몰두하고 있었다. 신파의 보스는 장면, 구파의 보스는 조병옥이었다. 소장파들도 신·구파로 갈렸는데, 이철승은 신파, 김영삼은 구파에 속했다.[112]

민주당 제2차 전당대회는 민주당 최고대표위원에 조병옥을 선출하면서 차기 수권受權 준비를 기하고자 했다. 최고위원엔 장면, 곽상훈, 박순천, 백남훈 등이 선출되었다. 김준연은 최고위원 선거에서 낙선했는데, 이와 관련해 1년 후 추악한 부정선거 시비가 일어나게 된다(1년 후 김준연은 최고위원 선거 과정에서 부정이 있었다고 주장했는데, 이는 조병옥과의 싸움으로 번졌고 김준연은 제명 처분을 당했다. 김준연은 1957년 11월 16일 자유당의 지원을 받아 통일당을 창당하지만, 1958년과 1960년 양대 선거에서 대참패했다. 김준연은 선거시 경기중학 동창들을 가장 유력한 지지층으로 기대를 걸고 경기중학 배지를 넥타이에 달고 다니며 선거운동을 해 화제가 되었다).[113]

그런데 이 대회에 참석한 장면이 제대 군인 김상붕의 권총 저격을 받은 사건이 벌어진 것이다. 피를 철철 흘리긴 했지만 총알은 장면의 왼손을 스치고 지나가 암살은 미수로 끝났다. 장면은 암살 모의 정보를 받고 있었기 때문에 전당대회에도 불참 통보를 하고 기습적으로 참석하는 조심성을 보였지만 그런 일이 벌어졌다.

이상한 건 김상붕이 권총을 쏜 후 "조병옥 박사 만세!"를 외쳤다는 것이다. 사건 발생 후 곧 치안국장 김종원이 시공관에 나타나 김상붕을 데려갔다. 다음 날인 9월 29일 김종원이 수사 결과를 발표했다. 김상붕의 저격 동기는 "민주당이 당파 싸움만 하는데 실망하였고 특히 장면은 우리의 원수인 일본과 친하려고 하기 때문에 암살하려 했다"는 것이었다. 김종원은 이와 같은 발표에 이어 김상붕을 기자들과 대면시켜주었다. 김상붕은 기자들에게 이렇게 말했다.

"나는 평소 장면이 친공친일하는 것을 못마땅하게 생각했고 멸공전

민주당 제2차 전당대회에서 장면은 김상붕의 권총 저격을 받아 부상을 당했다. 1956년 5월 15일 부통령 선거에 출마한 장면의 선거 포스터. (대한민국역사박물관 소장)

쟁을 하는 이 마당에 당내에서 파벌을 만들기에 나쁘다고 생각했고 조병옥 박사를 좋아하기 때문에 장 부통령을 제거해서 민주당과 국가와 민족을 위해 희생할 각오였다."[114]

이기붕·이익흥·김종원이 배후

김상붕은 자신이 민주당 마포구당 당원이라고 주장했지만, 조사 결과 그는 민주당원이 아닌 것으로 밝혀졌다.[115] 민주당원도 아니면서 자신이 민주당원이라고 우기고 누가 묻지도 않았는데 '조병옥 만세'를 외치는가 하면 장면의 친일 행각을 들추어내면서 민주당 내의 파쟁派爭을 부각시킨 이유는 무엇이었을까?

이 사건이 신문에 보도되자 김상붕의 형 김상봉이 배후를 『경향신문』에 제보했다. 배후는 자유당 비밀당원 최훈이었다. 이어 성동경찰서 사찰주임 이덕신과 형사 2명이 구속되었다. 경찰 고위 간부들의 연루도 드러났으나 검찰은 적당히 그걸 감추고 끝내려 들었다. 이에 민주당은 1957년 1월 21일 내무부 장관 이익흥의 불신임결의안을 제출했으나, 자유당은 이를 부결시켰다. 격분한 민주당이 이에 대한 총책임을 물어 '대통령 경고 결의안'을 제출하려 했지만 자유당의 저지로 무산되고 말았다. 정국이 혼란해지고 여론이 악화되자 이승만은 1957년 3월 23일 김종원을 해직시켰다.

1957년 11월 4일 대법원은 이덕신, 최훈, 김상붕의 사형을 확정했다. 그 후 이 사건은 파묻히고 말았지만 4·19 혁명 후 역전되었다. 4·19 후에 밝혀진 바로는 이기붕, 이익흥, 김종원이 이 사건의 배후였다.[116] 사형이 확정된 세 사람은 무기로 감형을 받았으나 이익흥, 김종원, 임흥순(이기붕의 측근)을 포함한 5명은 배후조종 혐의로 사형을 선고받았다. 그러나 5·16 군사쿠데타 후 저격 배후 5명은 모두 특사로 석방되었다. 최훈과 김상붕은 15년 복역 끝에 출감했으나, 이덕신만 병 보석 중 형기를 얼마 안 남기고 사망했다.[117]

미국의 잉여농산물과
여촌야도

미국산 잉여농산물과 짜장면의 대중화

1956년 5·15 정·부통령 선거 유세시 신익희와 장면이 전남 순천 근처의 갯마을 초등학생들을 대상으로 연설을 한 적이 있었다. 장면은 아이들을 웃기려고 "내가 학교에 다닐 때 친구 아이들이 '짜장면 짜장면' 하고 놀렸다. 그건 내 이름이 장면이었기 때문이야"라고 말했지만, 아이들은 전혀 웃지 않았다. 짜장면이 무엇인지를 전혀 몰랐기 때문이다.[118]

짜장면은 1905년 세계 최초로 인천시 중구 북성동 소재 중국 요리집 '공화춘'에서 부두 노동자들을 상대로 값싸고 손쉽게 먹을 수 있게끔 만들어 판매하기 시작했지만, 1950년대 중반까지도 아직은 대중화되지 않은 음식이었다(인천시는 2005년 10월 중구 차이나타운에서 열리는 제4회 한중문화축제와 함께 '짜장면 탄생 100주년 기념' 축제를 열었다).[119]

짜장면이 대중화가 된 건 1956년부터였다. 김영미에 따르면, "자장면이 값싼 음식으로 밥에 대해 가격 경쟁력을 가질 수 있었던 것은 바로 1956년부터 도입되기 시작한 미국산 잉여농산물 때문이었다. 미국산 잉여농산물은 한국 곡물 생산량의 40%를 차지하였으며 그 가운데 밀이 70%를 차지했다. 따라서 밀가루값은 쌀값과 비교할 수 없을 정도로 쌌으며, 화교들은 싼값에 짜장면을 공급할 수 있었다".[120]

그러나 짜장면 대중화는 결코 반길 일은 아니었다. 미국산 잉여농산물은 한국의 농촌 경제에 치명타였기 때문이다. 1956년부터 들어온 미국 원조는 모두 농산물이었다. 이는 한국 식량문제 해결의 뜻도 있었지만, 1948년부터 계속된 미국의 농업 공황에서 벗어나보려는 게 더 큰 목적이었다. 게다가 이승만 정권이 정치자금 확보용으로 필요 이상의 농산물을 들여옴으로써 농촌 경제는 파탄에 직면하게 되었다.[121]

대책 없는 이농 현상

미국의 잉여농산물은 '입도선매立稻先賣'로 대표되던 농촌 경제의 파탄 상황에 추가의 일격을 가하는 것이어서 입도선매의 악순환은 파국을 향해 치닫고 있었다. 조정래는 소설 『한강』에서 그 실상을 다음과 같이 묘사했다.

"배탈나 똥싸는 놈 주저앉히더라고 나라에서는 또 해괴한 일을 벌였다. 외곡을 들여와 마구 풀어댔다. 그것은 곧바로 농산물을 똥값으로 만들어버렸다. 딴 물가는 오르는데 농산물값만 곤두박질을 치니 가난한 농민들은 죽을 길을 앞에 둔 셈이었다. 자식들을 가르쳐야 하고, 집안에 변고가 생기고……돈은 급한데 추수 때까지 기다릴 수 없으니 입도선매에 나설 수밖에 없었다. 읍내의 부자나 큰 쌀장수를 찾아가 입도선매를 해달라고 사정을 하는 것이다. 목마른 놈이 샘 파고, 돈 쥔 놈이 흥정 끝내더라고 입도선매에 붙여진 나락값은 잘 받아야 추수기의 절반 정도였다. 한번 입도선매에 말리게 되면 추수 때 빈손 털고 장리빚을 내야 하고, 다음 해에는 더 빨리 입도선매에 나서야 하고, 또 장리빚은 늘어나고……그렇게 3~4년 하다 보면 논까지 빚쟁이에게 다 뺏기고 빈털터리가 될 수밖에 없었다."[122]

1956년의 한 조사에 따르면 농가 부채의 80%는 사채였으며, 대부분의 농민이 연간 이자율 6할 이상의 고리채에 신음하고 있었다. 또 1957년의 한 조사에 의하면 농민의 절반가량이 하루 세 끼의 식사조차 제대로 할 수 없는 절량絕糧농가였다.[123] 그런 상황에서 탈출구는 대책없는 이농離農밖엔 없었다.

"그 지긋지긋한 소작질을 하면서 평생 종 노릇을 하느니 서울로 가자. 서울서는 거렁뱅이도 쌀밥을 먹는다고 하더라. 말새끼는 낳아서 제주도로 보내고 사람새끼는 낳아서 서울로 보내라고 하지 않더냐. 서울서 고생하면 자식새끼들이나마 똑똑하게 가르칠 수 있다. 맨주먹이 된 농민들이 고향을 등지며 하는 생각이었다."[124]

그러나 서울로 간다고 해서 뾰족한 수가 있는 것도 아니었다. 농민들을 기다리고 있는 건 또 다른 빈곤과 고통이었다. 최석채는 1956년에 낸 『서민의 항쟁抗爭』이라는 책에서 "극단으로 형용하면 요즈음의 도시는 모든 사람들이 환장한 사람만 모인 것이라 해도 그리 망발은 아닐 것 같다"며 다음과 같이 말했다.

"대다수가 봉급생활자, 노동자, 소시민, 중소상공업자들로 형성된

도시는 생존경쟁의 수라장으로 화하고 실업자의 홍수에다가 유직자有職
者라 할지라도 정상적 수입으로는 생활비의 3분의 1에 미달할 지경이니
자연 파생되는 온갖 부정과 협잡에 서로 시기하고 경계하며 말세기적末
世紀的인 향락과 음울한 허설虛說 속에 강절도가 횡행하고 인생을 저주하
는 신음소리만 충만하고 있다. 인간다운 애환의 정서는 찾아볼래야 구할
길이 어려운 기막힌 처지다."[125]

밀가루·설탕·면화, 삼백산업의 횡포

미국 잉여농산물의 상당량이 대용곡물인 소맥이었다. 그래서 짜장면 이외에도 과자, 빵류, 국수 등이 전 국민의 대용식으로 크게 각광받게 되었다. 무상으로 제공된 소맥을 밀가루로 제조하는 제분업도 성장했는데, 제일제당·삼양사·조선제분·대한제분 등이 대표적인 기업들이었다.[126]

미국 원조에 의해 성장한 산업은 제분업 이외에도 설탕과 면화산업 등이었는데, 이 세 가지 산업을 가리켜 이른바 삼백三白산업이라고 불렀다. 삼백산업의 원료는 값싼 잉여농산물로 충당되었기 때문에 국내의 밀과 면화 생산은 도태되었다. 밀은 1955년 수요량 가운데 70%가 국내생산으로 충당되었으나 1958년엔 25% 충당으로 뚝 떨어졌다.[127]

삼백산업은 원조 감소 추세에도 국내시장을 조기에 독점화하고 원료를 더 많이 배정받을 목적으로 시설을 계속 확장해 시설 과잉을 빚게 되었다. 제당산업은 1953년 4월 삼성이 제일제당을 설립한 이래 1954년엔 동양제당·한국제당, 1955년엔 삼양사, 1956년에는 금성제당·해

 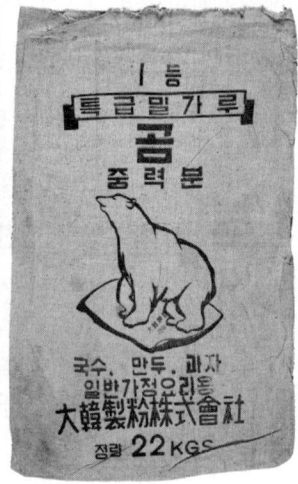

조선제분에서 생산한 밀가루를 담기 위해 제작된 별표 밀가루 포대와 대한제분에서 제작한 곰표 중력분 포대. (대한민국역사박물관 소장)

대제피·대동제당이 설립되어 제당업은 춘추전국시대를 맞게 되었다. 1957년에는 국내 설탕 수요량이 연 5만 톤에 불과한 데 비해 7개 설탕 메이커의 생산능력은 15만 톤이나 되었다(그 결과 제당업은 1958년에 제일제당, 대한제당[대동제당의 후신], 삼양사 등의 3사 체제로 전환하게 되었다).[128] 1958년 삼백산업의 가동율을 보면, 제분 41.2%, 제당 22.5%, 면방직 70.2% 등이었다.[129]

삼백산업은 각 업종마다 한국제분공업협회·대한제당협회·대한방직협회를 결성하고, 각 협회가 제조업자를 대표해 원료 도입 자금의 불하를 받아 각 산하 기업에 분배하는 '원료 카르텔'을 결성했다. 공장을 설립해도 협회원이 되지 못하면 원료 분배를 받을 수 없었기 때문에 원료 카르텔은 새로운 경쟁 기업의 출현을 막는 효과가 있었다. 원료 카르텔은 또한 가격 담합을 위한 것이었다. 정부는 원조물자의 판매대금을 증가시키기 위해 원조물자의 일반입찰에 의한 불하를 하려고 몇 번 시도했지만 그때마다 원료 카르텔에 의해 좌절되었다.[130]

농촌을 희생으로 한 자본주의 발전

일부 연구자들은 농지개혁의 결과 이승만 정권은 안정되었고 농민들은 보수화되거나 체제지향적으로 안정화되었다고 주장했지만, 이 주장이 타당하다고 해도 적어도 1950년대 중반에 이르러 그런 효과는 의문시되었다. 농지개혁으로 농지를 분배받은 농민은 연간 수확량 가운데 절반 가까이를 지가地價 상환곡償還穀과 토지수득세土地收得稅로 지주와 정부에 내야 했다. 법적 상환 기간이 끝난 1955년 3월 현재 상환곡은 전체의 56.8%에 지나지 않을 정도로 농지가의 상환이 제대로 이루어지지 못했다. 농민들은 빚더미에 올라앉아 분배받은 농지를 팔고 다시 소작농이 되거나 농촌을 떠나야 했다.[131]

그렇다고 지주들이 이익을 본 것도 아니었다. 지주들이 농지 매수에 대한 보상으로 정부에서 받은 지가증권은 5년 분할로 그해 공정미가公定米價로 계산해 현금 보상을 받게 되어 있었다. 그런데 공정미가는 시중미가時中米價의 30~40%에 지나지 않아 지주에게 매우 불리했다. 1955년 5월까지 지가 보상이 끝났는데도 그 기간까지 보상받아야 할 액수의 28%만 지불받았다. 전쟁과 인플레이션으로 생활유지를 위해 지가증권을 액면가치의 30~70% 수준으로 팔아버린 경우도 많았다. 대부분의 중소지주들은 몰락했으며, 극소수 대지주들만 지가증권을 담보로 융자를 얻어내

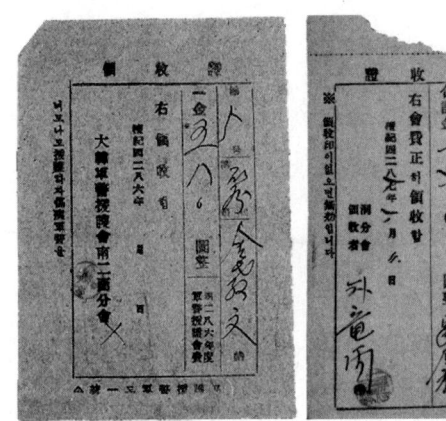
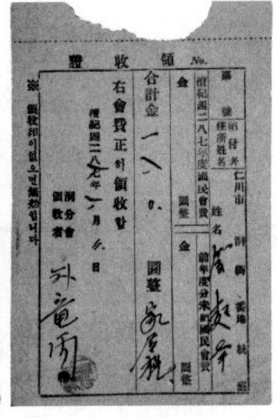

농민들은 토지수득세와 지가 상환액을 납부하면서 동시에 각종 잡부금을 내야 했다. 1950년대 초반의 대한군경원호회 회비 영수증과 국민회비 납부 영수증. (국립6·25전쟁납북자기념관 소장, 인천시립박물관 소장)

공장을 불하받았다.[132]

    토지자본을 산업자본으로 바꾸려던 정부 계획은 실패로 돌아가긴 했지만, 농지개혁이 자본주의 발전을 촉진시켰다는 데엔 큰 이의가 없는 것 같다. 그러나 그건 농촌을 희생으로 한 것이었음이 분명했다. 이와 관련, 한도현은 「1950년대 후반 농촌사회와 농촌의 피폐화」라는 논문에서 "1950년대 한국 정부는 농민의 의견만 무시한 것이 아니라 농촌 이익집단이 될 수 있는 지주계급의 몰락을 재촉함으로써 농업잉여추출정책의 저항세력을 제거하였다"며 다음과 같이 말한다.

    "정부는 농지개혁을 통해 지가증권을 발급하고 지주에게 보상하였는데 지주에 대한 '수탈'이나 다름없었다. 지주들에게 배부된 지가증권은 인플레이션하에서 거의 종잇조각에 지나지 않았다.……소작농은 명목상으로 자작농이 되었지만 임시 토지수득세, 지가 상환의 납부를 통해서 잉여의 대부분을 국가의 손에 넘겨주었다.……즉 1950년대 한국 농촌은 국가와 연결될 수 있는 이익집단 조직을 지니고 있지 못하였다."[133]

1950년대 한국 농촌은 국가와 연결될 수 있는 이익집단 조직이 없다는 정도가 아니었다. 아예 국가적 착취의 파이프라인만 박혀 있었다고 해도 과언이 아니었다. 도시보다는 농촌을 대상으로 한 정부의 잡부금 착취가 극심했던 것도 바로 그 점을 말해주는 것으로 볼 수 있을 것이다.

1953년 9월 내무부 장관 백한성은 잡부금이 30여 종 있다고 증언했지만, 내무부가 금지시키기로 한 농촌 잡부금이 58종이었다는 걸 미루어 보아 잡부금의 종류가 그 2~3배는 되었던 것으로 보인다. 1955년 전북 순창에는 80여 종의 잡부금 중 경찰 관계만 30여 종이었다. 군경원호회비, 성인교육협회비, 산림계비, 축산협회비, 국민회비, 적십자회비, 5·20 선거비, 고적보존회비, 미군철수반대경비, 지사유지비, 지서주임친척결혼비 등등 이루 헤아릴 수 없이 많은 잡부금이 농민들의 등을 치고 있었다.[134]

여촌야도의 수수께끼

그런데 여기서 의문을 갖게 되는 건 농촌이 그렇게 정부에서 불이익과 착취를 당하는데도 왜 선거만 했다 하면 여촌야도 현상이 일어나는가 하는 문제다. 대선과 총선은 말할 것도 없고 지방선거에서도 농촌은 늘 여당이 독식하다시피 했다. 앞서 보았듯이, 1956년 8월 지방선거에서도 서울시의원 47명 중 민주당은 40명인 반면 자유당은 5명밖에 되지 않는 야도野都 현상을 보였지만, 지방의 기초의회 선거에선 여권이 전국에서 90% 이상을 먹지 않았던가? 오직 부정선거만으론 설명할 수 없는 그 무엇이 있음직하다.

6·25 전쟁 이전까지만 해도 기존 체제에 대해 가장 저항적인 집단의 하나였던 농민이 전후에 가장 순응적인 집단의 하나로 변한 이유는 무엇이었을까? 박명림은 전쟁과 더불어 "토지개혁이야말로 한국 농촌을 저항의 근거지에서 지지의 근거지로 변모시킨 사건이었다"고 말한다.[135]

그러나 토지개혁의 효과는 앞서 살펴본 바와 같이 논란의 소지가 있는 것 같다. 김태일은 6·25 전쟁이 농민 정치에 미친 영향, 특히 농민들에게 미친 심대한 영향에 더 주목한다. 전쟁 전 지하로 잠복했거나 파괴되었던 과거의 농민 조직들과 활동가들이 인민군의 점령과 함께 다시 급속하게 원상복귀되었으나 인민군의 퇴각과 함께 비극적 종말을 맞이했다는 것이다. 그들에게 가혹한 탄압이 가해지면서 '권력 니힐리즘 Nihilism(허무주의)' 혹은 '정치적 냉소주의'가 만연했다는 것이다.

"한국의 농민들이 미군정으로부터 한국전쟁이 끝나는 분단국가의 형성 과정에서 격렬한 정치투쟁을 겪으며 가지게 된 정치적 패배의 상처는 우리가 상상할 수 없을 정도로 컸다. 그래서 한국의 농민들은 '우리가 나선다고 뭐가 되는 일이 있나'라는 식으로 자신들의 정치적 효능 efficacy에 회의적인 태도를 가지고 있다."[136]

김태일은 여기에 농지개혁 이후 창출된 소농의 보수성과 더불어 이승만 정권의 '농민의 정치적 탈동원화' 작업이 가세했다고 말한다. 이는 국가의 정책결정 과정에 농민들이 접근할 수 있는 통로를 차단하고, 농민들의 조직화를 방지해 농민을 정치의 영역에서 배제하는 효과를 초래했다는 것이다.[137] 거기에 이승만의 탁월한(?) '우상 정치'와 '동원 정치'

가 가세했으니 농민은 '피해 대중'임에도 과거에 당한 탄압의 기억과 상처로 인해 더는 피해나 당하지 말자는 생각에서 '동원 대중'으로 전화轉化된 게 아니었을까?

제7장

북한:
'주체 이론'과 '8월 종파사건'

김일성의 좌수우수론

1955년 12월 28일 김일성은 '당 선전 선동 일꾼들 앞에서 한 연설'에서 혁명 사업은 조선의 형편에 맞는 방식으로 해야 한다고 역설하면서 '주체 이론'을 처음으로 구체화시켰다. 그는 '사상사업에서 교조주의와 형식주의를 퇴치하고 주체를 확립할 데 대하여'라는 연설문에서 "조선 혁명이야말로 우리 당 사상사업의 주체"라고 규정하면서, "사업에서 혁명적 진리, 마르크스-레닌적 진리를……우리나라의 실정에 알맞게 적용하는 것이 중요"하다고 역설했다.[138]

김일성은 그 실천 지침으로 좌수우수론左手右手論을 제시했다. "밥을 먹는 데 왼손으로 먹으면 어떻고, 오른손으로 먹으면 어떠한가? 숟가락으로 먹으면 어떻고, 젓가락으로 먹으면 어떤가? 밥이 입으로 들어가기만 하면 되는 것이 아닌가? 마찬가지로 조선에서 혁명을 하는 데 꼭 소련식이어야만 하겠고, 꼭 중국식이어야만 하겠는가?"[139]

소련파에 대한 공격이 이어졌다. 김일성은 허가이의 뒤를 이어 조선노동당의 서기로 지명된 당 서열 7위 박창옥이 북한으로 하여금 소련을 모방하게 만들었다고 비난했다. 군인들의 휴양소의 벽에 조선의 풍경화는 걸려 있지 않고 시베리아 초원의 그림이 걸려 있으며, 학교에는 조선 시인의 초상화는 걸려 있지 않고 러시아 시인 알렉산드르 푸시킨 Aleksandr Pushkin, 1799~1837의 초상화나 블라디미르 마야콥스키 Vladimir Mayakovskii, 1893~1930의 초상화가 걸려 있고, 공공관의 벽에 조선의 3개년 계획표는 걸려 있지 않고 소련의 5개년 계획표는 걸려 있는 것 따위가 모두 박창옥의 잘못이라는 비판이었다. 또 박창옥이 이광수나 이태준과 같은 반동 부르주아 작가들의 작품은 높이 평가하면서 한설야와 이기영과 같은 프롤레타리아 작가들의 작품들은 깎아내렸다고 비판했다.[140]

김일성은 미국과의 평화공존 정책을 주장한 박영빈도 비판했다. 박영빈은 소련을 방문하고 돌아온 뒤 소련은 미국과 평화공존을 지향하고 있음을 강조하면서 그런 주장을 내세웠던 것이다. 이에 김일성은 격분해 소련은 미국과 직접 전쟁하지 않았기 때문에 그렇게 할 수 있을지 몰라도 미국과 직접 전쟁해 엄청난 인명 피해를 본 북한은 그렇게 할 수 없다고 반박했다. 그러나 김일성은 소련의 눈치를 본 탓인지 이들을 쫓아내지는 않았다.[141]

흐루쇼프의 스탈린 격하 운동

김일성에 대한 도전은 소련의 변화에서부터 시작되고 있었다.

1956년 2월 14일부터 25일까지 열린 소련공산당 제20차 당대회에서 소련공산당 제1서기이며 내각 총리인 흐루쇼프는 스탈린의 야만적 통치와 1인 독재정치를 비난하면서 스탈린 격하 운동을 개시했다. 흐루쇼프는 소련공산당은 앞으로 레닌주의에 입각해 집단 지도체제를 지향할 것이라고 선언했다. 또 그는 긴장 완화를 역설하면서 미국을 비롯한 자본주의 국가들과의 평화공존을 천명했다.[142]

김일성도 흐루쇼프의 새 노선에 호응하는 듯한 제스처는 취해야 했을 것이다. 그래서 그는 한동안 자신에 대한 개인숭배를 중단시켰다. 1956년 4월 7일 연설에선 '집단적 지도체제'의 중요성을 강조하면서 숙청된 사람들의 죄과를 상기시키는 데에 활용했다. 박헌영과 이승엽은 개인 영웅주의에 빠져 '집체적 지도체제'를 망각했다는 것이다.[143]

바로 이런 배경하에서 4월 23일부터 29일까지 조선노동당 제3차 당대회가 열렸다. 당원 대표 914명과 13개국의 공산당 대표들도 축하 사절로 참석한 이 대회의 보고 내용엔 개인숭배 비판이 부랴부랴 추가되었다. "개인숭배를 송두리째 청산하지 않고서는 자기의 대열을 견고히 할 수 없고, 당이 당면한 혁명적인 임무를 완수할 수 없다는 것을 분명히 알아야 한다.······당의 생활을 강화하기 위해서는 각 당 기관의 모든 활동에서 집단지도의 원칙을 준수하여 당원의 적극성과 창의성을 높여야 한다."[144](역사 산책 1: 북한의 도식주의 논쟁 참고)

소련의 북한 방문사절단장인 레오니트 브레즈네프Leonid Brezhnev, 1906~1982의 축사는 시종일관 개인숭배 배격과 집단 지도체제 확립의 필요성을 역설했다. 이때에 김일성이 흐루쇼프에 대해 가진 불만은 몇 년 후(1964년) 흐루쇼프를 우회적으로나마 분열주의자로 호되게 비판하는

조선노동당 제3차 당대회에서 김일성은 박헌영이 협소한 종파투쟁에만 몰두해 혁명역량을 분열시켰다며 맹비난했다. 해방 직후 서재에 앉아 있는 박헌영.

데에서 드러나지만, 아직은 그럴 때는 아니었다.[145]

이 대회에서 김일성은 박헌영을 격렬하게 비난했다. 비난 내용은 박헌영이 협소한 종파 투쟁에만 몰두해 혁명역량을 분열시켰으며 미국의 간첩이라는 것이었다. 박헌영과 남로당파 숙청과 관련된 내용은 아직 모든 게 확실치 않아 여러 설을 낳고 있다. 남로당파에 대한 사형 집행은 1955년 12월 20일에 이루어졌다는 설이 있다. 박헌영에 대한 재판은 1955년 12월 2일에 행해졌으며, 그의 사망일은 1956년 7월 19일이라는 설이 유력하다.[146]

김일성의 박헌영 비판은 박헌영 사후에도 여러 차례 계속되었다. 그는 6·25 때 남한 내 봉기가 없었던 것에 대해 한(恨)이 맺힌 듯했다. 김일성은 1963년엔 6·25 전쟁을 상기시키면서 "박헌영은 20만 명이 호응

봉기할 것이라고 장담했지만, 20만 명은 고사하고 단 1,000명의 봉기자도 없었다. 우리가 낙동강까지 밀고 내려갔는데도 그 일대 어느 곳에서도 한 건의 호응 봉기가 없었다"고 말하고 박헌영을 '거짓말쟁이'라고 비난했다.[147]

개인숭배 논란과 '8월 종파사건'

김일성은 1956년 6월 1일부터 7월 19일까지 10명으로 구성된 대표단을 이끌고 소련을 비롯한 동구 9개국을 방문했다. 그가 해외에 나가 있는 동안 연안파 간부들이 당의 운영 방식에 대한 불만을 토로했다. 이들은 김일성의 독재 기반이 강화되고 김일성을 우상화하는 정책이 형태를 달리하여 더욱 조직적으로 진행되고 있는 것에 대해 비판적인 태도를 취했다. 이들은 소련에서의 개인숭배 비판에 자극받아 북한도 스탈린과 같은 개인숭배는 안 된다고 역설했으며 집단 지도체제의 도입을 원했다.[148]

1956년 8월 30일부터 31일까지 이틀간 공산권을 방문하고 돌아온 대표단의 사업 보고를 듣기 위한 당 중앙위원회 전원회의가 열렸다. 이 자리에서 연안파의 몇몇 지도자가 소련파의 몇몇 지도자의 도움을 받아 김일성 노선에 반기를 들었다. 부수상 겸 재무상인 최창익은 중공업 우선 정책이 주민들에게 고통을 주고 있다면서 경공업 우선 정책 역설, 동서 진영의 평화공존을 활용해 한반도 중립화 추구를 위해 북한이 공산주의 체제를 포기하는 것이 좋겠다고 발언했다. '조선직업총연맹' 위원장인 서휘는 노동자들의 정치적 자율권과 파업권을 제의했다.[149]

상업상 윤공흠은 소련공산당에서 제기된 개인숭배사상 배격운동이 노동당에 반영되지 않고 개인 독재가 계속 유지되고 있으며, 인민의 생활이 어렵게 된 것은 당 중앙의 잘못된 지도에 있으므로 이 점에 대해 사과하고 책임을 져야 한다고 발언했다. 연안파 최창익, 소련파 박창옥 등이 이 발언에 동조했다. 그러나 다수인 김일성 지지자들은 세 사람을 반당분자라고 규탄하면서 처단하라고 고함을 쳤다. 혼란으로 인해 회의는 잠시 휴회되었다.

1955년까지 조선노동당 정치위원 겸 조직부장으로 소련파에 속했던 박영빈은 당시의 회의 장면을 이렇게 회고했다. "윤공흠이 8월 전원회의에서 개인 우상숭배 문제를 비판하는 연설을 하자 방청석에서 '물러가라', '개새끼' 등의 소리가 터져 나왔다. '발언을 왜 저지하는가'라며 최창익이 윤을 비호했다. 박창옥은 '지금 개인숭배를 반대하는 것은 세계 사조다'라고 발언했지만 방청석의 요란한 야유 소리에 묻혀 버렸다."

박영빈은 당시 그런 야유는 소련파에 대한 지지가 높지 않았던 것과 관련이 있었다고 말한다. "허가이·김열·박창옥 등 많은 소련파들이 건전하지 못한 여자 문제와 축재 때문에 약점이 많았다. 소련파들의 대부분은 대학 문턱에도 못 가본 사람들이었다. 허가이 같은 경우 중학교도 나온 것 같지 않았다. 모두 사상적으로나 인격적으로 성숙되지 못한 사람이었다. 당연히 소련파에 대한 당내 지지도가 높지 않았다. 그런 사람들이 1950년대까지 내각의 부상副相이다, 당 중앙위원이다 해서 고위층에 있었던 것은 그만큼 조선인 간부가 부족했기 때문이다. 소련이 영향력을 행사하기 위해 이들을 뒤에서 밀어준 것도 한 요인이다."[150]

김일성파의 반격에 불안을 느낀 연안파의 윤공흠, 서휘, 이필규 등은 휴회 시간을 이용해 회의장을 빠져나와 중국으로 피신했다. 오후에 속개된 회의에서는 68대 7로 최창익, 윤공흠, 서휘, 이필규, 박창옥을 포함한 6명에게 출당 처분을 내렸다. 이것이 이른바 '8월 종파사건'이다.[151]

김일성의 위기 탈출

박영빈은 "1956년의 반反김일성 운동(8월 종파사건)이 실패한 것은 소련과 중국의 지지와 영향력만 믿고 당내 기반 없이 무모하게 반대하고 나섰기 때문"이라고 말했다. 그의 증언에 따르면, "박창옥이 중심이 된 몇몇 소련파들은 소련공산당 간부와 접촉하기도 했다. 소련이 이들을 고무시켰다고 생각했다. 그러나 나는 반대했다. 소련공산당의 공식 입장은 아니라고 판단했다. 박창옥 등에게 '개인숭배 반대도 그 나라 식으로 해야지 외국의 지원을 받아서는 안 된다'고 충고했다. 외국에서 시켜서 나라 일을 하는 것은 괴뢰나 하는 짓이라고 생각해 그들에게 동조하지 않았다".[152]

'8월 종파사건'이 중국과 소련에 알려지자 소련에선 부수상 아나스타스 미코얀Anastas Mikoyan, 1895~1978, 중국에선 부수상 겸 국방상인 펑더화이彭德懷, 1898~1974가 평양에 와서 출당 처분을 취소하도록 유도했다. 9월에 소집된 당 중앙위원회 전원회의에서 최창익과 박창옥은 출당이 해제되어 당으로 복귀했으나 부수상과 국가계획위원장이라는 직책은 계속 박탈되었다. 펑더화이는 김일성을 권좌에서 끌어내리고 친親중국 정권을 세울 계획으로 북한에 들어왔으나 김일성이 순순히 잘못을 시인하고 시정하겠다고 나왔기 때문에 그냥 돌아갈 수밖에 없었다는 설

도 있다.¹⁵³

한 가지 분명한 건 이때에 김일성이 위기에 몰렸다는 사실이다. 그러나 국제 정세는 김일성의 편이었다. 1956년 헝가리 사태로 인한 국제 공산주의 진영의 분열과 1957년 중국의 정풍운동과 뒤이은 중·소 갈등은 김일성의 입지를 넓혀주었다.¹⁵⁴

1957년 들어 연안파의 지도자로서 북한의 국가 원수 자리를 맡고 있던 김두봉의 위치도 위태로워졌다. 그는 '8월 종파사건'의 영향으로 제2기 최고인민회의에서 상임위원장으로 재선되지 못하고 최용건이 그 자리를 대신함으로써 몰락의 길로 들어서게 되었다.¹⁵⁵ 1957년 11월 사회주의혁명 40주년 기념식에 참가하기 위해 소련을 방문한 김일성에게 마오쩌둥毛澤東, 1893~1976은 중국으로 피신한 윤공흠, 서휘, 김강, 이필규 등을 다시 북한에 받아들일 것을 요청했으나 김일성은 이를 거절했다.¹⁵⁶

김일성은 1956년 헝가리 사태와 1957년 중국의 정풍운동으로 위기를 모면할 수 있었다. 1957년부터 1959년까지 중국에서 전개된 정치 운동인 정풍운동.

김재웅의 『예고된 쿠데타, 8월 종파사건』(2024)에 따르면, 김일성이 위기를 넘길 수 있게 된 데엔 소련의 역할이 결정적이었다. 소련은 1956년 스탈린 격하 운동에 고무된 폴란드 노동자들이 대규모 파업과 시위를 벌이고 헝가리에서도 정치적 격변이 일어나자 개인숭배 반대 운동에 제동을 걸기 시작했고, 이에 따라 "팽팽하던 승부의 추는 갑자기 김일성과 그의 측근들 쪽으로 기울기 시작했다"는 것이다.

김재웅은 "(8월 종파사건으로) 일시적 타격을 받은 스탈린주의가 '주체'라는 이름으로 외피를 갈아입은 채, 지금까지 명맥을 유지하며 북한 체제의 발전과 출로 모색을 가로막고 있다"고 말했다. 남한이 4·19 혁명으로 민주화의 길로 나아간 반면 북한은 '8월 종파사건' 이후 체제 변화의 씨앗이 뿌리뽑혔으며, 이와 같은 "남북한의 상반된 선택이 두 체제의 발전 양상을 근본적으로 규정"했다는 것이다.[157]

천리마 운동 추진

김일성은 1958년 2월 8일 조선인민군 324부대를 방문해 행한 '조선인민군 창설 10주년 기념연설'에서 '대한독립군'과 '조선의열단'은 "자산계급의 이익을 옹호하던" 군대이며, 김두봉의 '조선의용군'은 "일본놈만 오면 달아나던" 군대라고 비난했다. 그는 "우리는 이러한 비非마르크스적 군대를 계승할 수 없다"고 선언하면서 조선인민군은 자신이 1932년 만주에서 조직한 빨치산 부대를 계승해야 한다고 주장했다. 이 연설 이후 빨치산 운동 미화와 찬양 운동이 대대적으로 전개되었다.[158]

김일성은 1958년 3월 6일 조선노동당 제1차 대표자대회에서 연설을 통해 종파주의·지방주의·가족주의를 반대하고 당의 통일을 고수하는 투쟁을 힘있게 전개해야 한다고 강조하면서, 김두봉을 비롯한 연안파가 반당적 범죄행위를 범했다고 비난했다(당에서 제명된 김두봉은 벽지의 협동농장으로 전출되어 농사일을 하다가 1960년 혹은 1961년에 피살·병사한 것으로 알려졌다).[159]

한편 북한은 1957년부터 '인민경제발전 제1차 5개년 계획'을 시작했다. 1957년 11월부터 그때까지 실시하던 식량의 자유 판매 제도를 폐지하고 완전 배급제를 실시했다. 또 1957년부터 공업 생산을 위한 천리마 운동을 추진했다. 이 운동은 하루에 1,000리를 달린다는 전설 속의 말처럼 노동자들이 모든 힘을 다해 열심히 일하도록 북돋운다는 것인데, 전후 경제건설에 크게 기여했다. 남한에서는 1960년대에 대학을 다닌 세대를 가리켜 '4·19 세대'라고 하는데, 북한에서는 천리마 운동이 전개되기 시작한 시기에 대학에 들어간 세대를 가리켜 '천리마 세대'라고 한다. 북한은 노동력이 모자라 나중엔 재일 교포 북송을 추진하게 된다.[160]

| 역사 산책 1 |

북한의
도식주의 논쟁

　　소련에서 시작된 스탈린 비판과 평화공존론은 창작활동의 '자유로운 환경'을 역설하는 데 유리하게 작용해 기존의 도식주의圖式主義를 비판하는 움직임으로 이어졌다. 그러나 1956년 8월 종파사건은 도식주의 비판을 '자유주의·수정주의적 사상 경향'으로 규정하면서 다시 도식주의를 옹호하는 결과를 초래했다.[161] 도식주의란 무엇인가? 그건 유형화된 구호의 반복 나열, 긍정적인 주인공의 영웅적인 행동의 상투적 묘사, 군사적 주제 중심의 영웅주의, 패배주의적 요소와 소시민적 감상주의 요소의 절대 배격 등과 같은 몇 가지 공식에 충실했다.[162]

　　「광장」의 이명준을 좌절하게 한 이유 중의 하나도 바로 그런 도식주의 경향과 무관하지 않았다. "어느 모임에서나 당사黨史가 외워졌다. '일찍이 위대한 레닌 동무는 제X차 당대회에서 말하기를⋯⋯', 눈앞에 일어나는 일의 본을 또박또박 '당사' 속에서 찾아내고, 그에 대한 처방 역시 그 속에서 찾아내는 것. 목사가 성경책을 펴들며 '그러면 하나님 말씀 들읍시다. 사도행전……' 그런 식이었다. 그것이 코뮤니스트들이 부르는 교양이었다. 언제나, 어떤 일에 어울리는 '당사'의 대목을, 대뜸, 바르게, 입에 올릴 수 있는 힘. 그것을, 코뮤니스트들은 교양이라 불렀다."[163]

특히 전쟁 시기의 도식주의 문학은 영웅을 묘사하는 동시에 적에 대한 증오를 불러일으키는 데에 무게를 두었다. 이를 극단적으로 보여준 작품이 한설야의 『승냥이』였다. 이 작품은 전쟁에서 "십자가 대신 카빈 총을 들고 임신부를 몇십 명씩 한데 모아 총살하며 탱크로 어린이를 깔고 넘어가는" 미군들이 "과거에 조선에 와서 십자가를 들고 하느님을 우러러 주여를 부르던" 선교사였음을 폭로했다. 이 작품에선 선교사 일가도 "후치날 같은 매부리코, 끝이 숭물스럽게 웃입술을 덮은 늙은 승냥이와 당장 먹자귀를 삼킨 구렁이 뱃대기처럼 젖가슴이 불쑥 내밀린 암여우와, 지금 바루 껍데기를 벗고 나오는 독사 대구리처럼 독기에 번들거리는 매끈한 이리새끼"와 같이 묘사되었다.[164]

그간 도식주의 비판 대상의 하나는 관료주의였다. 1954년에 나온 박석정의 「토론만 하는 사람」은 북한 체제의 관료주의를 이렇게 풍자했다. "회의 때이면/반드시 토론하는 최부장/비판이며 맹세도 그럴듯하여/처음 그 토론 듣는 사람은/준비된 정도와 그 열정에/감탄한다!/놀랜다!//그러나 그와 함께/책상을 맞붙이고 일하는 나는/그의 토론을 믿지 않는다/나뿐만이 아니라 모든 사람들이/토론만 하는 '토론꾼'으로/그 이름 안 지는 이미 오래다." 그러나 이 작품은 1958년 말 도식주의 비판에 대한 반反비판이 제기되면서 부르주아 작품으로 단죄되었다.[165]

김일성은 1958년 10월 14일 '작가 예술인들 속에서 낡은 사상 잔재를 반대하는 투쟁을 힘있게 벌릴 데 대하여'라는 교시를 통해 낡은 사상의 잔재의 예로 개인 이기주의, 공명주의, 가족주의적 경향 등을 거론하면서 창작에서 자유주의적 태도를 보이는 것은 당의 지도를 받지 않으려는 무無규율적인 태도라고 비판했다. 이후 북한의 문학은 천리마 운동의 일환으로서 그 이념을 관철시키는 수단으로 기능했다.[166]

"한국의 기독교는 무엇을 하고 있는가"

'권력과의 유착'과 '양적 팽창'

이승만은 독실한 기독교 신자 대통령이었다. 그는 제헌국회도 식순에도 없는 기도로 시작했고, 대통령 취임식도 기독교 방식으로 했다. 크리스마스는 공휴일로 지정되었으며, 이승만은 해마다 성탄 메시지를 발표했다. 그는 1953년 11월에는 성탄 선물과 크리스마스 카드를 많이 만들어내자는 담화를 발표하기도 했다. 1955년 12월에는 국회에서 성대한 성탄 파티가 열리기도 했다.[167]

그밖에도 기독교계를 기쁘게 만든 크고 작은 일이 아주 많았다. 1949년 4월에 발생한 '개신교 신자 초등학생 국기 배례 거부 사건'에서 이승만은 국기 배례拜禮를 주목례注目禮(오른손을 왼쪽 가슴에 올려놓고 국기를 주목하는 형식)로 바꾸자는 개신교계의 건의를 수용했고, 1949년 9월엔 신생활 풍토를 조성한다는 명분으로 사주관상을 '미신' 행위로 간주

이승만은 1918년 하와이에 설립한 한인기독학원에서 매일 예배 시간에 설교를 했다. 그만큼 그는 독실한 기독교 신자였다.

해 엄단하겠다고 발표했으며, 1950년 1월 사회부 장관인 목사 이윤영은 '무녀 금지령'을 준비하고 있다는 담화를 발표했다.[168]

이승만이 정치를 잘해서 모든 국민에게서 존경받는 대통령이 되었다면 개신교계의 전폭적인 이승만 지지는 바람직하고 칭찬받을 만한 일이 되었을지도 모르겠다. 그러나 그게 그렇질 못했다. 이승만 정권에 많은 문제가 있었던 만큼 그 정권을 뜨겁게 껴안은 개신교에도 많은 문제가 있었다. 개신교계는 무엇보다 양적 팽창에만 너무 몰두했다. 사실 따지고 보면 '권력과의 유착'과 '양적 팽창'은 같은 발상에 근거한 것이었다.

"예수도 돈 있어야 믿겠습니다"

함석헌이 『사상계』 1956년 1월호에 쓴 「한국의 기독교는 무엇을 하고 있는가」는 바로 교회의 양적 팽창에 경고를 하고 나선 글이었다. 사회적으로 큰 반향을 불러일으킨 이 글에서 함석헌은 "교회는 원조물자 오면 나눠먹을 생각만 하고, 목사들은 큰 교회 자리를 얻기 위해서 싸움만 하고" 있다고 비판했다.[169]

그러나 함석헌이 정작 제기하고자 했던 문제는 '팽창의 철학'에 관한 것이었다. 그는 교회당 탑이 삼대같이 자꾸만 일어서는 것은 반드시 좋은 현상이 아니며, 그것은 궁핍에 우는 농민과는 아무 관계가 없다고 말했다(삼대는 삼의 줄기를 의미한다. '삼대 들어서듯'이라는 말이 쓰이는데, 이는 곧고 긴 물건이 빽빽이 모여 서는 걸 비유한 것이다).

함석헌은 "그들의 가슴속에 양심의 수준을 높여 주어야 정말 종교인데 이 교회는 그와는 반대다. 교회당 탑이 하나 일어설 때 민중의 양심에는 어두운 그림자가 한 치 깊어간다. 그렇기에 '예수 믿으시오' 하면 '예수도 돈 있어야 믿겠습니다' 한다. 이것은 악한 자의 말일까? 하나님의 음성 아닐까? 석조전을 지을수록 거지는 도망가게 생기지 않았나?"라면서 다음과 같이 말했다.

"예수가 오늘 오신다면 그 성당, 예배당을 보고 '이 성전을 헐라!' 하지 않을까? 본래 어느 종교나 전당을 짓는 것은 그 역사의 마지막 계단이다.……내부에 생명이 있어 솟는 때에 종교는 성전의 필요를 느끼지 않는다. 신라 말에 절이 성하여 불교가 망했고, 고려시대에 송도 안에 절이 수백을 셌는데 그 후 불교도 나라도 망했고. 이조 때 서원을 골짜기마다, 향교를 고을마다 지었는데 유교와 나라가 또 같이 망했다.……그럼 교회당이 늘어가면 망할 것은 누구인가?"[170]

함석헌은 왜 기독교를 비판했는가?

김성수는 『함석헌 평전: 신의 도시와 세속 도시 사이에서』(2001)에서 함석헌의 글이 발표된 때는 "기독교 정당이라 불리던 자유당의 부패가 극에 달하던 무렵이었고, 전도관과 통일교·기도원 운동·부흥회 운동이 기승을 부리던 시점이었다"고 지적하면서 함석헌의 문제의식에 대해 이렇게 말한다.

"함석헌은 이 글에서 점점 기형화하고 교조적으로 변질되는 한국 교회의 전반적인 문제점에 대해 통렬한 비판을 가하면서 기독교가 제사적, '마술적'인 면에서 벗어나 한국 사회의 도덕과 정의를 위해 앞장서야 한다고 역설했다. 종교는 물론 윤리나 사회정의 이상의 세계이지만, 윤리의식이나 현실 감각이 없는 종교는 미신적이고 편협한 신앙으로 전락하고 만다는 것이 그의 주장이었다."[171]

김성수는 함석헌이 그 글을 쓰게 된 이유와 배경에 대해 "월남하여 전쟁을 겪는 동안 함석헌은 이승만 정권의 횡포를 질리도록 목격할 수 있었고, 자유당을 등에 업은 기독교인들의 오만 역시 거듭 체험한 바 있었다"며 이렇게 말한다.

"이를테면 자유당 간부들이 기독교인들을 우선적으로 선별해서 미군 구호품을 분배해주는 것 따위가 그랬다. 사회가 처한 어려움이나 문제점에는 냉담하고 교회의 일과 이익에만 관심을 쏟는 복음주의적이고

'근본주의'적인 한국 교회에 대해 그가 강한 비판 의식을 갖게 되는 것은 자연스러운 결과였다."¹⁷²

대통령 장로 이승만, 부통령 권사 이기붕

1956년 들어 한국의 기독교는 무엇을 하고 있었는가? 대한민국 정부 수립 이후 계속 그래왔듯이, 여전히 '기독교인 대통령 아래 전 국민의 기독교인화'라는 꿈의 실현을 위해 뛰고 있었다.¹⁷³

1952년 12월 중순 부산과 서울 등지에서 전도대회를 가졌던 미국 부흥 목사인 빌리 그레이엄Billy Graham, 1918~2018이 1956년 2월 25일에 다시 한국을 방문했다. 2월 26일 서울 동대문운동장에서 대전도회(통역 한경직)가 열렸는데, 이 자리엔 8만 명의 시민과 함께 대통령·부통령·각부 장관·육군참모총장 등 정부 고위층이 다 모였다. "그야말로 한국이 기독교를 국교로 받아들인 나라 같았다."¹⁷⁴

5월엔 정·부통령 선거가 예정되어 있었다. 선거 때마다 그래왔듯이 개신교계는 이번에도 발 벗고 나섰다. 교회 지도자들은 정·부통령 선거 추진 기독교 중앙위원회(위원장 전필순)를 결성해 대통령에 장로 이승만을, 부통령에는 권사 이기붕을 추대했다.¹⁷⁵ 만송晩松 이기붕을 제2의 이승만으로 모시면서 찬양하는 어용 지식인들을 지칭하는 '만송족'의 활약은 1950년대 말에 맹위를 떨치지만, 이때에도 '이기붕 부통령 만들기' 운동에 앞장선 만송족이 있었다. 만송족의 주요 매체는 여당지인 『서울신문』이었다. 예컨대, 김을한은 『서울신문』 4월 17일자에 「만송(이기붕)의 정의감」이란 글과 4월 23일자에 「이승만 대통령이 이기붕 부

개신교계는 정·부통령 선거 추진 기독교 중앙위원회를 결성해 대통령에 장로 이승만을, 부통령에는 권사 이기붕을 추대했다. 1956년 이승만·이기붕 정·부통령 선거 포스터. (대한민국역사박물관 소장)

통령이 하나의 상식이라」는 글을 썼다.[176]

그런데 부통령 선거가 개신교의 이기붕과 천주교의 장면이 맞붙는 구도로 압축되자 "선거전은 신·구교 간 경쟁의 양상을 띠면서 가열되었다".[177] 『서울신문』은 1956년 5월 5일자 사설 「먼저 나라의 의를 구하라, 5·15 선거와 종교인의 각오」에서 장면에 대한 인신공격에 임하면서 천주교를 자극할 주장을 늘어놓았다.

이 사설은 "부통령에 입후보한 장면 씨는 세상이 알고 있는 종교인이다. 종교인인 장면 씨가 입으로는 '믿음'을 부르짖으면서 우리 정부를 중상하고 비방하고 있으니 과연, 이것이 하느님의 뜻을 받드는 진정한 종교인이라 하겠느냐? 솔직히 말하면 그는 국민의 뜻에 거역한 비민주주의적 배신행위를 감행하고 있으며, 그는 우리 민족의 국부 이 대통령에 대한 예의를 모르는 몰염치한 행위를 감행할 뿐 아니라, 나아가 기독정신에 배반되는 소행을 멋대로 하고 있는 것이다"며 다음과 같이 주장했다.

"예수는 「마태복음」 6장 33절에서 '너희는 먼저 그 나라와 그 의를 구하라'고 외쳤다. 생각해보라! 조국이 당면한 이 엄숙한 순간에 있어서 신자의 한 사람인 장면 씨의 신자적 진면목을 어디서 찾을 것이냐? 적어도 한 나라의 부통령으로 자리를 잡겠다는 장면 씨 자신의 마음속이 분명코, 위선으로 충만되었음을 누가 부인하겠느냐? 진실한 신앙을 가졌다면 자기 자신의 영달을 제1차적 목적으로 하는 '감투'에 대한 연연한 마음을 버리라."[178]

황성수는 『서울신문』 5월 14일자에 쓴 「민중은 현명하다」는 글에서 "이기붕 의장은 국회 내에서도 가장 인격적 지도자로 알려져 있으며 과거의 업적으로 정의의 신봉자이며 그의 전 생활을 통하여 민주주의의 실천자로 알리어졌으며 그는 가장 '적격자'이며 또한 '진정한 보필자'일 것이 명백한 것이다"고 주장했다. 5월 15일자는 「빠짐없이 투표하자, 대통령에는 이승만 박사 부통령에는 이기붕 의장」이란 사설을 실었다.[179]

개신교와 천주교의 '행복한 전쟁'

1956년 부통령 선거로 인해 불거진 개신교와 천주교 사이의 갈등은 1960년 3·15 정·부통령 선거에선 더욱 악화되어 개신교 교회는 "기독교는 공산주의와 싸우는 것은 물론 가톨릭과도 싸워 이겨내야 한

다"는 주장마저 하게 된다.[180]

강인철은 "그러나 개신교인들의 표가 어떻게 갈라지든, 또 개신교와 천주교의 상호 비방이 얼마나 가혹한 것이든 간에, 이것은 모두 기본적으로 '행복한 전쟁'이었다"며 "왜냐하면 개신교와 천주교는 건국의 일등 공신들이고 친미 반공체제의 굳건한 버팀목으로서 있을 수 있는 온갖 종교적 혜택을 독점했던 반면, 불교와 유교 등은 일제하의 악법들이 온존하는 가운데 정권에 의한 분할 통치에 내내 시달려야 했기 때문이다"고 했다.[181]

더욱 '행복한 전쟁'은 개신교 내부의 싸움이었을 것이다. 1957년 8월에는 인접한 기독교 장로회 소속 교회와 예수교 장로회 소속 교회가 경쟁적으로 울려대는 종소리 때문에 두 교회가 주민들에게서 고소당해 세간의 화제가 된 일도 있었다. 또 교파 분열은 군소 교파 신학교들의 난립을 가져왔고, 이는 교역자의 자질 시비로 이어져 급기야 1960년대엔 '가짜 박사 사건'까지 일으키게 된다.[182]

22세 논객 이어령의 '우상의 파괴'

'문단의 무서운 테러리스트'

"약관 22세의 나이였던 1956년 『한국일보』에 「우상의 파괴」를 발표, 일약 문단의 문제적 총아로 떠오른다. 스스로 배덕아이자, 이단아임을 자처한 이어령의 '저항'과 '투쟁'은 비과학적이고 야만적인 우상의 주술에 휩싸여 있던 고루한 한국 문단의 '황료荒蓼한 지평'을 갈아엎는, 개간을 위해 불을 지르는 선구적 '야생의 작업'에 다름 아니었다."[183]

이와 같은 평가가 말해주듯이, 1956년부터 빛을 발하기 시작한 이어령의 독설은 무서운 것이었다. "혜성과 같이 나타난 문단의 무서운 테러리스트"라는 말을 들을 정도였다.[184] 이병주는 "그가 「우상의 파괴」를 들고 문학계에 등장했을 때 모두들 그 삽상한 스타일에 매혹되기에 앞서 당황함을 감추지 못했다"며 다음과 같이 말했다.

"거의 반신半神쯤으로 되어 있는 김동리 선생을 '미몽迷夢의 우상'이라고 하고 '모더니즘'의 기수를 자처하고 있는 조향을 '사기사의 우상'이라고 몰아세웠는가 하면, 이무영을 '우매愚昧의 우상', 최일수를 '영아嬰兒의 우상'이라고 깎아내렸을 뿐만 아니라 황순원 씨, 조연현 씨, 이미 기숙耆宿으로 정립된 염상섭 씨, 서정주 씨 등을 '현대의 신라인들'로 묶어 신랄한 비평을 가했다. 실로 맹랑한 문제아의 출현이었다."[185]

실로 맹랑했다. 이어령은 1956년 5월 6일자 『한국일보』에 쓴 「우상의 파괴」에서 문단의 중진들을 비판한 뒤 자신을 다음과 같이 '천재적인 악동'으로 묘사했다. "내가 이 순간 우상들의 분노를 생각하지 않은 것은 아니다. 또한 이 거룩한 우상들에 의하여 프로메테우스와 같은 모진 형벌을 받을 것도 잘 알고 있다. 그러나 나는 소학교 시절부터 수신修身 점수에 59점의 낙제점을 받은 천재적인 악동이며 겸양의 동양 미덕을 모르는 배덕아다. 그러니 그만한 정도의 것은 이미 각오한 지 오래다."[186]

이어령 자신은 훗날 「우상의 파괴」를 비롯한 일련의 글들에 대해 어떤 평가를 내렸던가? "그 글들은 결함에 가득 찬 글들이지만 그 글이 갖는 시대적 의미는 양보할 수 없다. 그때 기성문단을 공격한다는 것은 자살행위나 다름없었다. 나는 그때 나 자신이 길들여져 가고 있는 것이 아닌가 하는 커다란 슬픔의 힘으로 그 자살 공격을 감행할 수 있었다."[187]

『한국일보』의 '상업적 진보성'

이어령의 '자살행위'는 언론사적言論史的 관점에서도 이해되어야 할 것이다. 1950년대에 일어난 한국 신문계의 가장 큰 변화 가운데 하나는 두말할 필요 없이 1954년 6월 9일 공식적으로 상업주의를 표방하고 나선 『한국일보』의 창간이었다.

앞서 지적했듯이, 『한국일보』는 떳떳하게 상업주의를 표방하면서 매우 공격적인 편집과 경영 정책으로 당시 신문계에 큰 변화를 불러일으켰다. 그러한 변화 가운데 하나는 사회 각 분야에 존재하는 기존의 케케묵은 질서에 대한 도전을 수용하는 데에도 열려 있다는 것이었다. 이어령의 '자살행위'를 신문들이 풋내기의 만용이라고 해서 받아주지 않

이어령은 1956년 5월 6일자 『한국일보』에 실린 「우상의 파괴」를 발표하며, 문단과 한국 사회에 큰 파란을 일으켰다.

으면 이어령이 '자살'을 하고 싶어도 할 수 없는 일이 아닌가? 『한국일보』가 이어령의 '자살행위'를 수용한 최초의 신문이었다는 건 주목할 만한 일이었다.

이어령의 서울대학교 국문과 2년 후배인 이종석은 "겨우 대학생 신분으로 문단의 황제와 다름없는 김(동리) 선생을 공격한다는 것 자체가 세인들의 이목을 끌기에 충분했지만, 한술 더 떠서 그는 기성의 권위랄지, 기성의 장벽을 마치 서낭당을 때려부수던 초기 교회의 전도사들처럼 때려부수는 일이 능사라면 능사였다"며 다음과 같이 말했다.

"학교나 문단 선배를 불문하고 그의 손에 잡히기만 하면 사정없이 요절을 내는 바람에 그를 경원하고 곱지 않은 시선을 보낸 사람들이 당시 문단이나 학교 주변에는 많이 있었을 것이다.……이 선배는 날이 갈수록 문학평론가라기보다는 전장의 황모래를 채 털지도 않은 개선장군에 더 가까웠다. 그가 토하는 문학론, 철학론, 문명비평론은 한 지식인 청년의 형이상학이라기보다는 전장을 종횡무진하며 적장의 진지를 유린하는 용장의 무용담이었다."[188]

그런 활약을 보인 이어령의 순수성은 믿어 의심치 않는다 하더라도 『한국일보』로선 '지식계의 상품화'를 시도했다고 보아야 할 것이다. 경쟁에 임하는 후발 주자가 보일 수 있는 '상업적 진보성'이었다. 「우상의 파괴」를 게재한 건 당시 야심만만한 기자였던 한운사가 저지른 일이었다. 언론계 내부에서도 우려했고 문단에서도 항의 전화가 빗발쳤다고 한다. "아니, 이렇게 모욕을 줘도 되는 겁니까?"[189]

『한국일보』의 참신한 시도를 나중에 다른 신문들이 뒤따르기 시작하면서 기존 지식계의 운용 질서에 큰 변화가 일어나게 되었으며 그 한

복판에 이어령이 있었다. 이어령은 우상을 파괴했다지만 그는 우상 파괴 행위로 새로운 우상이 되었다. 이어령에 이르러 이제 저널리즘은 우상을 파괴하는 동시에 다시 우상을 만들고 또다시 우상을 파괴하는 순환을 거듭해 나감으로써 스스로 그 자신의 영향력을 음미하고 만끽하는 국면에 접어들게 되었다.

호흡의 문제와 세대의 문제

이어령도 시사했듯이, 그가 시도한 '우상의 파괴'는 이승만의 '우상 정치'가 사회 전 분야로 파급되고 확대재생산됨으로써 사회를 질식시키고 있던 상황에 대한 이해에 근거해 평가해야 할 일이었다. 이어령은 조지 고든 바이런George Gordon Byron, 1788~1824도 시집을 내고 아침에 눈을 떠보니 하룻밤 새 유명해져 있었다는 일화처럼 『한국일보』 문화면 전면에 「우상의 파괴」가 나온 후 자신이 잘 드나들던 명동의 동방싸롱에 나가 보니 명사가 되어 있더라고 말했다.

2001년에 출간된 『상상력의 거미줄: 이어령 문학의 길찾기』엔 이어령과 국문학자 이상갑의 대담이 실려 있다. 이상갑은 이런 질문을 던졌다. "그런데 일부에서는 선생님께서 유명해지기 위해서 그 당시 기성세대를 신랄하게 공격하고 우상 파괴를 했다고 보는 시각이 있기도 합니다." 이에 대해 이어령은 "정말 중요한 것은 '이 아무개가 유명해지기 위해서 우상의 파괴를 썼는가'가 아니라 '어째서 그까짓 신문의 시평 하나가 그렇게 이 아무개를 유명하게 만들 수 있었는가'일 것입니다. 이승만 대통령이 정치적 우상이었듯이 문단 역시 우상들이 지배를 하고 있없지요. 얼마나 그 권위와 인습이 솥뚜껑처럼 내려 눌렀기에 그 작은 숨구멍 하나에도 그처럼 큰 힘이 터져 나왔겠어요"라면서 다음과 같이 말했다.

"저는 그것을 우상이라고 불렀지만 보이지 않는 유리 감옥이라고 했지요. 젊은이들은 선배 문인들의 섹트에 갇혀 있으면서도 자기가 그 유리벽 속에 갇혀 있는 줄을 몰랐던 거지요. 지금은 낡은 판박이 말이 되었지만 당시의 젊은이들에게는 자기를 '신세대'라고 부를 낱말조차도 주어지지 않았거든요. 그러니까 「우상의 파괴」는 아예 문학을 포기할 각오를 하고 쓴 글이었지요. 우리를 억누르는 그런 질식 상태에서 기성세대를 공격한다는 것은 유명해지려는 욕망이 아니라 '숨쉬고 싶다'라는 호흡의 문제였지요."[190]

이어령의 「우상의 파괴」는 '숨쉬고 싶다'는 호흡의 문제인 동시에 '세상이 달라졌다'는 세대의 문제이기도 했다. 구세대가 교편을 잡고 있는 당시의 대학이라고 하는 건 한심한 수준이었고, 이어령이 다녔던 서울 문리대도 마찬가지였다. 이어령의 회고다.

"수업은 거의 휴강이었고 특히 국문과 현대문학은 가르칠 교수가 없었어요. 왜냐하면 기성 문인 중에 대학을 나온 사람이 거의 없었기 때문에 특강 형식으로 강사를 모셔다가 들었지요. 흑판에 'fiction'을 'piction'이라고 쓰는 강사가 있었는가 하면, 그레이엄 그린의 소설 이야기를 하다 말고 그게 같은 작가인 줄 알고 난데없이 줄리언 그린의 「제3의 사나이」로 튀는 분이 없나, 브란데스의 낭만주의 사조사를 토씨 하나 틀리지 않고 그대로 베껴다가 한 시간 내내 노트 필기를 시키는 분이 없나, 그래서 그 실망과 분노는 질문 공세로 바뀌고, 그 결과는 교단에 다시 나타나지 않은 강사 선생들의 학점을 받아오는 고생이었지요."[191]

반면 이어령 세대는 자신의 말처럼 "해방되자마자 식민지 교육에서 벗어나 처음으로 한글을 배우고……제 나라 문학 작품보다는 외국 문학에 더 많은 영향을 받고 자랐"기 때문에 "세종대왕보다는 링컨이 더 큰 영향을 주었"던 것이다. 이어령은 "마찬가지로 염상섭의 『삼대』를 읽고 리얼리즘을 이해하고 전통으로 삼기보다는 발자크나 플로베르의 소설에 훨씬 익숙해져 있(었)어요"라면서 이렇게 말했다.

"말할 것도 없이 한국문학 전집보다 세계문학 전집이 더 많이 팔리고 더 많은 영향을 주었어요. 한용운, 서정주의 시는 훌륭한 근대문학의 전통이라 할 수 있어요. 하지만 그 당시 젊은이들에게 있어서는 보들레르나 랭보를 읽고 시인이 되려고 한 사람의 수가 더 많았을 것입니다."[192]

세대·속도에 쫓기는 이승만의 '우상 정치'

서구화가 수반한 새로운 변화 중의 하나는 '속도' 개념이었을 것이다. 새로운 것이 물밀듯 밀고 들어오는데, 공부를 하지 않고 배겨낼 수 없었다. 그렇게 속도 개념을 갖고 공부를 하는 이어령 세대가 "반세기 전 증권문서같이 낡아버린 노트의 학설"을 강의하는 교수들과 "다방에서 커피를 마시며 문학들을 하고 있었"던 기성 문인들을 용납하긴 어려웠을 것이다. 그래서 이어령은 "몇몇 문인들, 노대가들을 만나보고 기절할 정도로 실망해버린 것도 그런 다방에서였다"고 말한다. 그들이 "불이 붙은 집에서 바둑을 두고 포탄이 터지는 전선에서 자장가를 노래하는 사람같이 보이기만 했다"는 것이다(이 인용문은 이어령이 1965년에 출간한 『저항의 문학』(증보판)에 나오는 것이다).[193]

이승만의 '우상 정치'도 바로 이런 세대와 속도의 문제로 인해 그 수명을 다해가고 있었다. 이미 해방정국의 역사에서 살펴보았듯이, 이승만은 1875년생으로 30년 가까이 왕정 체제하에서 산 인물이었다. 그가 비록 미국에 가서 학·석·박사 학위를 따 가면서 서양 공부를 했다고 하지만, 많은 유학파 지식인이 그랬듯이 그 경험은 봉건적 습속과 행태적 권위주의를 해소시키는 데에 별 도움을 주지 못했다.

왕정 체제 이후의 이승만의 삶은 내내 복고적인 투쟁의 연속이었다. 아니 그의 전 생애가 투쟁의 연속이었다고 해도 과언이 아니다. 게다가 그 투쟁은 민주적인 방식으론 이루기 어려운 것이었다. 그가 해방정국에서 '민주주의'를 이야기할 때엔 이미 70대 노인이었다. 그가 공식적인 말은 어떻게 했을망정, 행동의 영역에선 생물학적 연령으로 인해 극복하기 어려운 권위주의와 특권의식을 갖고 있었던 것이다. 이어령의 '우상의 파괴'는 적어도 절반의 성공은 거두었지만, 이승만의 '우상 정치'에 대한 도전이 결실을 거두기까지는 아직 몇 년이 더 필요했다.

『동아일보』·HLKZ-TV· AFKN-TV

한국엔 언론자유가 없다?

1956년 3월 19일 국제신문인협회International Press Institute, IPI는 "한국은 언론자유가 없으므로 초청 대상에서 제외되었다"는 성명을 발표했다. 한국의 일부 언론인들은 그 부당성에 대해 항의했다.[194] 훗날 한국의 언론자유가 훨씬 더 통제되고 탄압받고 있을 때에도 한국을 초청했던 IPI가 당시 그런 결정을 내린 건 그 후 IPI가 변화된 탓도 있겠지만, 이승만 정권의 언론통제와 탄압은 주로 겉으로 드러나는 방법을 썼던 것에 비해 후일 박정희 정권의 언론통제와 탄압은 겉으로 잘 드러나지 않는 방법을 썼기 때문이었을 것이다.

언론인들이 IPI의 그런 조치에 항의한 건 당연한 일이었다. 이승만 정권은 언론에 대해 보복적인 졸렬한 탄압을 많이 하긴 했지만, 언론과 적대적 관계를 형성하고 있었다. 달리 말해, 훗날의 박정희 정권처럼 신문사 사주를 협박·포섭해 신문사 내부의 노사 대결 형식을 통해 언론을 통제하거나 탄압하지는 않았고 또 그렇게 할 수도 없었던 것이다. 이승만 시기의 신문은 어차피 경제적으로 매우 열악한데다 강한 당파성을 갖고 있었기 때문에 자본통제가 먹히긴 어려웠다(자본통제는 경제적으로 규모가 크고 안정되어 있을 때에 먹힌다. 그건 영세한 자영업자보다는 대기업이 국세청의 세무조사에 겁을 먹는 것과 같은 이치다).

당시 『경향신문』 기자였던 송원영은 1956년 봄의 언론 상황에 대해 "그때 신문은 대통령을 마음대로 때릴 수 있을 때였고 따라서 유석(조병옥)도 대통령을 공격하는 것이 일상사였다"고 회고했다. 그는 "하루는 유석의 정식 기자회견이 아니고 잡담 비슷이 오고간 이야기가 『경향신문』 가십에 실렸는데 그 내용은 이 대통령에게 '반공은 저 혼자만 하나?'

송원영 기자가 조병옥이 했다는 '반공은 저 혼자만……'이라는 말을 기사화하자, 경찰은 송원영을 입건 조치할 정도로 이승만 정권의 언론 탄압은 유치한 수준이었다. (『경향신문』, 1958년 12월 13일)

하고 유석이 대통령을 비판하는 대목이었다. 이 가십은 내가 썼으며 나는 분명히 그렇게 들은 것인데 경찰에서 '반공은 저 혼자만……' 운운의 말은 조작이라고 들고 나왔다"며 다음과 같이 말했다.

"경찰에서는 우선 유석에게서 증거(?)를 확보하였다. '선생님. 반공은 저 혼자만 하나? 하신 것은 좀 지나친 말이 아닐까요?'라고 시경 형사가 묻자 유석은 싱그레 웃으면서 '내가 언제 그랬어. 나는 노인에게 '저'라는 말은 안 쓰는데……'라고 대답하였다. 이때는 물론 시경에서 그 기사를 문제삼으려는 기색은 전혀 없었던 것이다. 그러나 조 박사에게 이 말을 들은 시경 측은 즉시 나를 호출하여 따지기 시작하였다. '왜 조 박사가 하지도 않은 말을 썼는가?' 그리하여 연 2~3일 동안 나는 시경에 불려 다니게 되었다. 당국에서는 차제에 나를 혼내려는 의도가 분명하였다. 이 소문이 조 박사에게 전해지자 그는 즉시 시경 형사들을 불렀다. '내가 전에 한 말은 기억이 애매했어. 반공은 저 혼자만 하나?'라고 내가 말했으니 송 기자는 풀어줘.' 이리하여 나는 경찰 입건조치에서 풀려나게 되었다."[195]

이처럼 신문에 대한 탄압은 '유치'한 수준에 머물러 있었다.

신문 배포 방해와 독자 협박

대통령 선거는 신문들에는 '대목'인지라 1956년 5·15 대통령 선거를 계기로 신문들의 발행 부수가 크게 늘어났다. 지면도 늘었다. 『조선일보』는 선거 유세 기간 중인 4월 1일부터 종래의 조간 4면제에서 조·석간 6면제(조간 4면, 석간 2면)를 단행했다. 이는 다른 신문들에도 영향

을 미쳐 거의 모든 신문이 1957년부터 1959년에 걸쳐 일제히 조·석간 제 발행에 뛰어들었다.[196]

선거 기간 중 동원된 신문 탄압책은 주로 신문 배포 방해와 야당지 독자의 협박이었다. 4월 4일 부산에서 부통령으로 입후보한 백성욱의 추천장이 강탈된 사건을 보도한 『자유민보』의 일부가 발송 도중 경찰에 의해 부산진구에서 무단으로 내려져 다시 본사로 발송된 사건, 4월 21일 『동아일보』·『조선일보』 등 여러 신문이 발송 도중 열차 안에서 절취당한 사건, 4월 24일 『국도신문』 등이 대구와 경주 사이에서 없어진 사건 등 신문의 기차 수송을 방해한 사건이 여러 건 발생했다. 충남 서산에서는 『동아일보』, 『경향신문』, 『중도일보』 등 각 지국의 신문 구독자 명부와 업무 관계 서류가 도난당하는 사건도 발생했다.

4월 23일에는 영남의 일부 지방에서 경찰관이라 자칭하는 자가 『동아일보』 구독자의 집을 찾아다니면서 『동아일보』를 압수한 사건이 일어났으며, 남해군의 어느 면에서는 『경향신문』을 절대로 보지 말고 여당계 신문을 구독하도록 공문을 보낸 사실이 있었다. 합천에서는 공개 석상에서 순경이 "『동아일보』를 보면 재미없다"고 노골적으로 협박하는 일까지 벌어졌다.

그러나 이승만 정권은 보도의 자유까지는 건드릴 수 없어서 이 모든 사건은 "그때마다 각 신문에 크게 보도되어 국민들의 빈축과 비난의 대상이 되었다. 언론 탄압도 심했지만 그것에 저항하는 언론자유도 어느 만큼 누리고 있었던 것이다".[197]

그래서 이승만은 야당지들에 대해 강한 불만을 갖고 있었다. 이승만의 신문에 대한 불만은 5·15 선거 이후에 가진 9월 8일의 기자회견에서도 터져 나왔다. 그는 "반정부하는 사람은 자유당이 망하고 내가 대통령직에서 물러나기를 바랄는지 모르나 절대로 정부를 이양 못할 것이며, 만고에 반정부하던 사람이 집권하면 공산당 세상이 되어 다 죽고 망한다"는 극언을 퍼부었다. 그는 『경향신문』과 『동아일보』에 대해서도 '공산당' 공세를 폈다.

"『경향신문』이나 『동아일보』에 대해서는 다 내 복안이 있어, 나중에 원망하지 말어.……그래 언제 인심이 정부에서 이산되었단 말이야. 증거를 대. 구체적으로.……있는 얘기 없는 얘기 써대니 그것은 공산당 방식이야."[198]

반공 기념일과 이승만 생일 경축 행사

1956년엔 '국군의 날', '반공학생의 날', '현충일' 등과 같은 새로운 반공反共 기념일들이 제정되었다. '국군의 날'은 6·25 전쟁 중 국군 제3사단 23연대가 강원도 동해안의 양양 지역에서 최초로 38선을 넘어 북진한 10월 1일로 정했다. '반공학생의 날'은 1945년 신의주에서 일어난 학생들의 반소·반공 운동을 기념하기 위해 11월 23일, 현충일은 6월 6일로 정했다.

이로써 3·1절(3.1), 현충일(6.6), 전쟁 발발 기념일(6.25), 제헌절(7.17), 광복절(8.15), 서울수복 기념일(9.28), 국군의 날(10.1), 개천절(10.3), 반공학생의 날(11.23)로 이어지는 기념일을 갖게 되었다. 이런 기념일들을 기리는 것은 일종의 '시민종교'로서 반공의식을 강화시키는 동시에 "집단적·역사적 기억의 주기적인 재생과 경축을 통해 민족 공

1956년에 '국군의 날(10월 1일)', '반공학생의 날(11월 23일)', '현충일(6월 6일)' 등과 같은 반공 기념일이 제정되었다.

동체의식을 증진시키고, 나아가 국가 자체의 성화聖化를 안정적으로 기할 수 있는 사회문화적 토대"가 되었다.[199]

1950년대 중반 반공과 함께 강조된 것은 '이승만 숭배'였다. 이승만은 반공의 화신과 다를 바 없는 인물이었으니 이승만 숭배가 곧 반공운동이라고 생각했던 걸까? 이승만의 생일인 3월 26일을 40여 일 앞둔 2월 10일 이기붕 국회의장실에서 입법·행정·사법의 3부 대표와 교육계·금융계·사회단체 대표 15명이 모임을 갖고 각계각층을 총망라한 '이 대통령 각하 제80회 탄신 경축 중앙위원회'를 결성할 것을 결정했다.

이 위원회의 주최로 3월 26일 매스게임과 탱크의 시가행진 등을 포함한 대대적인 행사가 거행되었는데, 이후 이승만 생일 경축 행사는 국가적인 대중 행사로 격상되어 매년 열리게 되었다. 그 덕분에 죽어나는 건 매스게임에 동원된 학생들이었다. 1958년 당시 경무대 바로 뒤 경복고 2학년에 재학 중이었던 한 학생은 훗날 다음과 같이 회고했다.

"이승만 대통령 경축 행사에 매스게임을 맡아가지고, 우리 학년이 한 600명 내지 640명 되었는데, 3월 26일 날 마치려니까 그게 한 달 전부터 연습을 해야 되잖아요? 경복고등학교가 북악산 자락에서 바람이 거세게 내려치는 데에요.……그 추운데, 그걸 매스게임을 연습을 했어요, 한 달간……그때. 이렇게 피라미드를 쌓고 올라가고 그랬는데……"[200]

심지어 어린이날엔 어린이들이 매스게임을 위해 혹사당해야 했다. 1955년에 초등학생 5,000여 명은 몇날 며칠을 수업도 줄여가며 연습한 '합동체조'를 이승만과 고관들 앞에서 선보였다. 얻어맞아 가며 연습했다는 말도 있었다. 보다 못한 아동문학가 이원수는 『조선일보』 1955년 5월 10일자에 기고한 글에서 "(아이들이) 알아듣기도 힘든 축사 강연을 들었으며 무의미한 고행을 했다.……어린이날이 아니라 아동 곤욕의 날"이라며 당국자들을 맹비난했다. 그러나 1956년에도 어린이 5,000명이 이런 합동무용에 동원되었다.[201]

1955년 10월부터는 남산에 거대한 이승만 동상을 세우는 공사가 시작되었으며, 12월에는 이승만의 초상, 즉 '존영尊影'이 각 도의 공보실을 통해 각급 학교에 배부되었다. 모든 학교 교실에는 이승만의 사진이 걸렸으며, 1950년대 후반에는 이승만 전기傳記가 대량 출간되었다. "하느님은 (이승만을) 천사로서 구세주로서 6대 독자로서 탄생시킨 것", "실로 이 박사는 하느님이 내려보내신 한반도의 그리스도" 등으로 신격화

하는 수준의 것들이었다.[202]

HLKZ-TV의 개국

한국에 최초로 TV가 선을 보인 건 1954년 초였다. 『한국일보』 1954년 8월 2일자는 종로 보신각 앞 미국 RCA 회사 한국 대리점에 진열된 21인치 수상기 한 대를 화제 기사로 다루었는데, 이 수상기는 카메라가 잡은 시내 풍경을 보여줘 시민들의 발걸음을 멈추게 했다.[203]

한국 최초의 TV 방송이 선을 보인 건 그로부터 2년 후였다. 1956년 5월 12일부터 3일간 시험방송을 실시한 이후 약 1개월이 지난 6월 16일부터 서울 지역을 대상으로 상업광고에 의존하는 방송을 내보낸 호출부호 HLKZ-TV 방송이 바로 그것이다. 시험방송을 실시한 다음 날 『한국일보』는 "라디오와 활동사진을 겸한 셈인 텔레비전의 방송이 12일 저녁 7시 반부터 약 2시간 우리나라에서 처음으로 공개되어 일반 관중에게 새로운 흥미를 돋구었다"며 다음과 같이 보도했다.

"우리나라 최초로 텔레비전 시설을 도입한 미국 RCA 회사는 그의 방송국을 서울 종로 네거리 RCA 빌딩 3층에 설치하고 이날 KORCAD 텔레비전 방송국HLKZ으로 발족하는 개국식을 내외 귀빈 다수가 참석한 가운데 동 방송국 제1스튜디오에서 피로披露(일반에게 널리 알림)하였다. 이날 저녁 7시 반부터 시작된 개국식 및 그 방송 광경이 공개된 가운데 행하여져, 이것을 그대로 텔레비전 수상기가 마련된 시내 22개처 공공장소에서 시민들은 그 광경을 관람할 수 있었는데……."[204]

이병주는 "시청자들을 더욱 놀라게 한 사건이 일어났다. 개국식에

한국에 최초로 TV가 선을 보인 건 1954년 초였는데, 미국 RCA 회사는 서울 종로 네거리 RCA 빌딩 3층에 설치하고 KORCAD 텔레비전 방송국으로 발족했다.

이은 제2부 '유니버셜 레코드아워 버라이어티 쇼'(당시에는 스폰서명을 단 프로그램이 허용되고 있었다)에 플레어 스커트를 입은 여자가 레코드판 위에서 춤을 추는 장면을 담은 슬라이드가 나오면서 '최고의 전통, 최고의 기술을 자랑하는 유니버셜의 깨지지 않는 레코드가 나왔습니다'라는 광고 멘트가 흐르지 않는가? 시청자들은 참으로 신기하다고 눈을 동그랗게 떴다. 바로 이 유니버셜 레코드의 슬라이드 광고가 우리나라 TV 광고 1호이면서 CM 1호가 되는 것이다"며 다음과 같이 말했다.

"나일론의 발명은 우리들의 생활을 모든 면에서 바꿔 놓았다. 의류와 공산품 생산에 합성수지는 빼놓을 수 없는 중요한 원료가 되었다. 신주단지 모시듯 소중하게 다루었던 레코드판이 이제 깨지지 않는다니, 시청자들은 광고를 통한 새로운 정보에 환호했다. 최덕수가 장안사진관에서 촬영한 사진으로 만든 이 슬라이드는 시청자들에게 새로운 볼거리를 제공했다. 시청자들은 광고에 조금도 거부감을 보이지 않았으며 오히려 TV 프로그램의 일부분으로 생각하면서 정보와 즐거움을 얻었다. 이리하여 이 CM은 우리나라 상업방송 광고의 여명을 뚫고 새로운 지평을 여는 신호탄이 되었다."[205]

창업자 황태영의 집념

HLKZ-TV는 한국 최초의 민간 상업방송이었다. 방송국명은 RCA 한국지사임을 본떠 한국 RCA 연합회사Korea RCA Distributor, KORCAD라고 했으며, 사장은 조지프 밀러Joseph B. Miller라고 하는 미국인이었으나, 실제로는 RCA보다는 창업자인 황태영의 집념에 의해 탄생한 방송이었다.

이로써 한국은 세계에선 17번째, 아시아권에서는 일본·필리핀·태국에 이어 네 번째로 TV 방송을 실시한 나라가 되었다. 그런 의미 때문이었는지, HLKZ의 개국식은 민의원 의장 이기붕, 공보실장 갈홍기, 체신부 장관 이응준, 서울특별시장 김태선 등이 참여한 가운데 성대하게 치러졌다. 그러나 개국식을 거행하는 날까지도 TV 방송국 허가서가 교부되지 않아 체신부 전파관리과장이 허겁지겁 허가장을 만들어 개국식 시작 직전에 현장에서 체신부 장관 이응준으로 하여금 황태영에게 교부했다고 한다.[206]

방송국 허가는 처음엔 체신부와 공보처에서 거부당했다. 그러자 황태영은 이승만에게 영문 편지를 써서 호소했고, 이승만은 공보처·체신부·재무부에 텔레비전 방송국 설립에 협조하라는 지시를 내렸다고 한다.[207] HLKZ-TV는 당시 미국 RCA의 한국 대리점을 경영하고 있던 황태영이 1954년 공보부의 의뢰를 받아 KBS의 기자재를 도입하러 미국에 갔다가 RCA에서 커미션으로 TV 기재를 받아 설립한 것이었다.[208] HLKZ-TV가 탄생한 지 20년 후인 1976년 5월 12일에 맞춰 발간된 『텔리비전 20년』이란 소책자에 따르면, 그 자세한 경위는 다음과 같다.

"RCA 본사로 AMPEX 본사로 두루 찾아다니며 우리 방송의 라디오 방송 기재를 마련하기 위해 넓은 뉴욕 땅을 헤매었다. 낯선 땅에서 낯선 사람들과 상담을 전개한다는 것은 용이한 일이 아니었다. 일을 마치고 여장을 푼 곳은 뉴욕의 어느 호텔, 기진맥진 소파에 기댄 황태영 씨는 뒤주도 아니요 문갑도 아닌 괴물을 발견했다.

만져도 보고 더듬어 보기도 하고 두들겨 보기도 했다. 스위치를 켜고 보니 사람이 왔다갔다하며 웃기도 울기도 하는가 하면 뛰기도 한다. 그나 그뿐이랴. 마치 도원경 같은 아름다운 산야가 눈앞에 펼쳐진다. 방송은 분명 방송이었으나 라디오는 아니다. TV 방송인 것이다. 황태영 씨 머릿속엔 이 TV 방송을 우리나라에도 차릴 수 없을까? TV 방송국을 세우겠다는 전광석화와 같은 생각이 싹트기 시작한 것은 바로 이때다.

따라서 TV 개척자 황태영 씨는 라디오 방송 기재 도입에 따른 커미션 전부를 TV 방송 기재 구입비에 투자함은 물론 부족되는 자금은 외상으로 줄 수 없느냐고 RCA 사장과 담판을 했다. 상혼에 투철한 RCA 사장은 TV 시장으로서의 한국을 평가하고 즉석에서 무려 20만 달러나 되는 TV 기재를 오직 황태영 씨의 신용 하나를 담보로 공급키로 쾌락하였다. 황태영 씨는 하늘을 날을 듯했으며 온 세상을 장중에 넣은 듯 그 기쁨은 헤아릴 수 없었다. 단숨에 서울에 돌아온 황태영 씨는 동분서주 TV국 건설에 박차를 가했음은 두말할 필요가 없다."[209]

경영난으로 무너진 HLKZ-TV

HLKZ-TV는 황태영이 국장을 맡아 초기에는 격일제로 저녁 8시부터 10시까지 2시간씩 방송하다가 11월 1일부터는 금요일을 제외하고 매일 2시간씩 방송했다. 1956년 9월엔〈사형수〉라는 드라마를 방영하기도 했다.『국민일보』(1997년 11월 22일자)는 "당시 TV 드라마는 연극 작품을 TV 카메라로 중계했다고 생각하면 무리가 없을 듯하다. 실제로〈사형수〉는 동인제 극단 '제작극회'가 무대에 올린 작품으로 TV 카메라와 콘티만 곁들여 전파를 탔다"며 다음과 같이 말했다.

"세트도 사형수가 갇혀 있는 감방 하나면 족했다. 의상도 별게 없다. 감옥의 간수는 방송국 수위의 근무복을 빌려 입었고 신부는 양복에 흰 목띠만 두르면 그만이었다. 주인공인 죄수도 잠옷에 죄수번호를 그려 출연했다. 언감생심 에어컨 장치는 꿈도 못 꿔 연기자와 스태프들은 섭씨 40°C를 오르내리는 스튜디오에서 백열전구 조명과 싸웠고 TV 카메라의 과열을 막기 위해 스튜디오 한구석에 얼음덩이를 갖다 놓기도 했다."[210]

그러나 당시 TV 수상기는 300여 대에 불과했으니 경영이 제대로 되었을 리 만무했다. 쌀 한 가마에 1만 8,000환 하던 시절에 14인치 흑백 RCA 수상기 값이 34만 환이나 했으니 빠른 보급도 기대할 수 없었다. 황태영은 월부제 판매 방식을 도입해 월간 300대 정도의 TV 세트를 보급해 인건비나마 충당해보려는 계획을 세웠다. 그러나 당시 재무부에선 30%의 통관세가 부가되던 TV 수상기를 HLKZ-TV의 개국과 동시에 사치품으로 분류해 180%의 고율의 통관세를 부과했으니 황태영의 계획은 모두 수포로 돌아가고 말았다.[211] (HLKZ-TV 개국은 1956년 대선을 앞두고 "부통령으로 출마한 이기붕 의장을 알리기 위한 수단으로 이순용 당시 자유당 정책 의장 등의 역할로……방송이 시작된 것"이라는 주장도 있으나, 이는 황태영이 겪은 재정난에 비추어볼 때에 설득력이 약하거니와 대선은 5월 15일이었는데, 시험방송 시작은 5월 12일이었다는 점에서도 사실과 다른 것 같다.)[212]

황태영은 재무부의 협조를 요청했지만 거절당했으며, 결국 재정난을 견디지 못하고 1957년 5월 6일 HLKZ-TV를 장기영에게 양도했다. 소유 주체가 바뀌면서 이름도 DBC-TV로 바뀌었다. 황태영의 회고다. "매월 약 500만 환 정도의 적자를 메꾸기 위해 별별 수단을 다 쓰면서 사력을 다해 보았으나, 워낙 광고 수입이 적었고 광고주도 구하기 힘든 형편으로 밤잠을 못 이루고 뜬눈으로 지샌 일이 한두 번이 아니었으며, 앞으로 더 끌고 나갈 전망이 안 보일 시점이었는데, 『한국일보』 장기영 사장이 인수를 희망하여 넘겨주게 되었다. 넘겨주던 날 앞을 가려 그날은 너무 원통하여 밤새 뜬눈으로 지새웠다."[213]

AFKN-TV와 DBC-TV

1955년 7월 26일, 미8군 사령부가 일본에서 서울 용산으로 이전하면서 미군들을 위한 방송이 필요하게 되었다. 원래 6·25 전쟁 발발시 미군의 라디오 이동방송국으로 출발해 휴전 후 정식 스튜디오를 갖춘 라디오 방송으로 기능해오던 AFKN American Forces Korea Network이 1957년 9월 15일 TV 방송을 시작했다.

AFKN-TV의 개국은 주한미군을 통한 TV 수상기 유출의 계기로 작용해 TV 수상기는 1957년 12월까지 3,000대, 1958년 5월까지 3,500대, 1958년 10월까지 7,000대에 이르렀다. AFKN은 NBC·CBS·ABC 등 미국 네트워크 방송사의 프로그램들과 할리우드 영화를 방영함으로써 미국 대중문화를 한국에 유입시키는 데에 큰 역할을 했다.[214]

AFKN 라디오의 영향력도 건재했다. 신현준이 지적했듯이, "1950년대까지 KBS가 건전가요를 보급하려던 매체였다면, AFKN은 팝송을 보급하려던 매체"였다. AFKN의 음악 프로그램 가운데 가장 영향력이 높았던 'East of Midnight(동방의 한밤중)'은 새벽 0시부터 5시까지 5시간 동안 방송한 심야 DJ 프로그램이었는데, "이 프로그램은 1950년대 중반부터 1960년대 초반까지 주간대의 팝송 전파의 절대적 통로였던 서울 시내의 대형 음악감상실과 보조적 관계를 이루면서 당시 한국의 젊은 세대의 음악적 감성을 근본적으로 변혁시켰다".[215]

장기영의 DBC-TV는 1959년 2월 2일 화재로 사라지고 말았다. DBC-TV는 화재 후 한 달 만인 1959년 3월 1일부터 약 2년 반 이상의 세월을 AFKN 채널을 통해 오후 7시 30분부터 8시까지 30분간 방송을 했다. 이는 결과적으로 AFKN-TV의 시청을 유도하게 되었으며, 나중엔 AFKN의 지방국 개국으로 지방에서도 텔레비전 시청을 할 수 있게 되었다.[216] 후일 KBS-TV의 개국시에는 AFKN에 인원을 파견해 기술 훈

런을 받기도 했다. AFKN은 "세계의 변방이나 다를 바 없던 한국 사회에 첨단 대중문화의 쇼윈도 같은 것"이었으며 "미군 문화는 소위 미8군 무대를 통해 한국 대중음악의 병참 기지 노릇을 하기도 했다".[217]

김시스터스·〈자유부인〉·
수세식 화장실

'미8군 쇼'는 '한국 대중문화의 모태'

　미8군에 소속된 군인들과 군무원들을 위해 TV 방송과 더불어 '쇼 무대'도 필요하게 되었다. 미국에서 공연단이 와서 위문 공연을 자주 했는데, 공연단엔 냇 킹 콜Nat King Cole, 1919~1965·조니 마티스Johnny Mathis·진 러셀Gene Russell, 1932~1981, 윌리엄 유진 러셀William Eugene Russell·앤 마그렛Ann Margret 등 당대 최고급의 가수들, 엘비스 프레슬리Elvis Presley, 1935~1977·매릴린 먼로Marilyn Monroe, 1926~1962와 같은 슈퍼스타들도 포함되었다. 그러나 미국 연예인들만으론 미군 병사들의 엔터테인먼트 수요를 감당할 수 없게 되자, 한국 음악인들이 동원되었다.[218]

　1950년대 후반 미군 클럽은 264곳에 이르렀고, 미8군 무대에 고용된 한국인 악단은 50여 개에 달했으며, 이들을 관리하는 스태프와 용역회사의 인원을 더하면 미8군 무대를 통한 연예 활동 인구의 수는 수천

명가량으로 추정되었다. 국내 공연 무대가 빈약하고 보수도 낮은 상황에서 월등히 높은 보수를 지불하는 미8군 무대에 서기 위한 국내 음악인들의 경쟁이 치열해지면서 미8군 무대에 섰다는 것 자체가 당대 '최고의 음악인'임을 증명하는 보증수표가 되었다.[219]

미8군을 대행해 미국위문협회United Service Organizations, USO는 무대에 설 수 있는 자격을 심사하는 오디션을 정기적으로 실시했고, 심사위원은 미 국방성에서 직접 파견한 음악 전문가들로 구성되었다. 연예 용역회사는 이 오디션에 대비해 자체 연습실을 갖추고 교육과 훈련을 실시했는데, 이는 주먹구구식으로 음악을 배우던 그간의 관행에 비추어 진일보한 것이었다.[220] 이 연예 용역회사들이 훗날 세계 무대를 상대로 뛰는 연예기획사의 효시였던 셈이다.

미군 쇼를 통해 한국 연예인들은 연간 120만 달러에 육박하는 수익을 올렸는데, 이는 당시 한국 수출 총액과 맞먹는 액수였다. 미8군 쇼에서 단련한 음악인들은 1960년대부터 한국인 대중을 상대로 일반 무대에 진출해 큰 인기를 끌었다. 이봉조·길옥윤·김대환·김희갑·김인배·신중현·김홍탁 등의 연주자와 작곡가, 김시스터즈·박형준·위키리·유주용·이금희·한명숙·최희준·현미·패티김·윤복희·펄시스터즈 등의 가수들이 미8군 무대에서 활약했는데 이들은 모두 당대의 톱클래스의 대중예술인들이었다.[221] (이들 중 길옥윤의 이력이 좀 독특하다. "1946년에 주한 미군무대에서 재즈 색소폰 연주자로 데뷔한 길옥윤은 1950년대 일본에서 '길옥윤'을 일본식으로 읽은 '요시아 준'이라는 이름으로 활약했다. 그 후 그가 한국으로 돌아와 만들어낸 3,000여 곡의 '한국 가요'는 미국과 일본 음악으로부터 받은 영향이 접목된 것이었다.)[222] 그래서 '미8군 쇼'는 '한국 대중문화의 모

태'라는 말까지 나오게 되었다.²²³

이들 중 한류와 관련해 가장 주목할 만한 김시스터즈는 가수이자 작곡가인 김해송과 〈목포의 눈물〉을 부른 가수 이난영의 두 딸(김숙자·김애자)과 이난영의 오빠인 작곡가 이봉룡의 딸(김민자)로 1953년에 구성된 3인조 걸그룹이었다. 이들은 악기를 자유자재로 다루며 노래와 함께 춤까지 추었으며, 미8군 무대에서 선풍적인 인기를 모았다.²²⁴

김시스터즈는 1959년 아시아 걸그룹으로는 처음으로 미국에 진출해 큰 성공을 거둔 '최초의 한류 아이돌'이었다. 1960년대 미국 최고의 버라이어티쇼였던 CBS-TV 〈에드 설리번쇼The Ed Sullivan Show〉에 "악기를 20가지나 연주할 줄 아는 소녀들"로 소개되면서 인기를 끌어 25번

김시스터즈는 3인조 걸그룹으로 1959년 아시아 걸그룹으로는 처음으로 미국에 진출해 큰 성공을 거둔 '최초의 한류 아이돌'이었다. 1964년 모뉴먼트Monument에서 제작한 김시스터즈 1집 음반. (대한민국역사박물관 소장)

이나 출연하는 대기록을 세웠다(엘비스 프레슬리, 비틀스 등 슈퍼스타들도 다 이 프로그램을 거쳐갔다).

김해송이 어린 딸들에게 시킨 '음악 훈련'은 훗날 연예기획사들이 아이돌을 대상으로 한 '스파르타 훈련'의 원조라고 볼 수 있는 것이었다. 화음을 맞춰 같이 노래하는 방법을 때려가면서까지 가르쳤다는 것인데, 큰딸 김숙자는 먼 훗날 이렇게 회고했다. "아버지가 그랬다는 게 믿기지 않네요. 누구든 실수라도 하면 뺨이 빨개질 때까지 맞았다우. 우리가 제대로 할 때까지 아버진 계속 밀어붙였지."[225](2015년 김대현 감독의 다큐멘터리 〈다방의 푸른 꿈: Try To Remember〉가 2015년 제천국제음악영화제에서 개막작으로 상영되었다. 이 작품은 김시스터즈에 관한 다큐멘터리로서 이난영에 의해 김시스터즈가 만들어진 배경과 연습, 음악가 집안에 따른 천부적인 음악적인 감성, 공연감, 미국 라스베이거스 등을 건너가는 과정, 1년 만에 선풍적인 인기를 끌게 된 과정을 김민자의 시점에서 이야기했다.)[226]

영화 〈자유부인〉과 '고무신 관객'

1956년 영화 제작 편수는 총 30편이었는데 그중 멜로영화가 16편을 차지해 전후 달라져가는 사회 상황을 반영했다. 6·25 전쟁 이후 국방부에서 관장해오던 영화 행정 업무가 1955년에 문교부 예술과로 이관된 것도 그런 변화와 무관치 않았다. 국방부가 영화를 반공 선전매체로 보았다면 문교부는 그런 노선을 따르면서도 전후 반공 장르 이외의 다른 영화가 많이 제작됨에 따라 영화를 교육의 연장선상에서 다루게 되었다.

문교부는 이듬해인 1956년 7월 21일 문교부 고시 제24호로 공연물 검열 세칙을 공포·시행했는데, 이는 외설스러운 느낌을 주는 의상과 침실 장면, 옷 벗는 장면까지 불허하는 등 까다로운 기준을 제시했다.[227] 그러나 그 어떤 검열 세칙도 세상의 변화까지 막을 수는 없었다. 1954년 〈운명의 손〉(한형모 감독)이 상영될 때만 해도 초보적 키스신이 지방 극장의 객석에서 휘파람 소리가 난무할 정도로 소란을 일으켰지만, 그로부터 2년이 지난 1956년에 이르러 키스신은 장족의 발전(?)을 이루었다. 예컨대, 〈애원의 고백〉(홍성기 감독)은 2년 전보다는 훨씬 과감한 '깊은 키스'를 선보였다.[228]

1956년 최대의 화제작은 2년 전 세상을 떠들썩하게 만들었던 소설을 영화로 만든 〈자유부인〉(한형모 감독)이었다. 〈자유부인〉은 6월 9일 수도극장(스카라극장)에서 개봉되어 45일간 상영되며 15만여 명의 관객을 동원하는 대기록을 수립했다. 『동아일보』 1956년 7월 21일자에 실린 영화 광고가 "〈자유부인〉은 가정! 남편! 애정! 오늘의 사회상! 허영과 현대 여성의 위기를 그린 수작이다"고 주장한 것처럼,[229] 〈자유부인〉을 비롯한 멜로영화들이 겨냥하는 주요 관객은 여성이었다. 당시 〈자유부인〉을 관람했던 여성 관객들은 "우리와 거리가 먼, 타락한 여자 이야기"라고 지탄하면서도 마음속으로는 "선망과 동경, 그리고 두려움이 교차했다"고 술회했다.[230]

영화의 흥행을 좌우하는 실세로 등장한 30~40대 여성 관객을 가리켜 '고무신 관객'이라고 불렀다. 당시 여성들이 고무신을 신고 다녔기 때문에 붙은 이름이지만 단지 그 이유 때문만은 아니었다. 고무신은 잘 벗겨진다. 지금으로선 별로 믿기지 않는 이야기지만, 대히트를 친 영화가 끝나면 인파에 떠밀려 극장을 나서야 하는 바람에 주인을 잃고 극장 앞에 내동댕이쳐진 고무신만 한 트럭이 나왔다고 해서 붙여진 이름이었다. 1957년에도 영화 제작 편수 37편 가운데 멜로영화는 26편을 차지했는데, 이는 '고무신 관객'의 위력을 입증하는 것이었다.[231]

영화에서 교수 부인인 주인공 여자의 직업은 양품점 점원으로 나오는데, 여기에도 '고무신 관객'을 겨냥한 마케팅 기술이 녹아 있었다. 이영미는 『홍남부두의 금순이는 어디로 갔을까』(2002)에서 "양품점은 '양품洋品'이라는 말 그대로 수입된 온갖 서양 물품들, 화장품, 속옷이나 간단한 옷들, 핸드백 등이 거래되던 상점이었다"며 다음과 같이 말했다.

"향기롭고 보오얀 코티분과 때깔 좋고 세련된 디자인의 외제 머플러 등 '꿈의 물건'들이 거래되는 곳이었던 것이다. 영화〈자유부인〉은 이런 부유한 물질의 유혹에 넘어가 불륜에 이르는 교수 부인을 비판한다는 표면적 내용에도 불구하고, 전반적으로는 화려한 소비재들과 풍요로운 물질의 혜택을 유혹적으로 그려냄으로써 이면으로 정반대의 주제를 전달하고 있다."[232]

'영화 암표상'이라는 신종 직업의 등장

영화〈자유부인〉이 남긴 유행어는 "최고급품으로 주십시오"였다. "주인공 여자를 꼬시는 부유한 남자(뚱뚱한 배우 주선태가 맡았다)는 주인공이 근무하는 양품점에 와서 핸드백 등 비싼 양품을 고르면서 항상 이렇게 주문을 한다. 어떤 기능, 어떤 디자인, 어떤 브랜드를 고르는 게 아니다. 그의 요구는 '최고급품으로 주십시오'이다. 그런 것들은 교수 월급

의 몇 배에 해당하는 가격이었는데, 그것을 현금으로 사서는 선뜻 주인 공에게 선물한다."²³³

영화〈자유부인〉은 1957년에〈속 자유부인〉이 나오고, 1969년, 1981년, 1990년에 걸쳐 세 번이나 리메이크될 정도로 높은 인기를 누렸다. 김소영은 『근대성의 유령들: 판타스틱 한국 영화』(2000)에서 "현재 우리가 '한국 영화'라고 부르는 영화 범주가 하나의 국가 단위의 영화로 생성되기 시작한 것은 바로 1950년대이다"며 "특히 한국 영화가 대중 관객들과 폭발적으로 만나게 되는 계기를 만들어준 것이 1955년 이규환 감독의〈춘향전〉과 1956년 한형모 감독의〈자유부인〉이다"고 했다.²³⁴

영화의 그런 폭발적인 인기로 인해 1957년 말 신문에 '올해 새로 생긴 직업' 한 가지가 소개되었다. 『경향신문』 1957년 12월 28일자에 따르면, '인기 영화를 상영 중인 극장 앞에 모자를 푹 눌러쓰고 나타난 소년들'이 그 주인공이었다. 이들은 티켓이 매진되어 난감해하는 관객들에게 다가와 "좋은 자리 있어요"라고 속삭이며 500환짜리 표를 800환에 사라고 내밀었다. 극장 암표상의 등장이었다. 소년들의 하루 수입은 무려 1만 환(오늘의 물가로 약 13만 원)씩이나 되었다.²³⁵

유료 화장실과 아파트 수세식 화장실의 등장

공중화장실은 늘 청결 문제로 원성이 자자했다. 이 문제를 해결하려고 급기야 유료 화장실이 등장했다. 『조선일보』 1956년 8월 1일자에 따르면, "서울 시내에 돈받는 공중변소가 등장했다. 서울시경찰국 바로 뒤에 자리 잡은 북창시장 내 변소는 더럽기로 이름난 곳. 그런데 며칠 전부터 변소 입구에 대변 10환, 소변 5환이란 간판이 붙고 한 소년이 입구에 앉아서 꼬박꼬박 돈을 받고 있다. 이래서 변소는 깨끗해졌으나 돈 내고 공중변소 쓰러가는 사람의 얼굴은 찡긋찡긋."[236]

1958년 서울시는 광화문 광장에 있던 공동변소가 더럽다고 말썽이 나자 아예 공동변소를 철거해버리고 말았다. 이에 『조선일보』 1958년 10월 12일자 칼럼 「일사일언: 깨끗한 공동변소를 만들라」는 "서울 시내의 공동변소는 더럽기 짝이 없어 누구나 이용가치보다도 불쾌를 느끼는 것이 사실이다. 문제가 된 광화문 네거리 공동변소로 말하더라도 악취가 상당한 거리에까지 미치고 분뇨조가 넘쳐서 도로로 흐르고 있는 형편이니 그대로 둘 수 없는 것도 또한 사실이다"며 다음과 같이 비판했다.

"이것을 철거하게 된 이유가 악취가 심하고 불결하다는 데 있을 것은 두말할 것 없는 것이다. 이와 같이 악취가 심하고 불결하다는 이유에서 광화문 공동변소를 철거했다고 하면 그 외의 공동변소도 다 철거하는 것이 당연하다 할 것이다. 그러나 위에서 말한 바와 같이 공동변소의 필요가 인정된다고 하면 무턱대고 철거만 할 수도 없는 것 또한 분명한 사실이다."[237]

수세식 화장실은 아직 먼 꿈이었다. 부자들은 은밀하게 수세식 화장실을 만들어 썼겠지만, 대중은 아직 넘보기 어려운 호사였다. 수세식 화장실이 선을 뵌 건 아파트 덕분이었다. 해방 이후 최초의 아파트로 1958년 서울시 성북구 종암동에 중앙산업이 세운 종암아파트가 그 원조였다. 한 가구당 크기는 17.3평(공용면적 포함)이었고, 4층짜리 건물 4동에 모두 152가구가 지어졌다. 이는 1956년부터 국제개발협력처에 의한 미국

우리나라 최초의 아파트인 성북구 종암동의 종암아파트는 4층짜리 건물 4동에 모두 152가구가 지어졌는데, 수돗물과 수세식 화장실이 집안에 있었다.

자본의 재정 지원과 상업은행의 융자로 이루어진 것이었다. 독일 회사가 설계를 맡았고 외국 엔지니어들이 건설 계획에 참여했다.

당시에는 생소했던 '아파트먼트 하우스'라는 용어를 도입했고 바로 여기서 '아파트'라는 말이 생겨났다. 이승만은 아파트의 준공식에 참석해 아파트의 현대성과 특히 수세식 화장실의 설치를 높이 평가했다.[238] 종암아파트 입주자들은 정치가·예술가·대학교수들이었고, 좁았지만 수돗물과 수세식 화장실 등과 같은 현대성의 상징을 자랑했다.[239]

사원 주택용으로 지은 것까지 포함한다면 최초의 아파트는 2년 전인 1956년으로 거슬러 올라가야 한다. 종암아파트를 세운 중앙산업이 을지로 4가와 청계천 4가 사이에 있는 주교동 230번지에 세운 중앙아파트로 3층짜리 1동(12세대)이었다. 한 세대당 면적은 20평으로 방 하나에 부엌·마루·화장실 등으로 되어 있었는데, 수세식 화장실과 입식 부엌이 신기하다며 구경하러 오는 사람도 있었다. 이어 중앙산업은 충정로에 6층짜리 개명아파트를 건설했고, 그러고 나서 종암아파트를 지었다.[240]

수세식 화장실이란 요물이 사람들의 화젯거리로 오르면서 '변소 개량 운동'도 본격화되었다. 이 운동을 전담하는 시민운동가도 나타났다. 1959년 8월 21일 변소 개량 운동가 임영환은 '어머니회'가 주최한 강연회에서 생활 개선의 하나로 우선 변소를 개량해야 한다고 역설했다. 『조선일보』는 그 강연 요지를 게재했다.

"문명국이라 칭하는 외국의 거의 전부가 오래전부터 수세식 변소를 사용하고 있는데 4천 년 역사를 자랑하는 우리가 고대의 변소와 본질적으로 큰 차이 없는 변소를 현재에도 쓰고 있다는 것은 부끄럽기 짝이 없는 노릇이다. 서울 시내에 150개나 있다는 공동변소에 만약 외국인이 용변차 들어갔다고 가정하면 그들이 거기서 받는 인상 때문에 우리 국민의 위생 관념의 정도를 그릇 판단하게 되지 않을까."[241]

그러나 여전히 대중의 주요 관심사는 공중변소였다. 너무도 더러웠기 때문이다. 『조선일보』 1959년 10월 17일자는 조치원에 사는 시민 김광식이 쓴 「역 변소를 깨끗이 하자」라는 글을 게재했다. "종종 역 변소에 들를 때마다 느끼는 것은 형언할 수 없이 불결하다는 것이다.……또 변소 안에 앉으면 꼭 눈이 닿는 위치의 벽에 추잡한 낙서가 마구 그려 있어 얼굴을 찌푸리게 한다.……역 당국의 부단한 노력이 있기 바라며 한편 일반 사용자의 각별한 주의가 있기를 바란다." 훗날 한국이 세계 최고 수준의 '화장실 선진국'으로 다시 태어나기까진 아직 수십 년의 세월이 더 필요했다.

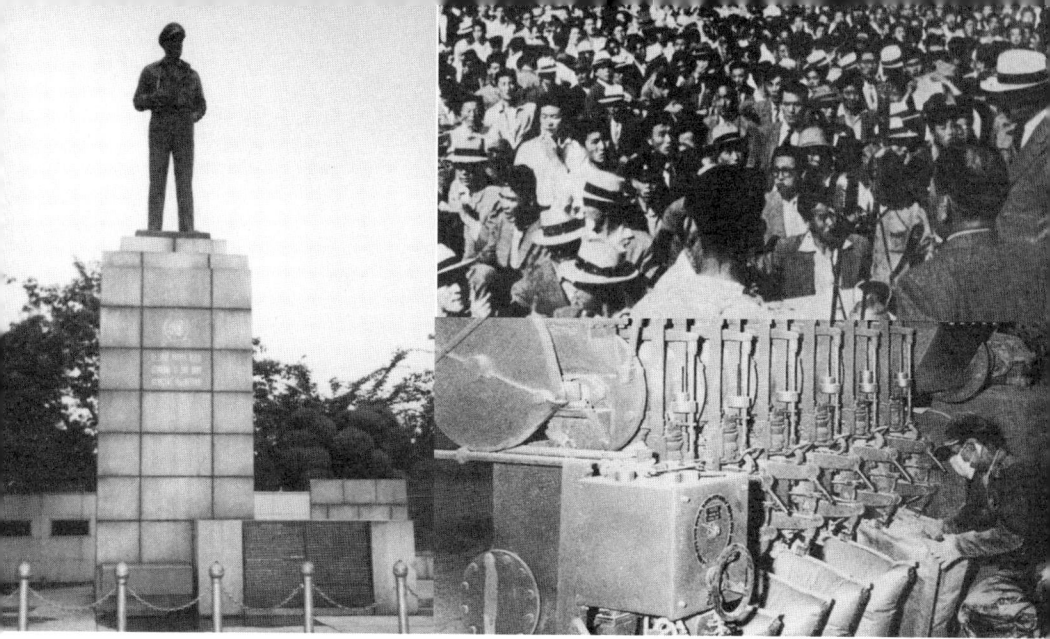

제2부 1957년

'장길산'과 '홍길동'을 기다린 세상

- 국민반, 장충단공원 폭력 사태, 선거법 개정 논란
- 세상을 조롱한 가짜 이강석 사건
- 북진통일·병역 기피·맥아더·유엔군 사령부
- 1957년은 '소년소녀 사냥의 해'?
- "그래도 남한은 이렇게 자유스럽지 않아요?"
- 관훈클럽·언론 부패·만화잡지·앰프촌

국민반, 장충단공원 폭력 사태, 선거법 개정 논란

총선에 대비한 국민반 조직

1957년 2월 이익흥의 뒤를 이어 장경근이 내무부 장관에 취임했다. 장경근에게 맡겨진 가장 큰 사명은 1958년 5·12 총선에 대한 대비였다. 장경근이 야심작으로 선보인 게 바로 국민반의 조직이었다. 물론 장경근은 실무 총책이었을 뿐이고, 그 기본적인 발상은 이승만의 것이었다. 이승만 정권에서 육군참모총장과 합참의장을 지낸 이형근의 증언에 따르면, 이승만은 국민반을 이미 1955년경부터 구상했던 것으로 보인다. 1955년 9월 7일 이승만은 합참의장 이형근을 불러 다음과 같이 말했다는 것이다.

"내가 제너럴 리를 오라고 한 것은 중요한 일로 수고를 해줘야 하기 때문일세. 제너럴 리는 잘 알고 있는 일이지만 군은 나라를 위해서 있는 것일세. 그래서 항상 정치가 어떻게 돌아가는지를 잘 지켜봐야 하네.……이번에 합참의장인 자네가 육·해·공군에 말해서 군이 주동이 되는 국민반(대통령 선거 대對국민대책반)을 조직해보게. 사람들이 말하기를 국민들을 서로 감시시키지 않고 이대로 방치해두면 야당 사람들에게 농간을 당하고 말 거라는 얘기야."

이형근이 이승만의 요청을 거절하면서 군의 정치 개입은 바람직하지 않다고 알아듣게 설명을 했더니 이승만은 "글쎄 정치를 한다는 사람들의 말만을 믿을 수도 없군"이라며 혼잣말을 하면서 물러섰다는 것이다.[1]

그런 이승만은 "국민들을 서로 감시시키지 않고 이대로 방치해두면 야당 사람들에게 농간을 당하고 말 것"이라는 생각은 계속 고수하고 있었음이 틀림없다. 국민반이 바로 그런 발상에 근거한 것이었기 때문이다. 1957년 4월 12일 내각 회의에서 '국민반' 조직 결정이 공식적으로 내려진 이후 방대한 예산이 지원되었다. 내무부가 국민반 조직의 명분으로 내세운 건 공무원의 성분조사와 대학생의 사상 동향 내사, 동민 사이의 상부상조 정신 진작과 관과 민간 사이의 의사소통이었지만, 실제로는 "일제하에서의 애국반과 같은 전제주의적 발상"에 근거해 "다음 총선거를 완벽하게 대비하려는 정치적 계략"이었다.[2]

국민반의 도·시·군·읍·면 운영위원회에는 경찰서장 등 경찰 관계자와 군 특무 관계관도 포함되었으며, 경찰은 국민반을 중심으로 경찰정보망을 재정비했다. 각종 민원은 국민반을 통해 처리함으로써 그 효율성을 높였고, 이를 위한 반상회는 매달 한 번 이상 개최되었다.[3] 국회에서 야당은 정부가 채용한 공무원을 새삼 성분조사하며 특히 대학생들의 사상 동향을 내사하는 이유가 무엇이냐고 따지면서 김홍식 등 33명의 명의로 국민반의 불순한 정치성을 지적하면서 이의 해체를 요구하는 결의

안을 제출했다. 그러나 정부는 국민반을 해체하기는커녕 오히려 그 기능을 강화해 나갔다.[4]

장충단공원 폭력 사태

자유당은 국민반 운영과 함께 선거법 개정을 추진했다. 자유당이 원하는 건 선거공영제와 기탁금제, 입후보자의 추천인 증원, 선거 사범의 형량 가중과 범위 확대 등이었다. 겉으론 그럴 듯했지만 이는 야당의 선거운동을 탄압할 수 있는 소지가 다분한 것이었다. 그래서 야당은 4월 30일 국민주권옹호투쟁위원회를 구성해 국민반의 해체와 선거법 개정 저지를 위한 투쟁에 돌입하면서 이런 주장을 폈다.

"이번 선거법 개정 문제는 한낱 법의 개정이 아니라 한국 민주주의의 사활을 가늠하는 문제이다. 만일 입후보자들의 등록 방해, 관권 개입, 각급 선거관리위원회의 편당화, 투·개표의 진실 왜곡 등을 배제할 수 있는 공명선거의 최저한 보장 조치도 관철되지 못하는 최후 최악의 경우에는 우리는 부득이 민의원직이라도 사퇴하여 국민 앞에 사과하겠다. 우리는 이에 맹세한다."[5]

5월 25일 국민주권옹호투쟁위원회가 장충단공원에서 개최한 시국강연회엔 20만여 명의 시민이 몰려들었다. 첫 연사인 전진한의 연설이 끝나고 조병옥의 연설이 시작된 지 불과 5분도 안 되어 정체불명의 괴한들이 나타나 폭력으로 강연을 방해하는 사건이 벌어졌다. 괴한들은 마이크 앰프에 휘발유를 뿌려 불을 지르고 기물을 파괴했으며, 연단 위로 돌과 유리병, 의자 등을 던졌다. 그리고 이 광경을 촬영하던 사진기자들에

자유당은 국민주권옹호투쟁위원회가 장충단공원에서 개최한 시국강연회를 정치 깡패들을 동원해서 폭력으로 방해했다.

게도 돌이 날아들었다. 현장에 배치된 경찰관은 그런 폭력 사태를 뒷짐 지고 구경만 하다가 폭도들이 사라진 후에야 진압하는 척하면서 오히려 앰프의 불을 끄던 홍익대 학생 이영수를 비롯한 몇 명의 청년을 연행해 갔다.[6]

소란이 조금 진정된 후 장택상은 "여러분이 보신 이러한 사실이 바로 독재국가의 형태"라고 말했고, 조병옥은 "민주주의를 저버리는 날 이 나라는 세계에서 고립되고 말 것"이라고 외쳤다. 『동아일보』 5월 27일자는 이 사건을 민주주의의 종언을 고하는 불길한 만가挽歌로 표현했다.[7]

강연회를 폭력으로 방해한 괴한들은 자유당의 정치주먹으로 권세를 휘두르던 이정재의 부하 유지광 일파였다. 자유당의 지시로 이날 동원된 깡패는 700여 명이었고 이들에게는 모두 일당이 지급되었다. 신문에서는 연일 "유지광을 안 잡는지 못 잡는지"라는 요구가 비등했지만, 자유당 정권은 아무 일도 없었다는 듯 시치미를 뗐다.[8]

조병옥·이기붕 밀약설

그러나 폭력 사태는 야당 측에 유리한 여론을 조성했다. 이를 기반으로 1957년 9월 이기붕, 조병옥, 장택상 3자의 선거법 협상이 시작되어 10월에 거의 합의에 이르게 되었다. 여야의 선거법 협상은 ① 민의원 선거구를 전국 233개구로 증설하고 소선거구로 한다, ② 각 선거위원회는 여야 정당대표의 동수로 구성한다, ③ 입후보 기탁금제를 실시해 후보자의 난립을 억제한다, ④ 선거운동과 선거비용을 제한하는 선거공영제를 채택한다, ⑤ 선거 기간 중 언론의 편파적 보도를 규제한다 등의 내용으로 절충되었다.

이와 같은 합의 내용 중 1항에서 3항은 진보당의 약진을 차단하고 양당제 확립을 위한 것으로 자유당과 민주당의 이해관계가 일치했다. 민주당은 3항에 매력을 느껴 4항과 5항을 양보했는데, 특히 5항에 대한 언론의 반발이 거셌다.

이미 합의 이전, 선거법 개정안 가운데 명예훼손과 허위보도를 규제한다는 명목하에 언론자유를 침해하는 독소 조항이 들어 있다는 사실이 알려지면서 언론계는 대대적인 반대투쟁에 돌입했고, 12월 14일 국회와 정당 출입기자들은 언론 조항 삭제를 요구하면서 24시간 취재를 거부하기도 했다. 이에 이기붕, 조병옥, 장택상은 다시 만나 언론 조항의 자구 수정에 합의했지만, 언론이 흡족하게 생각할 수준은 아니었다. 그럼에도 이 선거법 개정안은 1957년 12월 31일 국회 본회의에 상정되어 1월 1일 표결에 부쳐져 통과되었다.[9]

『동아일보』를 비롯한 야당지들은 선거법 개정안의 국회 통과를 맹렬히 비난했다. 『조선일보』 1958년 1월 3일자 사설 「국기國基를 파괴하려는 이 국회!」도 "국민을 배반하고 헌법을 위반하는 법을 만들고 언론 자유를 봉쇄"했다고 비판했다.[10] 1958년 1월 11일 한국신문편집인협회가 전국언론인대회를 열어 독소 조항을 강력히 규탄하는 등 전 언론계가 들고일어나 항의했지만 이 법안은 1월 25일 공포되었다.

이 선거법에 대해 민주당 내 일각도 크게 반발해 '조병옥·이기붕 밀약설' 등 온갖 추측이 난무했다. 신구파간 갈등도 악화되었다. 4대 국회 원내총무였던 유진산은 "신·구파 정치경쟁은 경쟁이 아닌 전쟁이었다. 크고 자잘한 문제를 가리지 않고 날카롭게 대립하는 일이 빈번했다"며 다음과 같이 말했다.

"이런 현상은 협상 선거법 이후 그 농도가 더욱 짙어졌다. 선의의 경쟁이란 본질을 찾아볼 길이 없고 사리가 아닌 감정과 파벌이 판단의 기준이 되는 경우가 허다했다. 상식적으로 이해되고 납득될 수 있는 문제에도 누군가가 꼬투리를 잡았고 당초의 의제와는 관계없는 일에까지 토론이 번져가면서 인신공격까지 나오는 판국이었으니 대여 관계 담당자가 겪는 고충은 한두 가지가 아니었다."[11]

이승만에 대한 평가는 당시의 민주당이 얼마나 한심한 수준이었으며 보수적이었는가 하는 것을 감안하는 선에서 이루어져야 공정하겠지만, 지도자의 책임이라고 하는 점에서 그것이 이승만의 면죄부가 될 수는 없을 것이다.

세상을 조롱한 가짜 이강석 사건

이승만의 양자가 된 이강석

1957년 3월 26일 이승만의 83세 생일에 맞춰 이기붕의 아들 이강석이 이승만의 양자로 입적되었다. 이기붕과 그의 아내 박마리아 사이엔 장녀 이강희(이화여중 재학 중 요절), 장남 이강석, 차남 이강욱이 있었는데, 이들은 장남을 이승만의 양자로 입적시킨 것이다. 이는 이승만의 후계자로 이기붕이 낙점되었다는 기존의 추측을 사실로 굳히는 효과를 낳았다. 다른 건 제쳐놓더라도 바로 그런 이유 때문에 이승만이 이강석을 양자로 입양한 것에 대한 국내외 여론은 매우 부정적이었다. 이기붕에 대한 부정적인 평판은 둘째치고 그의 건강 문제가 심각했기 때문이다.

그래서 이승만의 정치고문인 로버트 올리버Robert T. Oliver, 1909~2000가 이기붕은 대통령직이라는 격렬한 임무 수행에 부적합하지 않겠느냐고 말을 꺼냈다. 그러자 이승만은 "프랭클린 루스벨트는 어떠했느냐?"

고 반박했다. 건강 문제는 소아마비 문제와는 다른 차원의 것임에도 이승만은 고집을 부린 것이다. 올리버는 이승만의 완강함을 알고 화제를 바꾸어 버리고 말았다.[12]

이후 이기붕의 서대문 집은 더욱 확실하게 '서대문 경무대'로 불렸으며, 이기붕을 제2의 이승만으로 모시는 어용 지식인들, 즉 '만송족'은 더욱 기승을 부리게 되었다. 이기붕의 아내인 박마리아의 활약도 점점 도를 더해 갔다. 박마리아는 1956년에 대한부인회 대표 최고위원에 올라 여성계의 제1인자로 군림하고 있었다. 그녀는 그해에 이화여대 부총장도 맡으면서 이화여대의 명예 법학박사 학위까지 받았다. 이는 총장 김활란이 명예박사 학위를 10년 뒤에나 받게 되는 것에 비추어 대단한 특혜인지라 논란의 대상이 되었지만 그 누구도 감히 이의를 제기하진 못했다.[13]

이승만의 혈통에 대한 집착

이승만은 왜 이강석을 양자로 입적시켰을까? 이는 이승만의 정치 행태와 관련해 중요한 의미를 갖는다. 이승만은 오랜 미국 생활로 겉은 서구화되었지만 속은 한국, 그것도 구한말 시대를 벗어나지 못한 이중성을 갖고 있었던 것이다. 백선엽은 『군과 나: 백선엽 회고록』(1989)에 다음과 같이 썼다.

"나의 견해로는 이 대통령이 전래의 동양적 사고방식을 버리지 못하고 혈통을 잇겠다는 데 집착한 나머지 이기붕의 아들을 양자로 삼고, 이기붕을 후계자로 여긴 것이 그의 자멸을 재촉한 것으로 보인다. 이 대통령은 휴전 이후 다소 한숨을 돌리게 되자 자녀가 없음을 비관하는 말을 내비치곤 했었다. 일선의 군부대를 순시하는 도중 이름 없는 무덤들과 마주치면 '저 묘는 어떤 후손이 지켜주고 있을까'라며 감상에 젖어드는 장면을 몇 차례 볼 수 있었다."[14]

고은의 「영친왕」의 한 대목이다. "대통령 이승만은/오랫동안 일본에 인질 잡힌/한말 영친왕이 돌아오는 것을 막았다/개인 이은으로/돌아오는 것도 막았다/이은은 세종의 후예인 셈/이승만은 양녕의 후예였다/이승만은/세종의 후예들이 급기야 나라를 망쳤다고/조선왕조 세계世系를 미워했다."[15]

이승만의 혈통에 대한 집착은 심지어 이런 견해까지 낳게 했다. "이승만, 이기붕의 조상은 모두 이씨 왕조 양녕대군으로 시작되며, 17대 후손인 이승만에 대해 이기붕은 18대 후손이었다. 자식이 없는 이승만은 이기붕의 장남 강석을 양자로 맞아, 늙은 집념에 따라 문자 그대로 이씨 왕조의 재현을 도모할 심산이었다."[16]

제3인자로 통한 '귀하신 몸'의 출현

한국의 제1인자를 양아버지, 제2인자를 친아버지로 둔 이강석의 위세는 대단했다. 제3인자라고 해도 과언이 아닐 정도였다. 이강석이 백주에 정복 차림의 헌병을 구타하고 파출소의 기물을 부수고 다녀도 누구 하나 그를 고발하고 처벌하는 사람이 없었다. 이강석은 이승만의 양자가 된 직후 부정으로 서울대학교 법대에 편입해 법대생들이 4월 9일 동맹휴학에 돌입하는 사태가 벌어지기도 했다.[17]

이강석이 제3인자라는 소문이 널리 퍼졌던 걸까? 그래서 '가짜 이강석' 사건이 일어나게 된 것이었을까? 진짜 이강석은 가짜 이강석 사건 소식을 듣고 격분했다지만, 결코 가짜 탓만을 할 일은 아니었다. 1957년 8월 21일 오전 6시부터 몰아친 태풍 아그네스가 경북 동해안 일대를 강타해 경북 동해 연안 일대는 쑥대밭이 되었다. 이 지역에 22세의 무직자 강성병이 나타났다. 그는 이강석 행세를 하면서 이 지역의 각급 기관장들을 농락하고 다녔다. 기관장들은 그에게 돈을 주고 아첨을 일삼는 추태를 벌였다. 이게 바로 가짜 이강석 사건이다.

가짜 이강석인 강성병은 각급 기관장들을 농락하고 다녔고, 기관장들은 그에게 돈을 주고 아첨을 일삼는 추태를 벌였다. (『조선일보』, 1957년 9월 22일)

가짜 이강석은 8월 30일과 31일 오전에는 영천과 경주에서, 31일 오후와 9월 1일은 안동과 봉화에서 경찰서장·시장·군수·읍장·은행 지점장 등에게 이런 말들을 늘어놓았다. "나는 이강석인데 하계 휴가차 진해에 계시는 아버님의 밀명으로 풍수해 상황을 시찰하고 공무원의 비리를 내사하러 왔다", "암행시찰이니 누구에게도 알려서는 안 된다", "아버님께서 누설자는 엄중히 다스린다고 말씀하셨다", "수재민에게 나누어 줄 쌀을 준비해야겠는데……."

가짜 이강석은 겁을 주면서 은연중 금품을 요구해 합계 46만 5,000환을 사취詐取했지만, 세인의 관심은 그 돈의 액수보다는 기관장들의 아첨에 쏠렸다. 그는 경찰서장, 시장, 군수 등에게서 '왕조시대의 동궁마마와 같은 융숭한 접대'를 받았다. 경주시장은 첫 인사로 "귀하신 몸이 어찌 홀로 오셨나이까!"라고 인사하고 그를 지프에 태워 불국사 관광 안내를 하면서 각종 기념품을 사주었다.

각지 경찰서장 등과 36사단장은 경호원을 동승시켜 관용 또는 군용 지프로 목적지까지 가게 했다. 몇몇 경찰서장은 고급 요정이나 관사에서 식사를 대접했다. 당시 공석 중인 치안국 통신과장 승진 운동을 한 사람도 있었고, 야당 탄압과 여당 지원 사실을 보고하면서 "명년에 있는 민의원 선거에 자유당 후보를 꼭 당선시키겠다"고 다짐한 사람도 있었다. 가짜 이강석과 같이 기념사진을 찍거나 그의 숙소 앞에 불침번을 서게 한 사람도 있었다. 뒤늦게 알고 안동에서 의성까지 뒤따라 가서 인사를 한 장성도 있었다.[18]

장길산과 홍길동의 출현을 기다리다

가짜 이강석 재판이라는 희대의 이벤트를 제공한 1등 공신은 경북지사 이근식이었다. 진짜 이강석의 얼굴을 아는 이근식에 의해 덜미가 잡히지 않았더라면 이 사건은 조용히 묻혔을 것이기 때문이다. 공판일엔 대구법원이 생긴 후 최고 인파인 1,000여 명이 몰려들었다. 판사 전용 출입문까지 들어선 방청객 사이로 법정에 들어가느라 판사의 법복이 찢어지고 법정 안에 있는 의자의 반이 부서지는 등 아수라장이 벌어졌다.[19]

가짜 이강석은 10개월 실형을 선고받았지만, 법정에서 한 그의 발언은 방청석의 열띤 박수를 받았다. "자유당 정권의 부패상을 시험해보는 것도 동기의 하나였다." "돈만 있으면 언제라도 (사바사바) 대학에 입학할 수 있는 것이 오늘의 세태가 아니냐." "이번 체험을 통하여 권력의 힘이 위대한 것을 새삼 느끼게 되었다." "내가 시국적 악질범이면 나에게 아첨한 서장·군수 등은 시국적 간신도배이다." "헐리우드 같으면 60만 달러의 연기료를 받을 수 있는 데 나는 연기료 대신에 벌을 받게 되었다."[20]

가짜 이강석은 "언젠가 서울에서 이강석이 헌병의 뺨을 치고 행패를 부리는 데도 아무 일도 없었던 것을 보고 한 번 흉내내본 것이며, 권력이 그렇게 좋은 것인 줄 비로소 알았다"는 말도 한 것으로 알려졌다.[21] 가짜 이강석이 그렇게 말할 만도 했다. 당시 세상은 권력과 권력의 줄에 미쳐 돌아가고 있었기 때문이다. 동아일보사의 『동아연감』(1975)에 실린 「특집 해방 30년」이란 글은 당시의 세태에 대해 다음과 같이 썼다.

"치부나 성공을 위해 부정을 서슴지 않는 불성실이 노골화하고 사회윤리는 '개판'으로 부패하여 '좋은 자리 있을 때 봐주' 하고 뒷구멍 돈이 여전했다. '공갈'이 태연했으며 관리는 고하 없이 박봉을 내세워 '먹고살기 위해서' 부정행위가 버릇이 되어갔다. 56~57년에 들어서면서 '각하, 시원하시겠습니다', '사람 팔자 알 수 없다', '귀하신 몸'이 사람들의 일상 대화에 오르내렸는데 그 유행어에서 당시 사회적 정의의 척도를 읽을 수 있다. '공갈'도 사회적 부정도 '먹고살기 위해서'라는 구실 밑에 버젓했다."[22]

당시 합동통신사 기자였던 리영희는 『역정: 나의 청년시대-리영희 자전적 에세이』(1988)에서 가짜 이강석 사건이 "해방 후 백성들의 13년 묵은 체증을 내려주었다"며 "모두가 장길산과 홍길동의 출현을 기다리고, 녹두장군과 홍경래가 서울 거리를 거니는 것을 보았다는 사람이 늘어가고 있었다"고 했다.[23]

'고바우 영감' 필화 사건

『동아일보』1958년 1월 23일자에 실린 연재 시사만화 '고바우 영감'은 일반 가정의 변소를 치는 인부들이 대통령 관저의 변소를 치는 인부를 만나자 90도로 허리를 꺾어 절을 하며 "귀하신 몸 행차하시나이까"라고 인사하는 장면을 묘사했다. 1957년 8월에 일어났던 가짜 이강석 사건을 풍자한 것이었다.

서울시경은 1월 27일 경무대를 모욕했다는 이유로 허위사실 유포 혐의를 씌워 화백 김성환을 즉결심판에 회부해 과태료 450환에 처했다. 『동아일보』1월 31일자 사설「만화를 허위보도라니」는 "저 '가짜 이강석 사건' 이래 '귀하신 몸'이란 말이 유행어로 화해버렸으며, 또 그 '귀하신 몸'이라는 말이 주는 사회적 감각이 권세라면 사지를 못 쓰고 아부를 일삼는 자를 지칭한다는 것도 세상 사람들이 널리 알고 있는 바다"며 다음과 같이 말했다.

"게다가 이 만화는 같은 오물 청소직에 종사하는 인부들이라도 권력처에 출입하는 인부에 대해서는 동료가 머리를 굽실거릴 정도로 우리 사회는 아부 근성에 젖어 있으며, 또 그만한 정도로 권력이 서민의 동경의 대상이 되었다는 것을 풍자한 것인데, 이를 가리켜 '경무대를 모욕했다'는 것은 건전한 상식을 가지고는 동의하기 어렵다. 우리나라 관리 가운데는 대통령을 마치 군주국가의 원수처럼 신성불가침하고 비판을 절絶하는 존재로 착각하고 있는 자들이 적지 아니한데, 민주공화국의 행정부 수반이 여론 비평의 대상이 될 수 있다는 것은 두말할 필요도 없고, 따라서 가령 대통령 자신이 풍자만화의 소재가 된다 하더라도 이를 마다할 수 없는 것인데, 대통령과 아무런 직접적 관련이 없는 허구 소재를 가지고 아부 근성을

'고바우 영감'은 가짜 이강석 사건을 풍자한 것인데, 서울시경은 경무대를 모욕했다는 이유로 김성환을 즉결심판에 회부해 과태료 450환에 처했다. (『동아일보』, 1958년 1월 23일)

풍자한 만화를 가리켜 '경무대 모욕' 운운한다는 것은 도대체 어떤 저의에서 나온 것인가."[24]

사실 가짜 이강석 사건에 비추어 보더라도, "경무대라면 변소의 똥을 푸는 사람마저도 엄청난 빽을 자랑한다"는 걸 풍자한 '고바우 영감'은 당시의 현실을 있는 그대로 묘사한 것이었다. 필화 사건이 일어나자 '고바우 영감' 독자들이 들고 일어나 열렬한 박수를 보낸 것도 바로 그런 이유 때문이었을 것이다.[25]

제3장

북진통일·병역 기피· 맥아더·유엔군 사령부

영국에 대한 선전포고?

이승만은 1957년 1월 1일에 발표한 연두사의 3분의 2를 반공과 북진통일에 할애했다. 이승만은 7월 18일 미 방송과의 인터뷰에선 "만일 여러분이 공산주의자와 전투하기를 원하지 않는다면, 우리로 하여금 그 일을 하도록 해달라"고 요구했다. 자유세계를 위해 한국이 공산세계와의 대리전쟁도 불사하겠다는 것이었다.[26]

그런 자신감(?) 때문이었을까? 1957년 영국이 1950년 이후 실시되어온 대북한 수출금지령을 해제하자 이승만 정권 일각에선 영국에 대한 선전포고 선언도 불사해야 한다는 주장까지 제기되었다. 영국은 이 해제에 엄격한 제한을 두겠다고 했지만, 윤치영은 "일치단결하여 최후까지 영국에 대하여 피투성이가 되어서 싸우겠다는 이런 기개와 의식을 표현해야 한다"고 주장했다.

외무부 장관 조정환은 답변에서 "영국 상선이 북한을 출입할 것 같으면 금지할 용의가 있느냐 없느냐? 물론 우리의 전 국력을 다하여 일전을 불사하고라도 금지해야 할 것"이라고 답변했다. 이 발언은 그 자리에서 취소되긴 했지만, 이는 당시 이승만 정권의 외교정책 수준이 어린아이들 전쟁놀이 수준에도 못 미치는 것임을 여실히 보여준 사건이었다.[27] 이승만 정권의 그런 호전성은 강력한 군대의 육성과 더불어 나타난 것도 아니었기에 더욱 이해하기 어려운 것이었다. 오히려 정반대였다.

군대 내 폭력과 병역 기피 부정

1957년 8월 16일 육군 소령으로 진급함과 동시에 전역한 리영희의 증언에 따르면, 당시 군은 내부에서부터 무너지고 있었다. 리영희는 군대는 일제시대 자기 발로 찾아들어간 일본군 '조선인 지원병'이나 일제 사관학교 출신 장교들의 반인간·반민족적 정신 상태가 지배하고 있었다며 다음과 같이 말했다.

"걸핏하면 주먹질이고, 기분이 언짢으면 하급자에 대한 몽둥이질이었다.······무슨 정당한 이유나 목적이 뚜렷이 있어서가 아니다. 그저 분풀이, 화풀이, 심지어 즉흥적인 장난으로 부하들을 구타하는 것이 예사였다. 한심하고도 통탄할 상태였다."[28]

빨치산 출신으로 전향해 반공 인사가 된 이영식의 증언도 비슷하다. "나는 나중에 국군 졸병 생활을 했는데, 국군 훈련소에 들어가보니까 말이죠, 정말 한심한 생각이 듭디다. 세상에 이런 군대 가지고 어떻게 전쟁을 했나 싶어요. 매일 졸병이나 두드려 패고 밥 같은 것 갖다 주면

중간에서 다 떼어먹고 말이지. 훔쳐가놓고 잃어버린 사병한테는 잃어버렸다고 두드려 패서 돈 내면 도로 갖다주고, 참 기가 막힙니다. 국군 생활에서 두드려 패는데 질렸어요. 인민군은 두드려 패는 게 없어요. 두드려 팼다간 당장 그날로 가지요."[29]

국군의 더 큰 문제는 병역 기피 부정이었다. 1955년 서울 지구 대학 졸업자 제1차 소집에서 영장 교부 수는 1,209건이었는데, 응소자는 163명이었고, 그중 입대 인계자는 112명으로 입대율은 10%에 지나지 않았다. 1951년에서 1956년 말까지 유학 간 3,769명(그중 미국 유학이 91%인 3,424명) 중 입대한 자는 1957년 2월 말까지 1명도 파악되지 않았다. 월간 『신태양』 1957년 5월호에 실린 「법무행정 짓밟는 특권계급」이라는 글은 국방부 모 고관실엔 아예 표제가 붙지 않은 인사청탁 처리부가 놓여 있으며 청탁자는 거의 전부가 저명 인사로 국회의원이 반 이상이라고 지적했다.[30]

『경향신문』 1957년 3월 31일자에 따르면, 서울의 20대 남자들은 외출 땐 불시에 군·경 합동 단속반의 검문을 받을 각오를 해야 했다. 징병 소집에 응하지 않은 병역 기피자를 색출하려는 길거리 검문이 시도 때도 없이 벌어졌기 때문이다. 1956년 11월부터 이듬해 3월 말까지 6만 789명의 청년이 단속반에 붙잡혔고 이 중 4만 6,500여 명이 입대했다.

뇌물을 써서 호적을 고쳐 나이를 징집 상한 연령보다 높게 바꾸는 일이 많자 언론엔 '연령 인상자引上者'란 신조어가 등장했다. 심지어 군대 가지 않으려고 1년 넘도록 여장女裝을 한 채 식모살이를 한 청년이 검거되기도 했다. 기피자들 상당수는 당국의 추적을 피해 이리저리 옮겨가며 살았다. 1954년 2월 한 달간 치안국에 자진 신고한 병역 기피자는 5만

1955년 서울 지구 대학 졸업자 제1차 소집에서 입대율은 10%에 지나지 않았다. 그만큼 병역 기피 부정은 상상을 초월할 정도였다. (『경향신문』, 1957년 3월 31일)

5,028명이나 되었다. 1956년 3월에도 당국이 추산한 전국의 병역 기피자는 약 10만 명이었다.[31]

'구국의 은인' 맥아더 동상의 제막

이승만 정권의 허풍은 전쟁 전이나 후나 여전했다. 이승만 정권이 북진통일을 외치고 영국과의 전쟁도 불사하겠다는 허풍을 떨고 있는 동안 군대는 그렇게 부패해가고 있었던 것이다. 이승만 정권이 믿는 구석이라곤 오직 미국뿐이었다. 비단 이승만 정권뿐만 아니라 많은 국민에 의해 공유되고 있던 미국을 향한 숭모崇慕의 정은 1957년 9월 15일 인천 만국공원(현재 자유공원)에 더글러스 맥아더Douglas MacArthur, 1880~1964의 동상이 제막됨으로써 잘 표출되었다. 맥아더 동상 건립 취지서는 "민족적 위신과 국제적 신의를 앙양"하기 위해서라고 밝히면서 맥아더를 "대한민국의 구국의 은인이며 자유인류의 수호자"로 규정했다.[32]

『조선일보』 1957년 9월 15일자 사설 「맥아더 장군의 동상 제막에 즈음하여」는 맥아더의 인천상륙작전 성공으로 한국인들이 공산 지옥에서 해방되어 자유를 찾았다는 무한한 감격을 되새기면서 맥아더의 동상은 공산 침략에 대한 자유의 상징이라고 극찬했다.[33]

인천에서 초등학교 2학년 때 6·25 전쟁을 맞았던 김학준은 "정전회담이 열린 이후 우리는 정전 반대 시위에 자주 동원됐다. '북진통일 아니면 죽음을 달라'는 선창先唱에 어린이들도 따라 외치곤 했다. 웅변대회장으로도 때때로 불려 다녔다"며 다음과 같이 말했다.

"'김일성 괴뢰 도당을 타도하고 북녘 동포들을 해방시키자'는 절규가 그 당시 웅변대회장의 공통된 모습이었다. 게다가 인천은 맥아더 국제연합군 총사령관의 극적인 상륙작전에 따라 북진의 기틀을 마련한 곳으로 그의 동상이 서 있음으로 해서 우리는 그에 대한 경의 속에 성장했

이승만 정권의 미국을 향한 숭모의 정은 인천 만국공원에 맥아더의 동상이 제막되면서 잘 표출되었다. 그는 한국인들에게 "구국의 은인이며 자유인류의 수호자"였다.

다. 그의 동상이 인천의 만국공원에 세워지던 날에도 우리는 동원되어 어른들의 헌사와 헌시를 듣고 찬가를 부르기도 했다."34

비단 맥아더뿐만 아니라 미국의 고위 인사들은 늘 '구국의 은인이며 자유인류의 수호자' 대접을 받았다. 서중석은 「이승만과 북진통일: 1950년대 극우 반공독재의 해부」(1995)라는 논문에 다음과 같이 썼다. "한국의 독립운동가나 위인들 동상은 없었지만, 맥아더 장군의 동상은 인천과 서울 반공회관에 웅장한 모습을 드러냈고, 밴 플리트 장군의 동상 건립을 위한 일류명사의 발기가 보도되었다. 유엔군 사령관, 8군 사령관이 이한하거나 취임할 때, 그리고 미국의 귀빈들이 내한할 때는 국빈 대접을 받았다."[35]

예컨대, 1956년 3월 미 국무부 장관 존 포스터 덜레스John Foster Dulles, 1888~1959가 방한했을 때에도 3부 요인, 군수뇌, 조병옥 등 내외 귀빈 수백 명이 출영出迎했고 3군 의장대의 사열을 받았다. 여의도공항(현재 여의도광장)에서 경무대에 이르는 연도에는 남녀 학생을 포함해 수십만 명의 시민이 플래카드와 두 나라 국기를 들고 환영했다.[36] 1957년 이승만의 제임스 밴 플리트James Van Fleet, 1892~1992에 대한 격찬도 마찬가지였다. "밴플리트 대장이 훈련해놓은 한국 청년은 금일 극동에 있는 최강의 반공 군대입니다. 밴 장군은 한국군의 아버지시며, 다시 한국에 와서 더 많은 군대를 양성해주시길 바랍니다."[37]

2024년 5월 16일 서울중앙지법은 '맥아더 장군 동상 철거' 집회를 주도하며 이적 활동을 하다 국가보안법 위반(찬양·고무 등) 혐의로 기소된 김모(83) 씨에게 징역 1년 2개월에 집행유예 2년을 선고했다. 그는 2011년 9월에서 2016년 9월까지 여섯 차례에 걸쳐 인천 자유공원에서 '맥아더 동상 타도' 집회를 열며 북한이 주장·선동하는 미국 제국주의 예속사회론, 반미 투쟁론, 연방제 통일론 등에 동조하는 활동을 한 혐의로 기소되었다. 그는 당시 집회에서 "치욕의 원흉 맥아더 동상을 철거하고 양키 군대를 추방하고 자주통일해 평화로운 조국을 만들자" 등 발언을 한 것으로 조사되었다.[38]

유엔군 사령부의 서울 이전

　미국의 필요에 의해 미국의 대한對韓 정책은 이승만의 그런 기대가 충족되는 쪽으로 나아갔다. 1957년 7월 1일 도쿄에 있는 극동 유엔군 사령부가 서울로 이전했다. 유엔군 사령부는 미8군 본부를 겸하게 되었고, 미8군 사령관은 시간이 흐름에 따라 유엔군 총사령관, 한미연합사령관 등 도합 6개의 직책을 겸하게 되었다.

　북한은 1958년경에 접어들어 중국 인민군이 북한에서 완전 철수했고 또한 자신들은 1만 명 정도의 병력을 감축시켰다는 사실을 제시하면서 주한미군의 즉각 철수와 남북의 군비 감축을 반복해서 주장했지만,[39] 국제 정세는 정반대의 분위기를 조성하고 있었다.

　1957년 8월 소련이 대륙간 탄도탄 발사 실험에 성공한 데 이어 두 날 후인 10월 4일엔 인류 역사상 최초로 무인 인공위성 스푸트니크 1호 발사에 성공했다. 이는 미국에 큰 충격을 주었고, 미국 내에서 소련에 대한 두려움이 일어나게 되었다.[40] 그 여파로 미국은 1958년 초 '어네스트 존' 미사일 부대, 핵포병대 '펜토믹 사단', 팬텀기 편대를 배치하는 등 한국의 군사기지화를 강화했으며, 1959년부터는 한국군과 공동으로 전술 핵무기 사용을 포함하는 전술훈련을 시작했다.[41] (유엔군 사령부는 2018년 한미연합군사령부와 함께 평택 이전을 시작했으며, 2022년에 완전하게 이전했다.)

1957년은
'소년소녀 사냥의 해'?

"얌생이 몬다"는 말이 생겨난 이유

6·25전쟁은 '얌생이 몬다'는 새로운 말을 만들어냈다. 얌생이는 염소의 경상도 사투리인데, 그 말뜻은 이런 것이었다. 김삼웅에 따르면, "부산에서 어떤 사람이 방목한 염소를 찾으러 미군 부대 안에 보초병의 허가를 얻어서 들어갔다가 나올 때 물건을 좀 훔쳐냈다. 이 사람은 여기에 재미를 들여서 다음에는 계획적으로 염소를 미군 영내에 들여보내고 찾으러 가서 그런 일을 거듭했다. 그래서 '얌생이 몬다'라는 말은 계획적으로 다른 일을 빙자해서 무엇을 훔쳐내는 것을 의미한다."⁴²

이호철은 『문단골 사람들: 이호철의 문단일기』(1997)에 부산 피난 생활시 자신이 겪은 '얌생이 몰기'에 대한 기록을 남겼다. 그는 "그때 나는 수정동 피난민 수용소에서 쌀 몇 되와 돈 몇 푼과 피난민증 한 장을 교부받고 풀려 나왔는데, 시중에 나오자마자 물건값부터 알아보니 기가 딱 막혔다. 젠자이(팥죽) 한 그릇에 700원(아직 '환' 단위로의 화폐 개혁을 하기 전이었다), 양담배 한 갑에 1,200원, 부두 노동을 하면서 사 먹게 된 부두 앞의 난장 밥장수 아주머니들이 파는 밥 한 그릇이 썩은 꽁치 한 토막 하나라도 올라가 있으면 1,200원, 아니면 1,100원, 그리고 노임은 낮일 '양良'이 1,800원, '대기'가 700원이었다"며 다음과 같이 말했다.

"작업 시간은 밤낮 각 열두 시간, 밤작업의 경우는 '양良'이 2,200원, '대기'는 낮일과 마찬가지로 700원이었다. 일거리가 없을 때 걸리는 게 '대기'인데, 그 무렵에는 원체 일손이 달려서 그건 드물었다. 그렇지만 생각해보라. 낮일 열두 시간 노동에 난장 밥 한 끼니와 팥죽 한 끼니, 두 끼니 값으로 바닥이 났던 것이다. 그러니 어쩔 것인가. 얌생이를 안 하고는 못 배긴다. 마침 내가 다니던 3부두는 주로 식료품 레이션이 하역되던 곳이어서 통조림 레이션 상자가 사방 천지에 무더기로 쌓여 있었다. 미군 경비원 몰래 그걸 얌생이해서 먹는 재미가 괜찮았고, 그것이 그 당시 우리 피난민들의 주 영양공급처 구실을 해주었다. 우리 부두 노동자 모두가 피둥피둥 보얗게 살이 올라 있었다."[43]

미군과 합작한 "양주 열차 강도 사건"

얌생이는 1950년대 내내 계속되었으며, 많은 경우 돈이 필요한 미군과의 합작으로 이루어졌다. 미군과의 합작은 가끔 비극적인 사건을 만들어내기도 했다. 1957년 4월 12일 밤 인천에서 미군 PX용 물품을 가득 싣고 인천에서 의정부를 거쳐 동두천으로 가던 군용열차가 의정부와 덕정 사이 고갯길에서 멈춰 섰다. 열차에서 누군가가 손전등으로 신호를 보내자 9명의 한국 민간인이 열차로 달려가 산소 용접기로 문을 절단하고 양담배 24상자를 들어내려는 순간 미군의 총격이 시작되었다. 이 총격으로 1명이 사망하고, 2명이 부상을 당했다.

이 '양주 열차 강도 사건'은 한국인들이 미군 상사 윌슨Wilson과 공모해 벌인 일이었다. 원래 범행을 모의할 때엔 화차의 문고리를 따서 증거를 남기지 않기로 했으나 산소 용접기로 절단해 흔적이 남자 책임 모면을 위해 윌슨이 발사한 것이었다. 이 사건은 주둔군 지위에 관한 협정이 체결되지 않은 상태에서 한국 경찰이 최초로 미군을 심문한 계기가 되었지만, 기소조차 하지 못한 채 마무리되고 말았다.[44]

이처럼 얌생이는 미군과의 합작으로 이루어지더라도 모든 책임을 뒤집어쓰는 건 한국인들이었다. 얌생이에 대한 미군의 대응도 가혹했다. 1950년대의 기지촌 소설들은 얌생이를 많이 다루고 있다. 김정자는 「한국 기지촌 소설의 기법적 연구」(1996)라는 논문에서 "철로 속으로 철조망을 뚫고 들어가, 열차가 멎었을 때 미군의 군수품을 훔치는 바락크촌의 떠돌이들. 그들은 미군의 보초병에게 들키면 총살당하고 만다는 사실을 너무나 잘 알고 있다"며 다음과 같이 말했다.

"목숨을 담보하는 한계상황에서 그들은 굶주린 배를 채우기 위해 도둑질을 감행한다. 그러나 도둑질을 하는 것은 비단 한국인 부랑민들만이 아니다. '미국인들은 술과 계집을 사기 위해서 도둑질을 하고 한국인은 먹고살기 위해서 도둑질을 한다.(오상원, 「난영」, 1956)' 그럼에도 불구하고 도둑으로 몰리는 것은 오직 한국인뿐이다. 미군은 그 한국인을 '슬래키 보이slacky boy'라고 일컫고 깡그리 도둑으로 몰아붙인다"[45]

주한미군 범죄의 급증

1957년 7월 1일 극동 유엔군 사령부의 서울 이전 이후 주한미군 범죄가 급증하기 시작했다. 주한미군 범죄 연구 전문가인 오연호는 1957년을 '소년소녀 사냥의 해'로 불렀다.[46] 표현이 좀 자극적이긴 하지만, '사냥' 이외에 달리 설명할 수 없는 사건이 많이 일어난 건 분명한 사실이었다. 일본에 비해 근무 여건이 열악한 한국으로 온 게 워낙 불만이라 화풀이를 하고 싶었던 걸까?

1957년 7월 6일 인천에서 미군의 송유관에 올라앉아 있던 세 살 먹은 아기 김용호가 미군의 총격을 받고 사망했다. 미군은 '오발'이었다며 이등병 도널드 파세트에게 무죄를 선고했다. 3개월간 봉급의 3분의 2를 몰수당한 게 유일한 응징이었다.

7월 25일 또 인천에서 유사한 사건이 일어났다. 송유관 근처 저수지에서 수영을 하고 있던 소년들을 향해 미군이 총격을 가해 1명이 사망했다. 9월 15일 전북 옥구군에선 풀을 베던 소녀들에게 미군이 총격을 가해 소녀 1명이 사망하고, 1명이 중상을 입었다. 소녀들이 철조망을 뚫고 들어와 풀을 베었다는 이유 때문이다.[47]

10월 3일 경북 김천에서 또 소년이 숨졌다. 그래서 이를 보도한 『동아일보』 10월 4일자 기사 제목도 「또 미군 헌병이 총질」이었다. "교통부에 보고된 바에 의하면 3일 상오 8시 30분 제126 화물열차(군용)가 1개 차량(12008호)의 차축이 탄 것을 수리하고 있을 무렵 약 20미터가량 되는 곳에서 학생 5명이 걸어가는 것을 보고, 동 열차 호송 헌병 미 727부대 13중대 소속 레이먼드 베이리 상사가 전기 학생들에게 정지명령을 하

1957년은 '소년소녀 사냥의 해'로 불릴 정도로 주한미군의 범죄가 급증했다. 미군은 어린 학생들을 향해 총격을 가했다. (『동아일보』, 1957년 10월 4일)

였다가 학생들이 아무런 연고도 모르고 계속 걸어가자 명령에 불응하였다는 이유로 발포, 5명 중 제일 뒤에서 걸어가던 금릉중학교 3학년 2반생 송원준 군(15)이 복부 관통으로 졸도하여 즉시 김천 도립병원에 입원 가료하였으나, 약 1시간 후 절명하였다고 한다. 사건 직후 이에 격분한 인근 시민과 유가족들이 사고현장에 운집하여 한때 사태가 험악하였으나 경찰관들의 제지로 해산되었다고 한다."[48] (베이리는 불명예 제대와 9개월간 중노동형을 받았다.)

『동아일보』 10월 6일자 사회면은 절반가량이 미군 범죄기사다. 이 기사는 「연달은 미군의 만행: 총질·칼질 등 이틀에 또 3건」이라는 제목을 달았다. 또 『동아일보』 10월 13일자는 이렇게 보도했다. "지난 1년 중으로는 122명이 그리고 지난 한 달 중으로는 3명의 한국인이 미군의 총에 맞아 즉사함으로써 한국 측은 미군에 대한 재판권까지 요구하게 되었다. 미군 총사령관 대커 대장은 필요 이상의 총기 사용을 삼가도록 주 1시간씩의 훈시를 주도록 하명하고 있다."[49]

한국인들에 대한 린치 사건

총기 사용은 곤란해도 린치는 괜찮다는 것이었을까? 이후 양생이를 하는 한국인들에 대한 린치 사건이 자주 발생했는데, 가장 대표적인 게 김춘일 린치 사건이었다. 1958년 2월 25일 아침 의정부의 미군 1군단 헬기장에 비행기 부속품 상자가 도착했다. 상자를 내리던 카투사들은 상자 속에서 비명소리를 들었다. 상자를 뜯었더니 얼굴에 콜타르를 뒤집어쓴 채 온몸이 만신창이가 된 한 소년이 갇혀 있는 게 아닌가. 그는 그날 새벽 부평의 미 공군 정비창 하사관 숙소에 물건을 훔치러 들어갔던 14세 구두닦이 소년 김춘일이었다. 미군들은 김춘일을 5시간 동안이나 구타한 후에 칼로 양쪽 무릎과 팔을 찌르고 머리카락을 베고 얼굴에 콜타르를 부은 뒤 비행기 부속품 운반용 상자에 넣고 못질을 한 뒤에 의정부 1군단으로 보내버린 것이었다.[50]

1960년 1월 2일엔 동두천 여인 삭발 사건이 벌어졌다. 두 여자가 전부터 알고 지낸 미군을 만나기 위해 7사단 탱크대대 철조망 구멍을 통해 영내로 들어왔다는 이유만으로 두 여자의 머리를 빡빡 밀고 희롱한 사건이다.[51] 『동아일보』 1960년 1월 7일자 기사에 따르면, 미군은 "논평

할 것이 없다"고 답변하면서 "부대를 따라다니는 자들을 삭발로 벌하는 것은 오래전부터 전통"이라고 말했다.[52]

미군의 그런 오만한 태도는 곧 한국 정부의 무기력한 대응을 의미하는 것이기도 했다. 이승만부터 주한미군 범죄에 대해서는 한없이 너그러웠다. 이승만은 측근들이 미군의 한국인 린치 사건 등 미군 범죄에 대해 보고할 때 미군에 대해 좋지 않은 이야기를 하면 이렇게 주의를 주기도 했다.

"이 사람아 내가 가끔 그런 행동을 한다고 자네도 그러면 못쓰네……. 미국은 우리가 어려울 때 도와준 친구야. 우리가 위급할 때 도와줄 수 있는 것은 오직 미국뿐이야. 미국 군인의 비행이 신문에 나면 대미감정이 좋지 못해지니 되도록 신문에 보도되지 않고 처리하도록 해야 해."[53]

국회도 한국인의 인권보다는 미군의 성性 생활을 염려하기에 바빴다. 1959년 10월 한 의원은 국회에서 이렇게 주장했다. "외국 군인들을 만족시키는 매춘 여성이 있어야 하는 것은 불가피하다. 우리는 국내 손님을 만족시키는 매춘 여성과 미군을 만족시키는 매춘 여성을 구분해야 하며, 외국인을 만족시키는 여성에게 미국 관습, (오락) 재주 혹은 언어와 에티켓 등을 교육시켜야 한다."[54]

"그래도 남한은 이렇게 자유스럽지 않아요?"

결식아동 70만 명과 부정부패

세상에 공짜는 없었다. 미국의 원조에 의해 굴러가던 한국의 '원조경제'는 심각한 제약 조건을 안고 있었다. 한국 정부는 원조물자를 마음대로 처리할 수 없었다. 그것을 판매한 뒤 그 대금을 대충자금代充資金, Counterpart Fund이라고 해서 적립해야 했다. 이 자금은 한미합동경제위원회의 철저한 통제를 거친 뒤에 쓸 수 있었다. 이런 방식을 통해 미국은 한국 정부와 경제를 통제했다. 정부재정 가운데 절반이 넘는 대충자금은 미국에서 무기를 사들이는 등 주로 군사용으로 사용해야만 했다.[55]

1957년 11월 유엔 한국부흥위원단UNKRA에 의해 세워진 문경 시멘트 공장에서 최초의 국산 시멘트를 생산하게 되었다. 1950년대 중반 1,000여 개의 건설업체가 난무해 과당경쟁을 벌일 정도로 건설은 호황을 구가했지만, 자유당이 주도하는 정치산업은 이 호황에 기생하고 있었

미국의 원조에 의해 굴러가던 한국의 '원조 경제'는 심각한 제약 조건을 안고 있었다. 1957년 11월 유엔 한국부흥위원단에 의해 세워진 문경 시멘트 공장에서 최초의 국산 시멘트를 생산하게 되었다.

다. 건설업계엔 정부 발주 공사를 거의 독점하다시피 하는 '자유당 5인조'라는 게 있었다. 대동공업, 조흥토건, 극동건설, 현대건설, 삼부토건 등이었다. 삼부토건은 국내 건설업 면허 1호로 도로·항만 등 각종 토목공사에 주력했고, 현대건설은 1957년 9월 한강 인도교 복구 공사를 수주하면서 '자유당 5인조'에 진입했다.

자유당의 정치자금원 중 비중이 가장 큰 것이 바로 건설업이었다. 대형 정부 발주 공사를 수주할 경우 공사 가격의 30%는 미리 공제되어 자유당의 정치자금으로 납부되는 게 원칙으로 통용되었다.[56] 정부재정의 군사용 우선주의와 부패한 정경유착은 빈곤층의 굶주림을 외면하게 만드는 결과를 초래했다.

1956년 4월 현재 결식아동은 70만 명에 이르렀는데, 1957년 5월 경기도 안성군에선 기막힌 사건이 2건 발생했다. 백성초등학교에서 배고픔을 견디다 못한 아이들이 교정에 있는 등나무를 칡뿌리로 잘못 알고 벗겨먹다가 27명이 중독된 사건이 발생한 것이다. 또 죽산초등학교에선 학생 922명 중 210명이 하루에 한 끼를, 135명이 하루 두 끼를 굶고 있었는데, 이 학교 교장은 결식아동용으로 배급된 분유를 자기 집 돼지 사료로 먹였다는 게 밝혀졌다.[57]

식모와 '에레나가 된 순희'

농촌에서 굶주림을 견디다 못한 젊은 처녀들은 대거 도시로 이주해 '식모食母'가 되었다. 전국의 직업소개소에서 이루어진, 1953년 4월부터 1954년 2월까지 여성의 직업 알선 상황에 따르면 구인 신청자는 1,867명이었고 구직 신청자는 3,448명이었는데 이들은 대부분 식모 자리를 구하고 있었다.[58]

장창옥이 『여원』 1957년 11월호에 기고한 「식모에 대한 대우를 개선하자」라는 글은 "경제적으로 여유가 있는 가정에서는 물론 단칸짜리 셋방살이, 판잣집 살림에서도 환경과 가정형편은 염두에도 없다는 듯이 서로 다투어 너도나도 식모를 두고 있"다고 지적했다.[59]

식모에 대한 인권 유린도 심각해 이들을 매매춘의 길로 내모는 결과를 초래하기도 했다. 1965년 동두천 지역에서 성매매 여성 198명을 대상으로 한 표본조사에서 전직이 식모인 여성은 26%인 52명인 것으로 나타났다.[60]

이재오는 『해방후 한국학생운동사』(1984)에서 "농촌에서 '먹을 것'이 없어 도시로 나오고, 공장에서 '먹을 것'이 없어 거리로 나오고, 사회 전반에 부정부패가 만연하고 농촌에서는 보릿고개를 못 넘어 소나무 껍질, 칡뿌리, 산나물, 황토흙으로 배를 채워야 했고 견디다 못한 열아홉 '순이'는 실패 감던 손을 놓고 미군의 품안에 안겨 맥주를 마시는 '에레나'가 되어야 했다"고 말했다.[61]

에레나는 누구인가? 고은의 「에레나」는 이렇게 말한다. "1956년 여름/저녁 야학당에서 돌아오는 길/지프차 미군 두 놈에게/강간당했습니다/죽고 싶었습니다/죽고 싶었습니다/하늘도 없어져 버렸습니다/그러나 고향은 감싸주는 곳이 아니라/손가락질하는 곳이었습니다/울며 집 떠나/팔자대로 경기도 송탄 미군부대 밖 양공주가 되어버렸습니다/순자가 에레나가 되었습니다."[62]

에레나는 1959년에 노래의 주인공으로까지 등장했다. 손로원 작사, 한복남 작곡, 안다성 노래의 〈에레나가 된 순희〉가 바로 그것이다. "그날 밤 극장 앞에/그 역전 캬바레에서/보았다는 그 소문이 들리는 순희/석유불 등잔 밑에 밤을 새면서/실패 감던 순희가/다홍치마 순희가/이름조차 에레나로 달라진 순희 순희/오늘밤도 파티에서 춤을 추더라."

오상원의 '황선지대'의 비극

원래 이름이 순이건, 순자건, 순희건, 에레나는 집을 떠나 도시를 방황하다 기지촌으로 흘러든 수많은 젊은 여성을 상징하는 이름이었다. 에레나는 그녀들을 기지촌으로 보내지 않으면 안 되는 한국 사회의 가난과 또 보내놓고 손가락질하는 한국 사회의 이중성을 고발하는 이름이기도 했다. 이영미는 『한국 대중가요사』(1998)에서 〈에레나가 된 순희〉라는 노래도 슬픔 못지않게 향락의 분위기를 쏟아내고 있었다며 다음과 같이 말했다.

"1950년대에는 옛 양식과 새로운 양식 간의 역할 분담이 다르게 나타난다. 세상의 아픔과 고통을 담지하는 것은 옛 양식인 트로트이며, 미국 대중음악의 영향을 받은 새로운 양식은 오히려 상상적인 꿈과 향락의 측면을 맡고 있는 것이다. 화려한 서양식 도시에서는 그 외형을 보는 것만으로도 만족감을 느끼며, 그 속에서의 사랑과 이별조차 아름답다.……춤곡인 탱고는 이 작품에서 묘한 향락적 분위기를 풍기고 수용자로 하여금 그것을 즐기게 하면서도, 다른 한편으로는 미군을 상대하는 카바레의 풍경을 만들어주는 데에 기여한다. 고향의 열아홉 살 실패 감던 순희와 카바레에서 춤을 추는 에레나의 대비가 극명할 뿐 아니라, 전쟁 직후 기지촌의 매춘 여성이 늘어가는 당시 세상의 모습을 압축적으로 잘 보여주고 있다."[63]

『사상계』 1960년 4월호에 발표된 오상원의 「황선지대」를 비롯해 많은 기지촌 소설이 수많은 에레나가 사는 '황선지대'를 파고들었다. 김정자의 해설에 따르면, "10미터 간격으로 담벽 또는 나무 판자에 커다랗게 붙은 표지판에는 'OFF LIMITS YELLOW AREA'라고 쓰여져 있다. 원래 'yellow'라는 단어 자체에는 '음산하고, 야비하며, 비겁하다'는 뜻이 내포되어 있다. 전염병 환자가 있다는 표시 Yellow Flag로도 쓰인다. 미군 주둔지 변두리에 황색인종들이 서식하는 더럽고 음산한 지대, 온갖 질병과 성병의 가능성들로 우글거리는 지대가 황선지대이다. 미군 기지의 어둡고 더러운 변두리에 더덕더덕 서식하는 곰팡이와 같은 존재. 그들 부유(浮游)하는 전쟁의 피해자들은 미군이 먹다 버린 한 조각의 치즈와 빵 껍질의 음습한 습기 속에 붙어사는 떠돌이 인생들이다".[64]

이범선의 「오발탄」의 비극

『현대문학』 1959년 10월호에 발표된 이범선의 「오발탄」에도 또 다른 에레나들이 등장하지만, 이 소설은 '황선지대'를 넘어서 뿌리뽑힌 월남민 가족이 겪는 처참한 가난의 고통을 다룸으로써 남한 사회가 자랑으로 내세우는 '자유'에 대한 근본적인 의문을 제기했다. 주인공은 계리사 사무소의 말단 서기 송철호다. 실성을 해 시도 때도 없이 '가자!'라는 소리만을 끊임없이 외쳐대는 송철호의 어머니가 정신이 온전할 때 아들과 나누었던 대화엔 이런 게 있었다.

"죽어도 고향에 돌아가서 죽고 싶다는 철호의 어머니였다. 그러고는 '이게 어디 사람 사는 게냐? 하루 이틀도 아니고' 하며, 한숨과 함께 무릎을 치며 꺼지듯이 풀썩 주저앉곤 하는 것이었다. 그럴 때마다 철호는, '어머니, 그래도 남한은 이렇게 자유스럽지 않아요?' 하고, 남한이니까 이렇게 생명을 부지하고 살 수 있지, 만일 북한 고향으로 간다면 당장 죽는 것이라고, 자유라는 것이 얼마나 소중한 것인가를, 갖은 이야기를 다 예로 들어가며 어머니에게 타일러 보는 것이었다."[65]

한수영은 "어머니, 그래도 남한은 이렇게 자유스럽지 않아요?"라는 말에 주목했다. 그는 "이 대화는 「오발탄」 가운데에서 가장 냉소적인 부분이다. 주인공 송철호의 이 설득은 그 자신조차 움직이지 못하는 무력한 것이다"며 다음과 같이 말했다.

"실성한 어머니와 임신중독에 걸린 아내, 영양실조로 말라가는 어린 딸, 상이용사로 제대해 은행강도를 하다가 총에 맞아 죽는 아우, 양공주인 누이들에게도 이 설득은 효력 상실이다. 요컨대, 이 독백에 가까운 설득은, 삶과 송두리째 맞바꾼 자유의 가치가 남한 사회에서 발견되지 않는다는 월남민 주인공의 역설逆說이며, 체제 유지의 내적 동의가 심각하게 흔들리고 있음을 보여주는 50년대적 아이러니에 해당한다."[66] (역사산책 2: "이밥(쌀밥)에 고깃국"의 꿈 참고)

자유당의 '자유'는 무엇인가?

「오발탄」은 1961년 유현목에 의해 영화로 만들어지는데, "한국 영화 사상 보기 드문 수작으로 인정받지만 반공 사상에 위배된다는 이유로 한때 상영이 금지되기도 한다. 실성한 어머니의 '가자!'라는 외침은 바로 북으로 가자는 말이고, 이는 반공 이념과 배치될 뿐 아니라 분단 체제 속의 정부를 인정하지 않으려는 의지가 스며든 간접적 저항으로 볼 수 있다는 것이다".[67]

그러나 〈오발탄〉의 등장인물들은 간접적 저항을 할 기력도 없는 사람들이었다. 송철호의 아내는 병원에서 죽는다. 병원으로 달려갔던 송철호는 허탈증에 빠져 사람이 태어난 것은 "조물주의 오발탄"이라고 내뱉는다. 모든 걸 조물주의 탓으로 돌릴 수밖에 없었던 것이다. "어머니, 그래도 남한은 이렇게 자유스럽지 않아요?"라는 말에 대해 훗날 고은은 이런 답을 던졌다.

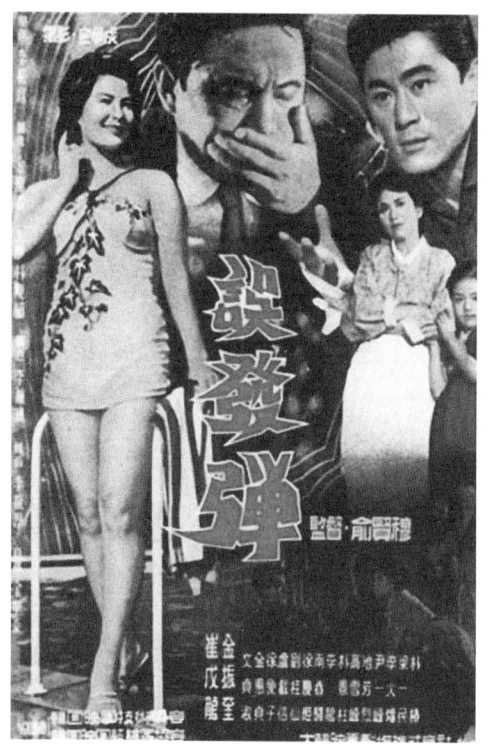

영화 〈오발탄〉에서 실성한 어머니의 '가자!'라는 외침에 아들 송철호는 "그래도 남한은 이렇게 자유스럽지 않아요?"라는 자조 섞인 말을 내뱉는다.

"대한민국에서는 도둑이 될 수 있다/대한민국에서는 거지가 될 수 있다/거지의 자유/도둑의 자유야말로 자유였다/바야흐로/바야흐로/바야흐로/세상은 자유당의 것/사사오입으로/3선개헌 완료하고/백주의 테러는 테러가 아니라 우국충정이었다/대한민국에서는/전쟁으로 죽어갈 자유와/전쟁으로 벼락부자가 될 자유가 있다."[68]

그랬다. 자유당의 '자유'가 바로 그런 의미였다. 그런 '자유'에 대해 민중이 느끼는 염증의 강도는 점점 더 높아져 가고 있었다. 리영희가 말했듯이, "모두가 장길산과 홍길동의 출현을 기다리고, 녹두장군과 홍경

래가 서울 거리를 거니는 것을 보았다는 사람이 늘어가고 있었다".[69]

선우휘의 「불꽃」

1957년 『문학예술』 신인문학상 당선작인 동시에 그해 제2회 동인문학상 수상작으로 뽑힌 화제의 작품은 선우휘의 「불꽃」이었다. 이 작품은 '1950년대를 대표하는 작품'으로 인정받아왔지만, "이념에 대한 지나친 허무주의적 부정과 현대사를 바라보는 작가의 왜곡된 역사인식으로 말미암아, 작가의 의도 여부와 상관없이 당시 남한의 지배 이데올로기이던 반공이념의 강화에 기여하는 역할을 떠맡았다".[70]

주인공 고현의 할아버지와 아버지는 삶의 태도에 대해 두 개의 다른 모델을 제시한다. 할아버지는 남을 괴롭히지도 않고 남한테서 괴롭힘을 당하지도 않겠다는 생각을 가진 반면, 아버지는 국가나 민족 같은 공동체적 가치를 우선시한다. 사회 현실에 무관심하며 냉소적인 태도를 가진 할아버지는 "믿을 것은 자기밖에 없느니라"고 말하며 자신과 무관한 일에 뛰어들어 불행을 자초하지 말라고 가르친다.[71]

고현은 할아버지 쪽으로 기운다. 그래서 그의 삶의 신조는 "누군가를 괴롭히지 않고 조용히 살아가는 것"이다. 그런 점에서 이념은 혐오의 대상이다. 고현은 학도병에 끌려갔다가 탈출한 뒤 옌안延安에서 한 중국 공산주의자를 만난 후에, 이런 생각을 한다.

"인민의 해방이란 방정식에 절대적인 의미를 붙이고 이를 갈고 있는 이들은 말하자면 청탁자 없는 청부업자였다. 도대체 이들은 어째서 그렇게도 남의 걱정에 밤낮을 가리지 않고 야단일까. 그보다는 오히려 그들의 솜옷에 이는 이를 퇴치하는 것이 급선무일 텐데. 아마 이들은 이들의 때가 오기만 하면 겪어온 빈궁과 고통의 몇백 배의 보수를 요구하겠지."[72]

한수영은 『문학과 현실의 변증법: 한수영 문학평론집』(1997)에서 "이념과 운동에 대한 이 생각은 고스란히 해방과 전쟁에도 연장되어, 해방 공간에서의 좌우익 대립을 놓고, '투쟁, 어째서 그렇게 싸우고 싶은가. 그렇게 싸우고 싶거든 싸우고 싶은 친구끼리 클럽을 만들어 게임을 하면 되지 그래'라고 비판하거나, '공산주의 이론은 정감록과 다를 바 없는 운명의 예언서. 다르다면 그것은 과학의 이름을 붙인 예언서'라고 냉소 어린 태도로 일관한다"며 다음과 같이 말한다.

"공산주의자를 '광기 어린 청부업자'로 규정하는 대목이 곳곳에 드러나는 것만 보아도, 이 소설은 현대사의 과정을 객관적 입장에서 그려내는 데 철저히 실패하고 있음을 알 수 있다. 작품은 이념 자체에 대한 회의와 부정을 보여주려 하지만 실제 이때의 이념은 곧바로 공산주의 이데올로기로 번역되어 읽히게끔 되어 있어, 이 소설은 그 위에 쏟아진 수많은 찬사에도 불구하고, 50년대의 지적 불구성과 편협함이 빚은, 문학에 드러난 반공이데올로기의 한 좋은 예에 지나지 않는다고 판단된다."[73]

| 역사 산책 2 |

"이밥(쌀밥)에 고깃국"의 꿈

　북한은 1954년부터 '농업 집단화'를 추진했다. 농업 집단화는 전쟁 후 피폐해질 대로 피폐해진 농업을 살리기 위한 것이었지만, 그건 양날의 칼이었다. 안문석은 "북한의 사회주의화를 위해서는 성공적으로 진행되어야 하는 것이었다. 그런가 하면 농민들의 반발도 충분히 예상되는 사업이었다"며 다음과 같이 말했다.

　"오랜 농촌경제 중심의 북한 사회에서 농민들의 토지에 대한 애착은 강했다. 김일성이 해방 후 1년도 안 된 1946년 3월에 전격적으로 토지개혁을 실시한 것도 농민들의 그런 욕구를 충족시켜 지지 세력을 확장하기 위한 것이었다. 이런 상황에서 농업 협동화의 성공 여부는 농민들의 반발에 대한 반응에 달려 있었다."[74]

　이 사업은 어떻게 되었을까? 전봉관은 "속도전으로 이루어진 토지개혁과 달리 '농민의 자발적 참여'를 표방한 농업 집단화는 1954년에서

1958년까지 5년에 걸쳐 점진적으로 추진되었다. 6·25 이후 급격히 늘어난 빈농들이 가장 먼저 조합에 참여했다. 혼자서는 빈곤 상태에서 벗어나기 어렵지만, 농민끼리 힘을 합치고, 국가가 조합을 지원하면 생활 향상을 도모할 수 있으리라 기대했기 때문이었다"며 다음과 같이 말했다.

"조합 가입을 주저하던 중농층의 가입을 유도하기 위해 북한은 조합에 농기계, 비료, 종자, 가축, 영농 자금 등을 우선 배급·융자하는 특혜를 부여했다. 그만큼 자영농은 배급·융자에서 차별받았고, 농번기에 노동력을 지원받을 길을 완전히 차단당했다. 북한은 조합 우대를 통해 자영농의 '자발적 조합 참여'를 유도하겠다고 표방했지만, 실제로는 자영농을 차별·탄압함으로써 조합 참여를 '강요'했다."

'농업 집단화'가 막바지에 이른 1957년 12월 김일성은 "우리 인민들은 멀지 않은 앞날에 이밥(쌀밥)에 고깃국을 먹으며 비단옷을 입고 기와집을 쓰고 살게 될 것입니다"고 말했다. 이듬해 9월 당중앙위원회는 농업 집단화가 완료되었음을 선포했다. 이는 북한에서 더는 자기 땅을 '소유'한 농민이 단 한 명도 남지 않게 되었다는 걸 뜻하는 것이었다.[75]

'농업 집단화'는 이론은 그럴듯하지만 현실 세계에선 성공하기 어려운 꿈이었다. 작가 복거일은 "지주에게 예속되었던 농민들은 이제 농장 관리자들에게 예속되었다. 얼핏 보면, 이런 변화는 별것 아닌 듯하다. 그러나 지주와 소작인 사이의 관계는 대체로 지속적이고 지주들은 자신들의 이익을 위해 소작인들을 보살피게 된다. 농장 관리자들은 본질적으로 관료들이어서, 관료적 행태를 보인다"며 다음과 같이 말했다.

"그래서 생산 할당량을 채우는 것을 목표로 삼게 되고 농민들의 처지를 살펴 할당량을 경감해줄 권한도 없다. 날씨의 영향을 크게 받는 농사에서 이런 사정은 조만간 농민들을 비참한 처지로 몰 수밖에 없다. 스탈린 치하에서 몇백 만의 우크라이나 농민들이 굶어 죽은 일은 이 점을 선명하게 보여준다. 게다가 집단농장의 생산성은 낮을 수밖에 없다. 그래서 농장의 집단화는 예외 없이 생산의 감소와 기아를 불렀다."[76]

 이후에도 여러 차례 반복된 김일성의 "이밥(쌀밥)에 고깃국"은 희대의 사기극이 되고 말았다. 훗날 굶주림을 면하기 위해 먹을 것을 찾아 목숨 걸고 탈출하는 탈북자의 긴 행렬은 그 사기극에 대한 생생한 증언이라고 할 수 있겠다.

관훈클럽·언론 부패·
만화잡지·앰프촌

관훈클럽과 '신문의 날' 탄생

1957년 1월 11일 중견 언론인들의 모임인 관훈클럽이 결성되었다. 관훈클럽은 '풀브라이트 동창생'들이 조직한 단체였다. 미 국무성은 1955년부터 제안자인 상원의원 제임스 풀브라이트James W. Fulbright, 1905~1995의 이름을 붙인 '풀브라이트 계획'을 실시했는데, 이는 세계 개발도상국가들의 엘리트들을 "초청하여 미국이라는 사회를 구경시켜 혼魂을 빼어 미국혼을 그 두뇌 속에 심어주는 교육사업"이었다.[77]

이 프로그램으로 미국을 다녀온 기자들이 관훈동에 있는 김인호의 하숙집에서 창립모임을 가져 '관훈클럽'이라는 이름이 붙게 되었다. 태생이 그러한 만큼 관훈클럽은 친미적親美的 성격을 띠었다. 관훈클럽은 미국의 경제적 지원을 공식적으로 받았으며, 1957년 8월 20일 미국 대사 월터 다울링Walter C. Dowling, 1905~1977을 초청해 강연을 듣는 등 미국과 긴밀한 관계를 맺는 활동을 했다. 모두 다 그걸 고운 눈으로 보진 않았기 때문에 언론계 일각에서는 "관훈클럽은 영어 몇 마디 하는 자들의 독점물이냐"는 지탄이 나오기도 했다.[78]

1957년 4월 7일엔 『독립신문』 창간 61주년을 기해 한국신문편집인협회가 결성되었다. 한국신문편집인협회는 『독립신문』 창간일인 4월 7일을 제1회 신문의 날로 제정했으며 신문윤리강령을 선포했다.

말세를 향해 달리는 부패 잔치

그러나 당시 일부 언론은 신문윤리강령만으론 도저히 감당할 수 없을 만큼 부패해 있었다. 1957년에 육군 소령으로 제대해 외신 기자가 된 리영희는 외부로 나가는 취재기자들의 부패를 목격하고 '말세末世'를 예감했다고 말한다.

그는 『역정: 나의 청년시대-리영희 자전적 에세이』(1988)에 "대한민국의 총수출고라야 겨우 강원도 상동광산의 텅스텐 수출이 전부인 2,200만 달러였던 그 당시, 1인당 국민소득이 미화로 환산해서 80달러에도 미치지 못했던 그 시기에, '좋은 출입처'를 드나드는 취재기자들에게는 하룻밤의 포커판에서 상당한 돈을 따고 잃거나, 한 자리의 술판에서 흘리는 것은 그들의 돈지갑에 흔적도 남기지 않았다. 그들은 위胃와 간肝이 허락하기만 한다면 매일 밤을 그야말로 주지육림酒池肉林 속에서 살 수 있었다"며 다음과 같이 말했다.

"관청과 기업체들을 취재 상대로 하는 그들은 각종 허가 사무와 이권 청탁으로 태평성세를 구가하였다. 한강 인도교가 아직 복구도 안 되었던 이 시기, 서울시에 가정용 전화가 1만 4,473대밖에 없던 당시에 그들은 거의 전화를 놓고 살았다. 전국의 자가용 승용차가 5,801대밖에 없었던 그 시기에, 모여 앉으면 자가용으로 즐긴 주말 드라이브의 화제로 꽃을 피우는 취재기자들도 적지 않았다. 그들에게 있어서 신문사·통신사가 주는 월급이란 수입의 항목에도 계산되지 않았다. 밖에서의 수입을 위해서, 오히려 월급보다 많은 돈을 사社에 들여놓고 '기자증'을 수입원으로 삼는 '언론인'이 득실거리고 있었다. 세상은 말세末世 현상을 드러내고 있었다.……권력과 돈과 언론기관은 한통속이 되어 뼈밖에 안 남은 민중에게서 고혈을 짜내고 있었다. 민중의 원성은 천지간에 가득 차 있었다. 타락한 신문인·기자들의 부패는 내가 방금 풀려나온 군대의 장교들의 부패를 뺨칠 정도였다. 장교들의 부패는 뻔뻔스럽고 신문인들의 부패는 지능적이라는 차이가 있을 뿐이었다. 약한 백성은 눈물만 흘릴 뿐이었다."[79]

'낙양의 지가'를 올린 『사상계』

함석헌이 『사상계』 1956년 1월호에 썼던 「한국 기독교는 무엇을 하고 있는가」라는 글은 논쟁을 불러일으켰는데, 그 논쟁은 1957년까지 계속되어 『사상계』의 성가를 높이는 데에 크게 기여했다. 함석헌의 글에 대해 신부 윤형중이 『신세계』 9월호에 반론을 하자, 함석헌은 『사상계』 1957년 3월호에 「할 말이 있다」는 글을 썼다.

박경수는 『장준하: 민족주의자의 길』(2003)에서 "이 글은 한마디로 『사상계』를 이전보다 한 단계 높여주었고 또 사람들로 하여금 함석헌

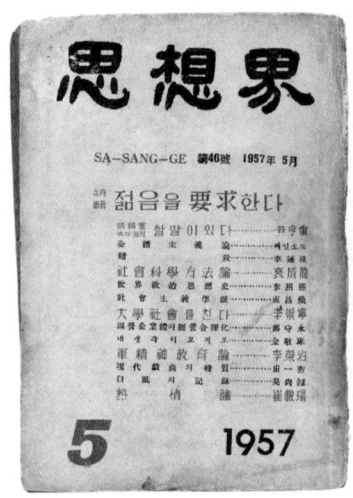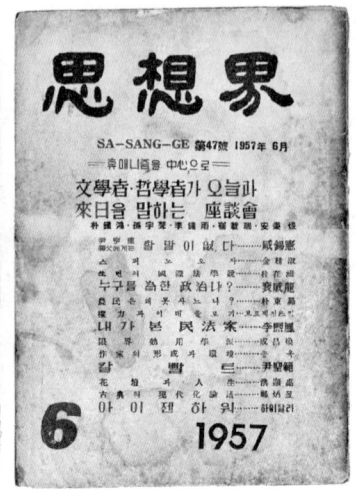

윤형중이 『사상계』 5월호에 「함석헌 선생에게 할 말이 있다」로 반론을 펴자, 함석헌은 『사상계』 6월호에 「윤형중 신부에게는 할 말이 없다」로 되받아치며 논전이 불붙었다. (대한민국역사박물관 소장)

이라는 인물을 놀라운 눈으로 보게 만들어주었다. 이것으로 함석헌과 윤형중의 논전이 불붙었다. 『사상계』 5월호에는 함석헌의 「할 말이 있다」를 되받아치는 윤형중의 「함석헌 선생에게 할 말이 있다」가 실려 나가고 6월호에는 함석한의 「윤형중 신부에게는 할 말이 없다」가 숨가쁘게 실려 나갔다"며 다음과 같이 말했다.

"논전은 격렬하게 이어지고 사회와 지식층의 이목이 집중되었다. 이 근래에 없던 지상 논전을 타고 『사상계』는 '낙양洛陽의 지가紙價'를 올리며 그 발행 부수가 물경 4만 부를 육박하였다. 『사상계』를 들고 다녀야 대학생 행세를 하게 되는 풍속이 이때에 생겨나고 중고생까지도 조숙한 학구파는 그것을 사서 새겨 읽느라 애를 쓰는 형편이 되었다."[80]

류근일 필화 사건

1957년 12월 14일 서울대 문리대 2학년 학생 류근일의 필화 사건이 일어났다. 서울대 문리대 학생 동인지『우리의 구상』에「무산대중을 위한 체제로 지향」이라는 글을 발표한 류근일을 당국이 국가보안법 위반 혐의로 구속한 것이다. 이 글은 사회민주주의를 주장한 것으로 "우리는 부르주아 민주주의도 체험하고 공산주의도 체험했으나 모두가 틀려먹었다. 우리는 신형 조국을 갈망한다"는 대목이 문제가 되었다.

당시 사회 분위기로는 실형을 살아 마땅했지만, 용감한 판사 유병진은 1958년 4월 류근일에게 무죄를 선고했다. 그러나 류근일은 학교에서 제적당했다.[81] 박태순과 김동춘은 이 사건이 단순한 해프닝만은 아니었다고 말한다. "이 사건이 '보수적'인 기성사회에 던져준 충격도 대단했지만, 전국 대학생들과 고교생들 및 진보적 인텔리들에게 미친 영향력과 관심은 더욱 대단한 것이었다.……류근일의 글이 실린 신문은 전국으로 흘러 다녔다고 한다."[82]

『만화세계』와 만화잡지의 인기

1955년 3월 창간호를 낸 월간『아리랑』은 연예계 소식 등을 전하는 대중오락 잡지였는데, 인기 연재만화로 만화의 대중화에 큰 기여를 했다. 이 잡지는 한때 8만 부까지 찍어낼 정도로 인기를 누렸다.[83] 1956년 2월엔 만화 전문 어린이 월간잡지인『만화세계』가 창간되었다.『만화세계』창간 1주년 기념호에서 사장 김성옥은 이렇게 주장했다.

"백만 애독자 여러분! 『만화세계』 돌맞이 인사를 하려니 감격의 눈물을 금할 수 없습니다. 우리나라 방방곡곡 어느 집에 가도 『만화세계』 한 권 없는 집이란 찾아볼 수 없을 정도로 보급되어 어머니는 물론 할아버지, 할머니까지 애독자가 되어 있는 이 기쁨이란 무어라 형언할 수 없습니다. 모든 것이 역사적이며 기록적이었습니다. 흥미가 진진한 가운데 마음의 양식을 습취拾取할 수 있는 그림과 만화로 가득 찬 잡지가 나온 것도 처음이오, 창간호가 매진 또 매진되어 3판까지 발간된 사실, 제3호에 10만 부를 돌파한 사실 등은 한국 잡지계에 처음 있은 일이며 1년에 증간호를 6권이나 발간한 것은 세계 잡지계에서도 볼 수 없는 일입니다."[84]

좀 허풍이 섞이긴 했지만, 『만화세계』의 성공이 어린이 만화잡지의 전성시대를 몰고 온 것은 분명한 사실이었다. 이후 『만화소년』, 『만화학생』, 『칠천국』, 『만화왕』, 『샛별』, 『만화왕국』 등이 쏟아졌다. 그러나 만화잡지들 사이의 경쟁이 치열한 나머지 몇 안 되는 기성 작가들에게 무리하게 작품을 청탁해 졸작을 양산하는 바람에 만화잡지는 퇴조의 길을 걷게 되었다.[85]

라디오 수신을 위한 앰프촌 조성

1956년 서울에선 45.1%의 가구가 라디오를 소유할 정도로 라디오가 대중화되었다. 1957년 12월 서울 시민들을 대상으로 실시한 조사에서 라디오의 하루 청취 시간이 3~5시간인 청취자가 전체의 29%, 5시간 이상 듣는 사람이 21%인 것으로 나타났다. 1957년 12월 전국 초중고교 교사들을 대상으로 한 다른 조사에서는 하루 3시간 듣는 청취자가

20.3%로 가장 많았다. 1958년 서울의 라디오 청취자 여론조사 결과에서는 조사 대상자들이 매일 평균 4시간 33분을 청취하는 것으로 나타났다.[86]

1956년 조사에서 방송사별 청취율은 서울중앙방송 41%, 기독교방송 33%, 미군방송 17%, 일본방송 9%였다. 일본방송 청취는 1955년도 조사에선 24%였으며, 1957년 12월 전국 초중고교 교사들을 대상으로 한 조사에선 일본방송 청취가 기독교방송 청취보다 더 많았다. 1950년대 말 이후부터 일본방송 청취가 크게 줄어들었다.[87]

서울중앙방송은 1957년 10월 1일 가을 프로그램 개편 때부터 최초로 매일 저녁 일일연속극을 편성했다. "재미있는 연속극이 방송될 때에는 목욕탕이 텅 빈다고 주인이 투덜거리는가 하면 매일 술타령하던 남편이 연속극을 듣기 위해 일찍 들어오게 되어 기쁘다는 가정주부도 있어 매일 연속극의 여파는 여러 군데로 파급되었다."[88]

그러나 도시와는 달리, 농어촌에선 여전히 라디오는 구경하기 힘들었다. 그래서 정부는 1957년부터 라디오가 없는 농어촌에서 유선방송시설(스피커)을 통해 라디오 수신이 가능하도록 하는 이른바 '앰프촌'을 조성하기 시작했다. 1957년 12월 앰프촌의 시범지역으로 처음 설치된 경기도 광주의 역리 118가구의 613명이 스피커를 통해 라디오 방송을 듣게 되었는데, 주민들이 느낀 기쁨은 '조그만 문화혁명의 횃불'로까지 평가되었다.[89]

땐스홀과 카바레의 차이가 무엇인가?

1956년부터 춤바람 논쟁의 주요 무대는 카바레로 옮겨갔다. 서울 시내 5개 카바레가 문을 열 땐 "외국인 이외는 춤을 못 춘다"는 서약서를 받고 전시생활개선법 제6조(음식점에서는 가무음곡歌舞音曲을 금한다)의 규제를 받았는데, 이게 풀리기 시작하자 논란이 일어난 것이다.[90]

1956년 12월부터 정부는 '땐스홀'이라는 업종은 인정하지 않고 '카바레'만 인정했지만, 수시로 카바레 영업 규정 위반 단속에 들어가는 등 카바레 논란은 계속되었다.[91] 『조선일보』는 '땐스홀'과 '카바레'의 차이가 무엇인지 모르겠다고 지적하면서 춤바람을 다음과 같이 개탄했다.

"대학교수니 무슨무슨 회사 사장이나 중역이니 하는 철이 듬직한 친구들이 사교社交를 위해 출세를 해보겠다고 나댄다는 소문을 들을 때 참으로 귀를 씻어버렸으면 하는 느낌도 없지 않다.……'껌'이나 씹고 '땐스'나 하고 '파티'나 다니면 이것이 문화인의 서열에 참가하는 줄 알고 이것이 민주대한民主大韓을 이룩하는 일로 알아서는 그야말로 큰일이다."[92]

영화 〈자유부인〉의 주인공을 춤바람에 미치게 만든 춤은 맘보Mambo였다. 맘보는 춤바람과 더불어 '맘보 바지' 유행을 낳았고, 한국의 신민요에도 도입되어 〈맘보 타령〉, 〈닐리리 맘보〉, 〈도라지 맘보〉 등의 히트곡을 탄생시켰다. 그렇게 춤바람에 달아오른 분위기를 타고 다른 댄스 뮤직까지 유행의 물결을 탔는데, 그중의 하나는 '부기우기Boogie Woogie'였다.[93]

'기타부기'와 '미스코리아'

1957년 오아시스레코드사에 의해 한국 최초로 LP레코드판이 생산되었다. 1957년의 히트곡은 김진경 작사, 이재현 작곡, 윤일로 노래의 〈기타부기〉였다. "인생이란 무엇인지 청춘은 즐거워/피었다가 시들으면 다시 못 올 내 청춘/마시고 또 마시고 취하고 또 취해서/이 밤이 다 가도록 춤을 춥시다/부기우기 부기우기 부기우기 부기우기/기타부기."

이 밤이 다 가도록 춤을 추자니 이 얼마나 화끈한가? 그러나 이영미는 『흥남부두의 금순이는 어디로 갔을까』(2002)에서 이 노래의 향락에서는 절망의 냄새가 난다고 했다. 그는 "일제시대 내내 시달렸고 태평양전쟁을 겪었으며 난데없이 해방이 되고 남북이 갈라지고 동족끼리 피 흘리며 또 전쟁하고 장기집권하는 대통령은 국민이 굶는지 먹는지도 모르는 게 바로 이때였다"며 다음과 같이 말했다.

"그런데 동시에, 미국 문화가 들어옴으로써 여태껏 한 번도 본 적이 없는 엄청난 부유함이 눈앞에서 어른거리고 있고 약삭빠른 사람들은 또 줄 타고 빽 얻어 잘 살고 있다. 열심히 일하고 노력하면 잘 살 수 있고, 가난하더라도 착하게 살면 보람 있게 사는 것이라는 생각을 할 수 없도록 그간의 가치관이 산산조각 나버릴 세상이었던 것이다. 그래서 1950년대의 이런 노래들을 보고 있으면 처음에는 그 어설픈 미국 바람에 웃음이 터져 나오다가도 그 속 깊숙한 곳의 우리 아버지, 할아버지들의 절망에까지 생각이 미치면 가슴이 짠해진다."[94]

1958년에 나온 반야월 작사, 박시춘 작곡, 박경원 노래의 〈남성 넘버원〉도 춤바람에 대한 언급을 담고 있다. "유학을 하고 영어를 하고 박사호 붙여야만 남자인가요/나라에 충성하고 정의에 살고 친구 간 의리 있고 인정 베풀고/남에게 친절하고 겸손을 하는 이러한 남자래야 남성 넘버원//다방을 가고 영화를 보고 사교춤 추어야만 여자인가요/가난한 집안 살림 나라의 살림 알뜰히 살뜰히로 두루 살피고/때문은 행주치마 정성이 어린 이러한 여자래야 여성 넘버원."

그러나 이영미는 이 노래에 대해서도 그 이면의 메시지에 주목한다. "표면적으로는 세태를 비판하고 있지만, 이 노래의 매력은 오히려 이러한 세태에 지대한 관심을 가지고 그 세부를 언급하고 있다는 점에 있다. 미국 유학 갔다온 박사, 양장 쪽 빼입고 핸드백 들고 다방과 영화관을 드나들며 사교춤을 추는 멋쟁이가 당시 대중들의 선망의 대상이라는 사실

1957년 5월 『한국일보』가 주관하며 "서구 사람들과 겨룰 수 있을 만한 현대적 미의 소유자"를 뽑는다는 미스코리아 대회가 시작되었다.

을 이 노래는 구구절절 확인하게 해준다."⁹⁵

유흥계에 불어닥친 그런 '글로벌 스탠더드' 바람은 여성의 미美의 영역에까지 불었다. 1957년 5월 19일 미스코리아 대회가 시작되었다. 미스 유니버스 대회에 파견할 대표를 선발하기 위한 행사로『한국일보』가 주관했다. 이 대회는 "대한 여성의 진선미를 세계에 자랑할 미스코리아 선발"이라는 선전문구를 내세웠다.『한국일보』1957년 5월 2일자는 "서구 사람들과 겨룰 수 있을 만한 현대적 미의 소유자"를 뽑는다고 밝혔다.⁹⁶

'서구 사람들과 겨룰 수 있을 만한 현대적 미'를 입증하기 위해선 우선 몸매가 좋아야 했다. 당연히 수영복 심사는 필수였고, 이는 다른 종류의 미인대회에까지 파급되었다. 교통안전 캠페인의 일환이었던 1959년의 교통안전여왕 선발대회조차도 수영복 심사를 포함했다.⁹⁷

제3부 1958년

'생각하는 백성'과 '인의 장막'

- '인의 장막'에 갇힌 이승만
- 이승만의 '세계 4대 강국론'
- '진보당 죽이기'와 제4대 총선거
- "생각하는 백성이라야 산다"
- 국가보안법과 내각제 개헌 파동

제1장

'인의 장막'에 갇힌 이승만

83세인 이승만은 1875년생

　이승만은 시대의 모순이었다. 그는 한국 근현대사의 모순이 농축되어 있는 인물이었다. 이승만을 평가할 때 그런 배경을 이해하고 감안하지 않으면 이승만뿐만 아니라 1950년대를 온전히 규명하기 어렵다. 그 '시대의 모순'의 정체는 무엇인가? 그 실마리를 조봉암은 1954년에 쓴 「우리의 당면 과업」에서 지적한 바 있다. 조봉암은 "봉건적 습속에서 자라난 인간의 인습으로 민주주의를 배우고 외국의 민주주의 실천을 듣고 본다 하더라도, 민주주의로 대체된다 해도, 봉건적 관념과 습속이 즉시 사라지는 것은 아니"라며 다음과 같이 말했다.

　"지금 사회의 각 부문에는 보수적이며 특권적인 봉건 세력을 유지하기 위하여 잠재적 활동이 아직도 맹렬한 바가 있으니……지도층은 늘 독단과 군림의 의욕을 벗어나지 못하고 당원은 사대적인 아부와 맹종의 습성을 버리지 못한다. 여론의 위력에 의한 공공연한 투쟁은 생각조차 미치지 못하고 늘 사감私感으로 움직이는 편당偏黨의 암투에 빠지기 쉬운 것이니, 이는 모두 반민주적인 봉건성의 잔재임에 틀림없다."[1]

같은 맥락에서 『사상계』 1956년 9월호 권두언도 '의식의 근대화' 문제를 지적했다. 이 글은 누구나 입을 열면 민주주의를 부르짖고 스스로 민주주의 인사로 자처하지만 사회의 대세는 그렇지 못한 것이 숨김없는 사실이라고 말했다.

"그 근본 원인을 따지면 여러 가지 있겠지마는 그중에서 가장 뿌리 깊은 병통은 우리 머릿속에 남아 있는 봉건 잔재라고 생각됩니다.……단적으로 말해서 우리가 진정한 민주주의 사회를 이룩하는 선결 요건은 무엇보다 이들 전근대적 독소를 여지없이 숙청하고……우리들 백성의 자각 또한 절대한 필수 요건입니다."[2]

여기서 다시 이승만이 1875년생이란 걸 상기할 필요가 있다. 그는 1958년에 이르러 83세가 되었다. 83세라는 나이 자체가 문제라는 게 아니다. 1875년에서 1958년 사이에 일어난 역사의 파란만장한 격변에 주목해야 한다. 그의 인생엔 구한말의 '봉건적 관념과 습속'과 '서구적 민주주의 가치'가 공존하고 있었다.

이승만은 독실한 개신교 신자였다. 이승만은 매일 취침 전에 부인과 예배를 드리고 아침식사 전엔 성서의 한 구절을 읽었다.[3] 그러나 이승만은 동시에 강한 유교주의자였다. 이승만은 조선조 양녕대군의 17대 후손으로서 왕손王孫에 대한 강한 자부심을 갖고 있었다. 그는 삼강오륜三綱伍倫을 역설했으며 양자養子를 입적해 가계家系의 계승에 집착하는 모습을 보여주었다.[4]

이승만은 자신을 우상화하는 충성파들의 극찬을 즐겼거나 적어도 당연시했다. 이승만은 '민족의 태양', '구국救國의 태양', '전 자유세계의 광명', '세기의 태양', '예수나 석가와 같은 성자'였던 것이다. 이승만은 정말 자신을 '태양'으로 여겼던 건 아니었을까?

이승만은 민주주의 국가의 대통령으로서 가져야 할 긴장보다는 인자한 왕으로서의 여유를 누리길 원했다. 이승만이 기자회견을 끝낼 때마다 꼭 자신의 말은 무시하고 그 대신 자신의 뜻과 생각을 헤아려 달라고 요청했던 것도 그렇게 볼 수 있지 않을까? 그러나 기자들은 대통령의 말을 인용하는 것 이외에 다른 방법이 없었다. 그래서 이승만은 간혹 필요 이상으로 과격하게 보도되기도 했다.[5]

이승만의 자기중심주의

이승만이 민주주의의 가치를 전면 무시한 건 아니었지만, 그는 자신이 왕으로 떠받들어지는 걸 전제로 한 민주주의를 원했다. 민주주의는 이승만의 자기중심주의의 하위 개념이었던 것이다. 훗날(1959년) 대법원장을 지낸 김병로가 이승만은 옛날 군주와도 달리 법에 대한 관념이 결여된 사람이라고 말한 것도 바로 그 점을 지적한 것으로 볼 수 있을 것이다.[6] (역사 산책 3: "이승만은 법 관념이 결여된 사람" 참고)

이승만이 1956년 5월 26일 기자회견에서 이기붕의 부통령 낙선에 대한 질문을 받고 "나는 과거에 민중의 인텔리젠쓰, 즉 명철을 믿어왔던 것이나 지금은 그것을 의심하지 않을 수 없게 되었다"고 답변한 것도 바로 민주주의가 이승만의 자기중심주의와 충돌했기 때문에 나온 발언이

이승만에게는 '봉건적 관념과 습속'과 '서구적 민주주의 가치'가 공존하면서, 거의 모든 것이 자기중심주의에 종속되었다. 체신부에서 발행한 이승만 관련 우표. (대한민국역사박물관 소장)

었다.[7]

　다른 가치들도 마찬가지였다. 반공주의마저도 그의 자기중심주의에 종속되었다. 진보당의 발기 선언문이 지적했듯이, 이승만은 "반공 승리를 절규하면서도 공산당을 타도하기 위한 민주세력의 강화에는 전혀 관심이 없"었다.[8] 그뿐만 아니라 상습적인 매카시즘 수법으로 오히려 반공의 가치를 훼손하기까지 했다. 반공마서도 '이승만 태양'의 주위를 도는 하나의 행성에 불과했던 것이다. 이승만의 반일주의도 다르지 않았다. 이승만은 극도의 반일감정을 갖고 있었지만, 그 어떤 친일파도 자신에게 충성을 하는 한 그 사람의 친일 경력은 아무런 문제가 되지 않았다.

그래서 그의 반일감정은 자주 우스꽝스러운 형태로 표출되기도 했다.

1958년 초 도쿄 아시안게임을 앞두고 일본 측이 우리 올림픽위원회로 부쳐온 대회 홍보 달력 50부도 '일본어가 표기되어 있다'는 이유로 당국에 압수되었다. 비슷한 시기에 국내에 1,800부가 반입된 일본제 달력에 대해 치안국이 전량 압수 조치를 하고 수입 업자를 소환 조사하는 소동이 빚어졌다. 당국은 '일본인용 카렌다karenda를 우리 국민 손에 들어가게 했다는 건 용납될 수 없는 일'이라며 이를 수입한 회사를 '국가관이 미약하다'고 비난했다. 중대 사건 때처럼 신문엔 속보가 이어졌다.[9]

이런 일도 있었다. 1957년 한국 펜클럽의 문인들은 도쿄에서 열리는 국제 펜클럽 대회에 참가하고 싶었다. 이승만은 그들의 요청을 마지못해 허락은 했지만 여러 조건 가운데 하나로 절대 일본 말을 써선 안 된다는 걸 요구했다. 일본을 방문한 19명의 문인 중 한 명이었던 전숙희의 회고다.

"짐 조사를 하는 세관원들이 공연히 우리 짐을 샅샅이 조사하며 질문을 걸어왔다. 모두 일제 아래 교육을 받아 일본 말에 능통했으나 우리는 일본 말을 모르는 척 머리를 흔들기도 하고 영어로 예스, 아니면 노우라는 대답만 했다. 우리 세대가 엊그제까지 저희 말로 배우고 생활했을 텐데 '하이'라는 말 한마디도 쓰지 않으니 세관원은 그 점을 눈치채고 짓궂게 더 말을 걸어왔다. 그러나 우리 일행은 모두가 벙어리인 양 눈과 손으로만 이야기를 했다."[10]

이처럼 이승만은 실속 없는 반일주의에만 매달렸다. 친일파 중용으로 민족정기를 훼손시켜놓고서도 일본에 대해 감정적 대응만 하거나 반일주의를 정략적으로 이용하는 데에만 치중했다. 1955년 한국인의 일본 왕래 금지와 대일對日 무역의 전면적인 정지를 발표했던 것도 바로 그런 감정적 대응을 잘 말해주는 사건이었다. 당시 총수출액의 50%가 대일 수출이요, 총수입액의 30~50%가 대일 수입이었던 상황에서, 또 한국에 원조를 주는 미국이 일본 상품을 살 것을 조건으로 요구하는 상황에서, 그런 허세가 먹힐 길은 없었다. 그래서 그 발표는 10일 후에 취소되었다.[11]

부인 프란체스카의 영향력

이승만은 점점 어린아이를 닮아가고 있었다. 그는 폐쇄된 왕실에 갇힌 채 세상과 국민에게서 멀어져가고 있었다. 절대 복종만을 온몸으로 보여주는 충성파들만이 그의 주변을 둘러싸고 있었다. 이른바 '인人의 장막'이 형성되었던 것이다. 1957년경 한 언론인은 당시의 상황에 대해 다음과 같이 말했다.

"대통령과의 기자회견에 앞서 우리는 대통령의 비서들에게 우리의 질문 사항을 미리 제출해야 했다. 우리는 그들 비서들이 승인한 항목에 대해서만 대통령에게 질문할 수 있었다. 언젠가 한 기자가 질문 항목에서 지워진 질문 중의 하나를 대통령에게 물어본 일이 있었다. 그 기자는 얼마 후 모종의 혐의로 체포되었으며 신문사에서도 해고되었다."[12]

『동아일보』 1958년 6월 27일자는 대통령 집무실에는 자유당을 지지하는 여당지들만이 비치되어 있다고 보도했다. 야당지는 물론 중립지들도 대통령 집무실에 들어가지 않았다.[13] 1958년경 미국도 이승만을 "너무 노쇠하여 이미 상황 판단력을 잃어버렸고, 부인 프란체스카와 비

서실장에 의해 좌지우지되는 한심한 늙은이"로 평가하고 있었다.[14]

아닌게 아니라 프란체스카가 이승만의 '최고의 보좌관' 노릇을 하는 것도 문제였다.[15] 이승만과 프란체스카는 1934년에 결혼했는데, 그때 이승만은 59세였고 프란체스카는 36세였다. 23세라는 연령 차이 때문에 프란체스카는 이승만의 노쇠로 인한 문제를 극복하는 데에 큰 도움을 주었겠지만, 문제는 프란체스카가 국정에 큰 영향을 미쳐도 될 만큼 국정 파악을 제대로 하고 있었겠느냐는 점이었다.

프란체스카의 막강한 영향력에 대한 증언은 많다. 한동안 사상검사로 이승만의 총애를 받던 선우종원의 증언이다. "지금에 와서 밝히지만, 당시 우리는 보고서를 영어로 써서 올려야 했다. 때문에 처음에 한글로 쓴 우리 보고서를 영문으로 번역하는 곤혹을 치르기도 했다. 이유는 바

프란체스카는 이승만의 '최고의 보좌관' 노릇을 했는데, 모든 보고서를 영어로 작성해서 그녀가 읽을 수 있도록 했다. 이승만과 함께 미군 수송기 앞에 있는 프란체스카. (대한민국역사박물관 소장)

로 모든 보고서는 영부인 프란체스카 여사를 거쳐서 전달되는데 영부인이 한글을 모르니, 영어로 만들어야 한다는 것이다. 그 말을 듣고 한편으로는 황당하고 실망스러웠지만, 그래도 이 박사의 반공에 대한 업적을 앞으로 내세우며 덮어버렸던 것이다."[16]

유엔군 사령관을 지낸 마크 클라크Mark Clark, 1896~1984도 프란체스카가 이승만에게 '엄청난 영향력tremendous influence'을 행사하는 걸 알게 되었다고 쓰고 있다. 프란체스카가 이승만의 모든 서신은 물론 면담까지 직접 챙겼다는 것이다.[17] 미국 시사주간지 『타임』 1953년 3월 9일자도 프란체스카가 이승만의 대변인으로서 '엄청나게 중요한extremely important' 역할을 하고 있다고 평가했다.[18]

5·16 군사쿠데타 후의 강압적인 군사재판인지라 그대로 다 믿을 건 못 되지만, 전 주일본 특명전권대사인 유태하에 대한 판결문 내용에도 프란체스카의 막강한 영향력이 다음과 같이 기록되어 있다.

"일본국 주재 특명전권공사로 임명되니 피고인은 이후 당시 대통령 이승만의 은혜에 보답하고 동 임명조치를 막후에서 조종한 동 프란체스카에게 충성을 다할 목적으로 매주 1회씩 진귀한 과실을 동 프란체스카에게 항공편으로 진상하고 프란체스카 및 이승만의 세탁물을 전적으로 인수하여 일본국에서 세탁 역시 항공편으로 전달하였고 (1958년) 6월 12일의 프란체스카 생일에는 일금 100만 환 상당의 금강석지환을 선사하는 등 치졸한 노복 노릇을 하는가 하면 외교 비밀을 정당한 절차에 의하지 않고 개인편에 대통령도 아닌 프란체스카에게 비밀히 보고하고……."[19]

'인의 장막'은 야당의 정치선전?

이승만을 둘러싼 '인의 장막'도 견고했지만, 그건 이승만의 제왕적 성향에 의해 형성된 것이었기 때문에 그 어떤 고언도 이승만에겐 먹혀들 수 없다는 점에서 더욱 비극적인 것이었다. 즉, 이승만에게 '인의 장막'에 대해 충언을 한다 해도 아무 소용이 없었다는 뜻이다. 또 이승만이 깊숙이 연루된 사안엔 '인의 장막'에 대한 비판은 곧 이승만에 대한 비판이었기 때문에 이승만으로선 더더욱 용납하기 어려웠을 것이다. 1955년에 일어났던 '원면 사건'도 바로 그런 경우였다.

합참의장 이형근이 이승만에게 '원면 사건'을 보고하면서 이기붕에게 대통령이 직접 원면 부정처분을 즉시 중지할 것을 명령해야 한다고 건의했다. 이승만은 이형근에게 "왜 사람들이 요즘 이기붕이를 찾아다니나?"라는 질문을 던졌다. 그래서 이형근이 대답 끝에 "혹시 각하께서는 항간에서 이기붕 씨 집을 '서대문 경무대'로 부르고 있는 사실을 아십니까"라고 물었다. 이승만은 '금시초문'이라고 대답했다. 얼마 후에 만난 이기붕은 이형근에게 이런 말을 했다고 한다.

"원면인지 무엇인지는 군부가 하는 일이지 내가 하는 일입니까. 그런데 내 집을 서대문 경무대라 부른다고까지 대통령 각하께 모략을 한 사람이 있으니 참 기가 막힙니다. 어디 그런 사람이 얼마나 잘 되나 두고 봅시다."[20]

1956년 5월 26일의 기자회견에선 어느 기자가 용감하게 '인의 장막'에 대해 질문을 던진 적도 있었다. 그러나 이승만은 그것을 야당 측의 정치선전이라고 반박했다.[21] 이처럼 '인의 장막'은 이승만이 한 축을 형성하고 있는 난공불락의 요새와 다를 바 없었다. 그래서 '인의 장막'은 더욱 악화되었고, 급기야 이승만도 결코 원치 않았을, 중요 정보의 차단까지 일어나게 되었다.

이미 1956년 프랑스 석간신문 『프랑스 스와르France-Soir』에는 바로 그런 문제점이 지적되었다. 이 신문에는 이승만 정권에 대한 자세하면서도 방대한 분량의 르포르타주 기사가 실렸는데, 홍콩 주재 프랑스 기자를 지낸 뤼시앵 보다르Lucien Bodard, 1914~1998가 직접 서울에 가서 본 내용들이었다. 보다르는 "산업은 아직 원시의 상태를 벗어나지 못하고 사회는 폐쇄된 채 빈곤에서 허덕이고 있다. 서울 주변의 판자촌은 큰 사회문제를 품고 있지만 정부는 해결할 의사도 없고 또 실력도 없다. 관공리官公吏의 부정은 공공연히 퍼지고만 있고, 이승만 독재체제는 정상적인 정권교체를 상상조차 할 수 없다.……필자는 소위 이 대통령의 정정순시政情巡視에 외국 기자들 틈에 끼여 참여한 적이 있다.……일행은 쌀가게에 가서, 대통령이 쌀 한 말 값을 물으면, 주인은 시장가격의 반값을 대답한다. 또 모자 가게에 갔다. 대통령이 주인에게 국산이냐고 물었다. 주인을 그렇다고 대답한다(이것은 영국 제품이었다). 값을 묻는다. 값도 믿을 수 없을 정도로 싸다"며 다음과 같이 말했다.

"대통령은 중절모 하나를 사서 머리에 얹더니 '이것 보라! 우리나라 국민은 이렇게 기술도 훌륭하고 값도 싸지 않느냐', 이것이 다 우리나라의 기술 수준과 경제 안정을 설명하는 것이다. 이렇게 그는 미소 때문에 눈을 반만 뜨고 외국 기자들에게 자랑한다. 그렇다. 그는 보통 때에도 눈을 반만 뜨고 있다. 모든 것을 더 크게, 더 자세하게, 더 밝게 보려고 하지 않는다. 그의 장관들은 이승만이 보지 않고 안 보이는 뒷면에서 모든 어두운 정치흥정을 한다. 그리고 이승만이 보이는 시야에서는 모든 것을 굽실거리고 절대복종한다. 그 쌀가게에나 모자 가게에도 대통령의 행차 앞에 벌써 몇 사람이 가서 돈을 미리 주고 그렇게 시켜놓은 것을 이승만은 반눈 뜨고 보고 있으니 보려 하지도 않고 보이지도 않는다."[22]

이승만은 1959년 2월 3일 기자회견에서는 "이제는 내가 각 행정부서의 구체적인 활동까지 일일이 감독할 필요가 없지 않은가?"라고 말했지만,[23] 그 이전에도 그는 각 행정부서의 중요한 일도 거의 모르고 있었다. 브루스 커밍스Bruce Cumings는 『브루스 커밍스의 한국현대사』(1997)에서 1950년대 주한 미국인들 사이의 공통된 화제는 고령의 이승만이, 특히 경제문제에서 "얼마나 요상하고 멍청한 사람인가" 하는 것이었다며 다음과 같이 말했다.

"그는 부산에 피난민 수용소가 있다는 사실을 아무도 모르게 하겠다는 듯이 수용소 주위에 담벼락을 쌓느라고 돈을 낭비하곤 했다. 이승만은 미국 원조 달러가 어디에 쓰였는지를 낱낱이 설명하기로 되어 있지만, 이런 규칙을 들어본 적도 없는 자신의 각료들한테는 물론이고 미 대사관에게도 그 내역을 밝히지 않았다. 경기순환을 결딴내는 열병인 인플레이션도 그에게는 아무것도 아니었다. 그냥 조폐국에 전화해서 환圜화를 좀더 찍어내라고 하면 그만이었다."[24]

언론인 이성춘의 다음과 같은 증언은 이승만이 모든 걸 다 알고서 모르는 척했을 가능성도 시사해주지만, 그래도 모르는 쪽에 더 가까웠거나 모르는 것이 더 많았을 것 같다는 생각이 든다. 이성춘은 "한번은 당시 야당지로 손꼽히던 『경향신문』의 송균용 기자가 '현재 산업은행이 대출초과로 파산 상태에 있는데 각하는 아십니까?'라며 예정에 없던 질문을 했다. 당시 자유당의 실세들이 몇몇 유력 기업인들과 유착, 마구 특혜대출을 해준 것을 꼬집은 것이었다"며 다음과 같이 말했다.

"분위기는 갑자기 긴장됐고 잠시 후 이 대통령은 '여보게 나는 은행원이 아니야. 은행의 잔고가 얼마인지 어떻게 알겠는가? 나는 대통령이야'라고 답변했다. 노련한 받아치기였다. 그는 이어 '일단 물어봤으니 조사해서 결과를 알아보라'고 배석한 곽영주 경무관에게 지시했다. 회견이 끝나면 잠시 다과회를 가진 뒤 기자들은 정원에서 대통령 내외와 기념촬영을 했다. 이날 다과회에서 이 대통령은 송 기자에게 다가와 '정치하는 사람들은 욕도 먹는 대신 돈도 먹는 것이야' 하며 의미 있는 농담을 했다."[25]

어린아이 같은 이승만

이승만에겐 그의 지지자들이 즐겨 언급하는 감동적인 일화가 많다. 그러나 그런 일화들마저도 달리 보면 이승만의 어린아이 같은 점을 말해주는 것이었다. 6·25 전쟁 발발로 6월 29일 수원에서 잠시 맥아더를 만났을 때 이승만은 맥아더에게 "장군, 조심하시오. 지금 장군이 벼를 밟고 있소"라고 말했다.[26] 전쟁 중에도 나타난 이승만의 생명 존중 사상의 표현이라고 보기엔 이승만이 인명을 소홀히 한 반대 증거가 너무 많은 게 문제다.

누군가가 대통령 전용 비행기의 필요성을 말했을 때에도 이승만은 그럴 돈으로 공산군에게 폭탄을 사서 퍼붓겠다고 거절했다. 이승만은 '자상한 할아버지' 같은 담화를 많이 발표했다. 피마자를 많이 심어 기름을 짜 수출하라는 이야기에서부터 청소를 잘해야 한다는 이야기에 이르기까지 정감이 흘러넘치는 것이긴 했지만, 그게 과연 대통령다운 담화였는지는 의문이다.[27] 드와이트 아이젠하워Dwight Eisenhower, 1890~1969의 특사 국무성 극동 담당 차관보 월터 로버트슨Walter Robertson, 1893~1970이 1953년 6월 25일 서울을 방문해 반공포로 석방에 대해 묻자, 이승만은 "근 일주일 동안 기도한 끝에 하나님의 계시를 받아 이번 조처를 감행했다"고 대답했다.[28]

이승만의 숭미주의도 도가 지나친 경우가 많았다. 『뉴욕타임스』 1977년 2월 19일자는 이승만이 미국 CIA에서 정기적인 자금 지원을 받았다고 보도했지만,[29] 이는 프란체스카에 의해 부인된 바 있다.[30] 오보誤報였겠지만, 이승만의 숭미주의는 미국 CIA보다 더한 감이 없지 않았다. 그는 이런 말도 했다. "세계의 모든 국가가 예외 없이 인접국가를 착취하는 데 분주한데 타국에 대하여 물자원조를 스스로 제공하는 국가가 있는가는 여러 사람들의 이해에 곤란할 정도입니다."[31]

숭미주의 탓인지는 모르겠으나, 이승만은 영어 잘하는 사람에게 약했다. 신성모도 그랬고 이기붕도 그랬다. 두 사람 모두 영어 하나는 아주 잘했다. 이기붕도 미국 유학생 출신으로 미군정 통역을 하다가 이승만의 비서가 되어 그의 후계자 위치에까지 오르게 되었다. 앞서 살펴본 바와 같이, 한국 최초의 TV 방송도 황태영이 이승만에게 영문 편지를 써서 호소했기 때문에 가능한 것이었다.

이승만의 용인술엔 더욱 이해하기 어려운 점도 있었다. 켈로부대의 활동이 경무대에까지 알려지면서 전쟁이 끝난 뒤 한번은 이승만이 고트부대장 이연길을 경무대로 불렀다고 한다. 이연길의 증언을 들어보자.

그는 "그 당시 내무부 치안국장 자리는 우익활동을 했던 청년들이 돌아가며 맡고 있었다. 이 대통령은 문봉제 씨(서북청년회 위원장 출신)와 이성주 씨(대한청년단 부단장 출신)의 후임으로 나를 생각하고 있었던 모양이다. '자네가 그 유명한 KLOKorea Liaison Office 대장 이연길인가?' '그렇습니다.' '장하다 장해. 복받은 젊은이야. 이제 전쟁 끝나서 할 일도 없을 테니 자네가 치안국장을 맡게.' 그 소릴 듣고 깜짝 놀랐다"며 다음과 같이 말했다.

"새파란 나이에(그때 나는 29세였다) 치안국장이라니. 더구나 경찰조직에 대해서는 아무것도 모르던 시절이다. 겁 없이 살아온 나였지만 대통령에게 '치안국장' 소릴 듣자 갑자기 눈앞이 캄캄했다. '각하 그건 좀 곤란할 것 같습니다.' '뭐가 곤란한가?' '나이도 어린 데다가 적지에서 첩보활동만 하다 보니 경찰의 생리를 아무것도 모릅니다.' '이 사람아, 씨름꾼 이성주도 치안국장 잘했는데 KLO를 주물렀던 자네가 못한다는 건 말이 안돼.'……그날 만남에서 치안국장 자리를 완곡히 고사해 결국 유야무야되고 말았다. 대통령의 마음에 들면 나이와 경력에 상관없이 요직에 앉히던 전쟁 후의 혼란상이 빚은 해프닝. 이 대통령을 만나고 나서 그의 용인술에 문제가 있다는 것을 느낄 수 있었다."[32](제1권 역사 산책 3: 얼굴 없는 '켈로부대' 참고)

    그러나 이승만이 안고 있었던 이 모든 문제점은 그의 찬양자들에겐 매우 사소한 것에 지나지 않았다. 찬양자들이 보기에 이승만의 가장 위대한 점은 미국 패권의 무한한 잠재력까지 꿰뚫어보고 자신의 정치생명을 걸어가면서까지 확실하게 미국의 보호막 속으로 한국을 이끌고 들어갔다는 점이었다. 아니 이건 찬양자가 아니더라도 객관적이고 공정한 시각을 가진 사람이라면 상당 부분 인정할 수 있는 것이었다. 이승만이 한미상호방위조약을 체결하면서 발표한 다음과 같은 담화는 이후 한국이 누리게 될 경제적 번영을 예견한 탁견으로 간주되었고, 그래서 그의 숭미주의는 한국이 두고두고 지켜야 할 복음의 지위를 누리게 된다.

"한미상호방위조약이 성립됨으로써 우리는 앞으로 여러 세대에 걸쳐 많은 혜택을 받게 될 것이다. 이 조약이 있기 때문에 우리는 앞으로 번영을 누릴 것이다. 한국과 미국의 이번 공동조치는 외부 침략으로부터 우리를 보호함으로써 우리의 안보를 확보해줄 것이다."

이승만은 미국을 한국의 보호자로 모셔야 하는 현실로 인해 상처받을 국민적 자존심까지 염두에 둔 듯 '반공 선민주의'를 내세우면서 '세계 4대 강국론'까지 역설하게 된다.

| 역사 산책 3 |

"이승만은 법 관념이 결여된 사람"

 "책임 판사를 처단하려 하였으나 여러 가지 점을 생각하여서 중지하였다"는 이승만의 발언은 이승만의 법 관념을 근본적으로 의심하게 할 만한 것이었다. 국회의원 김홍식이 1956년 7월 자유당에는 무법, 불법, 유시법諭示法밖에 없기 때문에 자유당이 정권을 잡는 한 법이론을 따지지 말자고 말한 바 있듯이,[33] 사실 이승만의 법 관념을 따진다는 것 자체가 부질없는 일이었다. 이미 오래전부터 이승만은 민주주의의 근간을 뒤흔드는 위험한 발언을 많이 해왔기 때문이다.

 이승만은 1954년 11월 25일 "사법관이라는 분들이 법률은 어찌 됐는지 사법권 독립만 내세워 자기네 권리만 생각하고 사법에 대한 직책을 잊어버리는 점은 심히 우려할 문제다. 재판관들의 무제한한 자유권이라는 것은 대단히 위험하므로 앞으로라도 헌법에 의한 조건을 조성해놓아서 그 범위 안에서 삼권을 분립하고 국법을 보호해야 할 것이다"고

주장했다.[34]

그러나 이승만이 원한 건 '삼권분립'이 아닌 '삼권통합'이었다. 이승만은 1956년 2월 20일 제22회 정기국회에 보낸 치사에서도 "삼권분립한 중에서 사법부의 형편이 말이 아니"라고 비판하면서 "법이 제대로 시행되도록 어떤 방편으로든지 재판장의 권한에 한정이 있어야 되겠다"고 주장했다.[35] 이에 민주당 의원 조병옥은 "이 대통령은 집권한 이래 삼권분립이 아니라 삼권통일을 해왔다고 밖에는 볼 수 없는데" 그런데도 모자라 사법부를 모욕하는 말을 할 수 있느냐고 비판했다.[36]

이승만의 '삼권통일' 시도에 견제를 해왔던 초대 대법원장 김병로가 1957년 12월 16일 만 70세로 정년퇴임을 한 것은 이승만을 위해서도 안타까운 일이었다. 이승만은 대법원장 자리를 계속 비워놓더니 1958년 6월 9일에 가서야 조용순을 제2대 대법원장에 임명했다.

김병로는 조봉암에 대한 1심 판결이 나온 후 벌어진 폭력배들의 난동에 대해 정치 깡패들과 그 배후자들을 통렬하게 비판했다. 그는 "사법부에 대한 이 같은 협박은 미개한 나라에서도 유례가 없었다"고 말했다. 그는 "평생을 법률에 종사한 법관이라 해도 3인 내지 5인이 모여 오랜 시일을 두고 합의한 끝에 판결을 내리는 것인데, 하물며 기록 한 장도 보지 못한 무식한 자들이 옳으니 그르니 하고, 게다가 난폭한 행동까지 한다는 것은 법치국가 사회에서는 상상도 못할 일"이라고 꾸짖었다.

김병로는 "데모를 한 자들의 배후에 누가 있어서 조종했음이 분명하다"고 말하면서 "우리나라에 사법이 있느냐 없느냐의 중대한 관건이 되는 문제이므로 사건 진상을 철저히 규명해야 한다"고 역설했다. 그는 "법관을 가리켜 '용공 판사' 운운한 것은 법관 모욕죄 가운데서도 가장 악질에 속하며 그들의 행동은 살인 강도에 비할 바가 아니다"고 분노감을 토로했다. 김병로의 이런 발언을 『동아일보』는 7월 7일자 사회면에 「폭력으로 사법부 위협은 살인 강도 이상」이라는 제목을 달아 보도했다.[37]

김병로는 1959년 정초에 이승만은 옛날 군주와도 달리 법에 대한 관념이 결여된 사람이라고 평가했다.[38] 이돈명은 훗날 가인街人 김병로를 높이 평가하면서 "조봉암 사건이 일어난 것도 가인이 물러난 뒤의 일이었"다고 말했다.[39]

이승만의 '세계 4대 강국론'

국군 병력은 세계 4위

전쟁 직전 5만 명에서 6만 5,000명 규모이던 한국군은 휴전 직후 65만 5,000명 규모로 확대되었다. 제네바 회의가 종결된 지 얼마 후인 1954년 7월 말 한국과 미국은 한국군을 72만 명 규모로 강화시키는 내용을 포함한 '한미합의의정서'를 체결했다. 그 결과 한국군은 육군 66만 1,000명, 해군 1만 6,000명, 해병대 2만 7,000명, 공군 1만 6,000명으로 편성된 세계에서 네 번째로 큰 군대가 되었다. 이후에도 한국군은 계속 60만 명 규모의 군대를 유지했다.[40]

그런 이유 때문에 이승만의 호전성에 대한 미국의 불안감은 가시질 않았다. 1955~1957년 미 백악관 국가안보회의 회의록에 따르면, 국무부 장관 존 포스터 덜레스John Foster Dulles, 1888~1959는 이승만이 전쟁을 다시 일으킬 가능성에 대해 여러 차례 우려를 표명했다.[41]

이승만은 북진통일 발언을 계속 외쳐대면서 '세계 4대 강국론'을 주장했지만, 그건 허세에 불과했다. 6·25 전쟁 중 대구에서 개최된 국군의 날 행사.

　그러나 이승만은 미국의 그런 우려에 아랑곳하지 않고 여전히 북진통일 발언을 멈추지 않았다. 이승만은 1958년 1월 1일에 발표한 '이북 동포들에게 보내는 신년사'에서도 "지금 우리 국군은 세계 모든 강한 나라의 군사들 중에서 셋째 혹은 넷째라고 하는 높은 지위에 이르고 있는 것"이라고 주장하면서 국군에게 싸울 기회를 주면 통일을 성취할 수 있다고 호언했다.[42]

한국이 세계에서 네 번째로 강한 군대를 갖고 있다는 '세계 4대 강국론'은 이승만이 기회만 있으면 역설해대는 단골 메뉴였다. 그건 크게 자랑할 일도 아니었고 그나마 단지 병력 수에서만 그럴 뿐이었는데도 이승만은 '세계 4대 강국론'을 열심히 외쳐댔다. 심지어 이승만은 1958년 12월 9일 국무회의에선 달러 보유 건에 대해서까지 '세계 4대 강국론'을 접목시켰다. "일본이 25억 달러, 독일이 30억 달러라니 우리도 세계 4대 강국이니까 10억 달러는 최소한도 가지고 있어야 하겠다"는 것이었다.[43]

이승만의 그런 '세계 4대 강국론'은 1958년 초 완전 실업자와 농촌의 잠재적 실업자를 합한 전체 실업자 수가 420만 명으로 추산되고 있던 비참한 경제 현실에 비추어 우스꽝스럽기조차 한 허세였지만, 국내적으로 그 효용이 전혀 없진 않았다.[44]

'반공 독재'는 형용 모순

이승만의 '세계 4대 강국론'은 그가 평소 자신의 정치적 자산으로 삼아온 '반공적 선민의식'의 연장선상에 놓여 있는 것이었다. 이승만의 평소 주장에 따르면, 한국은 세계 반공진영의 중심지이자 '자유진영의 보루'였다. 그런데 이는 오직 공산주의에 대한 호전성을 강경하게 드러낼 때에만 유지할 수 있는 타이틀이었다. 그래서 국민에게는 늘 '성스러운 사명'이 강조되었다.[45]

이승만의 평소 주장에 따르면, 한국인은 세계를 구출해야 할 역사적 사명을 띠고 이 땅에 태어났다. 한국인은 자유세계를 구해야만 할 세계

정의正義의 사도이기 때문에, 한국인의 목숨은 한국인의 것이 아니었다. 그렇게 목숨을 내걸고 싸우려는 한국인에게 세계가 물질적인 도움을 주는 건 당연한 일이었다. 한국은 그 대신에 세계에 정신적인 도움을 주고 있기 때문에 한국인은 당당하게 생각해야 할 일이었다.

이승만의 '반공 선민주의'와 '세계 4대 강국론'은 전쟁 중과 전후에 짓밟힐 대로 짓밟힌 한국인의 자존심 앙양을 위한 것이었을까? 그랬을 수도 있겠지만 그게 전부는 아니었다. 중요한 건 세계를 구원해야 할 한국인의 사명은 세계적인 반공 지도자인 이승만의 뜻과 명령에 복종할 때에만 성취될 수 있다는 점이었다.

이승만에게 공산주의는 "민주주의의 적"이었기 때문에, 공산주의에 반대하는 한 자동적으로 민주주의자였다. 그런 논리로 이승만은 한국이 세계 민주주의를 지킨다고 역설했던바, 그에게 '반공 독재'는 형용 모순이었다. 그가 제시한 이분법 이외에 다른 선택은 없었다. "공산주의 아니면 민주주의"였고, 그 외의 선택은 불가능했다.[46]

한국은 '일본 경제 부흥을 위한 뒷마당'

이승만의 '세계 4대 강국론'은 이승만이 사랑하는 반일주의의 관점에서 보더라도 결코 환영할 성질의 것은 아니었다. 미국은 일본 산업 부흥을 위해 한국을 이용하려고만 들었다. 대한對韓 원조와 대일對日 원조의 성격부터 달랐다. 미국은 일본에 대해서는 '항구 기지화 정책'으로 경제 원조 중심으로 나갔던 반면, 한국엔 대對공산권 방어기지를 구축하려는 군사적·정치적 목적으로 경제 원조마저도 군사 원조의 성격을 갖게

끔 만들었다.[47]

　미국은 원조를 주는 대가로 한국을 '일본 경제 부흥을 위한 뒷마당'으로 만들기 위해 미국으로 수출은 한사코 막았다.[48] 미국은 한국에 준 원조자금도 일본에서 사용하도록 압박했고, 그래서 한국에서 구입할 수 있는 물품조차 일본 것을 들여와야 했다. 유엔군 사령부도 일본인 기술자들을 불러 일을 시켰고 부산 부두의 노동까지도 일본인을 고용했다.[49]

　미국은 일본을 중심으로 한 아시아 정책의 차원에서 한국이 일본에 종속되는 경제 구조를 갖기를 원했다. 1958년경 일본이 한국에서 수입하는 비중은 총수입액의 0.35%, 수출액은 0.53%였으나, 한국이 일본에서 수입하는 비중은 21%, 수출 비중은 57.3%에 이르렀던 것도 결코 우연이 아니었다.[50]

　한국은 일본과의 농·공 분업이라는 미국의 정책에 전략적으로 저항하면서 수입 대체 산업화Import Substitution Industrialization, ISI를 추구했다. 이는 지금까지 국내에서 생산되지 않았던 공산품을 생산하는 국내 제조업을 육성하는 정책이었다. 그러나 수입 대체 산업화는 수출 능력의 제약에 의한 외환 부족, 폐쇄 체제의 경직성, 보호와 규제에 따른 관료주의와 이권(지대) 추구 행위 등의 문제를 안고 있었기 때문에 소기의 성과를 거두긴 어려웠다.[51]

　게다가 수입 대체 산업화 정책은 1950년대 필리핀, 튀르키예, 아르헨티나 등에서는 미국에 의해 묵인되고 심지어 장려되기까지 했지만 한국의 그것은 미국의 호응을 얻지 못했다. 미국은 한국이 국내시장 개방을 통해 일본 상품의 시장이 되는 걸 원했기 때문이다(한국은 1950년대 말 원조의 삭감에 따라 원조를 매개로 추진된 기존의 수입 대체 산업화 정책을

1960년대부터 수출 지향 산업화Export Oriented Industrialization, EOI로 바꾸게 된다. 수출 지향 산업화 정책이란 공산품 수출을 체계적으로 육성하는 정책이다).[52]

이승만의 슬픈 허세

한국을 일본의 졸卒로만 이용하려고 드는 미국의 철저한 일본 우선주의 정책에 대해 이승만의 불만은 매우 높았지만, 죽으나 사나 친미親美 노선만을 고집했던 이승만으로선 미국이 그렇게 미친 척하는 한 무슨 뾰족한 대책이 있을 리 없었다. 그저 국내 반대 세력을 대상으로 화풀이를 하거나 반일을 국내 정치에 이용하는 데에 주력했다. 이승만이 1957년 3월 "자신이 피선되면 한일관계를 개선하겠다는 자는 일본과 합병하려는 자"라고 비난한 것도 그런 관점에서 이해할 수 있을 것이다.[53]

이승만은 1957년 5월 자신의 정치 고문인 올리버에게 보낸 편지에서 자신의 답답한 심정을 이렇게 토로했다. "잘 알려져 있지 않으나 사실상 의리 있는 한국 사람들을 몹시 실망케 하고 해쳐온 것은 한국에 지출키로 배정된 미국 원조자금까지도 한국보다 우선해서 일본 경제 재건을 위해 사용되어온 그 내막이다. 결과적으로 한국 경제를 지탱하기 위하여 도움이 되어야 할 생산시설이 한국의 원조자금으로 일본에 제공되고 있었던 것이다."[54] 그걸 잘 아는 이승만이 '세계 4대 강국론'을 외쳐댄 것은 허세치고 슬픈 허세였다.

'진보당 죽이기'와 제4대 총선거

미국의 매카시는 죽었건만

　매카시즘의 원조인 미 상원의원 조지프 레이먼드 매카시Joseph Raymond McCarthy, 1908~1957의 정치생명은 1954년 12월에 끝이 났다. 미국이 '빨갱이 사냥'의 광기狂氣에서 벗어난 덕분이었다. 그 후 매카시는 알코올 중독으로 시름시름 앓다가 1957년 5월 2일에 사망했다. 그러나 한국에선 매카시의 사망 직후 매카시즘의 광기가 최고조에 이르렀다. 이는 이승만 정권의 '진보당 죽이기'로 나타났다.

　'진보당 죽이기'는 이승만 정권의 단독 작품은 아니었다. 적지 않은 반反이승만 세력이 들러리로 가담했다. 들러리의 선두 주자는 노농당의 전진한이었다. 전진한은 1955년 2월 15일 노농당을 결성했는데, 조봉암은 『한국일보』 1955년 7월 3일자에 쓴 글에서 노농당을 극찬한 바 있었다. 그런데 그로부터 약 2년 후인 1957년 6월 전진한은 아주 이상한

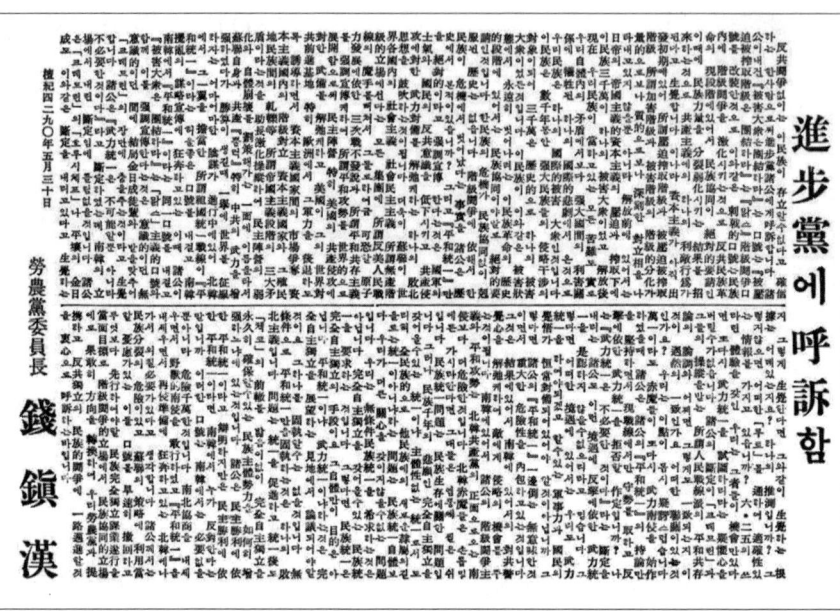

이승만 정권은 '진보당 죽이기'를 통해 빨갱이 사냥을 했고, 그와 함께 노농당의 전진한은 신문에 '진보당에 호소함'이라는 광고를 게재해 진보당을 비판했다. (『동아일보』, 1957년 6월 14일).

일을 저질렀다. 그는 막대한 광고료를 들여 주요 일간지들에 '진보당에 호소함'이란 제목의 광고를 게재했다.

진진한은 이 광고에서 진보당이 "남한에서 '평화통일'이라는 (북과) 동일 구호를 내걸고, '피해 대중은 단결하라'는 마르크스주의적 구호와 함께 이를 강조 선전한다는 것은 의식적이건 무의식적이건 간에 결국 김일성 도배와 발을 맞추어 크렘린의 장단에 춤을 추는 것"이라고 진보당을 공격했다.[55]

1957년 7월 불온서적 압수 선풍이 불면서 향후 수개월간 살벌한 공안 정국이 형성되는 가운데 이상한 일들이 벌어지기 시작했다(불온서적 압수가 보도될 때 처음 거론된 것이 중립화통일론을 편 김삼규의 『금일의 조선』과 『사회주의 발달사』였다).[56] 진보당의 지방 지구당 결성대회들은 경찰과 폭력배들의 노골적인 탄압과 테러로 얼룩졌지만, 이에 대해 야당과 언론은 잠잠했다.[57]

그런 와중에 처음 터진 것이 이른바 '간첩 박정호 사건'이다. 1957년 11월 7일자 신문들은 일제히 이 사건을 보도했다. 신문 보도에 따르면, 당국은 소위 남반부 정치변혁 공작대의 총책임자인 박정호를 체포했는데, 박정호는 혁신세력통일위원회에 막대한 자금을 제공했으며, 전 근로인민당 부위원장인 장건상 등도 자금을 받은 사실이 드러났다는 것이었다.

이 사건은 이른바 '근로인민당 재건 사건'으로 비화되었다. 11월 16일자 신문들은 "전 근로인민당 조직국장 김성숙 외 9명이 근로인민당을 재건하려고 암약"했기에 체포되었다고 보도했다. 장건상 등 여러 명도 체포되었다(근로인민당 재건 사건은 1958년 4월 장건상 등 15명이 무죄 선고를 받았으나 평화통일론을 부르짖었다는 죄가 추가되어 장건상과 김성숙 등 6명이 재판을 받았다. 1958년 8월 고등법원은 이들에 대해 공소기각 판결을 내렸다. "근래에 와서 혁신운동을 한 것이 괴뢰집단의 사주에 의한 것이라고 할 만한 이유가 없다"는 것이 판결 요지였다. 대법원도 1958년 11월 16일 사건 관련자 21명에게 모두 무죄를 선고했다).[58]

진보당 등록 취소 사건

'근로인민당 재건 사건'은 '진보당 죽이기'를 위한 분위기 조성용이었을까? 1958년 5월 12일에 치러질 제4대 민의원 총선거를 4개월 남겨둔 1958년 1월 11일 조봉암, 박기출, 김달호, 윤길중 등 진보당의 주요 간부 10여 명이 국가보안법 위반 혐의로 검거되었다.[59] 다음 날 박정호 사건을 담당하고 있던 부장검사 조인구는 기자간담회를 자청해 박정호 등 10여 명에 대한 공소 내용을 설명했다. 조인구는 "평화통일이란 구호는 남한의 적화통일을 위한 방편으로서 대한민국의 존립을 부인하는 것이다. '북진 없는 정강정책을 갖는 정당을 조직하라'는 김일성의 지령 내용은 바로 진보당의 확대 공작에 귀착된다"고 말했다.

조인구는 "진보당이 박정호 사건에 관련되어 수사 대상에 오르는 것 아니냐"는 기자들의 질문에 대해 "문제는 진보당이 내건 평화통일의 진의가 무엇인가를 규명한 후 그것이 북괴의 지령과 동일할 때는 수사 대상이 될 것"이라고 답했다.[60] 이게 바로 진보당 사건의 시작이었다. 진보당 간부들은 2월 8일에 기소되었다. 정부는 재판도 열리기 전인 2월 25일 진보당의 등록을 취소시켰다. 이 사건을 만들어낸 정부의 목적이 어디에 있는지를 말해주는 조치였다.

3월 13일 첫 공판에 이어 3월 27일 제2회 공판이 열렸다. 진보당의 평화통일론에 대해 검찰은 이런 주장을 폈다. "평화통일이라는 용어는 북한 괴뢰가 사용하고 있는 문구인데 진보당에서 이 말을 쓰는 이유는 무엇인가. 조봉암의 「평화통일에의 길」에서는 유엔 감시하의 남북총선거를 주장하였는데, 이는 현 대한민국의 해체·해산을 전제로 하며 그것은 대한민국 헌법의 파괴 내지 폐기를 의미한다. 따라서 이는 대한민국을 부인하고 국헌을 위배하며 정부를 참칭僭稱하는 것이 됨으로 진보당의 통일론은 국가보안법에 저촉된다."

이에 대해 진보당 측은 이런 반론을 폈다. "북한에서 평화통일이라는 말을 쓴다고 해서 우리는 그 말을 써서는 안 된다는 논리는 억지요, 난센스다. 북한에서 '밥'이라고 한다고 우리는 '밥'을 '떡'이나 '죽'이라고 할 수는 없지 않은가. 북한이 평화통일론을 들고나온다고 하면 우리는 수세에 몰릴 것이 아니라 적극적·능동적으로 이에 대한 주도권을 잡아야 한다. 진보당의 통일론은 결코 공산당의 전술에 넘어간 것도, 그들의 주장에 동조한 것도 아니다. 만일 진보당의 평화통일론이 보안법 위반이라면 자유당이 내세우는 유엔 감시하의 북한만의 선거안과 1954년 변영태 외무부 장관이 제네바 회담에서 제시한 14개조 통일론도 무력통일·북진통일이 아닌 바에야 평화통일이므로 위법이 아닌가."[61]

그 밖에도 '피해 대중', '자본주의의 지양止揚', '변혁變革' 등의 개념을 놓고 치열한 논쟁이 벌어졌다. 그래서 진보당 사건 공판장은 학술토론회장 같은 분위기를 풍겼다. 당시 배석판사였던 이병용에 따르면, "사회민주주의란 용어가 당시만 해도 생소한 때지요. 유병진 재판장이 (진보당 강령 작성에 참여했던) 이동화 씨에게 '사회민주주의가 도대체 뭐요'라고 묻자 이씨는, '일찍이 북구 스칸디나비아로부터……'라고 운을 떼며 긴 설명을 폈어요. 재판이 끝난 뒤 유 판사는 '내가 재판장인지 박사학위논문을 심사하는 것인지 모르겠다. 골치가 아프니 정치학적인 문제는 이 판사가 맡아주시오'라고 부탁해요. 이래서 정강정책의 학문적 분석을 해야겠는데 그 당시야 국내에 정치학 서적이 거의 없었지요. 그래서 1920년대 일본 서적을 참고했는데 애먹었지요."[62]

재판은 점점 진보당 측에 유리하게 돌아가고 있었다. 이때에 검찰의 뒤집기 시도가 이루어졌는데, 그게 바로 '간첩 양명산' 카드였다. 훗날 조작으로 밝혀졌지만, 이때엔 조봉암이 양명산에게서 돈을 받았다는 것과 두 사람 사이의 오랜 친분이 문제가 되었다. 양명산은 4월 3일에 기소되어 재판은 5월 15일부터 진보당 사건과의 병합 심리로 이루어지게 되었다.

또 다른 들러리의 출현도 진보당에 타격을 주었다. 진보당 활동을 하다가 따로 살림을 차려 민주혁신당을 조직한 서상일은 1심 재판에서 검찰 측 증인으로 나와 "진보당은 말하자면 좌익에 가까운 혁신정당이다. 다시 말하면 유물사관의 정당이다. 우리들은 우익에 가까운 혁신정당이다. 그래서 유심 정당이다"고 불리한 증언을 했다.[63]

제4대 민의원 총선거

1958년 5월 12일의 제4대 민의원 총선거는 그렇게 '진보당 죽이기'가 이루어지면서 진보당이 불법화된 상태에서 보수세력 간의 대결로 치러진 반쪽짜리 선거였다. 그 반쪽마저도 '관권과 폭력이 어우러진 한 판 사기극을 방불케' 했다.[64]

그러나 그 어떤 '사기극'도 자유당 정권에 대한 염증을 완전히 가릴 수는 없었다. 게다가 1958년부터 미국이 무역수지 악화를 타개하기 위해 실시한 '달러 방위 정책'은 대한對韓 원조를 격감하게 만들어 한국의 경제 사정은 더욱 어려워졌다. 이는 자유당 정권에 대한 염증을 악화시켰을 것이다(1957년에 정점을 이룬 미국의 경제원조는 1953~1958년에 걸쳐 연평균 2억 7,000만 달러였는데, 이는 당시 GNP의 15%였고 군사원조는 이의 2배였다).[65]

5·12 총선 결과 나타난 의석 분포는 자유당 126석, 민주당 79석,

통일당 1석, 무소속 27석 등으로 자유당은 이전에 비해 10석 이상의 의석을 상실했다. 여촌야도 현상은 심화되었다. 자유당 당선자의 90%는 농촌 지역 출신인 반면, 민주당은 60%가 도시 지역 출신이었다. 서울에선 민주당 당선자가 14명인 반면, 자유당은 1명에 지나지 않았다(1950년대의 선거 투표율은 매우 높아 90%대를 기록했다. 제헌국회 95.5%, 제2대 국회 91.9%, 제3대 국회 91.1%, 제4대 국회 90.6%였다).[66] (역사 산책 4: 이기붕과 이정재 참고)

선거 열흘 전 자유당은 선거자금을 마련하기 위해 시중은행에 압력을 가해 앞으로 발행될 산업금융채권을 담보로 동립산업, 금성방직, 중

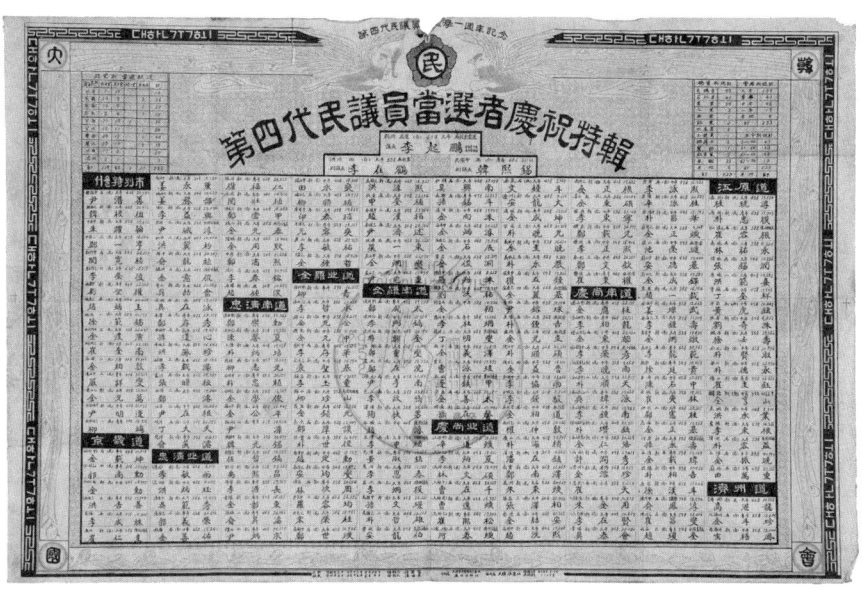

1958년 5월 12일 제4대 민의원 총선거에서 자유당은 126석, 민주당은 79석, 통일당은 1석, 무소속은 27석을 차지했다. 제4대 민의원 당선자 명부. (부산광역시립박물관 소장)

양산업 등 12개 업체에 자금을 융자해주고 20% 내외의 커미션을 정치자금으로 염출捻出했다.⁶⁷ 자유당의 정치자금 조달 방식은 이제 폭력조직과의 유착 형태로 발전했다. 박태순과 김동춘은 이를 '관료-폭력 독점자본의 유착'이라고 불렀다. 이들은 "'폭력주식회사' 이것은 기발한 아이디어를 가진 소설가가 착안한 소설 제목이 아니라 50년대 남한 사회에 실제로 존재했던 막강한 이득 창출의 사업 조직체였다"며 다음과 같이 말했다.

"연희전문 출신의 홍영철이 이끌었던 이 '회사'는 문자 그대로 폭력을 자원으로 삼고 있었던바, 미군의 불하물자를 주먹의 힘으로 독점 입찰하여 막대한 이득을 챙겼다. 하지만 그 수익의 8할 이상은 자유당의 정치자금과 '안 되는 일이 없고 못 하는 일이 없다'던 막강한 삼권부三權府인 경찰, 특무대, 헌병대 그리고 그 외곽에 군웅할거하는 각종 정치폭력집단들에게 분배됨으로써 나름대로 '관료-폭력 독점자본의 유착'이라 할 수 있는 것을 형성시켜 나갔다. 이 '회사'는 얼마 후 '건중친목회'라는 고상한 이름으로 바뀌었고 또 얼마 후에는 '대한실업협회'라는 더욱 고상한 경제단체의 명칭을 획득하게 되었다."⁶⁸

"친공 판사 유병진을 타도하라!"

자유당과 폭력조직의 유착은 진보당 사건에까지 영향을 미치려 들었다. 조봉암은 1958년 7월 2일 1심 재판에서 평화통일 주장이나 간첩 혐의는 모두 무죄 판결을 받은 가운데 징역 5년을 언도받았다. 판사는 3개월 전 류근일에게 무죄 판결을 내린 유병진이었다. 판결 뒤 이기붕 수하의 반공청년단 수백 명이 동원되어 법원 청사에서 난동을 부렸다. 이들은 "친공 판사 유병진을 타도하라!", "조봉암을 간첩 혐의로 처벌하라!"고 외치며 공포 분위기를 조성했다.[69]

고등법원장 변옥주는 이들 관제 시위대에 "재판은 1심만 있는 게 아니라 2심, 3심도 있으니 조용히 돌아가라"는 묘한 말을 했다. 자유당은 그 묘한 발언에 화답하듯 산하단체를 모두 소집해 '애국단체총연합회'라는 이름을 내걸고 '친공 판사 규탄 대책위원회'를 결성했다. 이들은 진보당 판결을 규탄하는 성명을 낸다, 대회를 연다 하며 재판부에 압박을 가하는 야단법석을 떨었다.[70]

그건 곧 이승만의 뜻이기도 했다. 이승만은 1심 판결이 내려지자 국

이승만 정권은 조봉암을 간첩 혐의로 체포했는데 결국 그에게 사형이 선고되었다. 조봉암(오른쪽 두 번째)과 박기출, 김달호 등이 재판을 받고 있다.

무회의 석상에서 "이러한 판사들을 처리하는 방법은 없는가"라고 분노했다. 그는 "조봉암 사건 1심 판결은 말도 안 된다. 책임 판사를 처단하려 하였으나 여러 가지 점을 생각하여서 중지하였다"는 말까지 했다.[71]

이승만의 부하들이 그 발언의 뜻을 놓칠 리 없었다. 10월에 열린 2심 재판에서 검사 조인구는 조봉암에게 사형을 구형했다. 조인구는 훗날 (1994년) "조봉암에게 사형을 구형한 것은 검찰총장·서울시경국장 등 나의 윗선에서 사형을 합의하여 지시한 때문이었다"고 말했다.[72] 이승만의 뜻과 그 뜻에 충실한 공포의 관제 시위에 '겁먹은' 고등법원은 조봉암에게 사형을 선고했다.[73]

| 역사 산책 4 |

이기붕과 이정재

　경기도 이천의 부유한 농가에서 출생한 이정재는 휘문고등학교 재학 중인 18세 때에 이천에서 열린 씨름대회에 처음 출전해 2위를 차지한 이후 각종 전국 씨름대회에서 계속 우승하여 이름을 날렸다. 그는 그런 괴력을 바탕으로 주먹 세계에 발을 들여놓았는데, 화나면 무섭다고 해서 '말렌코프(스탈린의 후계자)'라는 별명을 얻었다.[74]

　자유당의 정치 깡패로 활약하게 된 이정재는 1958년 5·12 총선을 염두에 두고 국회의원의 꿈을 키우며 자신의 고향인 경기도 이천에 극진한 공을 들였다. 그는 동대문시장에서 긁어모은 막대한 돈을 이천에 쏟아부었다. 자신의 부하들에게도 "이천 사람은 무조건 도와줘라. 건드리는 놈은 처벌한다"는 명령을 내렸다. 정말인지 아닌지 모르겠지만, 자유당 시절 동대문 일대를 지나가던 행인이 이곳 주먹들에게 시비를 당할 경우 "나 이천 출신이야. 왜 이래" 하고 한마디만 하면 끝났다고 한다.

이정재는 이천 쌀의 서울 반입도 경찰에 부탁해 통금시간이 지나도록 무사 통과할 수 있도록 해주었다. 그는 이천 사람들의 경조사에도 빠지지 않고 참석했다. 심지어 그는 선거를 앞두고 줄넘기용 고무줄 한 트럭을 이천군 아이들에게 나눠주고 "이번에는 이정재, 이천 위해 일하는 이정재를 뽑아요"라는 노래를 부르면서 줄넘기를 하라고 시키는 등 눈물겨운(?) 노력을 기울였다.[75]

그러나 이정재는 이기붕에게 이천을 빼앗기고 말았다. 당시 극심한 여촌야도 현상으로 서대문 을구에서 당선을 자신할 수 없었던 이기붕이 이정재가 닦아 놓은 이천을 강탈한 것이다. 이정재는 크게 반발하고 나섰지만 경무관 곽영주가 나서서 치안국이 구속할 수도 있다고 협박하자 이정재는 굴복할 수밖에 없었다.

점입가경漸入佳境이었다. 민주당 공천을 받아 이천에 출마한 연윤희가 당괴 사전 협의도 없이 입후보를 사퇴한 사건이 벌어졌다. 연윤희는 잠적 5일 만에 국회 기자실에 나타나 "이기붕 씨와의 대결에서 승산이 없기 때문에 사퇴했다"고 주장했다.[76]

4·19 혁명이 일어나자 이기붕 일가는 집단 자살로 최후를 맞는 반면, 이정재는 4월 28일 서울지검에 자수해 8개월의 징역살이 끝에 석방되었다. 그러나 5·16 후 그는 다시 구속되어 결국 형장의 이슬로 사라지고 말았다.

"생각하는 백성이라야 산다"

『사상계』와 함석헌 필화사건

함석헌은 『사상계』 1958년 8월호에 「생각하는 백성이라야 산다: 6·25 싸움이 주는 역사적 교훈」이라는 글을 썼다. 8월호가 시중에 나가고 열흘쯤 지난 8월 8일 함석헌은 국가보안법 위반 혐의로 구속되었다. 이 글 가운데 특히 다음과 같은 부분이 문제가 되었다.

"우리가 일본에서는 해방이 됐다 할 수 있으나 참 해방은 조금도 된 것 없다. 도리어 전보다 더 참혹한 것은 전에 상전이 하나였던 대신 지금은 둘 셋이다. 남한은 북한을 소련·중공의 꼭두각시라 하고 북한은 남한을 미국의 꼭두각시라 하니 있는 것은 꼭두각시뿐이지 나라가 아니다. 우리는 나라 없는 백성이다. 6·25는 꼭두각시의 노름이었다. 민중의 시대에 민중이 살았어야 할 터인데 민중이 죽었으니 남의 꼭두각시밖에 될 것 없지 않은가. 잘못이 애당초 전주 이씨에서 시작됐다."[77]

또 함석헌은 이런 말도 했다. "선거를 한다면 노골적으로 내놓고 사고 팔고 억지로 하고 내세우는 것은 북진통일의 구호뿐이요, 나 비위에 거슬리면 빨갱이니, 통일하는 것은 칼밖에 모르나?"[78] 박경수는 『장준하: 민족주의자의 길』(2003)에서 이 글이 당시 사람들에게 안겨준 충격에 대해 "대통령 이승만에 대한 일반의 지칭은 그 최소한도가 '이 박사' 정도였다. 이를 그냥 '이승만'이라고 활자화한다는 것 자체가 정신병자처럼 인식될 때였다"며 다음과 같이 말했다.

"그 시절 어느 신문은 식자공의 오식誤植으로 '대통령大統領'이 '견통령大統領'으로 나가 (무기정간)의 화를 입은 일이 있자 모든 신문사 문선실에서 개 견犬자가 아예 없어져버렸다는 유언비어까지 횡행하던 터였다. 그런데 '미국의 꼭두각시 이승만' 운운하는 글을 함석헌은 거침없이 써버렸고 『사상계』는 그것을 그대로 활자화해서 세상에 배포했던 것이다. 그것을 시 보는 일반 독자들이 모두 기절초풍할 만한 일이었다."[79]

언론의 적극적인 지원 사격

함석헌을 구속한 경찰은 이 글에서 대한민국을 '꼭두각시'라 한 것은 국체國體를 부인한 것이고, 북한 괴뢰와 대한민국을 동일시한 것이며, 또 "군의 전투 의욕을 감퇴시키고 비상시기에 놓인 사회의 사상 질서를 문란시키는 것"이라고 주장했다.[80]

경찰은 발행인 장준하와 주간 안병욱도 연행해 조사했으나 구속하지는 않았다. 함석헌은 구속 중 경찰에게 뺨을 맞고 몸이 밧줄에 묶인 채 거꾸로 매달려 매를 맞는 고문을 당했다.[81] 물론 '빨갱이'로 만들기 위한

 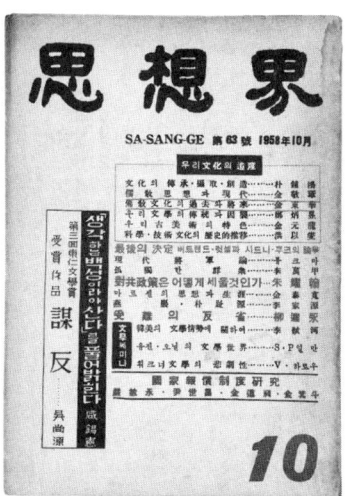

함석헌은 「생각하는 백성이라야 산다」는 글에서 남한을 미국의 꼭두각시라고 하고, '이승만 대통령'을 '이승만'이라고 하면서 비판했다. (대한민국역사박물관 소장)

작업이었다. 언론의 적극적인 지원 사격이 없었더라면 고문으로 조작된 새로운 빨갱이가 만들어졌을지도 모를 일이었다.

일주일 전인 8월 1일 『코리아타임스』 편집국장 장수영과 『동아일보』 국방부 출입기자 최원각이 다른 필화사건으로 구속된 바 있기에 한국신문편집인협회는 빈발하는 필화사건에 대해 내무부 장관 민병기에게 언론인의 인신구속에 신중을 기하라는 항의문을 전달했다. 특히 『한국일보』 8월 13일자는 함석헌이 "일제 괴뢰 치하에선 수난한 종교사상가로서 '친공'이라기보다는 무정부주의자"라는 동정적인 기사를 써서 8월 25일 함석헌의 구속 해제와 이후 불기소 결정에 크게 기여했다.[82]

함석헌도 『사상계』 1958년 10월호에 「'생각하는 백성이라야 산다'를 풀어 밝힌다」를 기고해 해명했다. 그는 사회 현실을 종교적인 견지에서 언급했다고 하면서 자신은 국체를 부정한 바 없으며 철저한 대한민국 백성으로 정부에 애정이 있기 때문에 비판했다고 말했다. 그리고 북한과 평화통일을 찬성하지 않으며 '평화주의'는 무장해제를 의미하기는커녕 정신력으로 공산주의를 극복하자는 것이라고 말했다.[83]

『사상계』는 이 필화사건으로 인해 더욱 인기가 치솟아 1959년에 이르러선 판매 부수가 5~8만 부로 뛰어올랐다. 당시 최대 신문의 발행 부수가 20만 부였다는 점을 감안한다면 이는 놀라운 기록이었다.[84]

『사상계』와 장준하의 친미·반공

『사상계』를 매카시즘 수법으로 탄압하기엔 『사상계』와 그 발행인인 장준하는 지나치다 싶을 정도로 친미·반공 노선에 충실했다. 임대식은 「1950년대 미국의 교육원조와 친미 엘리트의 형성」(1998)이라는 글에서 장준하를 연상할 때 떠오르는 철저한 민족주의와 통일운동과는 달리 『사상계』 편집진의 성격과 집필진, 글들의 논조는 반독재 민주주의와 어느 정도의 민족주의적 성격에도 친미·반공에 한해서는 철저했다고 말한다.

임대식은 "『사상계』는 미 공보원USIS에 근무하던 곽소진을 통하여 미 공보원의 지원을 받아 『사상계』 발간 경비를 보완했고 또 사상계사는 사상문고 100권을 완간했다. 사상문고는 거의가 번역물로 세계사상 철학의 수입 통로가 되었다. 자유주의와 민주주의를 구가하는 것과 반공이념을 구가하는 것이 대부분으로 결국 반공 친미적인 내용의 것들이었다. 또 『사상계』는 미국 주간지 『타임Time』과 월간지 『라이프Life』의 총판을 맡고 있었다"며 다음과 같이 말했다.

"'타임 보이', '타임 걸'이라는 유행어에서 상징되듯이 최고의 지식인 행세를 하려면 『사상계』는 물론 『타임』, 『뉴스위크』, 『라이프』를 읽어야 했다. 그런데 이들 미국 정기간행물에는 선진적인 정보가 포함되어 있었지만 동시에 미국적인 것이 내포되어 있었다. 결국 『사상계』 그룹은 『사상계』와 『사상계』가 총판하는 『타임』지를 통해 지식인 사회에 절대적인 영향을 미쳤다.……『사상계』는 민주의식을 신장시키고 저항을 충동하며 4·19 혁명으로 나아가게 하는 데 기여했지만 한편 자유민주주의적 단계에 그치게 하고, 또 반미로 나아가는 것을 차단하는 역할을 했다."[85]

『사상계』 1957년 12월호가 친일파였던 최남선의 사망을 애도하며 '선생의 영전에 드리고자' 최남선 특집호를 꾸민 것이나, 이 특집호에 장준하가 「권두언: 육당 최남선 선생을 애도함」을 쓴 것도 『사상계』의 그런 성격을 말해주는 '사건'으로 볼 수 있을 것이다. 김건우는 장준하의 최남선 예찬은 "교육과 계몽을 민족 발전의 가장 중요한 '방법'이라 생각했기 때문"이라고 말한다.[86] 김건우는 장준하와 『사상계』의 일견 모순되어 보이는 그런 행태를 설명하기 위해 에드워드 실즈Edward Shils, 1910~1995의 이런 견해를 소개한다.

"신생국가에 있어서 서구 지성에 대한 매혹은 (역설적이게도) 민족주의 색채가 농후한 층이 가장 강하게 느끼고 있는 것 같다. 기이하게도 이와 같이 일견 서로 상극되는 태도-서구 지성에 대한 매혹과 민족주의-는 서로 밀접히 연결되어 있다."

김건우는 이 견해가 1960년대 중반 이후의 한국 민족주의 담론과는 또 다른 1950년대 지식인 담론의 중요한 측면을 시사해주는 것으로 보인다고 말한다. 1950년대 지식인 담론에서 표면적으로 미국식·서구식 사상과 문화에 대한 강렬한 열망이 표명되는 이면에는 문화적 민족주의가 존재했던 것이며, 이런 민족주의는 서구 사상과 문화를 따르고자 했던 경향과 하등의 모순도 없었다는 것이다.[87]

이승만의 '병든 민족주의' 비판

함석헌의 글이 이승만 정권에 대한 직격탄이었다면, 김성식이 『사상계』 1958년 9월호에 기고한 「한국적 민족주의」라는 글은 이승만 정권의 정체를 이론적으로 규명하면서 비판한 것이었다. 이 글에서 김성식은 이승만의 민족주의는 우리의 문화와 항일투쟁을 거의 가르치지 않는 비전통주의적인 점에 특색이 있으며, 권력에 의하여 승인되는 한에서, 다시 말해 이승만을 지지하는 한에서 민족적이거나 민족주의적인 것이 된다고 말하면서, 이러한 전통을 잃은 특수 사회는 특권 사회를 형성하고 그것은 독선 사회를 불러 독재 사회를 가져온다고 비판했다.[88]

김성식은 5년 전 『사상계』 1953년 4월호에 쓴 「병든 민족주의」라는 글에선 이승만식 민족주의를 겨냥해 '병든 민족주의'라고 비판한 바 있었다. 그는 '병든 민족주의'의 특수 양상은 영웅주의, 배타성, 비합리성이라고 지적했다. 그것은 "천만인의 의견보다 한 사람의 지도자의 민족주의만이 유일한 진리"가 되는 것으로 "그 자연의 결과로 독선적이요, 독재적 성격을 띠게" 된다는 것이다.[89]

이승만의 강력한 반공주의와 반일주의는 이승만을 민족주의자로 오인하게끔 하는 효과를 내기도 했지만, 진실을 말하자면 민족주의는 이승만 정권하에서 탄압받은 이념이요 가치였다. 진덕규가 잘 지적했듯이, "미국 중심의 이념에 경도된 이승만 정부는 민족주의를 반시대적인 것으로 규정했으며, 김구·김규식 등 남북 협상파의 민족주의적 지향성을 억압했고, 민족주의를 반체체적인 것으로 규정했다. 이러한 상황에서 민족주의는 국민 대다수의 관념의 기저에 자리 잡고 있으면서도 표출되거나 주장될 수 없는 마치 '봉인된 상황'에 놓여 있었다".[90]

그러나 완전히 '봉인'된 건 아니었다. 이승만 정권 치하에서 민족주의는 이승만을 '민족의 태양'으로 모시는 걸 전제로 할 때엔 어느 정도 발휘될 수 있는 여지는 있었다.

국가보안법과 내각제 개헌 파동

자유당의 국가보안법 개악 정략

1958년 11월 18일, 자유당은 간첩 색출을 명분으로 하는 전문 3장 40조 부칙 2조로 구성된 신국가보안법을 국회에 제출했다. 이 법안은 검찰 실무자인 오제도, 문인구, 조인구 등에 의해 마련된 것이었다. 이 법안은 강력한 언론 제한 규정과 더불어 많은 문제를 안고 있었다.

"간첩 행위를 극형에 처하게 하되 간첩 활동의 방조 행위에 대해 범죄 구성의 요건을 명백히 하며, 간첩죄 피고인의 변호사 접견을 금지하고, 상고심 제도를 폐지한다는 3대 원칙의 정략이 숨겨져 있었다. 그리고 이 법안에는 국가보안법 적용 대상을 확대하여 종래 북괴의 지령에 의해 운영되는 단체라고 규정된 적용 대상 외에 국가 변란을 목적으로 하는 결사집단 또는 단체의 조직을 추가했다. 또한 이적행위의 개념을 확대시켜서 종래 군사상의 비밀탐지에만 적용하던 간첩에 대한 개념을 적을 이롭게 할 목적으로 국가의 이익과 관련된 모든 정보의 수집을 국가보안법 처벌 대상으로 규정했다."[91]

민주당과 일부 무소속 의원들은 "간첩 개념의 확대 규정은 1960년 정·부통령 선거를 앞두고 야당과 언론 활동을 제약하고 탄압하려는 저의가 숨어 있다"고 지적한 후 "변호사의 접견 금지와 3심제의 폐지는 명백한 헌법 위반"이라고 반대했다.[92]

11월 21일 한국신문편집인협회는 이 법안의 "언론관계 조항이 언론의 자유와 인권 보장을 침해하는 것"이라고 지적하며 명백한 반대를 표시했다. 언론은 이 법안이 처벌법의 일반 원리인 '명확 구체성의 원칙'을 벗어난 것이며, '정당 단체 또는 개인에 관한 정보'를 수집하는 행

자유당의 신국가보안법은 '명확 구체성의 원칙' 위배, 변호사 접견 금지, 3심제 폐지 등 명백한 기본권을 침해하는 법이었다. 1958년 12월 국가보안법 개정을 위한 자유당의 선전 글. (대한민국역사박물관 소장)

위까지 가벌可罰 행위로 규정하고 있고, 피고와 변호인 간의 접견을 금하고 일정 기간 구속적부심 청구를 금지하는 등 개인의 기본권을 제약하고 있다는 점 등을 들어 강력하게 반발했다.[93] 대한변호사협회도 국회 법사위에 건의를 보내 "이 법안의 적용 범위가 모호하며, 국민의 기본권을 침해하는 위법 조항이 있고, 심의절차를 신중히 해야 함에도 소송절차를 무시했다"고 지적했다.[94]

민주당은 11월 23일 "정부가 제출한 국가보안법은 공산분자를 더 잡을 수 있는 이점보다는 언론자유를 말살하고 야당을 질식시키며 일반의 공사생활을 위협할 해점害點이 심대하다"는 성명을 발표했다. 민주당 의원 81명과 무소속 의원 10명이 국가보안법 개악 반대투쟁위원회를 조직하고 나서자, 서울시경국장 이강학은 "중대한 정보 입수"라는 구실을 들어 일체의 옥외집회 금지령을 내려 야당의 행동을 제약하고 나섰다. 자유당도 12월 2일 반공투쟁위원회를 구성해 강행 통과의 전의를 다졌다.[95]

야당 의원 감금 후 날치기 통과

신국가보안법은 12월 19일 법사위에서 자유당 법사위원 10명만 참석한 채 날치기 통과되었다. 민주당과 일부 무소속 의원 80여 명은 이날 오후부터 국회 본회의장에서 무기한 농성에 들어가면서, "여당은 야비하고 불법적인 만행을 감행하였으며 본회의장에는 야당 의원들의 등원을 방해하고 불법 술책으로 이 악법의 기습 통과를 감행할 것이 확실시되므로 우리들은 의사당에 농성하여 극한투쟁을 개시하는 동시에 국민들의 열화 같은 성원을 기대하여 마지않는다"는 내용의 성명서를 발표했다.[96] 각 정당과 사회단체, 재야인사들도 12월 23일 국가보안법 반대 국민대회 준비위원회를 구성하고 날치기 규탄대회와 가두시위 등을 전개했다.

자유당은 23일 밤 전국의 무술 경찰관 300명을 임시 국회 무술 경위로 특채하는 식으로 급조해 24일 새벽 국회의사당으로 쳐들어가게 만들었다. 무술 경찰관들은 농성 중이던 야당 의원들을 끌어내 5시간 동안 지하실에 감금했다. 이들은 그 과정에서 폭력을 행사해 12명의 의원이 부상을 입고 세브란스병원에 입원하는 사태까지 벌어졌다.

오전 10시를 기해 무술 경찰관들이 사회를 맡은 부의장 한희석을

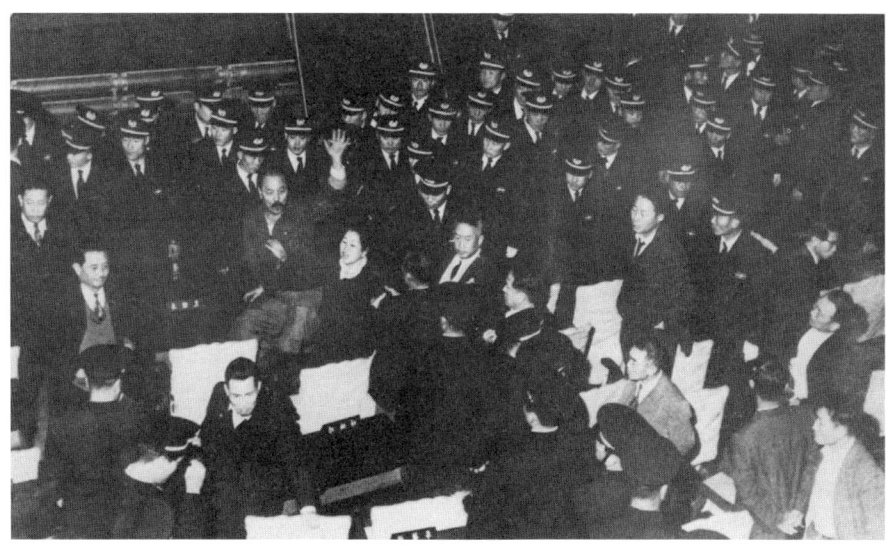

신국가보안법을 통과시키려고 자유당은 무술 경찰관들을 동원해 국회 본회의장에서 농성 중이던 야당 의원들을 끌어냈다.

에워싸고 본회의장에 들어왔다. 자유당 의원들만으로 개회된 본회의는 순식간에 국가보안법을 통과시켰다. 12월 24일에 일어난 일이라고 해서 이를 '2·4 국가보안법 파동'이라고 부르게 되었다.

자유당은 홍수 때 폐기물 방류하는 식으로 이 파동을 틈타 신국가보안법을 비롯해 지방자치법 개정안 등 야당의 저지로 통과시킬 수 없었던 27개 의안을 무더기로 통과시켰다. 지방자치법 개정안은 차기 정·부통령 선거를 앞두고 지방자치단체의 장을 선거제에서 임명제로 개정해 관에서 임명한 각급 자치단체장을 선거운동에 동원하기 위한 것이었다. 실제로 이후 도지사·시장·군수·면장·동장 등에서부터 말단 직원에 이르기까지 모두 자유당원만이 임명되었다.[97]

12월 25일 드와이트 아이젠하워Dwight Eisenhower, 1890~1969는 이승만에게 다음과 같은 내용의 친서를 보냈다. "친애하는 이 대통령, 국가보안법을 강화한 행동이 공산주의자의 침략을 보다 효과적으로 막기 위한 법적 기초를 다지는 데 있다는 사실을 이해합니다. 그러나 국회에서 이 법을 채택한 방식은 나를 굉장히 불편하게 하는군요. 민주당 국회의원들을 의사당 바깥에 붙잡아둔 채 법을 통과시킨 사실은 그 법의 진정한 가치나 실질적 필요성과 상관없이 한국 동맹국들에게 법의 효용성에 대해 심각한 의심을 갖도록 할 것으로 보입니다. 또 그러한 의심은 우리가 유엔 등에서 한국을 강력히 지지하는 데 큰 약점이 될 것입니다."[98]

이기붕과 조병옥의 밀담

국가보안법이 통과된 후 지하실에 감금되어 있던 야당 의원들은 금족령이 풀리자 태평로의 의사당 앞에서 "보안법 무효", "민주주의 만세" 등을 외쳤지만, 이후 나타난 건 대對자유당 투쟁이라기보다는 민주당의 내홍이었다. 1959년 1월 19일 민주당 대표 조병옥은 중앙의료원에 입원 중이던 이기붕과 밀담을 나누었다. 이미 1957년 가을에도 선거법 개정과 관련해 '조병옥·이기붕 밀약설'이 대두된 바 있었는데, 이들은 왜 자꾸 밀담을 나누었던 것일까?

그건 조병옥과 이기붕의 친분관계 때문이었다. 두 사람은 일제 시절 때부터 매우 가깝게 지낸 사이였다. 이기붕이 얻은 악명에 비추어볼 때에 별로 믿기진 않겠지만, 이기붕은 내각제 개헌을 하고 조병옥이 이승만의 후계자가 되어야 한다는 생각을 갖고 있었다고 한다.[99]

1월 19일의 밀담도 바로 그런 내용이었다. 두 사람은 보수세력의 단합을 강조하며 1년 후에 있을 대통령 선거에서 유혈참극을 피하기 위해서는 내각책임제 개헌을 하는 것이 바람직하다는 의견의 일치를 보았다는 것인데, 문제는 이승만을 어떻게 설득시킬 것인가 하는 것이었다. 이기붕과 조병옥은 공동으로 이승만을 설득시켜보자는 합의를 하고, 이기붕이 조만간 이승만과 조병옥의 면담을 주선하기로 했다.

이기붕과 조병옥의 비밀 회담엔 양측의 측근이 몇 사람 더 참여했는데, 비밀이 유지될 리 만무했다. 민주당 신파가 강하게 반발하고 나섰다. 신파는 구파의 개헌 추진은 대여투쟁對與鬪爭의 약화를 자초하는 해당 행위라고 공격했다. 구파는 내각책임제는 민주당의 기본 정책이라는 점을 역설했지만, 문제의 핵심은 양측의 '밥그릇' 문제였다.[100] 민주당 내부가 떠들썩해지면서 이기붕과 조병옥의 밀담이 새나가 언론에 보도되는 바람에 모든 게 수포로 돌아가고 말았다. 그게 바로 1959년 4월경의 일이었는데, 자유당 정권은 4월 말 『경향신문』 폐간이라는 초강수를 둠으로써 정국은 파국을 향해 치닫게 된다.[101]

이승만을 반대하면 공산주의자인가?

민주당 신구파가 내각제 개헌에 합의를 보았다 해도 이승만이 개헌에 응했을 것 같진 않다. 이기붕과 조병옥이 밀담을 나누기 3일 전 이승만은 민주당을 공산당으로 간주하는 발언을 했기 때문이다. 그 발단은 이렇다. 조병옥은 1958년 11월 23일 기자회견에서 자신의 통일에 관한 견해를 밝혔다. 그는 남북한 동시 총선거를 통해 통일국회를 구성하고, 통일국회가 신헌법을 채택하는 과정을 골자로 한 평화통일정책을 제시했다. "국제 정세로 보아 북진통일론보다 평화통일이 유익하다"는 것이었다. 이는 조병옥이 조봉암 쪽으로 다가섰다는 걸 의미하는 것인 동시에 그간 조병옥의 조봉암 반대는 다분히 정략적인 것이었음을 시사해준 '사건'이었다.

조병옥의 그런 변신은 의회 논쟁을 촉발시켰다. 자유당은 대한민국 헌법을 부정하는 용공적 발상이라고 공격했다. 해명하고 사과하지 않을 경우 조병옥을 국외로 추방할 것이라고 위협하기까지 했다. 자유당의 지론은 이승만의 말씀 그대로였다. 합법적인 통일 방법은 북한만의 일방적 총선거를 통해 흡수하든지 아니면 무력정복의 길뿐이라는 것이다.

그러나 약 보름 후 조병옥이 제안한 통일 방법이 1954년 제네바 회담에서 이승만 정부의 공식대표가 다른 나라에 대하여 한국 외교정책을 인정받기 위해 이미 발표했던 것과 동일하다는 것이 밝혀짐으로써 자유

당의 공세는 수그러들었다. 이승만 정권은 대내용과 대외용의 이중적 통일정책을 구사했던 것이다.[102]

조병옥의 새로운 통일정책에 기분이 상한 이승만은 12월 11일 미국 CBS와의 인터뷰에서 조병옥이 국가보안법을 반대하는 면에서는 공산주의자들의 손에 놀아나고 있다고 주장했다. 1959년 1월 16일 이승만은 주한 미국 대사 월터 다울링Walter C. Dowling, 1905~1977에게 민주당을 공산당으로 간주하는 발언까지 했다. 이 대담에서 이승만은 자신을 반대하는 사람들은 모두 용공이기 때문에 반대한다고 말했으며 이는 공산주의자들의 공작이 성공한 결과라고 평가했다.[103]

이처럼 이승만의 사전엔 "공산주의자는 이승만을 반대하는 사람"으로 정의되어 있었다. '58년 개띠 해'에 태어난 신생아는 100만 명이 넘으면서 세상은 급속히 변화하고 있었지만, 이승만은 안타깝게도 그 변화의 흐름에서 점점 멀어져 가고 있었다.(역사 산책 5: 1958년 '개띠 해'는 산부인과 전성시대 참고)

역사 산책 5

1958년 '개띠 해'는 산부인과 전성시대

　이승만 정권은 다산多産 여성에 대한 표창을 함으로써 다산은 가족 차원에서뿐만 아니라 사회적으로도 미덕이 되었다. 어머니날이 공식 기념일로 제정된 건 1955년부터였지만, 어머니날은 1950년대 초부터 정부 차원에서도 기념되어왔다. 이때엔 주로 다산 어머니가 표창 대상이었으며, 적어도 6자녀 이상은 두어야 표창 대상 후보에 오를 수 있었다.[104]
　1954년엔 13명 이상의 자녀를 낳아 기른 어머니만 표창 대상이 되었으며,[105] 1956년엔 다시 10명 이상으로 하향 조정되었다. 이때엔 3명 이상 아들을 군대에 보낸 어머니도 표창 대상으로 추가되었다.[106] 기본적인 생계 유지도 힘들던 시절이었는데, 다산만 장려하면 어쩌자는 건가? 그 부담과 피해는 고스란히 어머니에게 돌아갔다. 오늘날까지도 한국인들 사이에서 통용되고 있는 "밥 먹었느냐?"고 묻는 인사법은 이 시절의 빈곤에서 비롯된 것인데, 어머니는 늘 시부모, 남편, 자식들부터 먹이고 나서 먹느라 먹는 둥 마는 둥 하기 일쑤였다.

전쟁이 끝난 직후인 1955년부터 1960년대 중반까지 이어졌던 '베이비붐'으로 인해 1950년대 중·후반 신문에서 영화 광고 다음으로 많은 광고가 병원 광고였으며, 이 중 산부인과 광고가 가장 많았다. 베이비붐이 절정에 이르렀던 1958년 '개띠 해' 1년간, 『조선일보』에 실린 산부인과 광고는 291건으로 거의 하루 한 번꼴이었다. 베이비붐 시기에 약 900만 명이 태어났는데, '58년 개띠 해'에 태어난 신생아는 100만 명이 넘었다.

이 시기엔 산모들이 병원에서만 출산한 게 아니다. 별도의 분만 전문 시설인 산원産院에서도 낳고, '산파産婆'라고도 불린 '조산원助産員'을 불러 집에서도 낳았다. 『조선일보』 1958년 9월 13일자엔 서울의 한 산원이 '산모의 식사·세탁 일체까지 다 해준다'는 광고를 게재했다. 출산 분야 인력 수요가 늘어났기 때문인지 아기 받는 조산원을 전문적으로 양성한다는 '조산대학助産大學'까지 설립되어 주·야간 학생 모집 광고를 신문에 내기도 했다(『조선일보』 1958년 8월 26일자).

5·16 군사쿠데타로 집권한 박정희 군사정부는 1961년 7월 피임약·피임 도구의 수입 금지를 해제하는 등 인구 억제책을 펴겠다고 처음 선언했고, 이어 1961년 11월 정부는 '가족계획 피임 교재'를 발간했다. 이때 '적당한 자녀 수'의 기준을 정부가 처음 제시했다. '3년 터울에 4명 정도를 낳자'는 것이었다.[107]

제4부 1959년 | 파국을 향한 질주

- 대한반공청년단 · 반공예술인단 · 대한노총
- 재일교포 북송 반대 시위
- 조봉암 사형: 216만 표는 어디로 갔는가?
- 『경향신문』 폐간 사건
- 재벌의 형성: 정경유착의 게임
- 김동리 · 이어령 논쟁: 실존주의와 서구적 교양주의
- 라디오, 아나운서, 멜로영화 전성시대
- 조병옥 사망: 청천벽력 · 망연자실
- "지식을 팔아 영달을 꿈꾸는 지식인들이여"
- 3 · 15 선거에서 4 · 19 전야까지

대한반공청년단 · 반공예술인단 · 대한노총

전국 89개 단부를 거느린 최대 관변단체

1959년 1월 22일 이승만을 총재로 모시고 이기붕을 부총재로 모시는 대한반공청년단이 발족했다. 자유당 산하의 국민회와 청년건설대를 모체母體로 해서 만들어진 조직이었다. 초대 단장은 김용우였으나, 8월 12일부터 신도환이 단장으로 취임해 대한멸공단·반공통일청년회·계몽회 등 기존 9개 청년단체를 해체시키고 대한반공청년단으로 통합하여 전국에 걸쳐 지방 조직 결성에 나섰다(반공단체 상층부엔 개신교인이 많았다. 김용우는 목사의 아들이자 감리교 장로였으며, 그의 후임자인 신도환도 개신교계 학교인 대구 계명중고등학교의 체육교사를 지냈다. 신도환은 37세에 1958년 제4대 민의원 선거에 무소속으로 당선되었으나 자유당에 입당했다. 그는 4·19 때 고려대생 피습 사건의 배후자로 지목되었으나 무죄로 풀려났으며, 5·16 군사쿠데타 후 같은 혐의로 구속되어 20년형을 선고받았으나 감옥 생활 8년 10개월 만인

1969년 감형으로 출옥했다. 그는 이후 8, 9, 10, 12대 의원을 지내며 야당 정치인 생활을 했으며, 2004년 3월 24일 83세로 사망했다).[1]

5·16 군사쿠데타 후 혁명재판소의 판결문에 따르면, 김용우는 선거운동에 소극적이기 때문에 적극적인 신도환으로 교체되었으며, 신도환은 자유당에 3~4억 환의 선거자금을 요구했으나 자유당은 산업은행 총재를 통해 1억 환을 지급했다고 한다. 대한반공청년단은 200만 단원과 그 가족 약 400만 명을 선거운동에 총동원했다고 기록되어 있다.[2]

대한반공청년단은 전국에 89개 시·군 단부團部를 조직했는데, 서울시 종로구 단장에는 임화수, 동대문 특별단부는 이정재가 맡았다. 대한반공청년단은 "우리 전 단원은 국부 이승만 각하와 서민 정치가 이기붕

1959년 1월 발족한 대한반공청년단은 이승만과 이기붕을 정·부통령으로 선출하기 위해 힘쓸 것이라고 선언했다. 대한반공청년단 함평군 단부 결성대회 모습. (대한민국역사박물관 소장)

선생을 정·부통령으로 선출하기 위하여 힘쓸 것을 선언한다"는 구호를 외쳤다.[3]

대한반공청년단은 1960년 정·부통령 선거를 염두에 두고 만들어진 최대의 관변단체이자 폭력을 휘두르는 자유당의 전위행동대로 막강한 권세를 휘둘렀다. 조정래의 『한강』엔 빨치산의 아들 서동철이 살기 위해 대한반공청년단의 그 막강 권세를 이용하려는 장면이 묘사되어 있다.

"왜, 좋은 자리가 생겼어?"

"글씨, 존 자린지 어쩐지넌 몰르겄는디……." 서동철은 잠시 망설이다가, "반공청년단 일 보기로 혔어." 그는 목소리를 낮추며 말했다.

"반공청년단?" 유일민은 숟가락질을 멈추었다.

"워찌 그리 놀래냐? 우리 아부지 땀시? 아니여. 우리 아부지가 그리 죽었응께 나는 인자 이 험한 시상 살아갈라면 힘씬 이짝으로 붙어얄 것 아니냐. 나가 넘덜맨치로 배운 것이 있기럴 허냐, 빽이 있기럴 허냐. 그렇다고 새빠지게 고상혀서 차장질 졸업허고 운전수 된다고 버스회사럴 채릴 것이냐. 니나 알지야, 쌈 잘하는 거. 나가 지닌 재산은 서울 와서 배운 당수 2단이 전분디, 고것이 밑천이 돼야 갖고 어물쩍 반공청년단에 뽑힌 것이여. 니가 어찌 생각헐란지 몰르겄는디, 나 인자 우리 아부지 일 깨끔허니 잊어불고 살고 잪다. 반공청년단서 공 세우고 살아가면 형사고 경찰이고 안 무서와허고 살 수 있을 것 아니겄냐? 니넌 워찌 생각허냐?"[4]

"민주당이 집권하면 나라가 망한다"

이승만은 다음 해에 치러질 대통령 선거를 위한 임전태세 차원에서 1959년 3월 5부 장관을 경질했다. 신임 장관은 내무 최인규, 재무 송인상, 부흥 신현확, 농림 이근직, 교통 김일환 등이었다. 도지사와 일선 경찰서장도 선거팀으로 교체했다. 최인규는 취임사에서 "공무원과 공무원 가족은 대통령과 정부의 업적을 국민에게 선전해야 하며 이 같은 일이 싫은 공무원은 그 자리에 있을 필요가 없다"고 말했다.[5]

최인규는 이후 내내 그런 협박성 발언을 일삼고 다녔다. 7월 25일엔 "내년 정·부통령 선거에서 이승만 박사와 이기붕 의장이 선출되지 않으면 일본과 공산당에 나라를 빼앗긴다. 민주당이 집권하면 나라가 망한다"는 말까지 했다.[6]

1960년 정·부통령 선거에 대비해 1년 전부터 뛰겠다는 자유당의 투지는 다방면으로 나타났다. 1959년 3월 10일에 발간된 『민족의 해와 달』이라는 책은 그런 투지를 말해주는 선전 책자였다. 저자는 '장건'이나 저자 소개가 없는 걸로 보아 자유당의 선전용 책자임이 틀림없었다. 이 책은 '민족의 해'는 이승만, '달'은 이기붕이라고 주장했다. 저자는 일부 국민이 '세계적인 위대한 지도자 이승만 대통령'과 '둘도 없는 어질고 청렴한 이기붕 민의원 의장'을 잘 알지 못하고 있는 듯한 감이 없지 않아 그로 인한 '쓰라린 그리고 안타까운 괴로움' 때문에 책을 쓰게 되었다고 밝혔다. 이 책은 각 정부기관과 군·경찰·대한반공청년단 등 '온 국민'에게 배포되고 반강제로 읽혔다.[7]

임화수의 반공예술인단

그런 선전 사업엔 연예인도 대거 동원되었다. 자유당은 조직적인 연예인 동원을 위해 1959년 3월 19일 대한반공청년단 서울시 종로구 단장인 임화수를 단장으로 하는 어용문화단체인 반공예술인단을 만들었다. 임화수(본명 권중각)는 어떤 인물이었던가? 연시중은 『한국정당정치실록』(2001)에서 "임화수는 이정재가 주먹으로 기세가 등등할 때 이정재 밑에서 굽실거리며 한편으로는 대통령 경호원 곽영주와 손을 잡았다"며 다음과 같이 말했다.

"그는 어렸을 때부터 서울 종로4가 평화극장에서 극장장이 되었고, 자유당의 비호를 받으면서 자칭 연예계 대통령으로 군림했다. 그가 제작한 〈사람팔자 알 수 없다〉, 〈뚱뚱이와 홀쭉이 논산 훈련소에 가다〉 등의 희극 영화들이 크게 히트하자 그는 배우들을 깡패 부하들을 다루듯이 했다.……그는 이따금 경무대나 이기붕의 집에까지 가서 자신이 만든 새 영화를 상영해 후한 점수를 따기도 했다. 1959년에는 거액의 제작비를 들여 〈독립협회와 청년 이승만〉이란 영화를 만들어 고위층의 환심을 통해 정치선전의 한몫을 거들었다."[8]

김화는 『이야기 한국영화사』(2001)에서 "임화수가 정치 권력의 그늘에 들어서게 된 것은 이정재를 통해서였다. 임화수가 경영한 평화극장은 종로5가에 있었고 종로5가는 주먹 세계에서 이정재 관할이었다. 그 무렵만 해도 동대문은 이정재, 우미관을 중심으로 한 종로 일대는 김두환, 충무로는 이화룡, 이렇게 주먹 세계 보스들이 지역을 분할 관리하고 있었다. 동대문 상권을 장악한 이정재는 서대문 이기붕과 경무대 경무관

자유당 정권이 저문 뒤 이정재 등이 목에 이름표를 부착하고, "나는 깡패입니다. 국민의 심판을 받겠습니다"라는 플래카드와 함께 거리를 지나고 있다.

곽영주를 등에 업고 주먹 세계뿐만 아니라 정치 입문의 원대한 꿈을 가시고 있었디"며 다음과 같이 말했다.

"임화수는 처음 이정재의 영향력 아래 있었으나 반공예술인단을 조직해서 단장이 된 후, 이정재를 거치지 않고 서대문 경무대로 불리운 이기붕과 경무대 경무관 곽영주와 직접 통했다. 권력의 핵심 세력과 직선 라인을 연결한 임화수는 개각 때 문교부(현재 교육부) 장관 하마평에 올랐다. 당시 자유당 정권 때 영화 업무는 교육부 소관이었다. 만약 4·19 혁명이 일어나지 않았다면 임화수는 교육부 장관이 되었을지 모른다. 임화수가 곽영주와 직접 통할 수 있었던 것은 여배우 등을 동원한 성의 상납이었다고 한다. 임화수가 〈독립협회와 청년 이승만〉을 제작하면서 공보실 국고금 4,000만 원을 끌어다 쓸 정도였으니 이런 일들이 권력자의 비호 없이 가능하겠는가."[9]

임화수를 위한 변명

　임화수는 1961년 5·16 군사쿠데타 이후 최인규·이정재 등과 함께 형장의 이슬로 사라지게 된다. 전 『중앙일보』 주간부장 손석주는 임화수에 대해 왜곡된 주장이 난무했다고 말한다. 그는 "혁명재판은 1954년 동대문시장의 젊었을 때 친구들 7명이 맺은 '7형제 모임'을 범죄단체로 규정, 그를 그 수괴로 단정했고 배우 등 몇 명을 폭행한 것을 '상습'으로 하여 사형을 선고했다. 혁명재판은 고대생 습격 사건은 판결을 내리지 않았다. 그는 성격이 급하고 '주먹' 출신이기는 하지만 정情도 많고 부하도 잘 챙기는 스타일이다"며 다음과 같이 말했다.

　"김승호, 최남현, 주선태 씨 폭행 사건은 1958년 3월 문총 최고위원 이무영 씨에게 그들이 폭언했다는 이유로 임화수가 징계한다는 명분으로 폭행했다. 최씨와 주씨는 직접 맞지는 않았다고 재판부에 증언했다. 전속계약을 안 한다고 김승호 씨를 때리고 주선태 씨를 7일간 연행해서 폭행했다는 기사는 사실과 다르다. 윤일봉, 김진규 씨는 무릎을 한 번씩 차였는데 이유는 전속계약 위반이었다. 박암 씨는 전속계약 위반이 아니라 3·1절 행사에 불참했다고 해서 폭행당했다. 모두 이렇다 할 상해 결과는 혁명검찰의 공소장에도 없다. 임화수는 『연예시보』를 1954년에 창간해 6년간 발행했고 『카오스』라는 연예 월간지를 발행해 한국 연예계의 나갈 길을 역설하기도 했다. 1956년 영화진흥법 제정에 결정적·주도적으로 참여해 한국 영화 진흥에 기여한 것은 누구나 아는 일이다. 여배우를 권력층에 소개해서 크게 출세를 했다고들 하는데 당시라고 그런 방법만으로 영화계 거물이 될 수 있겠는가. 나름대로 노력한 측면이 많다. 여배우를 권력자에게 소개해주고 그 '대가'로 문화계 전반을 장악하는 문교부 장관에 내정됐다는 것도 사실과 다르다. 여배우를 소개해준다고 그런 대가를 줄 권력자가 있을까.……그 사람이 비판받을 점도 있지만 그렇다고 일방적인 매도는 안 된다. 그도 결국 시대의 희생물 아닌가. 지금 같으면, 선진 외국의 경우라면 사형까지 당했겠는가. 유가족도 생각해야 한다."[10]

임화수가 지휘한 반공예술인단의 활동은 4·19 혁명 후 많은 연예인에게 큰 고통을 안겨주었다. 예컨대, 동대문운동장 집회에서 자유당을 지지하는 연설을 했던 배우 김승호의 집은 시위대에 의해 불질러졌다. 당시 『동아일보』 기자였던 호현찬은 『한국 영화 100년』(2000)에서 "그는 임화수의 명령을 거역하지 못했을 것이다. 『동아일보』 편집국 데스크에 황급히 전화가 걸려 왔다. 군중들을 피해 다니던 김승호였다. 필자는 은밀한 곳에서 김승호를 만났다. 새파랗게 질린 김승호는 필자에게 도와달라고 호소했다"며 다음과 같이 말했다.

"그러나 나도 어쩔 수 없는 처지였다. 필자는 그에게 영화계 은퇴를 권고했다. 그리고 그것을 기사화하겠다고 약속했다. 언젠가 군중들은 당신의 명연기를 다시 보고 싶어할 테니 그때를 기다려 보자고 말했다. 필자는 신문사에 돌아가서 김승호 은퇴 기사를 썼다. 군중들은 차츰 진정했다. 그리고 3년쯤 뒤에 김승호는 연기자로 컴백했다. 그의 신나는 연기를 본 관객들은 여전히 박수갈채를 보냈다."[11]

임화수도 못 건드린 문단 파워

김화는 영화계에서 반공예술인단의 권세가 시퍼런 칼날처럼 살아 있을 때, 영화계의 어느 일류 감독이나 일류 배우도 임화수 앞에서 허리를 제대로 펴지 못할 만큼 그의 권세는 위압적이고 절대적이었다고 말한다.

"임화수가 오라고 하면, 감독이든 배우든, 남자든 여자든 간에, 촬영장에 있건 극장 쇼 무대에 있건 간에 총알처럼 대령해야 했고, 가라고 하면 하고 싶은 말이 있어도 두말 없이 돌아서야만 했다. 만약 임화수의 말을 거역하면 김희갑처럼 갈비뼈가 부러질 만큼 얻어터지고 병원에 입원해야만 했다. 임화수는 영화 연예계의 황제였다. 그 무렵 영화계 최고의 스타였던 중견 남배우 김모 씨도 임화수 앞에서는 고개를 90도로 숙이고 '단장님' 하면서 울먹이기까지 했다."[12]

이호철도 『문단골 사람들: 이호철의 문단일기』(1997)에서 한국 대중문화계의 대부代父나 다름없었던 임화수 앞에서는 모두가 고양이 앞의 쥐였다고 말한다. "영화계의 거물이던 김승호나 허장강도, 임화수 앞에서는 벌벌 기었다. 특히 김승호는 술자리 같은 데서 자신에게 노래시키는 것을 가장 질색으로 여겼는데, 임화수는 짓궂게도 김승호가 가장 질색하는 그 짓을 유난히 즐겼다고 한다. 그렇게 임화수가 노래를 시키면, 김승호는 꼼짝없이 돼지 멱따는 소리로 노래를 안 할 수가 없었다고 한다. 그렇게 연말이 되면 임화수는 영화계·연예계 인사들과 도하都下 신문의 문화부장과 담당 기자들을 모아 놓고 '촌지'를 돌리는 것이 관례로 되어 있었는데……."[13]

그러나 임화수의 이런 권세도 미치지 못하는 곳이 있었는데, 그곳이 바로 문단이었다. 이호철에 따르면, "그들도 우리 문학판에는 감히 얼쩡거리지 못했다. 이산 김광섭 시인이 경무대 공보비서로 있었고, 소천 이헌구 선생이 공보처 차관으로 떡하니 버티고 있었을 뿐 아니라, 시인 모윤숙이 유엔을 무대로 국제 외교에도 나서고 있는 판이니, 경호실장이라는 곽영주나 이정재·임화수 따위가 함부로 범접할 수가 없었을 것이다. 그리하여 저들은 만만한 영화계나 연예계를 상대로 재미를 보고 있었다."[14]

시인 이성교도 "이때 문인들의 위치는 참으로 높았다. 그야말로 귀한 선비 대접을 받았다. 그 예가 문인들의 술주정이면 파출소에서도 다 받아주었다"고 말한다.[15] 문인에 대한 특별대우는 문인을 존경해서 그런 점도 없진 않았겠지만, 거물급 문인들이 대거 이승만과 이기붕 찬양에 앞장섬으로써 얻은 파워 때문이었다는 점도 간과할 순 없을 것이다.

대한노총도 이승만의 친위부대

대한반공청년단과 반공예술인단에 못지않은 이승만의 친위부대가 있었으니 그건 바로 대한노총이었다. 1957년 5월 이승만은 "메이데이는 공산 괴뢰 도당들이 선전의 도구로 이용하고 있느니만치 반공하는 우리 대한의 노동자들이 경축할 수 있는 참된 명절이 제정되도록 하라"는 지시를 내렸다. 누구의 지시라고 감히 어길 것인가? 대한노총은 "각하께서 분부하신 뜻을 받들어" 노동절 행사를 대한노총 창립일인 3월 10일로 바꾸었다.[16] 1959년부터 시행에 들어가면서 대한노총은 다음과 같은 설명을 내놓았다.

"3월 10일을 노동절로 기념하게 된 것은, 과거 5월 1일 메이데이를 경축하여왔으나 이는 적색 공산국가들간에 공통적으로 기념되는 날로서 오직 자유와 평화를 사랑하는 대한의 노동자 대표들은 폭압하고 잔인무도한 공산 도당과 같은 날에 함께 즐길 수 없다는 의도하에……대한의 참다운 민주 노동자들의 총결집체인 대한노총을 창립한 3월 10일을 한국의 노동절로 축하하고 기념하기로 결정했습니다."[17]

대한노총은 노동단체였던가? 아니다. 반공단체였다. 이승만은 1957년 10월 대한노총 전국대의원대회에 보낸 메시지에서 공산 도배의 암약을 방지하고 치안을 확보하도록 힘쓸 것을 당부했다.[18]

이승만 정권은 1959년 1년 동안에 90여 개의 노조를 해산시켰다. 이유는 단 하나. 노조가 투쟁적이라는 것이었다. 반공에 투쟁적인 건 바람직하나 노동자의 권리를 위해 투쟁적인 건 곤란하다는 게 이승만 정권의 노동관이었다. 노동자들 사이에서 '해도 너무 한다'는 목소리가 터져 나오기 시작했다. 대한노총 내부에서도 이승만 정권에 반대하는 이탈자가 생겨났다.[19]

1956년에 일어난 대구 대한방직 쟁의는 1950년대 노동운동에 중요한 계기를 제공했다. 대한방직 노동자들이 벌인 투쟁은 집단해고 등이 직접적인 원인이었는데, 그런 점에서 대한방직 쟁의는 1952년 조선방직 쟁의의 재판再版이었다.[20]

1958년 조선방직에서 어용노조에 반대해 새로운 노조를 결성하기 위한 투쟁이 벌어졌고, 대구 지역 방직 노동자들도 독자적인 노동조직 결성 움직임을 보이기 시작했다. 그 결과, 1959년 8월 전국노동조합협의회라는 대안적 노동운동 단체의 설립준비위원회가 구성되었다. 전국 노동조합협의회는 1959년 10월 26일 서울 태화관에서 비밀리에 회합을 갖고 결성대회를 개최했다. 14개 노조 대표 21명이 참석한 결성대회는 김말룡을 중앙위원회 의장으로 선출했다.[21]

재일교포 북송 반대 시위

북한은 노동력, 일본은 골칫거리 해결

1959년 2월부터 12월까지 계속된 재일교포 북송 반대 시위는 반공과 반일이 결합된 시위였다. 그러나 이 시위는 재일교포를 생각해서 동원한 시위라기보다는 이전의 반공·반일 시위처럼 정략적 성격이 강했다. 재일교포 문제에 대한 이승만 정권의 늑장 대응과 최종 마무리 방식이 그 성격을 잘 말해주었다.

재일교포 북송 문제는 이미 1955년부터 거론된 것이었다. 1955년에 새로 조직된 재일본조선인총연합회(조총련)는 일소日蘇 국교 정상화에 자극을 받아 일본과 북한의 국교 정상화의 일환으로 재일교포 북송 운동을 제창했다. 1956년 2월 일본 적십자사와 국제적십자사 사이에 일본과 북한에 거주 또는 억류 중인 상대방 국민의 송환에 협력한다는 각서가 교환되었다. 그 결과, 1956년 4월 46명의 북한 잔류 일본인이

귀국했고, 12월 6일에는 20명의 재일교포가 북한으로 갔다.[22]

북한과 조총련의 재일교포 북송 운동은 1958년에 한층 더 적극적인 성격을 띠게 되었다. 북한은 1957년부터 시작된 경제개발 5개년 계획을 추진하는데 노동력 부족이라는 난관에 직면한데다 40만 명의 중국군이 북한에서 철수함에 따라 생긴 전선의 공백을 메워야 하는 문제까지 안고 있었다. 북한은 인력 문제도 해소하는 동시에 한일회담을 방해하고 북한의 국제적 지위를 높일 수 있는 이점 때문에 재일교포 북송을 강력 추진했다. 이에 발맞춰 조총련은 1958년 10월 30일을 '귀국 요청의 날'로 정해 일본 각지에서 집회를 벌이는 등 재일교포 북송에 공세적 자세를 취했다.[23]

여기에 60만 재일교포를 골칫거리로 생각하고 있던 일본의 이해관계가 맞아 떨어지면서 재일교포 북송은 급물살을 타게 되었다. 1958년 11월 17일 진 수상 하토야마 이치로鳩山一郎, 1883~1959 등이 참여해 구성한 '재일조선인 귀국협의회'는 일본 정부에 북송에 협력할 것을 요청했다. 한일회담에 악영향을 미칠 수 있는 염려 때문에 그간 신중한 자세를 취하던 일본 정부도 12월 이후 재일교포 북송을 긍정적으로 검토하기 시작했다. 그러나 이 중요한 시기에 한국 정부는 아무런 반응을 보이지 않은 채 잠잠했다.[24]

1959년 2월 13일 일본 정부 각의가 북송 추진을 결정하자 그때서야 비로소 이승만 정권은 관제 시위로 대응하기 시작했다. 이승만 정권의 북송 반대 이유는 국제적 위신 실추, 남한 공산주의자들이 일본을 거쳐 북행할 위험성, 간첩이 일본에서 첩보활동을 할 위험성 등이었다.[25]

한일회담을 원했던 일본 정부는 왜 한일회담 파탄의 위험까지 감수해가면서 북송 추진을 결정했을까? 북송 사업에 참여했던 일본인 사토 가쓰미佐藤勝巳, 1929~2013의 다음과 같은 발언에서 그 답을 찾을 수 있을 것이다.

"재일 조선인의 북송이 인도人道와 인권이라고 지지했던 일본인이 있었던 것은 확실하나 동시에 재일 조선인이 일본에서 없어지는 것을 바라던 일본인이 보다 더 많았다는 것도 틀림없는 사실이다.……귀국 실현을 기념하는 집회가 열렸을 때 귀국협력회의 호아시 게이帆足計 간사장(사회당 중의원 의원)은, 일본인이 귀국 사업을 지지하지 않으면 안 된다는 취지의 말을 한 다음 재일 조선인이 귀국하면 그들에 지급하고 있는 생활보조금을 줄일 수 있어 일본의 국가 이익에도 합치한다는 발언을 하고 있다. 일본 사회당의 국회의원부터가 이 정도였다."(당시 60만 재일교포 가운데 4명 중 1명이 생활보조금을 받아야 할 만큼 그들의 생활은 어려웠으며, 범죄자 수도 2만 2,000명으로 일본인보다 5배나 높은 범죄율을 보이고 있었다.)[26]

21일간 4,312회 736만 명 참가

2월 13일부터 남한에선 이후 10개월간 지속될 북송 반대 시위가 포문을 열었다. 여당은 물론 야당까지 참여한 초당적인 '재일 한국인 북송 반대 전국위원회'를 만들자는 결정이 내려진 가운데 비 내리는 서울에서 남녀 고등학생들이 규탄대회를 열었으며, 철도 노동조합원 2,000여 명은 30여 대의 트럭에 분승分乘해 서울 시내를 돌면서 반대 시위를 벌였다. 부산과 대구에서도 비슷한 시위가 벌어졌다.

2월 14일부터 시위가 본격화되었다. 전국문화단체총연합회 서울시

여당과 야당은 '재일 한국인 북송 반대 전국위원회'를 만들었고, 재일교포 북송 반대 전국위원회 결성식을 가졌다. 이 시위에 736만 명이 참가했다. 재일교포북한강송반대 국민총궐기대회 전단. (대한민국역사박물관 소장)

지부, 대한상이용사회, 대한반공단, 남대문시장 상인, 여관과 다방업자 등 각계각층의 사람들이 시위에 가세했다. 2월 16일에는 여야를 망라해 자유당의 이기붕, 민주당의 조병옥 등 400여 명이 참여해 재일교포 북송 반대 전국위원회 결성식을 가졌다. 경찰은 12일 동안 453만 명이 시위에 참가했다고 발표했다. 3월 5일까지의 21일간 벌어진 시위의 수는 4,312회로 736만 명이 참가한 것으로 발표되었다.[27] 조정래의 『한강』은 재일교포 북송 반대 시위를 위한 학생 동원의 한 장면을 다음과 같이 묘사하고 있다.

"오늘은 오전 수업이다. 오후에는 서울운동장에서 열리는 재일교포 북송 반대 궐기대회에 참석한다. 시간 절약을 위해서 청소는 전체가 하고, 1시 30분까지 운동장에 집합하도록?"

인사를 받고 담임선생이 돌아서는데 한 학생이 외쳤다.

"우리 반은 지난번 대통령 생일 행사 때 동원됐잖아요."

"맞아요. 윤번제로 돌아간댔잖아요."

다른 목소리가 더 크게 응원을 했다.

"이 녀석들아, 잔소리 말어. 오늘은 1학년 전체 동원이야. 이 문제로 온 나라가 시끌시끌한 걸 알아 몰라?"

교실 안을 휘둘러보는 담임선생의 곤두선 눈길 앞에서 학생들은 그만 잠잠해졌다.

"에이, 오늘 또 죽어났다."

"다 김일성 그 새끼 때문이야."

"우리가 여기서 죽어라고 핏대 올린다고 되는 게 뭐냐. 좆도."

"걸핏하면 행사다 궐기대회다, 아유, 지긋지긋해."

학생들은 끼리끼리 모여 앉아 감정을 터뜨려댔다. 그들은 재일교포 북송 문제에 대해서 이미 너무나 잘 알고 있었다. 매주 월요일마다 전교생이 운동장에서 하는 애국조회 때 교장은 벌써 서너 차례나 북송 결사반대와 함께 반공교육을 실시했다. 그리고 또 담임선생들과 사회과목 선생들이 비슷비슷한 말들을 반복해왔었다.……모든 신문들은 궐기대회 상황을 보도하면서 두 달째를 보내고 있었다.[28]

궐기대회 때마다 빠지지 않고 등장하는 건 혈서血書였다. 지루해하는 군중들에게 자극을 주고 이왕이면 그들의 피까지 끓게 만드는 데엔 혈서 이상 좋은 게 없었다.

서울운동장은 학생들로 새까맸다. 교복에 하얀 목깃을 단 절반 정도의 여학생들 때문에 그나마 좀 숨통이 트이고 있었다. 북괴 김일성 도당의 만행을 규탄하는 연설이 길게 이어지고, 다음 사람이 나와 또 비슷한 내용으로 외쳐대고, 남녀 학생대표가 나와서 북송 결사반대 웅변을 하고, 학생들은 너무 많이 들어온 똑같은 말에 몸들을 비비꼬고 있었다. 그런데 갑자기 앞에서부터 술렁거리기 시작했다. 그 술렁거림은 물결치듯 빠르게 뒤로 퍼져 나갔다.

"혈서를 썼다, 혈서!"

이 말은 서늘한 정적을 뿌리며 뒤로뒤로 굽이쳐 갔다.

"청년학도 여러분, 세 명의 애국학생들이 북괴 도당의 만행을 규탄하고 재일교포 북송을 결사반대하는 뜨거운 결의로 혈서를 썼습니다. 이 장한 용기와 투철한 애국심에 우리 다 같이 열렬한 박수를 보냅시다아!"

확성기에서 이런 외침이 울려 퍼지면서 단상에서는 세 개의 혈서가 펄럭이기 시작했다. 학생들은 그때야 몸가짐을 바로잡고 박수를 쳐댔다.

"북괴 도당은 북송 만행을 중단하라!"

"재일교포 강제북송 결사반대한다!"

"삼천만이 하나되어 북진통일 완수하자!"

확성기의 선창에 따라 학생들은 구호를 외쳤다. 그리고 늘 똑같이 만세삼창으로 궐기대회는 끝났다.[29]

이승만 정권의 무능력·무책임성

그러나 그런 대대적인 반대 시위에도 북송 문제에 아무런 진전이 없자, 정부는 6월 15일 대일 경제 단교斷交와 일본 왕래 금지 성명을 발표했다. 이는 10일 만에 취소된 1955년의 대일 단교 조치처럼 너무도 무책임하고 비현실적인 대응책이었다.[30] 1958년경 일본이 한국에서 수입하는 비중은 총수입액의 0.35%, 수출액은 0.53%였으나, 한국이 일본에서 수입하는 비중은 21%, 수출 비중은 57.3%였다. 언론이 이승만 정권의 경제 단교 조치에 대해 그것은 일본을 제재하는 게 아니라 한국을 제재하는 것이라고 비판한 건 너무도 당연한 일이었다.[31]

즉흥적인 감정 일변도로만 나가는 이승만 정권의 대일對日 정책은 신뢰를 잃었다. 실천에 옮길 수도 없는 허세로 가득 찬 이승만 정권의 단교 성명은 오히려 재일교포 북송을 돕는 효과를 냈다. 6월 16일 재일 한국인 거류민단은 "이제 와서는 자유당이나 현 정부를 신임하거나 지지할 수 없다"는 폭탄선언을 했다.

일본 적십자사와 북한 적십자사는 6월 24일 북송에 관한 협정에 가조인하고, 8월 13일 인도 캘커타에서 북송 협정에 서명했다. 9월 21일부터 재일교포의 북송 등록 신청이 시작되었고, 12월 14일 북송선 제1호가 일본 니가타항에서 975명의 재일동포를 싣고 북한으로 첫 출항했다(이후 1967년 12월 22일까지 156회에 걸쳐 8만 8,611명[일본 국적 6,642명 포함]의 재일교포가 북한으로 갔다. 원래 신청자 총수는 14만 1,892명이었다. 1971년 2월 1,091명이 추가 북송되었다).[32]

남한의 북송 반대 시위는 12월 13일과 14일에 절정에 이르렀다.

1959년 12월 14일 북송선 제1호가 일본 니가타항에서 975명의 재일동포를 싣고 북한으로 첫 출항을 했다.

13일 시내 각 직장, 관공서, 학교, 애국반원, 대한반공청년단 등이 동원되어 서울에서만 50만 명 이상이 시위에 참가했다. 상인들도 철시撤市를 하고 시위에 나섰다. 14일에는 전국에서 350만 명이 참가했다고 발표되었다.[33]

놀라운 건 그 후였다. 서중석은 "북송선이 떠나자마자 그동안 무슨 시위가 있었느냐는 듯 적막이 감돌았다. 이 정권의 무능력·무책임성이 적나라하게 드러난 것이었다. 또한 이로써 5~6년간에 걸쳤던 이승만 정권하에서의 반일 시위는 일단락되었다"고 말한다.[34] 갑작스러운 적막에 미국 대사관도 놀랐다. 게다가 북송선이 떠나자마자 이승만 정권은 1950년대 초중반과는 달리 일본이 성의를 보이면 한일회담을 계속하겠다고 말했으니 그것도 이상한 일이었다.[35]

이승만의 "권력 강화용 동원정책"

서중석은 국가보안법 파동과 재일교포 북송 반대 시위의 관계에 주목했다. 그는 "이승만의 외교가 일인 독단인데다가 무리와 억지가 정치적 의도와 뒤섞여 있는 것이라면, 야당은 그래도 어느 정도 적절한 대책을 제시했어야 했다"며 다음과 같이 말했다.

"재일교포 북송 반대 시위가 2·4 파동에서 야당 공세를 무력하게 만드는 것이었는데도 불구하고, 또 일부 당원이 국가보안법 개정안 통과 반대와 재일교포 북송 반대를 병행하자고 주장한 것조차 묵살하면서, 조병옥 등 민주당 지도부는 초당 외교를 들고 나와 자당의 대일정책, 재일교포 정책은 밝히지도 않은 채 정부와 자유당에 질질 끌려다녔다. 그러다가 재일(한국인) 거류민단의 정부·여당 불신 성명이 나오자 그때서야 정부의 대일정책을 비판하였다. 극우반공주의자들의 한심한 정신상태를 단적으로 말해주는 한 예였다."[36]

서중석은 이승만의 반일운동이 친일파에 의해 추진되었다는 점도 간과해서는 안 될 것이라고 말한다. 중앙정부도 그러했지만, 실제 시민과 학생 등을 동원하고 시위나 궐기대회의 방향을 지시해준 자들은 상급자일수록 친일 경찰간부나 친일 관공리가 많았다는 것이다.[37]

서중석은 일부에서 반일운동이 친일파 정권이라는 비난에 대한 대응책 또는 친일파 정권이 아니라는 위장책으로 전개된 것으로 이해하는 것의 한계를 지적했다. 그는 "1950년대가 특히 더 심하였지만, 민중들이 지니고 있는 강렬한 반일감정을 이용하여 자신의 권력에 정통성을 부여하고, 그 권력을 강화하려는 동원정책으로 파악하기도 한다. 그러한 상징조작들은 이승만의 능란한 정치 술수를 잘 보여주는 것으로, 충분히 중시해야 할 것이다"며 다음과 같이 말했다.

"그렇지만 반일운동과 반공운동의 결합은 그것만으로 설명되기 어렵다. 이승만은 대일정책에 유화적이었던 1950년 1월 일본을 방문하여 한일간의 방공防共 협조의 필요성을 강조하였다. 반공은 이승만의 정치활동에서 뗄 수 없는 것으로, 이승만은 반공을 통하여 자신의 권력을 강화하고 분단을 공고히 하였다. 이승만이 반공운동과 결합된 반일운동을 집요하게 일으킨 중요한 이유는 북진통일운동과 마찬가지로 반공체제와 자신의 독재 유지 또는 강화를 위해서였는데, 이승만한테 반공운동을 떠난 반일운동은 그다지 유용한 것이 아니었다."[38]

조봉암 사형: 216만 표는 어디로 갔는가?

조봉암 사형 집행

이승만의 뜻과 그 뜻에 충실한 공포의 관제 시위에 '겁먹은' 고등법원이 1958년 10월 조봉암에게 사형을 선고한 것에 대해 대법원은 어떤 판결을 내릴 것인가? 1959년 2월 27일 대법원은 확정판결로 조봉암에게 사형, 다른 진보당 간부들에게는 무죄를 선고했다. 재판장은 김세원, 주심은 김갑수, 간여 검사는 대검의 오제도였다. 김갑수는 조봉암과 양명산에게 사형을 선고하면서 간첩, 국가보안법 위반, 무기 불법소지 혐의 등을 모두 유죄로 인정했다.

변호인단은 재심을 청구했다. 그러나 상고심을 맡았던 재판부가 재심 청구를 다시 맡았으니 결과는 뻔한 것이었다. 변호인단은 정치적 구명운동의 가능성도 타진하면서 조봉암이 전과를 뉘우치고 이승만에게 충성을 다짐한다는 성명을 낸다는 방안도 제시했다. 그러나 조봉암은 옥

중 성명을 통해서 "나는 비록 법 앞에 죽음의 몸이 되었다고 하여도 나의 조국 대한민국에 대한 충성은 스스로 의심할 수 없다는 것을 밝힌다"며 타협을 거부했다.[39]

1959년 5월 17일 도쿄발 외신은 일본에 있는 조봉암 구명위원회가 펼치고 있는 조봉암 구출탄원서 서명운동에 8,000명이 호응했다고 전했지만, 이마저 조봉암을 빨갱이로 모는 건수로 활용되었다. 구명운동은 간첩들이 벌이는 짓이라는 게 이승만 정권의 답이었다.[40] 조봉암에게 사형을 선고했던 김갑수는 7월 30일 재심 청구를 기각했으며, 법무부장관 홍진기와 이승만의 확인을 거쳐 조봉암에 대한 사형은 7월 31일 오전 11시에 집행되었다.

조봉암이 처형되기 하루 전 권대복 등 무죄선고를 받은 진보당 관계자들과 나누었던 대화의 한 토막이다. 조봉암은 "선생님, 이승만 도당이 선생님을 모살한 것입니다"는 말에 이렇게 답했다. "뭘 그렇게 노여워들 하시오. 한 사람이 죽어야 한 사람이 사는 것이 정치입니다. 이 박사가 절대로 나를 살려두지 않을 것입니다. 그러니 여러분은 나가더라도 내 구명운동을 절대 하지 마세요. 내 나이 딱 환갑입니다. 병으로 죽은 사람, 자동차에 치여 죽은 사람도 많은데 평화통일운동을 하다 이렇게 떳떳이 죽으니 얼마나 기쁩니까."[41]

조봉암은 사형이 집행되기 전 목사에게 예수가 빌라도의 법정에 섰을 때의 성경 구절을 읽어달라고 했다. "이 사람이 무슨 악한 일을 하였느냐. 나는 그의 죽일 죄를 찾지 못하였나니 때려서 놓으리라 한대 저희가 큰소리로 재촉하여 십자가에 못박기를 구하니 저희의 소리가 이긴지라.(「누가복음」 제23장 22~23절)"

대법원은 2월 27일 조봉암에게 사형, 다른 진보당 간부들에게는 무죄를 선고했다. 조봉암에게 사형 선고가 내려지자 가족들이 통곡하며 재판정을 나서고 있다.

조봉암은 이 구절을 듣고 난 뒤에 이런 유언을 남겼다.

"이 박사는 소수가 잘살기 위한 정치를 했고 나와 나의 동지들은 국민 대다수를 고루 잘살게 하기 위한 민주주의 투쟁을 했다. 나에게 죄가 있다면 많은 사람이 고루 잘살 수 있는 정치운동을 한 것밖에 없다. 나는 이 박사와 싸우다 졌으니 승자로부터 패자가 이렇게 죽음을 당하는 것은 흔히 있을 수 있는 일이다. 다만 내 죽음이 헛되지 않고 이 나라의 민주발전에 도움이 되기 바랄 뿐이다."[42] (그런가 하면 조봉암은 형장에서 하고 싶은 말이 있으면 하라는 말에 "술이나 한잔 달라"는 말을 남겼다는 이야기도 있다. 조봉암의 명예가 회복되기까진 52년이 걸렸다. 2011년 1월 20일 대법원 전원

합의체는 '진보당 사건'에 대한 재심판결에서 조봉암에 대해 무죄를 선고했다.)[43]

23.8%, 216만 3,808표의 행방

조봉암의 사형에 대한 사회적 저항은 있었는가? 없었다. 이게 참 묘한 일이었다. 고성국은 3년 전인 1956년 5·15 선거에서 조봉암이 대통령 후보로서 얻은 23.8%인 216만 3,808표는 어디로 갔느냐는 의문을 제기한다.

"진보당 와해 과정에서 진보당은 어떠한 유의미한 정치적 저항과 항의도 조직해내지 못하였다. 216만의 조봉암 지지 대중 역시 진보당의 와해와 조봉암의 사형 집행에 대해 침묵하였다. 1심의 형량이 2·3심에서 극단적으로 상향 조정되었음에도 불구하고 적어도 그 시기에 그러한 파행적 사법 처리는 아무런 문제 제기를 받지 않았다. 진보당의 와해 과정에서 보여지는 이러한 무기력과 취약한 방어력은 216만 표의 지지와 와해 전의 진보당이 부여받았던 정치적 지위와는 극단적인 대비를 이룬다."[44]

그런 극단적인 대비의 이면엔 이승만 정권의 폭압이 있었다. 이승만 정권은 심지어 사형집행 사실마저 은폐하려고 들었다. 사형집행 다음 날인 8월 1일 각 언론사에 치안국장 이강학 명의의 경고문이 전달되었다.

"사형이 집행된 조봉암·양명산은 북한괴뢰를 위하여 대한민국의 전복을 기도한 반국가적이고 반민족적인 범증犯證에 의해 처단되었다. 그들의 행적 등 모든 기사는 민심을 자극시킬 뿐 아니라 적을 이롭게 하는 결과가 될 것이므로 언론인들은 이 점에 유의해주기 바란다. 오늘 석

간부터는 이들 사형수의 주변 환경에 관한 기사는 법에 저촉되는 것이니 일절 보도하지 않기를 바란다."[45]

이러한 보도통제의 근거 법령은 1920년 10월의 조선총독부령 제120호, 즉 '형사자刑死者의 분묘·제사·초상 등의 취체에 관한 건'이라는 식민지 악법이었다. 식민지 악법과 관행은 유족들에게도 적용되었다. 조봉암 사형 후, 이승만 정권은 유족의 행위까지 억제하는 방법을 썼는데, 이것은 일제 치하 조선총독부가 독립투사들을 사형시키고 나서 민심의 자극과 동요를 차단하기 위해 만든 것이었다. 그 내용은, 사형자의 비석을 세울 수 없다, 대중을 상대로 공공연히 부고를 낼 수 없다, 집단이 모여 장례식을 할 수 없다는 것 등이었다.[46]

조봉암의 시신은 유족에게 31일 밤늦게 인도되었다. 유족들이 주장한 5일장은 거부되고 8월 2일 장례를 치르라는 명령이 떨어졌다. 상가喪家에는 경찰이 발부한 40매의 출입증 소지자 이외의 다른 조문객들의 출입은 철저히 통제당했다. 장택상 같은 거물 정치인도 발길을 돌려야 했다.[47]

1957년 10월의 선거법 협상 때 장택상이 '진보당 죽이기'에 가담했다는 주장도 있긴 하지만(1957년 10월 자유당의 이기붕, 민주당의 조병옥, 무소속의 장택상은 서로 회동해 선거법의 국회 처리를 두고 3파가 서로 협조하기로 합의했는데, 이 자리에서 진보당에 대해서 어떤 조치를 강구할 필요가 있으며 최소한 1958년의 선거에는 참가하지 못하게 해야 한다는 데 일치했다는 것이다. 그러나 그런 밀담을 공개한 사람이 바로 장택상이었다. 장택상은 이기붕과 조병옥 사이에 그런 논의가 있었다는 걸 말하고자 했던 것 같다).[48] 조봉암과 장택상은 노선의 차이에도 개인적으론 친분이 매우 두터웠다. 그런 친분 때문에 1956년 11월 10일 진보당 창당대회에서도 장택상은 "우리는 현재 20세기 전제정치하에 살고 있는 것과 마찬가지다. 국민들의 눈은 수탈 없는 경제체제를 부르짖는 진보당에 쏠리고 있으니 힘껏 싸워주기 바란다"고 축사를 한 바 있었다.[49] 장택상은 조봉암 구명운동에 협조했지만, '조봉암 죽이기'라는 이승만 정권의 확고한 목표의 벽을 넘어서기엔 역부족이었다.

양명산은 '이승만 정권의 공작원'

연시중은 "조봉암을 제거한 이승만의 음모는 매우 비열했다. 구속된 진보당 간부들에게 모진 고문을 자행하면서 살려줄 테니 조봉암이 간첩이었다는 사실만을 진술하라고 강요하면서 사건 조작을 위해 파렴치한 짓을 일삼았다"고 말한다.[50]

조봉암은 고문을 많이 당했다. 그래도 안 되니까 이승만 정권은 양명산이라는 '간첩'을 만들어낸 것이었다. 신창균에 따르면, 양명산은 "이승만 정권의 공작원"이었다. 법원은 1심에선 양명산에게 징역 5년을 선고했다. 그러나 양명산은 5년을 받고선 "아! 내가 속았구나. 나를 무사히 해준다고 해서 시키는 대로 했는데 나한테 1심에서 5년을 선고하다니 내가 속았구나"라고 탄식했다. 2심에서 양명산은 속았다며 이전의 증언을 뒤집었다. 그러나 양명산에게 가해진 보복은 사형선고였다.[51] (정태영은 양명산이 "미군 육군방첩대HID 소속 대북 간첩"이었다고 말한다.)[52]

진보당 사건 수사관이었던 한승격은 훗날 "당시 경무대로부터 조봉암을 잡아넣지 않으면 이 대통령의 재당선이 불가능하니 어떤 수를 쓰

> 이승만 정권은 조봉암을 간첩으로 만들기 위해 파렴치한 짓을 일삼았다. 당시 수사관이었던 한승격은 조봉암을 죽일 수 있을 만큼 사건을 엮지 않으면 자신이 죽을 수도 있다는 협박을 받았다고 증언했다. (『동아일보』, 1999년 8월 18일)

더라도 잡아넣으라는 지시를 받았다"고 증언했다. 그는 조사 과정에서 "당시 상부로부터 '진보당은 없애고 죽산을 죽일 수 있을 만큼 사건을 엮지 않으면 네가 죽을 것'이라는 협박도 받았다"고 말했다.[53]

4·19 후에도 자유롭지 않았다. 진보당원이었던 고정훈은 1960년 5월 24일 국제호텔에서 내외신 기자회견을 갖고 조봉암 처형의 배후에는 이승만이 있다고 발표했다가 명예훼손 혐의로 구속되었다. 그는 1970년에 낸 책에서도 자신이 직접 "조봉암은 공산당이니 없애야 한다"는 이승만의 친필 쪽지를 보았다고 주장했다.[54]

미국은 왜 침묵했는가?

그렇다면 한국 정치에 사사건건 개입하고 있던 미국은 왜 침묵했던 가? 미국은 재판이 있을 때마다 대사관 직원을 법정으로 보내 재판 과정을 세밀히 지켜보게 하는 등 모든 내막을 다 알고 있었는데도 말이다.[55] 정태영은 훗날(1990년) 미국에서 미 대사관의 조봉암 담당이었던 프레드 토머스Fred Thomas를 만났다며 다음과 같이 말했다.

"그 사람 말에 의하면 죽산은 철저한 민족주의자였다는 거예요. 공산주의는 독립투쟁을 위한 하나의 방법으로 택한 것이지, 그게 목적이 아니었단 거예요. 죽산의 죽음에 대해서는 이승만이 죽였다고 하면서 미국은 절대로 관련이 없다고 하더군요. 이전에도 이승만이 수차례에 걸쳐 죽산을 모함해서 죽이려고 하였는데 자기가 만류하였다는 거예요. 그가 사실을 있는 그대로 대사관과 국방성에 보고를 해서 죽산이 그때그때 어려운 고비를 면하게 해주었다고 해요. 그는 진보당 사건이 나기 6~7개월 전에 본국으로 전보 발령을 받았는데 이때 죽산이 송별회를 해주면서, 자기 손을 붙잡고 '당신이 떠나고 나면 무슨 이상이 생기지 않을지 모르겠다'라고 걱정을 했다는 거예요. 이때부터 죽산은 위험을 느끼고 있었던 것 같아요."[56]

정태영의 말을 더 들어보자. 그는 "적어도 2대 대통령 출마 때까지는 관대하게 보아줄 수가 있었는데, 3대 대통령 선거를 치르고 보니까 뿌리를 더 내려 커나가면 위험하겠다고 생각한 거지요. 그래서 죽산은 3대 국회에는 진출하지 못하지요. 출마 자체가 봉쇄가 되었어요. 이때 이미 죽산을 조직적으로 키워서는 안 되겠다는 결론이 내려졌다고 봐야 합니다"라면서 다음과 같이 말했다.

"양극체제에서는 귓속말을 할 수 있는 우방이 필요한데, 죽산은 반공적인 입장은 분명하지만 민족주의적인 입장에 서 있기 때문에 아무래도 껄끄러웠을 겁니다. 결코 미국의 손아귀에서 놀지 않으리라고 본 거죠. 나는 죽산이 공산주의자였기 때문에 죽였다고는 생각하지 않아요. 토머스 역시 같은 말을 하더군요.……죽산은 이런이런 사람이니까 미국이 죽이는 것을 방관해서는 안 된다고 강력히 말렸어야 하는데, 그러지 못했다는 겁니다. 말하자면 미국에 책임이 있다면 그것을 말리지 못한 데 있다고 하더군요. 그렇지만 객관적으로 보면 이미 선이 끊어졌고, 통상적으로 그런 큰 사건에 대해서는 당연히 논평이 있어야 하는데, 전혀 아무 말이 없었다는 데 문제가 있어요."[57]

민주당과 언론도 공유한 '반공 히스테리'

다시 고성국이 던진 질문을 음미해보자. 3년 전인 1956년 5·15 선거에서 조봉암이 대통령 후보로서 얻은 23.8%인 216만 3,808표는 어디로 갔는가? 대중의 침묵에 대해 이승만 정권의 억압과 공포 분위기 조성에만 그 책임을 돌릴 순 없을 것이다. 우선 민주당이 문제였다. 민주당은 미 대사관 못지않게 진실을 알고 있었지만 오히려 잘되었다는 반응이었다. 1958년 2월 이승만 정권이 사실과 거리가 먼 이유로 재판이 끝나지 않았는데도 진보당 등록 취소를 공포했을 때에도 역시 민주당은 정략적인 주판알을 튕기면서 긍정적인 표정이었다.[58] 언론, 특히 야당지들은 어떠했던가? 이들 역시 민주당과 크게 다르지 않은 집단이었다. 이승만의 '반공 히스테리'를 이들도 공유하고 있었다.

자유당 정권은 조봉암 사형에 아무런 사회적 저항이 없는 것에 대해 득의양양해 하면서 이제 본격적으로 '3·15 부정선거'를 위한 준비 작업에 돌입하기 시작했다. 1959년 8월 18일 자유당 당무회의에서 나온 대책은 각급 당부에 9인조 세포 핵심 당부를 조직하고, 노총·여성 조직·국민회·어민회·농민회 등에 자유당 조직을 확대하고, 각종 공무원·경찰·군인·정치·종교·문화단체·국영기업체·금융계·언론계·산업계를 막론하고 특수조직 내의 조직을 강화하고, 은행에서 대기업에 거액의 융자금을 알선하고 그 융자금에서 거액의 선거자금을 염출하도록 한다 등이었다.[59]

자유당 정권은 1959년 11월부터 각 시도 경찰국장, 사찰과장, 경찰서장, 도지사, 시장, 군수, 구청장 등에게 사전 사표를 받아 놓고 사전 선거운동을 강요했다. 내무부 장관 최인규는 "선거운동을 한 공무원의 신분을 내가 보장하겠다. 호별방문해서 정부 시책을 선전하다 이것이 위법으로 고발당하면 내가 목을 책임지고 보장하겠다"고 공언했다.[60] 조봉암 사형에 대한 한국 사회의 침묵은 자유당 정권으로 하여금 한국 사회를 얕잡아 보게끔 만든 것이었으니, 자유당 정권만 탓할 일도 아니었다.

제4장 『경향신문』 폐간 사건

자유당 정권과 『경향신문』의 갈등

1959년 4월 30일 정부의 『경향신문』 폐간 조치는 자유당 정권의 몰락을 예고한 사건이었다. 당시 『경향신문』은 자유당 정권의 정적政敵인 장면을 지지하는 당파성을 띠고 있었지만, 20만 부를 발행하는 발행부수 2위의 신문이었다(『동아일보』 35만 부, 『한국일보』 16만 부, 『조선일보』 10만 부).[61] 그런 신문을 폐간할 때엔 그만한 근거가 있어야 한다는 최소한의 상식이 지켜지지 않았다는 점에서 자유당 정권은 이미 이성을 잃었고 그 수명이 다해가고 있었다는 걸 말해주는 것이었다.

자유당 정권이 폐간이라는 최악의 수를 두게 된 데엔 『경향신문』의 일련의 비판이 작용했다. 『경향신문』은 1월 1일자 「정부와 여당의 지리멸렬상」이라는 사설을 통해 정부여당을 비판했으며, 2월 4일자 단평 칼럼 '여적餘滴'을 통해 다수결의 원칙에 회의를 표명했고 가장된 다수와 부정선거를 비판했다. 또 2월 19일자는 군의 유류부정 사건을 폭로했다.

가장 큰 문제가 된 건 2월 4일자 '여적'이었다. 이 글의 필자는 비상임 논설위원 주요한이었다. 문제의 칼럼은 『경향신문』이 2월 2일자부터 연재하고 있던 미국 노터데임대학 정치학 교수인 페르디난트 허멘스 Ferdinand Hermens, 1906~1998의 논문 「다수결의 원칙과 윤리」에 대한 단평이었다. 만일에 공정선거가 시행되지 못하면 폭력에 의한 혁명도 있을 수 있으니 한국의 현실을 이러한 견지에서 관찰해야 한다는 것이 그 요지였다. 당국은 이 단평을 "혁명에 의해서라도 진정한 다수의 의사가 반영되어야 한다고 역설함으로써 폭력을 선동하였다"며 헌법에 규정한 선거 제도를 부정하고 폭동을 선동했다는 죄목을 뒤집어 씌웠다.[62]

페르디난트 허멘스의 논문에 대한 단평이 실린 '여적'이 2월 4일에 보도되자, 자유당 정권은 미군정 법령을 근거로 『경향신문』을 폐간했다. 이 소식이 전해지자 사람들이 경향신문사 본사로 몰려들었다.

당국은 필자인 주요한과 사장 한창우를 구속했다가 2월 19일 이들을 내란선동 혐의로 불구속 송치했다. 그러나 『경향신문』의 정부 비판은 계속되었다. 당국은 4월 4일 기자 어임영과 정달선을 간첩 관계 기사로 구속했다. 4월 15일자 석간 1면에 "이 대통령이 국가보안법 개정을 반대라고 했다"는 이승만의 기자회견 기사가 보도되자, 정부는 이것이 사실무근이라며 4월 30일에 폐간 조치라는 마지막 칼을 빼들고야 말았다.[63]

정략적 보복에 눈이 먼 자유당

정부는 『경향신문』 폐간 명령을 내리면서 "공산당의 흉계를 분쇄하기 위하여" 또는 "국가의 안전과 보다 올바른 언론계의 발전을 위하여"라는 명분을 내세웠다.[64] 그 이유만큼이나 적용 법률도 이해하기 어려운 것이었다. 적용 법률은 미군정이 당시 남로당계의 신문을 탄압하기 위해 특별히 제정한 '미군정 법령 88호'였다. 독립된 대한민국의 정부에서 반공지이자 가톨릭계 신문인 『경향신문』을 폐간시키는 근거로 그 법령을 이용했다는 것은 자유당 정권이 정략적 보복에 눈이 멀었다는 걸 말해주는 것이었다.[65]

『경향신문』은 정부의 결정이 부당하다는 판단 아래 정부 측을 상대로 발행허가 취소처분에 대한 '효력정지가처분신청'을 냈다. 6월 26일 서울고법 특별1부 재판장 홍일원은 용감하게도 『경향신문』에 승소 결정을 내렸다. 자유당 정권은 홍일원에 대한 보복에 들어갔다. 그의 동생과 처가 식구 등 친인척들이 하던 회사와 공장에 세무서원들이 들이닥쳐 장부를 모두 압수해가고 대대적인 세무사찰이 시작되었다.

『경향신문』이 '효력정지가처분신청'을 내자 재판장 홍일원은 『경향신문』에 승소 결정을 내렸지만, 자유당 정권은 『경향신문』의 발행을 무기정지 처분한다는 기상천외한 대응책을 발표했다. (『경향신문』, 1993년 10월 6일)

정부는 『경향신문』 승소 결정이 내려진 지 불과 몇 시간 뒤인 오후 6시 예정에 없던 국무회의를 긴급 소집해 "법원의 결정에 따라 발행허가 취소처분을 철회하는 대신 동 신문의 발행을 무기정지 처분한다"는 기상천외한 대응책을 발표했다. 『경향신문』은 이에 불복해 또 한 차례 '효력정지가처분신청'을 냈으나 이는 다른 재판부에 의해 배당되어 '이유없다'며 기각되었다. 결국 『경향신문』은 '폐간 57일, 하루 발행, 정간'

으로 이어지는 우여곡절 끝에 1년 만인 1960년 4월 26일, 4·19가 나고 이승만이 하야한 다음 날에야 신문을 복간할 수 있었다.[66]

신문의 정론성과 상업성

『경향신문』폐간 사건이 시사하듯이, 당시 신문들은 정론지政論紙의 성격이 매우 강했다. 인적 구성도 그랬다. 문제의 '여적' 칼럼을 쓴 주요한만 하더라도 민주당 소속 국회의원이자 민주당 선전부장이면서 『경향신문』 논설위원을 겸하고 있었다. 그는 장면이 이끄는 민주당 신파의 핵심 멤버 중 1인이기도 했다. 지금 상식으론 이해가 안 되겠지만, 당시의 신문들은 정파지政派紙로서 그걸 당연하게 생각했다. 그래서 장면도 『경향신문』의 고문을 맡았지만, 이는 아무런 문제가 되지 않았다.

이상우는 이승만 정권 치하의 신문들이 정론성을 전면에 내세울 수 있었던 이유에 대해 "첫째, 상업주의의 출발이 일천했기 때문, 둘째, 한국 신문의 정론성이 뿌리 깊은 전통을 형성하고 있었기 때문, 셋째, 권력이 이미 국민으로부터 유리되어 대중의 관심과 기호는 반정부에 있었다는 점을 생각한다면 이 무렵 신문의 강한 정론성은 그대로 독자에 영합할 수 있었고 이것은 또 다른 의미에서의 상업성과 일치되었다고 볼 수 있다"고 말한다.[67]

그런가 하면 김해식은 이 시기의 신문이 상업지가 되지 못하고 정론지가 될 수밖에 없었던 이유는 무엇보다도 먼저 판매 부수가 한정되어 있다든지, 광고 수입의 비중이 미미하다든지 하는 경제적인 이유에서 찾아야 한다고 말한다.

"제1공화국 시기의 한국 신문기업의 물적 토대는 당시 한국 자본주의의 특성을 반영하는 것이었다. 신문기업을 소유한 자들의 대부분은 국가에 의한 원조자금의 특혜 융자로 자본을 축적하였으며, 신문용지의 구입 비용과 윤전기 등의 시설 구입 비용은 원조자금에 의존하였다. 신문기업의 매출액 가운데 광고 매출액이 차지하는 비중은 작았고, 산업자본이 광고주로서 신문기업과 맺고 있는 관계도 느슨하였으므로, 신문기업에 대한 산업자본의 규정력은 약하였다. 이 시기의 신문은 여전히 정론지적 성격을 강하게 띠고 있었으며, 그 수입의 대부분을 신문 판매 수입에 의존하고 있었다. 따라서 이 시기의 한국 신문은 아직 본격적으로 자본주의적 방식으로 생산되는 단계에 도달하지 않았으며, 그 경영 형태도 중소기업의 수준을 벗어나지 못한 것이었다."[68]

광고 수입 의존도 30%의 의미

1958년 42개 신문 가운데 15개는 서울에서 발행되는 중앙지였고 27개 신문은 지방지였으며 최대 신문은 그 부수가 20만 부에 달했으며 적은 신문은 1만 부 정도였다. 당시 경제 사정은 신문이 자본주의적 방식으로 생산되는 단계에 돌입하는 걸 허용하지 않았다. 순수한 신문 영업만으로 수지를 맞출 수 있는 신문은 3~4개 정도에 지나지 않았다.

1959년 6월 17일 『연합신문』에 처음으로 기자 노조가 결성되었고, 며칠 후인 6월 21일에는 전남도 내에서 발간되는 5개 일간지와 3개 주간지 기자들도 전남기자노조연합회를 결성했지만 모두 오래가지는 못했다.[69] 다른 이유도 있었겠지만, 노사가 갈등을 벌이기엔 신문 자체의 생존이 너무 어려웠다는 이유가 컸다.

당시 '1등 신문'이었던 『동아일보』만 하더라도 1958년 12월 국내 최초로 조석간 8면(조간 4면, 석간 4면)을 발행하고 1959년에 18억 환의 수익을 올리는 등 제법 장사를 잘하고 있었지만, 광고 수입이 30% 전후로 신문 판매 수입에 크게 의존하고 있었다.[70] 광고 수입 의존도가 높을수록 신문이 권력에 대해 용감하기는 어려운 법이다. 당시 신문의 이런 수익 구조가 반反이승만 노선을 걷는 정파지로서 입지를 가능케 했을 것이다.

광고를 자본주의적 관점에서 이해하고 그 수입을 늘리기 위해 애를 쓴 최초의 시도도 1950년대 후반 『한국일보』 장기영에 의해 이루어졌다. 장기영은 1956년 4월 1일 한국 신문 최초로 광고상담소를 설치해 운영했으며, 1958년 12월 8일 1면에 5단으로 '광고윤리강령 및 게재기준'을 제안하는 사고社告를 실었다.[71] 또 그는 1958년 12월 14일자 사고社告를 통해 명함 광고를 포함한 신년축하 광고를 없앤다고 발표하는 등 신문광고업계의 낙후된 관행을 타파하기 위해 애를 썼다(신년축하 광고는 일제강점기 때부터 시작된 관행으로 대개 신년을 맞아 저명 인사들의 직함과 이름을 싣는 광고였다. 명함 모양이었으므로 명함 광고로도 불렸다. 본인의 허락도 없이 싣는 일이 흔히 있었으며, 광고료도 일정치 않아 광고 외근사원이 일부를 가로채는 폐습도 자주 있었다. 신년 이외에도 무슨 행사 때마다 등장하기도 했다).[72]

신문의 광고 수입 의존도는 1950년대까지는 20~30%에 불과했으나 1960년대에 40%, 1970년대에 50%를 넘어서고, 1990년대 이후엔 80% 이상으로 높아진다.[73] 그러나 그만큼 권력의 압박에 취약해지고 시류에 영합하는 기회주의적 속성이 두드러지게 된다.

재벌의 형성: 정경유착의 게임

귀속업체 불하 특혜

"'시설은 귀속업체의 불하로부터, 원료는 원조 원면으로부터, 그리고 기업자금은 대충자금으로부터' 확보할 수 있었던 이들은 극단적으로 말해 별다른 자본 없이도 권력과 선이 닿으면 하루아침에 재벌이 될 수 있었다. 1953년에서 1960년 사이에 15대 재벌의 총자본은 무려 28배나 증가하였고 자기자본은 54배나 증가하였으며 은행 차입금은 45배나 증가하였다."[74]

박태순과 김동춘의 말이다. 이들의 말처럼 재벌이 되는 건 '권력과의 선'이 있느냐 없느냐에 따라 좌우되는 정경유착의 게임이었다. 1949년 12월 '귀속재산처리법'이 제정되고 1950년 3월 시행령이 공포됨으로써 정부 소유의 귀속재산 불하작업이 시작되었지만, 이 작업이 본격화된 것은 전쟁이 끝난 1954년 이후부터였으며 1958년까지 거의 처분되었다. 귀속재산은 자본가에게 자본축적의 결정적 계기였다. 권력과의 줄만 있으면 거저먹는 거나 다름없었다. 귀속재산은 10분의 1에 불과한 가격에 특혜 불하되었으며, 15년 이상 할부불의 지급조건으로 책정된 구입대금마저도 저리의 은행융자로 조달되었기 때문이다.[75]

장하진은 「이승만 정권기 매판지배 집단의 구성과 성격」(1989)이라는 논문에서 "고정된 구입대금에 비해 15년 동안 물가 등귀에 따라 공장 가치는 약 260배나 상승하여 사실상 무상으로 공장을 취득한 결과가 되었다. 곧 이 시기에는 자산이 없이도 불하만으로 하나의 재벌이 창조되는 신화를 낳았다"고 했다.[76]

1950년대의 89개 주요 대기업체 가운데 불하된 귀속기업체는 36개

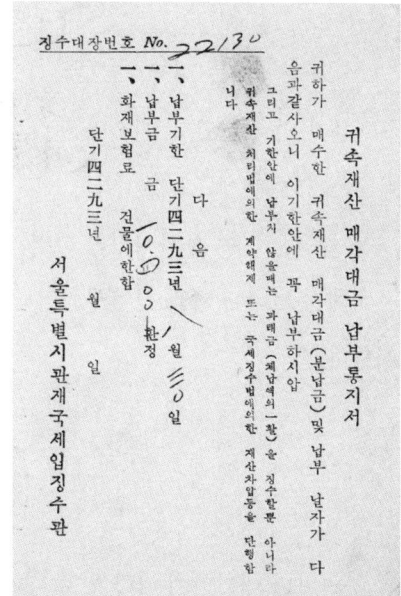

정부 소유의 귀속재산은 1954년부터 1958년까지 불하되었는데, 이 귀속재산은 자본가에게 자본축적의 결정적 계기가 되었다. 1960년 7월 서울특별시 관재국 세입징수관이 발행한 귀속재산 매각대금 납부통지서. (대한민국역사박물관 소장)

로 전체의 40.4%를 차지했으며, 22개 거대 기업체 중에서는 그 비중이 더욱 높아 15개 업체(68%)나 되었다.[77] 예컨대, 이승만의 재정적 후원자이자 '국내 최초의 재벌'이라는 타이틀을 얻은 백낙승의 경우를 보자. 그는 이승만에게 정치자금을 대주는 대가로 귀속재산인 고려방직 영등포 공장을 불하받았으며, 귀속재산인 조선기계의 관리권을 얻었다. 또 그는 식산은행(현재 산업은행)에서 500만 달러의 외화를 대부받아 기존의 태창방직을 확장했으며, 정부는 태창그룹의 계열사인 대한문화선전사에 홍삼 판매권을 부여했다. 늘 지나친 특혜가 말썽이 되어 백낙승은 무슨 비리 사건이 있을 때마다 단골손님으로 거론되었지만, 4·19 이후에야 부정축재자 처리 과정에서 태창그룹의 전 재산을 국가에 몰수당했다.[78]

원조 경제와 수입 대체 특혜

"1950년대는 미국으로부터의 '원조'에 의탁되던 시대였다. '만가 晩可 융자'의 시대였다. 이승만은 결재서류에 자기 이름의 끝 글자인 '만'을 따오고 여기에 '오케이'라는 뜻의 '가'를 붙여서 붓글씨로 '만가'라는 한문 사인을 하여 통과시키곤 하였는데, 원조물자와 자금의 '특혜'를 누구에게 주느냐에 따라 산업사회의 구조가 새롭게 편성돼가고 있는 형편이었다."[79]

박태순의 말이다. 한마디로 이야기해서, 엿장수 마음대로였다. 1960년까지 이기붕은 29개의 공장 건설 계획에 관여하고 있었고, 자유당은 미국의 원조를 받는 공장 건설의 50% 이상에 개입했다.[80] 정치자금을 얼마나 내느냐에 따라 원조 특혜가 배분되었던 것이다.

1945년부터 1961년까지 남한에 제공된 미국의 경제원조 규모는 31억 4,000만 달러였다. 8·15 해방부터 휴전협정 체결까지의 8년간 약 10억 달러 규모의 원조가 제공된 반면, 휴전협정 체결 이후 약 8년 동안 21억 달러의 경제원조가 제공되었다. 이는 "휴전협정 이후 분단체제가 고착되고 반공정권의 지원 필요성이 강화된 때문"이었다.[81] 미국 원조가 없이는 하루도 지탱하기 어려울 정도로 한국 경제의 종속성은 심화되어갔다. 미국 원조의 비중은 1957~1961년 기간에 GNP의 13~14%였고, 재정 규모에 대한 비중은 50%를 넘나들었다.[82]

한국은 일본과의 농·공 분업이라는 미국의 정책에 전략적으로 저항하면서 수입 대체 산업화를 추구했다. 이는 원조로 경상수지 적자를 메우고 원조를 활용해 경제 재건을 도모하겠다는 것인데, 그 결과 1953~1961년 동안 총수입액은 32억 달러에 달한 반면, 수출액은 2억 3,000만 달러에 지나지 않았다. 1950년대 하반기 내내 수출은 수입의 5%선 내외에 머물렀다.[83]

수입 대체 산업으로 가장 중요했던 것은 소비재 산업이었다. 그래서 수입 대체 산업화란 사실상 소비재 산업의 수입 대체를 의미했다.[84] 브루스 커밍스Bruce Cumings는 『브루스 커밍스의 한국현대사』(1997)에서 수입 대체 산업화의 수혜자는 삼성의 이병철 같은 사람들이었다고 말한다. 그는 "이승만은 이병철한테 제일제당과 제일모직과 같은 이전의 일본 기업들을 두드러지게 유리한 구매 가격으로 내어주었다. 삼성은 이런 호의를 기억해두었다가 선거철에 보답하는 것이었다"며 다음과 같이 말했다.

"이병철은 기억력이 흐리지 않은 사람이어서 나중에 이승만의 자유당에 6,400만 환을 주었다는 혐의로 기소되었다. 주한미군의 존재 역시 군대식의 수입 대체화를 가능하게 한 요인이었다. 이승만 정권과 미 제8군의 젖줄을 차지하는 경쟁에서 역대의 승리자는 나중에 대한항공까지 거느리게 된 한진기업의 사장인 조중훈이었다. 1950년대 내내 그는 주한미군과 운송계약을 맺었는데, 그 금액은 1960년에 이르러서는 연간 228만 달러에 이르렀다. 그는 또한 미군으로부터 잉여의 버스도 얻어 서울과 인천 사이의 버스노선을 개설할 수 있었다."[85]

은행 민영화 특혜

1957년 8월부터 본격적으로 실시된 은행 민영화는 은행을 중심으로 하는 재벌 구조를 형성하게 하는 결과를 가져왔다. 유인학은 『한국 재벌의 해부』(1991)에서 "기업과 정부의 유착관계의 대표적인 사건은 4개 시중은행의 민영화와 관련되어 1954년부터 시작되어 1956년에 종결된 시중은행주 불하공매인바, 불하공매 과정은 정치적 영향력의 대결장이라고 해도 과언이 아닐 만큼 정치적 파워에 의해 좌우되었다"며 다음과 같이 말했다.

"삼성그룹을 비롯한 당시 대표적 재벌들은 시중은행 불하공매에 참여하여 시중은행의 소유권을 취득하게 됨으로써 재벌의 기본적인 형상을 이루게 되었다. 삼성그룹은 흥업은행(한일은행) 지분의 83%, 조흥은행 지분의 55%를 취득하게 됨으로써 4개 시중은행의 거의 절반을 차지하게 되어 한국 최초로 완전한 재벌의 모습을 갖추게 되었다. 그리하여 삼성그룹 이외에 삼호그룹이 저축은행(제일은행), 대한제분이 상업은행, 개풍그룹이 서울은행을 소유하게 되어 산업자본이 금융자본을 지배하는 형상을 갖추게 되었다."[86]

기업가란 무엇인가? 당시의 유행어에 따르면, 그건 "공장을 건설하는 이권을 얻어서 은행 대부를 잘 받는 사람"이었다.[87] 두 가지 다 줄과 빽이 필요한 일이었다. 그걸 제공하는 대신 자유당은 정치자금을 챙겼다. 자유당은 그걸로도 모자라 3·15 선거를 앞두고선 산업금융채권 50억 환을 기업체에 대부해주고 대신 기부금을 챙겨 선거자금으로 사용했다.[88]

재벌의 금융자본 지배는 기업의 마구잡이 인수라고 하는 문어발 작전으로 이어졌다. 이한구는 『한국재벌형성사』(1999)에서 1950년대 후반 삼성그룹의 기업 인수는 어지러울 정도로 엄청났다고 말한다. 그는 "이러한 원동력은 삼성그룹이 4개 시중은행의 최대 주주가 됨으로써 은행의 자금을 활용하여 다각화할 수 있었다는 데 있다"며 다음과 같이 말했다.

"그 결과 1950년대 말 삼성그룹은 상업, 조흥은행 등 4대 시중은행의 최대 주주로서 산하에 16개 계열 기업군을 거느린 국내 최대의 금융 콘체른을 형성한다. 산업자본이 금융자본으로 전환하면서 보다 용이하게 다수의 기업들을 수중에 넣을 수 있었던 것이다. 또한 그 과정에서 삼성그룹은 서로 다른 업종에 진출함으로써 국내 최대의 복합기업으로 변신하였다."[89]

그 결과, 1960년에 이르러 10대 재벌 가운데 단일 업종을 영위한 한국유리, 태창방직, 동립산업을 제외한 7대 재벌은 다양한 업종에 진출했다. 삼성그룹은 한일은행·삼성물산·제일제당·한국타이어·안국화재·근영물산·한국기계·풍국주정·조선양조·천일증권·동양방직·효성물산 등을, 삼호그룹은 제일은행·삼호무역·삼호방직·조선방직·대전

방직·삼양흥업·제일화재 등을, 개풍그룹은 서울은행·대한양회·호양산업·배아산업·개풍상사·대한탄광·삼화제철·동방화재·대한철강 등을, 대한그룹은 대한방직·대한전선·대동제당·원동흥업·동증권 등을, 락희그룹은 반도상사·금성사·락희화학·락희유지 등을, 동양그룹은 동양시멘트·동양제과·동양제당·한국정당 등을, 극동그룹은 극동해운·극동통상·한국정유 등을 거느리게 되었다.[90]

1950년대 한국 경제 다시 보기

이승만 정부는 1958년 부흥부 내에 장기 경제개발의 작성을 맡은 산업개발위원회를 설치했다. 이 위원회는 3개년 경제개발계획 시안을 1959년 봄 국무회의에 올렸다. 그러나 1950년대를 다룬 책이나 논문에서는 이승만의 독재에 주목한 나머지 좀처럼 경제와 관련된 그런 사실에 대해선 눈길을 돌리지 않으며, 경제에 대해서도 지극히 비판적이다. 최근 일부 학자들은 '1950년대 한국 경제 다시 보기'라는 화두를 던지고 있다. 이들은 1950년대와 1960년대의 연속성에 주목하면서 그간 부정적으로만 평가되어왔던 것들도 다시 살펴보면 달리 평가할 여지가 많다고 역설한다.

미국의 원조에 대해서도 너무 '종속'이라든가 그 부작용만 강조했던 건 아니었을까? 정성진은 「한국전쟁과 영구군비경제」(2000)라는 논문에서 1950년대 한국 경제를 종속과 정체의 시대로만 묘사한 기존의 민족경제론은 정정되어야 한다며 다음과 같이 말한다.

"한국 경제에서 국가자본주의적 발전의 시도는 이미 이승만 정권

시기부터 이루어졌다. 이승만 정권이 1953년 한국전쟁 휴전 수락을 대가로 미국으로부터 끌어낸 막대한 원조는 전후 복구와 재건에서 결정적인 역할을 했다. 미국의 마셜 플랜이 전후 유럽 자본주의 재건의 기초가 되었던 것과 마찬가지 맥락에서 미국의 대한 원조는 한국 자본주의 고도 축적의 한 요인으로 기능했다."[91]

한국 자본주의가 이미 1950년대에 기초를 다졌다고 보는 조석곤과 오유석은 「압축성장을 위한 전제조건의 형성: 1950년대 한국 자본주의 축적체제의 정비를 중심으로」(2003)라는 논문에서 미국 원조의 긍정적 역할은 물론 귀속재산 불하도 '특혜'와 '정경유착'에만 주목하지 말고 달리 볼 것을 제안하면서 다음과 같이 말했다.

미국의 막대한 원조는 전후 복구와 재건에서 결정적인 역할을 했으며, 한국 자본주의 고도 축적의 한 요인으로 기능했다. 6·25 전쟁 후 미군의 복구 지원 내용을 담은 포스터. (대한민국역사박물관 소장)

"귀속재산의 불하는 신흥 자본가층 형성에 기여하였다. 특히 대규모 공장의 불하는 그 자체가 특혜였을 뿐 아니라 원조물자의 배분과 연결됨으로써 특정 자본가 집단을 육성하는 데 결정적인 역할을 하였다. 또 불하대금을 납부할 때 지가증권을 사용할 수 있었기 때문에 이를 매개로 지주계급의 부가 신흥 자본가층으로 재분배될 수 있었다. 미국의 원조는 그에 대한 부정적 평가가 없는 것은 아니나 1950년대 경제성장에 큰 기여를 하였다. 구호용 원조에 그친 것이 아니라 대충자금 계정으로 편입된 자금은 정부의 고정자본 형성에 큰 역할을 하였으며, 실세환율과 공정환율의 차이를 매개로 일부 자본가에게 막대한 부를 축적할 수 있는 계기를 제공하였다."[92]

박태균은「1950·60년대 경제개발 신화의 형성과 확산」(2001)이라는 논문에서 1956년을 기점으로 정부뿐만 아니라 지식인들은 전쟁 복구가 어느 정도 이루어졌다고 판단하고 이제 본격적으로 경제부흥을 통해 자립적인 경제구조를 형성해야 한다고 생각했다고 말한다. 1950년대 중반 이후 각종 잡지와 신문에는 저개발국가의 경제개발계획의 내용과 현황을 해설·분석하는 글이 많이 실렸으며, 이 중에서 특히 인도를 중심으로 한 저개발국가의 경제개발계획을 다룬 글들과 일본과 독일의 전후 부흥에 대한 글들이 주목할 만하다는 것이다.[93]

박태균은 경제사적으로 1950년대와 1960년대의 연결을 강조한다. 경제개발의 시대를 1960년대로 볼 수 없다는 것이다. 그는 "경제개발론의 형성과 발전 과정을 본다면, 균형성장론과 불균형성장론이 지배하고 있었던 1950년대와 1960년대는 하나의 연결되는 시기였지, 어느 하나가 서론이 되고, 다른 하나가 본론이 되는 시기는 아니었다"고 말한다.[94]

「콜론 보고서」의 예견

1950년대의 경제를 재평가한다 해도 그건 잠재력의 축적에 관한 것이지 당장 민생에 도움을 줄 수 있는 건 아니었다. 재벌들도 '원조 경제'와 정경유착으로 이루어진 모래성이었기에 민생고 해결에 별 도움을 주지 못했다. 1957년 이후 급격한 원조의 감소는 이미 충분히 어려운 경제를 더 어렵게 만들어 사회적 불안을 고조시켰다. 그 결과 경제개발의 필요성에 대한 인식이 확산되긴 했지만, 그건 지금 당장 발등에 떨어진 불을 끄는 것과는 무관했다.[95]

1959년 미국 상원외교위원회에서 작성한 「콜론 보고서」는 "많은 면에서 대한민국은 대여된 시간 위에 존재"하고 있으며 "미국 원조 없이는 한국 경제가 붕괴할 것"이라는 평가를 내렸다. 또 이 보고서는 "젊은, 교육을 받은 계급이 그들의 재능과 힘을 충분히 발휘할 곳을 찾지 못하여 지식 프롤레타리아트로 발전해갈 상당한 위험성이 있다"는 진단을 내렸다.

이 보고서는 심지어 이런 말까지 했다. "젊은 사람들은 희망을 잃고, 부자는 점점 부자가 되고 가난한 사람들은 점점 가난해지고, 또 양심이란 것을 지키는 사람은 전부 소외되거나 배척되고, 목적을 위해 수단방법을 가리지 않는 자들만이 출세하는 사회이기 때문에, 불원 한국 사회는 심각한 상황이 벌어질 것이다."[96] 4·19 혁명의 가능성을 예견한 것이었을까?(역사 산책 6: 인천의 성냥공장 아가씨, 역사 산책 7: 드럼통 자동차와 피마자 기름 참고)

| 역사 산책 6 |

인천의
성냥공장 아가씨

　이승만의 '세계 4대 강국론'은 허망한 것이었다. 1950년대 말 전체 국가예산에서 차지하는 국방비의 비율은 33%로 실업률과 거의 비슷했다. 국민의 반 정도가 절대 빈곤 상태에 놓여 있었지만 도무지 탈출구는 보이지 않았다.[97] 산업의 대외의존도는 90%에 이르렀고 공업생산은 일제 말기의 절반 수준을 넘지 못했다. 전기 사정은 계속 어려워 1960년에도 농촌의 82%, 서울의 39%가 전기의 혜택을 받지 못하고 있었다.[98]

　6·25 전쟁 이후 군인들 사이에서 널리 불린 애창곡 중 하나였던 "인천에 성냥공장/성냥공장 아가씨/하루에 한갑두갑"이라는 구전가요도 성냥공장의 호황을 말해주는 것이었다. 정말 노래 가사대로 성냥공장 아가씨가 매일 퇴근할 때 치마 밑에 성냥을 숨겨가지고 나왔는지 또 그러다가 치마 밑에서 불이 난 사건이 있었는지 확실치 않지만, 성냥이 없어서는 안 될 생활필수품이었다는 건 분명했다.

1954년에 설립된 성광성냥공장의 사장인 손진국은 "당시에는 집집마다 성냥이 필수품이었는데 전기가 들어오지 않던 농촌에서는 물에 젖을까봐 신주처럼 잘 모셨고 한 개비라도 아껴서 불씨를 지폈다"고 회고했다.[99]

성냥공장 아가씨는 빈곤을 견디지 못해 농촌을 탈출한 젊은 여성을 상징했다. 1950년대의 도시화는 수많은 성냥공장 아가씨들의 농촌 탈출의 결과였다. 5만 명 이상의 인구를 가진 도시의 비율로 측정하는 도시화의 정도는 1940년 11.2%, 1949년 17.2%였으나 1955년 25.3%, 1960년 28.5%로 증가했다. 1944~1960년까지 인구증가 비율이 높은 지역은 서울(147.5%), 부산(252.8%), 대구(253.6%), 광주(282.3%), 대전(199.2%), 전주(181.0%), 마산(189.3%) 등이었다.[100]

향후 반세기 동안 지속될 명절 귀향 전쟁도 1950년대부터 나타난 풍경이었다. 1960년 1월 26일에 일어난 '서울역 사고'도 그런 귀향 전쟁의 산물이었다. 음력설을 이틀 앞둔 1월 26일 밤 10시 45분에 떠나는 목포행 완행열차 승객 3,900명을 서울역원이 출발 5분 전에야 개찰해서 내보냈다. 서둘러 계단을 내려가던 승객들 중 한 명이 넘어지면서 그 위에 사람들이 계속 덮치는 바람에 31명이 깔려죽고 38명이 중상을 입는 사고가 발생했던 것이다(1959년 추석은 태풍 사라호가 망쳐 놓았다. 추석 하루 전인 1959년 9월 17일에 동해안과 남해안을 강타한 태풍 사라호로 인해 사망과 실종 929명, 부상 2,338명, 이재민 25만 5,000여 명이 발생하는 참사가 일어났다).

전후 도시에서 삭막한 삶은 신흥종교를 융성케 하는 한 요인이 되었다. 정봉민은 『신앙세계』 1960년 11·12월호에 쓴 「서울에서 도적맞고

용문산에서 회복한 은혜"라는 신앙 간증에서 이렇게 말했다. "내가 서울을 미워함은 농촌에서 서울 가 6년 동안 지은 죄가 내 30평생의 범죄의 대부분이었고, 죄악의 질이 극히 흉악하여 거기서 받은 죄의 독소는 쉬 빼낼 수도 없다. 회고컨대 나의 순수한 신앙 절개가 서울에서 여지없이 유린당하고 능욕당하고 첫 믿음을 도적맞았기 때문이다."[101]

역사 산책 7

드럼통 자동차와 피마자 기름

　　한국에서 처음으로 생산된 국산 승용차가 등장한 건 1955년 9월이었다. 첫 출발을 의미하는 시발始發이라는 뜻에서 '시발'이라는 이름을 갖게 된 이 차는 서울에서 정비업을 하던 최무성이 미군에서 얻은 지프 엔진과 변속기, 차축, 드럼통 등을 펴서 만든 것이었다. 미국 지프의 4기통 엔진을 재생하고 실린더헤드만 국산화한 이 차는 광복 10주년 기념 산업박람회에서 대통령상을 수상했다. 같은 모델의 시발차 생산량은 모두 3,000여 대였다.

　　택시는 1956년부터 국내에서 조립·공급되어 점차 대중화되었다. 1956년 서울에는 5,335대의 자동차가 있었는데 그중 승용차는 1,439대, 트럭은 1,248대, 지프는 1,031대, 버스는 810대 등이었다.[102] 1959년 전국에서 발생한 교통사고는 총 6,319건으로 2,215명이 사망하고 7,066명이 부상을 당했다. 이 가운데 자동차에 의한 사고는 85.3%를 차지했다. 1959년엔 서울 시내에 처음으로 교통신호등이 등장했으며, 처음으로 '운전수의 날'(6월 10일)이 제정되어 무사고 운전자에 대한 표창을 실시했고, 교통안전 여왕 선발대회를 개최했다.[103]

'운전수의 날'은 운전수의 처지가 너무 형편없어 사기 진작 차원에서 서울시가 만든 것이었다. 서울 시내 차량은 9,000여 대인데, 운전수는 3만 명이나 되어 다수가 겨우 점심시간에만 일하는 '스피어(스페어) 운전수' 신세로 전락했다. 게다가 교통 사정도 나쁜데다 기름값은 뛰고 자동차 강도까지 날뛰어 사기를 진작시킬 필요가 있었다.[104]

휘발유는 늘 모자라 암거래가 판을 쳤다.[105] 1950년대엔 미 원조기관에서 장악한 석유저장회사인 코스코KOSCO의 횡포가 대단했다. 코스코가 기름 공급을 중단하면 한국 경제는 물론 당장 교통 체계부터 마비되었기 때문에 미국은 코스코를 한국 정부에 대한 최종 압력수단으로 이용했다. 여기에 한이 맺혀 이승만은 누구든 기름 없이 달리는 자동차를 개발하면 온갖 특혜를 다 주겠다고 공언했다.[106] 기름에 한 맺힌 이승만은 피마자를 많이 심어 기름을 짜 수출하라는 이야기를 하기도 했다.

이승만 못지않게 기름에 한이 맺힌 사람도 있었다. 1957~1960년까지 시발자동차회사 공장장 출신으로 5·16 군사쿠데타 후 상공부 관리가 된 오원철이었다. 그는 경제개발 5개년 계획을 작성하면서 정유공장을 최우선 중요 사업으로 올렸다. 오원철은 서울공대 시절의 은사이며 정유 전문가인 나윤호에게 고문 역할을 해달라고 청했다가, 이런 말을 들었다고 한다.

"오 과장, 당신 목이 열 개가 있어도 안 될 것이오. 자유당 시절에는 코스코 욕만 해도 목이 달아났으며, 정유공장을 담당하는 화학과 직원은 코스코가 있는 울산, 부산 지방에는 얼씬도 못한 것 알아요? 그리고 중동에서는 기름 재벌에 반대하다가 갑자기 행방불명된 사람이 있고, 필리핀에서도 최근 이런 사건이 난 걸 알아요?"[107]

제6장

김동리 · 이어령 논쟁: 실존주의와 서구적 교양주의

문단의 실존주의 열풍

'당시 자타가 공인하는 우리나라의 대표적인 문인'이었던 김동리는 『서울신문』 1959년 1월 9일자에 「새해 문단의 전망」을 기고했다. 김동리는 이 글에서 1958년 한 해 동안 약 200명의 문인이 소설 약 250편, 시 450편, 희곡 15편, 평론 300편을 생산해내는 '풍작'을 기록했다고 평가하면서도 평론 쪽의 질적 수준에 문제가 있다고 비판했다.

이에 대해 김우종이 『조선일보』 1월 23일자에 반론을 제기하고, 이어 이어령이 『경향신문』 2월 9일자와 10일자에 「김동리 씨에게 묻는다」는 글로 정면 도전했다. 이어령이 제기한 질문의 요점은 "첫째, 오상원의 소설 문장이 과연 지성적인가? 둘째, 한말숙의 「신화의 단애」가 실존주의인가? 셋째, 추식의 「인간제대」를 극한의식으로 볼 수가 있는가?" 등이었다.

김동리는 2월 18일과 19일에 답을 하면서 "생경한 문장으로 친다면, 이어령 당신은 어떤가?" 하고 이어령의 「사반나의 풍경」과 「녹색우화집」에 나타난 생경한 문장을 지적하면서 비판했다. 그러자 이어령은 2월 25~27일 사흘에 걸쳐 "학생 시절에 발표했던 나의 소설 「사반나의 풍경」에서 생경한 문장을 골라내어 운운하는 것은 치사하다"고 항변하면서 "오상원 소설의 문장이 과연 지성적인가? 분명히 대답하라", "한말숙의 「신화의 단애」가 실존주의인가? 여러 소리 말고 분명히 대답하라"는 질문을 다시 던졌다.[108]

이호철에 따르면, "그 뒤에도 한두 번 더 두 사람 간에 오락가락하면서 차츰 논쟁은 김이 빠져 가는데, 하이데거·카뮈 등 프랑스 대가들의 이름이 나오고, '실존성'이라는 단어가 있느니 없느니로 다툼이 이어 가자, 그 무렵 삼선교에서 나와 같이 하숙했던 한 영문학자 J모가 동리의 부탁을 받고 당시의 서울대 철학 교수 조가경 씨에게 '실존성'의 독일어 원어를 알려다 주어, 동리가 그걸 써먹기도 하는 등 약간 웃기는 구석도 없지 않았다. 특히 이어령도 그런 사실을 즉각 알아내곤 J모에게 툴툴거리며 불만을 토로하기도 했던 것이었다."[109]

훗날 김병익도 이 논쟁에 대해 "치사한 인신공격으로 몰고 가며, 당시 미만해 있던 실존주의의 이해 정도를 짐작게 하는 사건이었다"고 평했다.[110] 그러나 당시 이미 몇 년 전부터 지속되어온 실존주의 열풍은 뜨거웠다. 최일수가 『자유문학』 1956년 12월호에 쓴 「우리 문학의 현대적 방향」이라는 글은 "문학이 마치 실존주의의 해설판처럼 되어 있다"고 말할 정도였다.[111]

서구 지식 이용의 검증 경쟁

그런데 문제는 실존주의라는 게 '메이드 인 코리아'가 아니어서 누가 더 서양 지식에 능통하느냐가 우열을 가름하는 유일한 기준이었다는 점일 것이다. 그래서 '실존성'의 독일어 원어를 아느냐가 모르냐가 논쟁에 영향을 미치기도 했던 것이다. 이 논쟁은 '서구 지식 이용의 검증 경쟁'이라 할 만한 것이었다. 이어령은 김동리와의 논쟁에서 "'실존'과 '실존성'은 어떻게 다른가. 실존 밑에 성性을 붙일 수 있는가? 붙일 수 있다면 원어로는 어떻게 되는가. 구체적으로 제시해주기 바란다"고 공격했다.[112]

여기서 엿보이듯 이어령으로 대표되는 서울대 출신의 신진 엘리트 세력은 그간 서구 지식의 수입과 활용이 국내에서 엉터리로 이루어진 걸 문제삼으면서 자신들이 '정통'임을 주장하고자 했던 것이다. 물론, 그러한 주장의 이면에 깊은 뜻이 전혀 없진 않았을 것이다. 훗날 이어령은 "지금 보면 '실존성'이라는 지엽적인 말 한마디를 놓고 벌인 논쟁처럼 보이겠지만 사실은 우리 문학의 본질 문제를 담고 있"었다고 주장했다.

이어령은 "우리 근대문학은 늘 개념도 확실치 않은 외래 문학사조가 들어와 수박 겉핥기로 유행했다가 사라지곤 했지요. 낭만주의도 자연주의도 모더니즘도 다 그랬어요. 실존주의도 그렇게 들어왔다가 그렇게 사라져버렸지요. 그러한 풍토에 쐐기를 박기 위해서 한말숙 씨의 작품을 '실존성'이라고 평한 김동리 씨에 대해서 '실존성'의 개념을 밝히라고 한 것이지요. 작품은 물론 그 이론적 배경이나 그 뜻도 제대로 검증하지 않은 채 유행어처럼 떠돌던 실존주의란 말을, 그것도 실존주의가 아니라 '실존성'이라는 애매한 말로 작품을 재단하려는 것에 대한 비판이었지요"라면서 다음과 같이 말했다.

"우리만 해도 옛날과는 달리 실존주의를 저널리즘에서가 아니라 이휘영, 손우성 교수의 강의를 통해 사르트르와 카뮈의 작품들을 직접 읽고 박종홍 선생의 철학 강의를 통해서 그 사상의 기초 이론을 훈련받았거든요. 염상섭 씨의 「표본실의 청개구리」를 자연주의 문학의 대표작이라고 하는 것에 대해서 반론을 제기한 것이나 김동리 씨의 「실존무」 논쟁이나 다 같은 문맥에서 이루어진 것입니다. 말하자면 풍설에 지배되는 한국 문단의 지적 검증부터 시작하자는 것이었지요. 마술로부터의 해방에서 근대성을 찾으려고 했던 사회학자들처럼 말이지요."[113]

그 논쟁이 이어령의 말처럼 한국 문학의 본질 문제를 담고 있었다 해도 논쟁의 방식이 서구 지식 이용을 검증하는 성격을 띠었다는 건 분명한 사실이었다. 즉, 이 논쟁엔 서구 지식 이용의 검증을 둘러싼 세대갈등적 성격이 있었다는 것이다(문학평론가 류철균[이인화]은 「이어령 문학사상의 형성과 전개: 초기 소설 창작과 창작론을 중심으로」[2001]라는 글에서 서울대 출신 신진 엘리트의 "반대편에는 경신중학 중퇴의 전직 양곡조합 서기[김동리], 목포상고 중퇴의 신문기자[최일수], 혜화전문 중퇴의 잡지편집자[조연현], 혜화전문 출신의 동국대 도서관 직원[정태용]들이 납북과 월북으로 문학사의 명맥이 단절된 문단을 지키고 있었다"고 말한다. 이게 바로 "이어령이 한국 지식인 사회의 기린아 麒麟兒로 떠오르게 되는 시대적 배경이었다"는 것이다).[114]

'서구적 교양주의의 탄생'

박훈하는 「서구적 교양주의의 탄생과 몰락: 이어령론」(1997)이라는 평론에서 이 논쟁을 크게 달라진 환경에서 '서구적 교양주의의 탄생'이라는 점에서 보았다. 그는 일제강점기에 서구의 지적 동향은 일본을 통해 중개되었고, 일본어를 모국어처럼 인식했던 문인들에게 유럽어의 독서 능력과 정보 수집 능력은 크게 상관성이 없었던 반면, 반공을 국시로 채택했던 이승만 정권이 반공만큼 반일을 표방하고 나섰을 때 일본어를 통한 독서 능력은 제도적으로 통제되어 정보 수집에 거의 도움을 주지 못했다는 점에 주목한다. 이러한 사실은 적어도 구세대에게는 상대적으로 치명적인 것이었다고 말할 수 있다는 것이다.

박훈하는 "그러므로 새롭게 전개되는 서구의 정보량은 유럽어에 대한 독서 능력과 거의 맞먹는 것이었고, 이 점을 간파한 이어령은 높은 목소리로 김동리의 무지를 공략할 수 있었다. 적어도 이 부분에서만은 자신만만하게 구세대와 자신을 차별화할 수 있는 영역이었기 때문에 마음껏 조롱함으로써 자신의 위상을 높여갈 수 있었던 것이다"며 다음과 같이 말했다.

"따라서 '실존성'이라는 용어의 적확성 여부는 김동리가 당시 실존주의에 대해 최고의 학문적 깊이를 가지고 있었던 조가경 씨에게 묻는 것으로 결판이 나야 했다. 물론 조가경 씨는 문단의 이 미묘한 사안에 대해 명료한 발언을 삼감으로써 치졸한 논쟁을 마무리지었지만 이 점에 대해 이어령이 새롭게 무엇인가를 부언할 입장은 결코 아니었다. 서구 이론을 민족적 특수성 속에서 어떻게 내재화할 것인가 하는 문제는 이어령에게 철저히 방기되어 있었기 때문이다. 바로 이 순간 이 땅의 비평적 규준은 서구화 바로 그것으로 오인되게 된다."[115]

박훈하는 이어령이 그 후 자신 있는 목소리로 서구 이론을 선보이기 시작했으며 그의 목소리가 평단에서 비중이 높아가면 갈수록 비주체적인 담론이 이 땅에 공식화되었다고 지적했다. 그는 "김동리와의 논쟁에서 보여준 바와 같이 그의 강점은 서구적 지식의 정확한 이해력에 있었고, 그 점만으로는 하등 그의 비평적 자세를 비난할 필요는 없을 것이다. 오히려 그 점은 상찬되어 마땅하며, 하나의 모범으로 제시될 필요까지 있다"며 다음과 같이 말했다.

"그러나 중요한 것은 이 정확함이 서구적 보편성에로만 수렴될 때, 이는 영락없이 우리 것에 대한 폄하와 자기비하로 이어진다는 점이다. 이를테면 그가 공들여 복잡한 비평 개념을 설명할 때 그에게 독자는 자신의 이야기에 귀를 기울임으로써만 무지를 극복할 수 있는 극히 일방적인 관계로만 상정되지 않을 수 없었다. 이 점이 바로 서구적 교양주의로 무장한 이 시대 최고의 비극이며, 이를 모범적으로 선도한 이어령에게서 보게 되는 아픈 그림자일 터이다."[116]

카뮈는 '우리들의 정신적 동지'

그러나 이어령이 그런 흐름의 선두에 서 있었다는 것일 뿐, '서구적 교양주의'는 이후 40년 넘게 한국의 문단뿐만 아니라 전 사회를 지배하는 '인정 투쟁'의 무기로 군림하게 된다. 훗날 문학성과 대중성이라는 두 마리 토끼를 동시에 잡은 작가로 평가되는 이문열이 누리는 인기의 비결도 '서구적 교양주의'에 근거한 것이었다. '서구적 교양주의'는 이념적 강박의 포로가 된 이문열의 한계를 극복하게 해줄 만큼 이념을 초월해 광범위한 지지를 누리게 된다.

알베르 카뮈가 세상을 떠났을 때 '카뮈 추도회'와 월간지의 '카뮈 특집'을 마련할 정도로 한국 사회는 서구적 교양주의가 위세를 떨치고 있었다.

    1960년 벽두에 있었던 알베르 카뮈Albert Camus, 1913~1960의 죽음이 한국 문단에 안겨준 충격도 당시 '서구적 교양주의'의 위세를 잘 말해준 사건이었다고 볼 수 있을 것이다. 1960년 1월 15일 문단에선 카뮈 추도회까지 열었으며,『자유문학』1960년 3월호는 카뮈 특집을 마련했다. 이헌구는 추도사를 통해 카뮈를 "20세기 후반기에 사는 우리들의 정신적 동지"라고 표현했다. 카뮈는 "모든 현대 지식인의 고민을 한몸에 짊어진 채 이 세상에 태어"났으며, 그의 죽음을 안타까워하는 추도회는 "우리들 속에서 재생될 카뮈의 삶과 문학 내지 예술에 던져준 그 의미를 더 한층 마음속에 받아들여 반항에 의한 창조로 나가야 할 결의를 굳게 하는 자리"로 평가되었다.[117]

당시의 한국 실정에 비추어 보자면 한국은 유럽보다는 아프리카에 더 가까운 나라였다. 한국의 지식인들이 '우리들의 정신적 동지'라고 부르기엔 당시 아프리카의 독립을 위해 맹활약을 하고 있던 프란츠 파농 Frantz Fanon, 1925~1961이 더 어울렸겠지만, 파농은 아직 수입되지 않았고 훗날에도 한국 지식계에서 '인정 투쟁'에 도움이 될 만한 '서구적 교양주의'와는 거리가 먼 인물이었다.

라디오, 아나운서,
멜로영화 전성시대

최초의 국산 라디오 생산

1957년과 1958년 삼양전기와 금성사가 라디오 수신기 제작에 들어가긴 했지만, 아직 진정한 의미의 국산 라디오는 나오지 않은 상태였다. 서현진은 라디오의 국산화 과정은 험난했다고 말한다. 라디오 국산화를 염두에 두었던 금성사 구인회의 계획은 내부에서부터 반대의견에 봉착했다는 것이다.

"국내에 라디오 생산업체가 한 곳도 없을뿐더러 미군 PX를 통해 산뜻한 외제 라디오들이 쏟아져 나온다는 것이었다. 아무런 경험도 없고 결과까지 불투명한 상황에서 위험을 무릅쓸 필요가 있느냐는 얘기였다. 여기에 윤욱현 등 찬성론자들은 라디오 케이스가 플라스틱제이기 때문에 자체 기술로 감당할 부분이 적지 않으며 핵심 부분은 외국 기술을 유치하면 된다고 맞섰다. 최종 결정은 구인회 사주가 내렸다. 라디오 사업

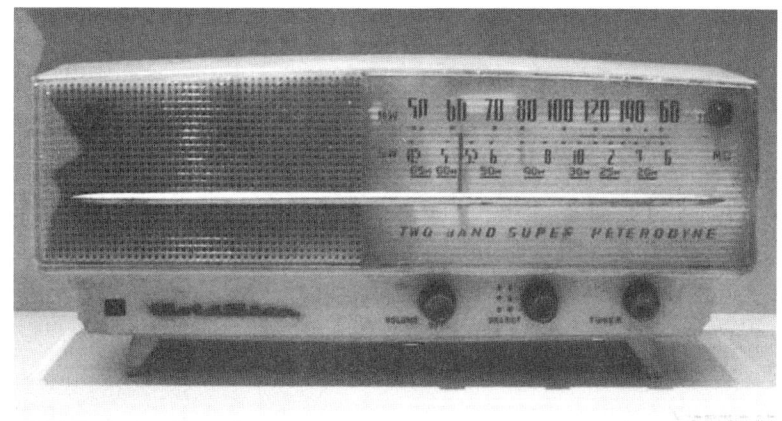

우리나라 최초의 국산 라디오 '골드스타 A-501'은 교류를 쓴 진공관 5구 라디오 1호라는 뜻으로 금성사에서 제작되었다.

검토 1년여 만인 1958년 1월 구인회는……다음과 같은 요지의 결단을 내렸다. '우리가 언제까지 미제 PX 물건만 사 쓰고 라디오 하나 몬 맹글어 되것나! 누구라도 해야 하는기 안이가? 우리가 한번 해보는기라. 몬자 하는 사람이 고생도 되것지만 하다보면 나쇼날이다, 도시바다 하는 거 맹키로 안 되것나.'"[118]

1959년 11월 15일 국산 라디오 '골드스타 A-501'이 처음으로 출고되었다. 1958년 10월 1일에 창립한 금성사가 6개월 만에 이루어낸 성공이었다. 이는 교류AC를 쓴 진공관 5구 라디오 1호라는 뜻이었다. 이 라디오에 박힌 왕관 모양의 골드스타 로고는 이후 국내 가전제품의 대명사가 되었다. 부산의 『국제신보』 1959년 11월 4일자는 그때의 감격을 다음과 같이 기록하고 있다.

"우리나라 최초의 국산 라디오가 드디어 쇼윈도에 나타나게 된다. 그

동안 라디오 생산에 필요한 제반시설을 갖추어오던 금성사는 마침내 다량 생산단계에 들어갔으며, 오는 11월 15일경부터 전국 상점에 일제히 공급하게 되었다. 약 300명의 종업원이 일하는 현대적 시설로 한 달에 3,000대를 만들 수 있는데 우선 처음 나올 제품은 세 가지 종류이며 제일 먼저 나올 것이 사진에서 보는 바와 같이 '골드스타 A-501'이다."[119]

라디오의 국산화·대중화

라디오의 국산화는 라디오의 대중화를 심화시켰다. 1959~1960년에 라디오 수신기 보급은 10만 대 이상 늘어 1960년에 42만 대에 이르렀다. 또 정부는 1957년 이후 유선방송 지원책을 펴 5·16 군사쿠데타 이전까지 전국에 400여 곳의 앰프촌을 설치해 농어민 40여 만 명이 무료로 방송을 들을 수 있게 했다.[120]

1959년 12월 정부는 정부 보유 달러로 한국에선 처음인 '전지식 트랜지스터 라디오' 2,500대를 긴급 수입해 전기 없는 농어촌에 무상 배포했다. 그 수입 지시는 경무대에서 하달된 것이어서, 이는 1960년 3월 15일에 시행될 정·부통령 선거를 겨냥한 것이라는 의심을 받았다.[121] (1958년엔 1만 대, 1960년엔 4,920대의 트랜지스터 라디오를 무상 배포했다.)[122] 1959년 말 현재 전국의 라디오 보급률은 20.8%, 농촌의 보급률은 7%, 서울 지역 보급률은 61.5%에 이르렀다.[123]

1959년 4월 15일엔 한국 최초의 민간상업 라디오 방송인 부산문화방송HLKU이 개국했다. 사업가 김상용과 방송기술인 정환옥에 의해 탄생한 부산문화방송은 자금난을 이기지 못해 9월 23일 『부산일보』와 조선견직주식회사의 사주 김지태에게 소유권이 이양되었지만, 부산에서는 KBS를 압도하는 인기를 누렸다. KBS는 부산문화방송과의 청취율 경쟁을 벌이면서 부산의 라디오 방송은 온통 가요곡 중심으로 편성되기도 했다.[124]

라디오는 영화와 더불어 대중문화의 꽃이었다. 1957년 12월 정동에서 남산으로 이사를 간 서울중앙방송엔 구경꾼이 끊이질 않았다.[125] 1957년 조남사의 인기 라디오 연속극이었던 〈청실홍실〉이 영화화되어 성공을 거둔 이후 라디오 연속극의 영화화 붐이 일어난 것도 라디오의 인기를 말해주는 것이었다.

'오빠 부대'를 거느린 아나운서의 인기

라디오 방송이 활성화되면서 아나운서의 인기도 치솟았다. 특히 남성 아나운서는 당시 최고의 스타로서 적잖은 '오빠 부대'를 거느렸다. 1950년대 말 아나운서의 인기에 대해 노정팔은 『한국방송과 50년』(1995)에서 다음과 같이 말한다.

"인기 있는 아나운서가 숙직하는 날이면 볼 만한 광경이 자주 벌어지곤 하였다. 맛있는 밤참을 준비해 가지고 오는 아가씨들이 줄을 잇는가 하면 면회하러 온 여인들끼리 서로 독차지하겠다고 싸움을 벌이는 일도 있다. 어떤 여자는 밤늦게 전화를 걸어 감미로운 음악을 들려주며 놀러 오라고 유혹하기까지 한다."[126]

노정팔은 4·19 당시 아나운서의 인기와 더불어 '위력'을 말해주는 에피소드를 하나 소개한다. 서울 시내에서 시위가 한창 벌어지고 있을 때 방송국 직원들은 친여적인 서울신문사가 이미 불에 탄 사건이 일어 났는지라 시위대의 습격을 받을까봐 우울한 심정으로 침묵을 지키고 있을 때였다고 한다.

"그러고 있을 때 누군가가 '여기로 데모대가 올라오고 있다'고 소리쳤다. 이제 방송국도 꼼짝없이 당하는구나 했지만 무슨 대책은 있을 수 없었다. 정작 방송국을 찾아온 데모대는 양정고등학교 학생들이었다. 그들은 '임택근 나오라, 임택근 나오라'고 외쳤다. 처음에는 임택근 아나운서에게 무슨 위해라도 가하려고 하는가 했는데 만나 보니 그게 아니고, 임택근 아나운서가 나와서 이 시위 광경을 있는 그대로 중계방송하라는 것이었다."[127]

그러나 아나운서들은 자신들이 누리는 인기를 만끽할 수는 없었다. 그들의 신분이 공무원이었기 때문이다. 정순일은 『한국방송의 어제와 오늘: 체험적 방송 현대사』(1991)에서 "당시의 『방송』지의 청취자 조사에 나타난 인기 제1위는 임택근, 2위 장기범, 3위 강영숙, 4위 최계환의 순이었으나 아나운서실의 화목을 깬다는 이유로 그 후 그런 조사는 중지되었고, 『주간희망』이 '독자의 아나운서 인기투표'를 계획하여 공고까지 했다가 정부로부터 '국가 공무원을 인기투표에 부치는 법이 어디 있는가'라는 공문서가 날아들어 소동이 벌어진 적도 있었다. 그렇다. 국가공무원(기독교방송은 그렇지 않았지만). KBS 아나운서들 모두가 공무원이었다"며 다음과 같이 말했다.

"아나운서뿐만 아니라, 기자들까지도 주사, 서기와 같은 공무원의 계급을 가지고 있었다. 계급이 주사급 밖에 안 되는 기자가 당연히(?) 당당하게 장관들에게 질문을 던지고, 서기급 밖에 안 되는 아나운서가 거물급 정치인에게 마이크를 들이대고 천연스럽게 일문일답을 하면, 한구석에서는 역시 서기급인 엔지니어가 열심히 녹음기를 조정하던 그런 시절. 만화 같은 얘기지만 그럴 수밖에 없었던 것이 국영방송이다(1960년대 초, 고위층과의 회견을 마치고 그 고위층이 내민 담배를 받아 문데다가 댕겨주는 라이터 불까지 받아 핀 것이 화가 되어 기자 생활을 그만두어야 했던 용사도 있었다)."[128]

방송인들의 공무원 신분은 3·15 부정선거에서 4·19 혁명에 이르는 기간 동안 KBS가 보도매체로서의 기능을 방기하는 결과를 초래했기 때문에 4·19 후 '방송중립화운동'이 벌어지게 된다. 그러나 다시 5·16 군사쿠데타로 KBS는 끝내 '국영'의 굴레를 벗어나지 못한다. KBS는 1973년 3월 3일에서야 한국방송공사로 개편되면서 '국영' 딱지를 떼고 '공영'으로 다시 태어나지만, 정권의 나팔수 역할은 그대로였다.

멜로영화의 전성시대

1950년대 말 한국 영화계는 여전히 '고무신 관객'의 사랑에 힘입어 멜로영화의 전성시대를 구가했다. 1959년에 제작된 111편의 영화 가운데 멜로영화는 86편이나 되었다(수입된 외화는 203편). 1960년엔 87편의 영화 가운데 멜로영화는 64편이었다. 한국인은 1956년 1인당 1년에 평균 0.97회 극장에 갔지만, 1960년엔 1인당 연평균 1.8회로 늘었다.[129]

1957년 미스코리아 대회가 시작되더니 영화 쪽에서도 미인관이 점차 변모해 1950년대 말엔 섹시한 육체파 여배우들이 인기를 얻기 시작했다. 수영복을 입은 여배우들이 등장하는 해수욕 장면이 자주 나와 관

'한국 최초의 컬러 극영화'인 최성관의 〈선화공주〉는 『경향신문』 1957년 8월 29일 4면에 광고를 내면서 '총천연색 개봉박두!'라는 문구를 삽입했다.

객의 눈길을 끈 것도 이때부터였다.[130] 1957년 17세의 나이에 데뷔한 김지미는 서구적 미모로 "한국 남성들의 메마른 가슴에 정염의 불꽃을 피웠다".[131]

관객 증가엔 치열한 마케팅 공세도 한몫 거들었다. 1950년대 말 신문광고의 가장 큰 광고주는 영화업계였다. 영화 광고는 1958년 전체 광고의 34.7%, 1959년 37.0%를 차지했다.[132] 새로운 기술에 대한 선전도 치열했다. 당시 미국 영화는 대부분 컬러 영화였지만 한국 영화는 흑백이었기 때문에 컬러에 대한 콤플렉스가 컸다. 1957년 9월에 '한국 최초의 컬러 극영화'로 소개된 최성관의 〈선화공주〉는 단지 컬러라는 이유만으로 찬사가 쏟아졌다. 미국에서 컬러 영화는 이미 20여 년 전에 일반화되었으며 대부분의 나라들도 이미 이루어낸 성과였지만, 한국에선 어쩌면 너무 늦었기 때문에 더욱 감격했던 건 아니었을까?[133]

그런가 하면 1958년에 개봉된 이강천의 〈생명〉은 한국 최초의 시네마스코프라는 이유로 찬사를 받았다. 미국에서 시네마스코프(대형 화면의 영화)가 처음 등장한 것이 1952년이기에 "외국의 영화계와 어깨를 나란히 하고", "한국 영화를 위한 거족巨足의 업적"으로 평가받았다.[134]

그러나 1950년대 말 흥행 시스템은 외국의 영화계와 어깨를 나란히 하기엔 너무도 많이 뒤처져 있었다. 1959년에 100편이 넘는 영화 제작 기록을 세웠다지만 양만으로 따질 일은 아니었다. 1953~1959년 사이에 신상옥, 홍성기, 유현목, 김기영, 이강천, 김수용, 정창화 등 많은 신인 감독이 데뷔했지만, 이들이 역량을 발휘하기엔 제작 환경이 너무 열악했다.

호현찬은 『한국 영화 100년』(2000)에서 "당시에는 영화과가 있는 대학이 없었다. 영화 인재를 양성하는 기관이나 학원도 부재했다. 그저 영화가 좋아서 감독과 기술자들을 따라다니며 철저한 도제徒弟 수업을 겪고 감독이 되거나, 운 좋게 제작자를 만나면 독립하여 영화감독이 되는 것이 영화계의 관행이었다"며 다음과 같이 말했다.

"프로듀서의 자질을 갖추지 못한 전주錢主들의 비위를 맞추느라 아류 영화를 내놓을 수밖에 없었다.……연출한 작품이 흥행에서 성공하면 다음 기회가 주어진다. 그러나 흥행에서 낭패를 보게 되면 낙마하여 물러서야 한다. 그래서 신인 감독들은 전주에게 무조건 돈을 벌어줘야 생존할 수 있었다."[135]

교외 지도교사와 풍기 문란 단속

1958년경 학교 바깥에서 학생들의 탈선을 단속하기 위해 등장한 '교외校外 지도교사'의 주요 단속 장소 중 하나는 극장이었다. 1959년 7월

21일 오후, 공포영화 〈괴인 드라큘라〉를 상영 중이던 서울 을지로 모 극장 객석에서 벌어진 일을 보자.

"교외 학생 생활 지도교사가 단속 나왔다"는 누군가의 말에 수많은 중·고교생이 한꺼번에 자리를 박차고 일어나는 소동이 빚어졌다. 학생들이 뒷문으로 후다닥 줄행랑을 놓자, 상영관 입구에서 극장 직원과 실랑이를 벌이던 지도교사들이 추격하기 시작했다. 영화 내용을 불문하고 학생들의 극장 출입을 엄하게 금지하던 1970년대 후반까지, 초만원 극장마다 이런 쫓고 쫓기는 숨바꼭질이 심심찮게 빚어지기도 했다.

1966년 5월 어느 일요일, 학생이 200여 명이나 입장해 있던 명동 유명 개봉관을 교외 지도교사들이 급습해서 닥치는 대로 학생들을 끌어내 아수라장이 되었다. 극장 직원은 "지도교사들 때문에 장사 못 해먹겠다"고 불만을 터뜨렸다. 단속반이 태풍처럼 한 번 극장을 휩쓸고 가면 3~4일은 손님이 덜 든다는 것이었다. 교외 지도교사를 빙자해 공짜 입장하는 이가 하루에 30~40명도 더 된다는 불평도 나왔다.[136]

풍기風紀를 지키겠다는 강력한 의지는 수영장에까지 영향을 미쳤다. 서울시교육위원회가 1958년 거론한 수영장의 풍기 문란 행위는 '수영을 가르친다며 남녀가 난잡하게 접촉하고 남학생이 여학생을 희롱하는 것'이었다. 서울시교육위원회는 '차마 볼 수 없는 일들이 벌어지고 있다'면서 수영장마다 학생 풍기 단속 감독자를 주재시키고 여학생 수영장도 만들었다. 1958년 7월엔 여학생들만 이용할 수 있는 '여학생 수영장'이 서울 뚝섬에 개장했다. 서울시교육위원회가 마련한 시설이었다. 개장식엔 문교부 차관, 서울시장, 서울시교육감 등이 참석해 테이프를 끊었다.

1960년대에 경찰은 여름이 되면 "수영장은 남녀의 장소를 가급적 구분토록 한다"는 내용을 치안 대책의 하나로 발표했다. 1972년엔 대학생들 MT의 메카로 유명한 경기도 가평군 대성리에도 1,200명이 이용할 수 있는 여학생 전용 풀장이 선보였다. 1994년 미국 뉴욕 시립 수영장에서 여성들의 성추행 피해가 잇따르자 시 당국이 남녀 수영 공간 분리를 검토했을 때, 상당수 여성은 이렇게 항변했다. "여자들끼리 무슨 재미로 수영을 합니까?"[137]

베스트셀러와 책의 월부 판매

'베스트셀러'라는 말이 국내 신문에 처음 등장한 건 1959년이었다. 문학평론가 백철은 『동아일보』 1959년 5월 22일자에 「4~5월 베스트 순위」라는 논평을 썼고, 『조선일보』 1959년 10월 21일자는 '베스트셀러'라는 말 자체에 대해 다음과 같은 논평을 실었다.

"베스트셀러가 있게 된 것도 최근의 일이다. 어느 때건 잘 팔린 책이 없지 않았지만 단시간 안에 화제에 올라 부쩍 팔리는 책은 이전엔 없었다. 즉 현대의 화제에 뒤떨어지지 않으려는 독서 심리를 노리고 '마스콤(매스컴)'의 교묘한 심리와 그 허점에서 잘 팔리는 책이다. 이것이 한국풍의 베스트셀러다. 또한 베스트셀러는 선전이 특색이다. 즉 우리나라에서는 잘 팔리는 책이란 좋은 책, 재미있는 책, 유익한 책이기 때문이 아니라 '문제된 책'이기 때문이다. 서울 시내 몇 개 출판사에서 중판된 서적을 가리어 본 결과 반교과서적인 학술전문 서적 매상이 으뜸이고 그다음이 이 '문제된 책'들이었다. 그리고 여학생들의 감상을 노려 해설을 붙

'베스트셀러'라는 말은 문학평론가 백철이 『동아일보』 1959년 5월 22일자 칼럼에서 처음으로 썼고, 『조선일보』는 당시 '베스트셀러'의 문제점을 비판했다. (『조선일보』, 1959년 10월 21일)

여가며 꾸민 서정시집이나 서정시를 엮은 '안소로지'(앤솔로지)의 매상도 좋았다. 사서류도 웬만하고 취미·오락·의학·축산 등 생활을 위한 서적도 잘 팔리는 축에 끼었다."[138]

1958년 후반기 출판계에서는 전집류 붐이 일었는데, 이는 이듬해 월부 판매제가 도입됨으로써 더욱 활성화되었다. 이에 대해 이임자는 『한국 출판과 베스트셀러 1883~1996』(1998)에서 다음과 같이 말한다. "월부제는 견물생심을 자극하는 판매전략을 구사해 구매심리를 부추겼다. 따라서 장정을 화려하게 한다거나 인쇄나 지질을 고급화하는 등 출판사끼리 경쟁을 함으로써 출판물의 질을 높이는 결과를 낳기는 했으나 순수한 독서열과는 다르다는 점에서 우려되는 현상이기도 했다."[139]

처음으로 외판 형식의 할부 판매를 시도해서 성공을 거둔 건 1959년 학원사가 6권으로 완간한 대백과사전이었다. 이런 책들의 판매는 '장식용 가치'의 덕을 많이 보았다. 김영희는 「제1공화국 시기 수용자의 매체 접촉 경향」(2003)이라는 논문에서 다음과 같이 말했다.

"이 성공으로 1959년에 여러 출판사가 경쟁적으로 전체 20권~100권의 대형출판물을 발행하였다. 기획출판 개념의 이 전집물들은 활자의 개량·인쇄·제본술 등을 크게 발전시켰는데, 문화주택이나 서재를 가진 지식층·사업가들의 장서용으로 호응을 얻으면서 전집물의 초판이 3,000부 이상 5,000부 정도 판매되었고 10만 부를 넘는 경우도 있었다. 독자가 읽기 위해 서적을 구입하는 경우만이 아니라 실내장식용으로의 수용도 형성된 것이다."[140]

제8장

조병옥 사망: 청천벽력·망연자실

민주당 신파와 구파의 이전투구

이승만은 이전처럼 관제 민의民意를 동원하는 번거로운 절차를 생략하고 1959년 4월 19일 제4대 대통령 선거에 출마할 것을 표명했다. 자유당은 6월 29일 제9차 전당대회를 소집해 대통령 후보에 이승만, 부통령 후보에 국회의장 이기붕을 지명했다.

반면 민주당은 대통령 후보 자리를 놓고 신파와 구파의 대립이 심했다. 이전투구泥田鬪狗였다. 당연히 인신공격도 난무했다. 1959년 가을 조병옥이 대통령이 되어서는 안 된다는 '대통령 결격 사항 10개조'가 열거된 인쇄물이 전국 지구당에 배포되었다. 그중엔 조병옥이 경찰 출신이며 '주색풍류객酒色風流客'이라는 것이 지적되었다. '주색풍류객'이라는 비판에 대해 조병옥은 자신의 회고록에서 이렇게 말했다.

"나의 성생활도 청백미나 백옥같이 깨끗하다고는 할 수 없다. 그러나 그것을 여기서 쑥스럽게 구구히 변명하지 않을 것이니 독자의 호의적인 상상력에 맡기기로 하겠다."[141]

자유당과 경찰의 구파 지원설도 끈질기게 나돌자 조병옥은 분노했다. 반면 장면은 조병옥 측이 자신의 친일 경력을 물고 늘어진다고 분노했다. 양측 모두 분노하는 가운데 갈등만 커져갔다.[142]

제4대 국회에서 민주당에 입당한 뒤 신구파의 분쟁에서 어느 편에도 가담하지 않으려고 애썼다는 민관식은 "신파 내 모모 인사들의 대對구파 공격과 극심한 대對유석(조병옥) 공격 언동은 당의 대표최고위원은 차치하고라도 연령으로 보아 선배의 대접도 아니함이 비일비재하였다.……단적으로 말하여 신파는 조직적이고 투쟁적인 데 반하여 구파는 글자 그대로 '구舊'를 상징하여선지 비조직적이고 쉽게 말하여 점잖기만 하다는 평이 적평일 것 같다"며 다음과 같이 말했다.

"구파가 국민 절대다수의 지지력과 당내에 많은 지지 당원을 확보하고 있으면서도 때로는 열세를 만회하지 못함은 어이한 이유였을까? 이것은 나의 편견인지 무분별인지 모르나 당 생활의 체험을 통한 결론에서 볼 때 신파는 신구파 투쟁에서 직위의 상하를 막론하고 한 사람 한 사람이 사병의 임무를 다하고 상부의 명령에 호흡을 같이하고 일거수일투족의 짜인 체계 속에 움직인다는 것을 간파할 수 있었다. 그러나 구파는 하나하나가 모두 장성이어서 사병 노릇을 하기를 꺼리고 파내에서 열성껏 일하는 인사를 시기, 질시하여 다방 같은 데서 없는 동지의 흠집을 드러내 놓기에 겨를이 없을 뿐만 아니라 남을 깎아내리고 나를 치켜세우려는 공리주의가 판을 치니 전술에 있어 지리멸렬에 빠짐은 당연할 수밖에 없었다. 당원 한 사람이라도 더 포섭하고 설득하여야 할 귀중한 시간을 자파 동지의 중상에 소비하려 드는 사람이 있음을 볼 때마다 구파가 싸움에 이긴다는 것은 기적을 바라는 것 같다고 혼자서 마음 아프게 생각한 적이 한두 번이 아니었다."[143]

대통령 후보 조병옥, 부통령 후보 장면

지구당 개편대회에서 일어난 난동 사건이 자유당이 구파를 지원하기 위한 것이라는 의혹으로 번지자 조병옥은 깊은 고뇌에 빠졌다. 그는 10월 9일 새벽 자신과 가까운 『동아일보』 기자 이만섭을 돈암동 자택으로 불러 의논했다. "중상모략도 모략이지만 이렇게 과열로 치닫다가는 언제 당이 쪼개질지 모르니 차라리 내가 경선을 포기할까 하는데, 이 기자 생각은 어떻소?" 이만섭은 "제 생각도 마찬가지입니다. 지금은 박사님께서 희생하실 때입니다. 2보 전진을 위해 1보 후퇴를 하는 것도 좋다고 생각됩니다"고 말했다.[144]

10월 10일 조병옥은 후보 사퇴 선언을 했다. 그러자 구파 측 의원들과 당원들이 연일 조병옥의 집에 몰려가 후보 사퇴 번복을 호소했다. 민주당은 신구파 5명씩으로 당 분규 수습위원회를 구성해 내부 정비에 들어갔고, 결국 조병옥은 자신의 뜻을 굽히고 경선 출마를 다시 선언했다.

11월 26일 당내 대통령 후보 지명대회에서 조병옥은 장면을 484대 481, 3표 차로 누르고 승리했다. 대통령 후보는 조병옥, 부통령 후보는 장면이 되었다. 11월 27일 당대표와 최고위원 선출 대회에선 장면이 518표, 조병옥은 447표를 얻었다. 이는 구파 대의원들이 당의 분열을 막기 위해 장면에게 표를 준 결과였다.[145]

이승만은 1959년 12월 11일 기자회견을 통해 동일 티켓제 개헌을 주장했다. "다른 정당에서 대통령과 부통령이 선출된다는 것은 말이 안 된다. 지금이라도 헌법을 고칠 수 있으면 고쳐야 한다. 양분된 집에서는 살 수 없으므로 나와 뜻을 같이하는 사람이 부통령에 당선돼야 응하겠다는 뜻을 선포하겠다."

그러나 이승만은 이런 주장을 한 지 1개월도 안 된 1960년 1월 5일 국무회의에서 개헌 불가 입장을 천명했다. 1월 19일 국무회의에서 이기붕의 측근인 체신부 장관 곽의영이 동일 티켓제를 둘러싸고 조병옥파와 장면파의 의견이 대립하고 있다며 개헌 문제를 다시 제기했으나, 1월 28일 국무회의에서 동일 티켓제 개헌 불가로 최종 결론이 났다.[146]

치료를 위해 미국으로 떠난 조병옥의 사망

1960년 초부터 민주당 대통령 후보 조병옥에게 신병身病이 있다는 소문이 퍼져나갔는데, 이는 사실로 드러났다. 조병옥은 1960년 1월 29일 미국 월터리드 육군병원으로 위장 수술을 받으러 떠났다. 자유당은 조병옥이 미국으로 떠난 사이인 2월 3일, 5월 실시 예정인 선거를 농번기를 피한다는 핑계를 대고 3월 15일에 실시한다고 발표했다.

2월 15일 밤, 조병옥은 병원에서 사망했다(2월 21일 조병옥의 유해가 운구되어 오고, 25일 국민장으로 장례가 치러졌다). 정말 이상한 일이었다. 소설가 조정래는 『한강』에서 "조병옥 민주당 대통령 후보가 미국에서 세상을 떠난 소식은 사람들의 말을 잃게 했다. 사람들이 충격을 받은 것은 지난번 대통령 후보 신익희에 이어 두 번째 당하는 돌연사였기 때문이다"며 다음과 같이 말했다.

그 뒤숭숭한 여론을 간추리면 두 가지였다.

"나라가 망할려고 쓸 만한 인물들은 하늘이 다 데려간다."

"역시 이승만 대통령은 하늘이 내린 인물이다."

이 상반된 반응은 이미 보름 전부터 본격화된 정·부통령 선거운동과 직결되어 있었다. 서울에서 처음 열린 자유당과 민주당의 집회에서 민심은 뚜렷하게 드러나기 시작했다. 서울운동장에서 열린 자유당 집회에 '실려온 민심 6만', 장충단공원에서 열린 민주당 집회에 '걸어온 민심 13만'이라고 신문이 표현하고 있었다. 자유당에서는 각 동별로 버스와 트럭을 동원해 사람들을 실어나르고 그것도 모자라 전차까지 전세차 노릇을 시켰는데, 민주당에서는 그런 일을 전혀 하지 않은 것을 가리키는 거였다.[147]

당시 합동통신사 기자였던 리영희는 조병옥의 죽음을 청천벽력靑天霹靂과 망연자실茫然自失로 표현했다. 그는 "청천벽력이었다. 조 박사가 위대해서가 아니라(사실은 그의 정치적 경력에는 문제가 있었다), 다만 바라는 것은 대통령 후보가 누구이건 민주당이 선거에서 이겨주기를 비는 일념이었던 것이다. 세상이 한번 바뀌기를 빌고 있었다.……전국 방방곡곡에 한숨이 가득 찼다. 사람들은 한 줄기 희망의 빛이 사라져버린 하늘에 두터운 먹구름이 다시 무겁게 닫혀버리는 것을 보았다. '망연자실'이란 말은 그날 아침 조 박사 사망을 알리는 호외를 받아쥔 서울 시민들의 표정과 심경을 말하는 것이리라"라면서 다음과 같이 말했다.

"나는 그날 저녁 외신부 동료들과 무교동 술집에서 정신없이 마셨

조병옥의 사망은 한마디로 청천벽력과 망연자실이었다. 그리고 그의 죽음은 이승만 세력에는 너무나 큰 행운이었다. 조병옥의 국민장 장례 행렬.

다. 모두가 울부짖으며 퍼마셨다. 술집마다 사람들로 가득 찼고, 술의 힘을 빈 고함소리가 골목길에 울렸다. 힘없는 인텔리들의 절망적인 신음소리였다. 아마도 같은 시간에 불빛 휘황한 고급요정들에서도 '금준미주金樽美酒에 옥반가효玉盤佳肴'를 둘러싸고 노랫소리가 밤을 지새웠을 것이다. 그것은 태평성대를 구가하는 승리의 축전이었음이 틀림없다. 그 풍경은 도저히 한 나라의 모습일 수가 없고, 같은 국민의 반응일 수 없었다. 전 국민이 통곡하는 한쪽에서는 소수의 기득권자들이 승리의 합창을 소리 높이 부르고 있었으니까."[148]

민주당의 '한심한 작태'

그러나 민주당은 청천벽력과 망연자실 상태에 빠져 신음하는 민중들과는 달리 자파의 이해득실을 따지는 데에만 정신이 팔려 있었다. 이는 조병옥이 미국으로 떠날 때부터 벌어진 일이었다. 연시중은 『한국정당정치실록』(2001)에서 "조병옥이 신병치료차 도미했을 때 후보 지명 경쟁에서 패배한 신파는 조병옥이 자유당 이기붕으로부터 거액의 돈을 받고 이승만 대통령과의 대결을 피하기 위해 꾀병을 앓고 있는 것이라고 몰아붙였다. 그야말로 한심스러운 작태였다"며 다음과 같이 말했다.

"어쨌거나 공정한 경쟁을 통해 당의 대통령 후보가 된 신분이었는데 자파 인사가 아니라고 해서 터무니없는 모략과 중상을 한다면 당의 체면은 무엇이 되고 선거는 어떻게 치를 수 있을 것인가. 다음에는 구파가 빚을 갚은 것이다. 치료하기 위해 도미한 조병옥이 선거가 임박한 상황에서 별세하자 구파는 장면 부통령 후보의 사퇴 권고와 선거 포기를 종용하면서 여의치 않으면 신파와 결별할 것이라고 으름장을 놓았다. 선거를 눈앞에 두고 참으로 어처구니없는 일이었다. 구파는 내심 부통령 선거에는 관심이 없고 리더를 잃은 뒤 앞으로의 자기들의 진로 문제에만 고심했던 것이었다."[149]

훗날, 민주당의 은인은 이승만이었다. 이승만의 악정惡政과 그것을 뒤엎은 4·19 혁명에 의해 그간 민주당이 저지른 모든 이전투구와 '한심한 작태'가 가려졌기 때문이다. 그러나 이승만이건 민주당이건, 이들에 대한 혹독한 비판은 '오늘의 잣대'에 따른 것일 뿐, 이들의 모습이 1950년대 한국의 참 얼굴이었음을 받아들이면서 긍정의 자세를 가져야 하는 건 아닌가 하는 생각도 든다. 36년의 긴 공백, 아니 후퇴의 세월을 겪고 서양인들이 가져다준 민주주의를 해본다는 게 어디 그리 만만한 일이었겠는가?

제9장

"지식을 팔아 영달을 꿈꾸는 지식인들이여"

이승만·이기붕 출마 환영 예술인 대회

1960년 3월 6일 서울운동장에선 해괴한 행사가 벌어졌다. '이승만 박사, 이기붕 선생 출마 환영 예술인 대회'가 바로 그것이다. 이호철은 『문단유사』(2002)에서 "불과 2년 뒤에는 형장의 이슬로 사라질 이정재·임화수 등의 부릅뜬 눈길 앞에 덜덜 떨며 이 나라 문화예술인이라는 사람들이 잔뜩 주눅이 들어 하나같이 머리띠를 두르고 누군가의 선창을 따라 '이승만 이승만', '이기붕 이기붕' 하고 소리소리 질러대고 있었다면 곧이듣겠는가?"라면서 다음과 같이 말했다.

"백주대낮에 서울운동장 한가운데서. 그때는 운동장의 사방 둘레도 엉성하기 짝이 없어, 지상 전차를 타고 지나가던 시민들도 차장 밖으로 그 광경을 속속들이 내다볼 수 있었다. 그 대회의 내실을 두고 운운하기 전에, '저게 김승호다', '저게 허장강이다' 하며 오직 그 유명한 배우들 실물을 보는 것으로만 요행을 삼아, 감탄사들을 내질렀던 것이다. 그때가 바로 그런 시대였다."[150]

영화배우들은 강압에 의한 '환영'이었던 만큼 얼마든지 면책될 수 있었겠지만, 문인들은 달랐다. 4·19 혁명 직후 여기에 참가한 문학가와 예술가들은 '만송족'으로 지탄받았다. 소설가 오상원은 "만송족은 숙청되어야 한다"며 『동아일보』 1960년 5월 8일자 칼럼을 기고했으며, 전국문화단체총연합회의 해체를 요구하는 신문 칼럼들도 나왔다(6월 10일 전국문화단체총연합회는 자진 해체를 결의하고 '문화단체협의회'를 발족시켰다).[151]

이기붕을 따르는 '만송족' 동원

1960년 3·15 선거를 앞두고 민간 영역에서 맹활약을 한 건 대한반공청년단·반공예술인단·대한노총만은 아니었다. 1960년 2월 9일 자유당은 학계를 총망라해 137명의 정책자문위원과 과학기술특별의원을 선정하여 자유당 선거대책에 강제동원시켰다.[152] 그러나 모두가 다 강제동원된 것만은 아니었다. 박경수는 다음과 같이 말했다.

"이 무렵 권력 말기 증상의 자유당 정권은 문단의 어용御用 작가와 학계의 어용 교수들을 동원하여 여러 언론매체에 정부와 이승만을 찬양하는 글을 쓰게 하였다. 이승만뿐만 아니라 그 후계자인 이기붕까지 '찬송'하는 글들이 고액의 원고료 등을 미끼로 하여 매체에 실리는 바람에 그의 아호를 딴 '만송족'이란 새 유행어가 타락 선비의 대칭어로 쓰이기도 했다."[153]

'만송 찬송'의 지휘자는 『서울신문』이었다. 『서울신문』 2월 19일자는 「장면 씨의 정치적 생명은 부통령 입후보를 사퇴함으로써 연장될 수 있다」는 사설을 실었다. "정치란 대의명분이 서야 하고, 그것이 또한 국민의 신임과 지지를 받아야 한다. 그러나 장씨의 부통령 입후보는 조씨가 급서한 지금에 있어서는 명분도 서지 않을 뿐 아니라 국민의 불쾌감만을 사고 있는 것이다. 이와 같은 국민의 요망에 의하여 깨끗이 부통령 입후보를 사퇴하는 것만이 장씨로 하여금 그의 정치적 생명을 연장시키는 유일한 길이 될 것이다."[154]

이 신문은 2월 22일자엔 「이 대통령의 위대한 영도력은 세계적 여론이 증명하고 있다」는 사설을 실었으며, 3월 8일자엔 「대통령에 '이' 박사와 부통령에 '이' 의장을 선택해야 할 이유」라는 사설을 실었다. 3월 15일자 사설은 "1,119만 6,490명의 양심은 엄숙하고 신성한 마음으로 투표장에 나가자"는 고딕 활자를 내세우면서 "4년 전의 투표에서처럼 정·부통령이 서로 정당을 달리하여 선출됨으로써 야기된 국정의 혼란을 이번 선거를 통해서 시정해야 할 것이다"고 주장했다.[155]

심지어 『사상계』에도 그런 '찬송' 요청이 들어왔다. 한 번은 목사이자 철학박사이자 공보처장인 전성천의 부탁 메시지가 붙은 원고 하나가 『사상계』로 내려왔다. 공보처의 한 과장이 직접 들고 온 그 원고의 집필자는 서울대의 이 아무개 교수였고 제목은 「국부國父 이승만 박사가 계시啓示한 민주주의의 이념」이었다. 물론 『사상계』는 게재를 거절했다. 이에 대해 훗날 장준하는 이렇게 말했다.

"그 무렵 이 박사를 '국부'라 한 것은 하나도 새로울 것이 없는 것이지만 그분의 가르침을 '계시'라고까지 이름 붙여 글에다 쓴 건 나로서는 처음 구경한 일이었다. 계시란 말할 것도 없이 사람의 지혜로 알 수 없는

『서울신문』에는 '만송'을 찬송하는 사설과 글들이 연이어 게재되었다. 소설가 김동리와 박종화, 시인 김광섭, 경희대학교 총장 조영식은 이기붕을 예찬하는 글을 썼다. 1960년 4월 19일 서울신문사가 시위대에 의해 불태워지고 있다.

것을 신의 가르침으로 알게 된다는 뜻이 아닌가. 세속말로 웃기는 일이라 아니 할 수 없었다."[156]

그렇게 '웃기는 일'에 참여한 '만송족'엔 소설가 김동리와 박종화도 포함되어 있었다. 김동리는 『서울신문』 2월 10일자와 11일자 1면에, 박종화는 3월 5일자와 6일자에 만송을 예찬한 글을 썼다. 김광섭은 3월 2일자와 3일자에 「정·부통령은 동일 정당에서 나와야 한다」는 글을 썼다. 조병옥이 죽었으니 대통령 후보가 있는 당의 이기붕을 당선시켜야 한다는 논리였다. 경희대학교 총장 조영식은 3월 12일부터 14일까지 3회

에 걸쳐 이기붕을 예찬하는 글을 썼다.[157]

이승만 신격화 '충성 경쟁'

1959년 7월 이기붕의 아내 박마리아가 이끄는 대한부인회 전국대회는 자유당의 정·부통령 후보를 전면 지지한다는 결의를 채택했다. 나중에 대한부인회 최고위원 임영신이 부통령 출마를 선언하자 임영신과 박마리아 사이에 벌어진 '충성 경쟁'도 가관이었다. 임영신은 부통령에 출마하면서 2월 13일에 발표한 '충실한 보필자는 누구냐'는 제목의 성명에서 이승만을 '세기의 영걸英傑'로 극찬했다.

임영신은 "세기의 영걸이신 이승만 박사를 광복된 조국의 초대 대통령으로 모시어 오늘 4대에 이르게 된 것은 오로지 하늘이 우리 민족에게 내리신 특별하신 은혜요, 은총이라고 믿어 의심치 않습니다. 더욱이 노익장을 과시하는 이 대통령의 성수야말로 한 개인의 건강이라기보다는 안팎이 모두 어지러운 이 나라에 유익한 일이라 하겠습니다.……나라가 어지러울 때 어진 재상이 있어야 하겠거늘 하물며 이같이 어려운 시국에 민족의 영도자를 보필할 현량이 빈곤하였으니 그동안 한 사람의 영명이 만기를 살피기에 얼마나 고달팠을까? 이 박사의 헤아리기 어려운 고뇌와 착잡한 심경과 피로를 과히 짐작할 수 있을 것 같습니다"라면서 다음과 같이 말했다.

"그런데 삼천만의 염원이요 이 대통령의 포한인 통일 과업이 아직 남아 있으며 흐려진 국정을 바로잡기 위하여 90 고령을 불구하고 어쩔 수 없이 또다시 4대 대통령 선거에 임하신 이 대통령의 숭고한 정신과 결심 앞에 또 한 번 감격과 감사를 느끼지 않을 수 없는 우리들은 어떻게 하면 대통령 보필의 양재를 선택할 수 있을 것인가, 어떻게 하면 이번만은 올바른 인물을 가려 뽑을 수 있을까 하고 고심하며 초조한 생각이 충만되어 있습니다.……이 주장은 국민의 뜻에서 우러나온 것이며 이번 선거에 노 대통령을 다시 추대하여 수고를 빌리자는 국민의 여망과 뜻과 일치된 것이라고 믿습니다."158

1960년 2월 17일 박마리아는 대한부인회와 대한여자청년단의 이름으로 "대통령에 이승만 박사, 부통령에 이기붕 선생을, 임영신의 출마는 반동 행위이다"는 성명을 신문지상에 발표했다.159

이승만의 나이가 문제가 되니까 신격화로 몰고 가는 글들도 나타났다. 『서울신문』 1960년 2월 24일자엔 '우당'이란 필명으로 「위인의 증언과 한국의 장래」란 글이 실렸다. "천지대운이 인류를 공산병마에서 구출하기 위하여 한국에 이승만 대통령을 탄생케 하고 그를 건강하게 하며 장수하게 하고 있다. 이승만 박사는 우리 한국만이 아니라 전 세계를 위하여 20세기의 보화로 한국에 탄생한 위대한 세계적 지도자이다. 이렇게 위대한 세계적 인물을 한국이 소유하고 있다는 사실은 한국이 장래에 굉장히 번영할 것을 말하는 것이다. 사가私家나 국가나 인물이 하나 투철하게 나기만 하면 그 사가나 국가는 행복이 약속되어 있는 것이다."160

『서울신문』 3월 3일자에서 소설가 김팔봉은 이런 주장을 폈다. "나는 몇몇 미국의 저명한 인사들과 만나 담화한 일이 있었다. 그때 어느 대학 교수 한 사람이 이런 말을 했다. '나는 세계 어느 위인보다도 승만 리를 존경합니다. 왜 승만 리를 존경하는지 아시겠어요?' 하고 내게 묻는 것이 아닌가? '대단히 감사합니다. 그런데 당신이 그분만을 존경한다는 이유를 좀 가르쳐주시겠어요?' 하고 대꾸했더니 '생각해보십시오. 다른 나라 위인들은 자기들의 국토와 정부가 있어서 정치도 하고 행정도 하고 국방도 하는데 승만 리는 국토도 정부도 없는 데서 자기의 국가를 만들어냈단 말입니다. 미세쓰 김, 없는 데서 있게 하는 것은 신神만이 할 수 있는 일입니다."[161]

장준하의 지식인 비판

장준하는 4·19 직전에 발행된 『사상계』 1960년 4월호 '권두언'에서 '공명과 영달에만 현혹된' 집권당의 횡포를 규탄하는 동시에 종교계·문화예술계·학계의 '추태'를 준엄하게 꾸짖었다. 그는 "더욱 가슴을 아프게 한 것은 부정과 불의에 항쟁은 못할망정 오히려 야합하여 춤춘 일부 종교가, 작가, 예술가, 교육가, 학자들의 추태다. 선거통에 한몫보자고 교우의 수를 팔아가면서 쪽지를 들고 돌아다니는 목사 장로 따위의 축복을 바라고 그가 높이 든 팔 아래 머리를 숙이고 '아~멘'으로 기도하는 신도들에게 신의 저주가 임할 것이다"며 다음과 같이 말했다.

"지조 없는 예술가들이여 너의 연기를 불사르라. 너의 연기는 독부의 미소 섞인 술잔이다. 부정에 반항할 줄 모르는 작가들이여 너의 붓을 꺾으라. 너희들에게 더 바랄 것이 없노라. 양의 가죽을 쓴 이리떼 같은 교육자들이여 토필을 던지고 관헌의 제복으로 갈아입거나 정당인의 탈을 쓰고 나서라. 너희들에게는 일제시의 노예 근성이 뿌리 깊이 서리어 있느니라. 지식을 팔아 영달을 꿈꾸는 학자들이여 진리의 곡성은 너희들에게 반역자란 낙인을 찍으리라."[162]

그러나 그런 '낙인'을 찍는다는 건 지나친 일이라는 지적에 앞서 결코 가능한 일은 아니었다. 리영희가 잘 지적했듯이, "4·19 학생혁명의 기운이 수평선 위에 그 심상치 않은 모습을 드러내기가 무섭게, 여태까지 '국부國父 이승만 대통령', '세계적 반공주의 지도자'를 외쳐대던 이 나라의 신문(기자)들은 언제 그랬느냐는 듯이 이승만 대통령 자유당 정부의 부정·부패·타락의 폭로에 앞장섰다".[163] 물론 장준하가 독설을 퍼부어댄 지식인들의 상당수도 그 폭로 행렬에 가담하게 될 것이었다.

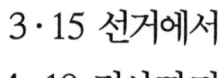

3·15 선거에서 4·19 전야까지

자유당의 화려한 상상력

1960년, 이제 이승만은 85세의 고령이었다. 임기 중 유고시에 대비해야 했고, 그만큼 부통령직의 중요성이 커졌다. 이기붕도 65세의 고령인데다 건강 상태는 이승만보다 나을 게 없었지만, 만의 하나 정권을 민주당의 장면에게 넘겨줄 수는 없다는 생각에서 자유당은 3·15 선거에 사활을 걸고 달려들었다.

내무부 장관 최인규가 이미 1959년 11월에 세운 부정투표 계획엔 '4할 사전투표'와 '공개투표' 전략이라는 게 들어 있었다. '4할 사전투표'란 자연 기권자, 무효표, 번호표를 교부하지 않는 등의 방법으로 생길 조작 기권자, 유령 기권자, 매수 기권자, 전출자, 노쇠자 등을 전 유권자의 4할로 책정하고, 이 4할의 투표자를 자유당 후보 지지표로 만들어 투표 전에 미리 무더기로 집어넣는다는 계획이었다. 또 '공개투표'란 유권자를 3인조·9인조로 편성해서 자유당 당원, 경찰관, 공무원 또는 그 가족, 매수자가 조장이 되어 공개투표로 여당 후보를 찍게끔 하는 계획이었다.

이 계획은 치밀하고 자상했다. 여당계 유권자들에게 자유당 완장을 착용하도록 해서 투표소 주위에 공포 분위기를 조성하고 유권자들에게 심리적 압박감을 주고, 민주당 참관인을 매수하거나 불가능할 때는 시비를 걸어서 함께 퇴장하도록 소동을 일으키라는 구체적인 행동요령까지 들어 있었다. 이 모든 지령을 실행하는 데 방해물을 제거하기 위해서는 유혈을 불사하라는 최후의 방법까지 일러주었다.[164]

최인규가 협박만 한 건 아니었다. 그는 자신의 몸을 돌보지 않았다. 그는 1959년 11월 하순부터 1960년 2월 하순경까지 전국의 시장·군수와 경찰 간부들을 내무부로 불러들여 매일 10~20명씩 만나 이와 같은 내용을 교육 전에 이런 발언으로 그들을 감동(?)시켰다.

"여하한 비합법적인 비상 수단을 사용하여서라도 이승만 박사와 이기붕 선생이 꼭 당선되도록 하라. 세계 역사상 대통령 선거에 소송이 제기된 일이 있느냐? 법은 나중이니 우선 당선시켜 놓고 보아야 한다. 콩밥을 먹어도 내가 먹고 징역을 가도 내가 간다. 국가 대업 수행을 위하여 지시하는 것이니 시키는 대로만 하라."[165]

불법·관권 선거를 조직적으로 실천하는 과정에서 자유당이 발휘한 상상력은 화려했다. 그도 그럴 것이 내무부 장관에서 각 기관장들의 목이 투표 실적에 달려 있다는 협박까지 받았는데, 이럴 때 상상력을 발휘하지 않고 언제 발휘하랴.

민주사회당의 전진한·김달호의 정·부통령 후보 등록은 마감날 '서

1960년 3·15 선거에서 야당 후보의 벽보는 갖가지 수난을 당했다. 특히 민주당의 장면 사진은 그가 일본의 국민복을 입고 서 있는 모습으로 바꿔치기 작업이 되기도 했다.

류 미비'라는 구실로 거부당했고, 반독재민주연맹의 장택상·박기출의 입후보 서류는 영등포구청 정문 앞에서 '괴한'들에 강탈당했다.[166]

　어느 날 갑자기 전국 주요 도시의 담벼락들에 붙여져 있는 민주당의 장면 사진이 사라졌다. 그리고 그 자리엔 장면이 일제 말의 중동중학교 교장 시절 일본의 국민복을 입고 일본 관리와 나란히 서 있는 모습의 포스터가 나붙었다. 그 포스터는 장면의 일본 이름인 다마오카 쓰토무玉岡勉를 표기해놓고 장면이 제2차 세계대전 중에 일본과 손을 잡고 활약한 친일파라는 해설까지 곁들였다. 이 포스터 바꿔치기 작업은 경찰의 작품이었다.[167]

　인천에선 때아닌 공원 토목공사가 벌어졌다. 이유는 단 하나. 민주당이 인천공원을 선거유세장으로 결정하고 공고까지 했기 때문이다. 인천공원은 유세일 전날 밤중부터 느닷없이 파헤쳐지고, '공원 보수공사를 위해서 당분간 출입금지'의 조치가 취해졌다. 인천에서만 이런 일이 벌어진 게 아니었다. 전국 각지에서 기관장들은 앞다투어 민주당의 유세를 방해하는 충성 경쟁을 벌이고 있었다.[168]

자유당 정권의 상징이자 실체라 할 테러가 빠질 리 없었다. 야간 테러는 기본이었고 백주 테러도 빈발했다. 최인규는 야당의 항의에 대해 "백주의 테러는 테러가 아니다"고 답했다.[169]

2·28 대구 학생 시위

2월 27일 대구에서는 자유당의 유세가 있었다. 이날 자유당은 이발소, 목욕탕, 음식점 등 행정 당국의 허가를 요하는 모든 영업체에 휴업명령을 내렸다. 유세장에 사람을 끌어들이기 위해서였다. 대구시 주변 군민들에게까지 교통편의를 제공하고 동장들이 사람들을 동원했다.

이튿날 역시 대구에서 장면의 유세가 있었다. 이번엔 정반대의 일이 벌어졌다. 이날은 일요일이었지만 자유당은 교육감과 학교장들에게 지시해 학생들을 등교하게 했다. 일요일 등교의 명분도 희한했다. 경북고는 학기말 시험, 대구고는 토끼 사냥, 경북사대부고는 임시수업, 대구상고는 졸업생 송별회, 대구여고는 무용 발표회 등이었다.

대구의 일요일 강제 등교령에 대해 『동아일보』기자 이만섭은 다음과 같이 보도했다. "각 중고교에서는 '졸업식 연습', '수업 준비', '학예회', '음악회' 등의 명목으로 민주당 강연회가 시작되는 하오 1시에 학생들을 전원 등교하게 했다.……모 학교에서는 학생들이 이에 불만을 나타내며 교사에게 항의하자 '너희들도 사회생활을 해보면 알게 된다'고 말해 우리나라 교사들의 특수한 고민을 토로하기도 했다.……교사들에게 특별수당으로 1,000환씩 지급한 학교도 있으며, 또 어떤 학교에서는 가정방문을 한다는 핑계로 학생은 물론 학부모까지 집에 붙들어뒀다."[170]

일요일 강제 등교령은 장면의 유세장에 사람들이 모이지 않도록 하기 위해서 벌인 일이었지만, 28일 유세장엔 대구 유권자 29만 명 가운데 20만 명이 모여들었다. 학생들도 공분을 느끼고 있었다. 학교는 학생들에게 일요일 등교 지시를 25일에 내렸는데, 그날 밤 경북고·대구고·경북사대부고의 학도호국단 간부 학생들은 비밀회합을 갖고 일요일 등

1960년 2월 28일 대구 지역 고등학생들이 "학교를 정치도구화 하지 말라"는 구호를 외치며 가두시위를 벌였다.

교 후에 항의 시위를 하기로 약속했다.[171]

그 약속에 따라 경북고 학생 800여 명은 "학교를 정치도구화 하지 말라"는 구호를 외치며 가두시위에 나섰다. 다른 학교들도 시위에 들어갔다. 학생들은 시민들의 박수를 받으면서 대오를 지어 경북도청, 자유당 도당 당사, 도지사 관사 등으로 몰려다니며 시위를 벌이다가 경찰에 의해 오후 7시 40분에 해산되었다.[172]

2·28 시위는 규모는 크지 않았지만 "전란 이후 관제 시위나 행사의 동원 대상으로만 파악되어온 학생들에 의하여 시도된 최초의 자발적·주체적 시위"로서 다른 학생들에게 큰 영향을 미쳤다.[173] 『한국일보』 3월 1일자 사설 「무엇이 대구 학생 사건을 일으켰나」는 그 의미를 다음과 같이 평가했다.

"대구에서 일어난 학생 데모 사건은 때마침 선거전이라는 정치상의 조건에서만이 아니라 그것이 학생의 움직임이었다는 것, 더구나 전란 이후 학생들이 거의 사회적인 관심을 표면화한 일이 없다가 이번에 비록 직접적인 동기가 그것이 아니었다 하더라도 행동에 있어서 학교 권외의 사회에 호소하는 대규모의 움직임을 보였다는 점에서 크게 주목하지 않을 수 없는 사건이었다고 하겠다. 이 나라의 젊은이들이 자신에 대한 부당한 비민주적 압력에 대하여 감연히 항의하였고, 항의할 수 있다는 것을 보여준 것은 우리 주변에 자주 나타난 비민주적 경향에 대하여 커다란 기회를 준 것이라 하겠다."[174]

자유당의 유세 방해 공작

3월 2일 민주당의 전주 유세에서는 고등학생 한 명이 나와서 "선생님들이 상부의 지시라면서 유세장에 못 가게 한다"고 폭로하고 "민주주의 만세!"라고 혈서를 썼다.[175] 학생들만 유세장에 못 가게 한 게 아니었다. 조정래의 『한강』은 전주에서 유세 방해 공작을 이렇게 묘사하고 있다.

그러나 또 뜻밖의 사태가 벌어졌다. 택시마다 승차를 거부하는 것이었다. "휘발유가 떨어져 더 못 가요!" "시방 빵구 때우러 가는디요." 이유도 가지가지였다. "한 번만 봐주씨요. 나 맘이 아닝게." 이렇게 말하는 건 그나마 솔직했다. 어쩌는 도리가 없었다. 한 대뿐인 민주당 지프차에 장 후보와 고급 간부 서너 사람이 타고 경호대는 그 차를 에워싸고 뛰면서 숙소로 향했다. 그들이 숙소에 도착하자 또 좋지 않은 소식들이 그들을 기다리고 있었다. 초저녁에 벌써 전주 전역에서 반상회를 소집해 내일 강연회에 가지 말라고 종용하고 협박했다는 거였다. 또, 태평동 일대에서는 쌀표, 고무신표, 비누표를 한 가지씩 배부했다는 것이다. 다음 날 모든 공무원들은 하루 종일 자리를 비우지 못하는 고역을 치러야 했다. 그러나 민주당 유세는 사람의 바다를 이룬 속에 대성공을 거두었다.[176]

3월 4일 광주에서도 똑같은 일이 벌어졌다. 장면의 공설운동장 유세 직후 10여 명의 학생이 혈서를 썼다.[177] 조정래는 『한강』에서 이렇게 말했다.

한편, 한인곤네 경호대가 앞장선 민주당 유세단은 정오 무렵에 광주에 도착했다. 그런데 마중 나와 있던 지구당원들은 당황해서 우왕좌왕하고 있었다. "와따 참말로 요것이 무신 괴변이랴. 그 흔턴 다구시가 워째 씨가 몰라 부렀다냐.""아, 긍께 말이시. 개똥도 약에 쓸라면 없다등마 딱 그 짝이시.""근디 그놈에 택시덜이 그림자도 안 비친 것이 발써 반 시간이 넘덜 안혔어?""하매 그리 되제라."……그 시간에 광주 시내 이곳저곳에서는 택시 운전수와 손님들 사이에 똑같은 내용의 시비가 벌어지고 있었다. "워매 아저씨, 기차 뜬단 말이오. 싸게 잠 딜다 주랑께랑.""와따 참말로 땁땁허요이. 역전에넌 얼찐도 못허게 혔당께랑.""아이고, 땁땁헌 건 아자씨요. 발통 달린 택시야 지 맘대로 굴러댕기는 물건인디 워째서 역전에넌 못 가게 허랴."……지구당원들은 뒤늦게 시내의 100여 대 택시 전부가 역까지 승차를 거부하고 있다는 것을 알았다. 유세단은 지구당 사무실까지 걸어갈 수밖에 없었다. 그런데 그들을 기다리고 있는 소식은 더욱 참담했다. 정오 12시부터 시내 여덟 개 극장에서 일제히 무료입장을 시작했고, 사람들은 통·반장집에 모여 집단으로 입장을 하고 있다는 거였다. 그래서 광주 장날인데도 장터에는 사람들이 없이 텅텅 빈 형편이라고 했다. 그런데 그것도 모자라 유세장에 가는 사람들을 막으려고 골목마다 형사들이 사진기를 들고 지킨다는 거였다. 그러나 사태는 그것으로 끝나지 않았다. 시내 전체 학생들의 발을 완전히 묶어놓고 있었다. 대학과 중·고등학교에서 느닷없이 학기말 시험을 실시한 것이다.[178]

자유당의 '9할 5분 득표 전략'

3월 3일 민주당은 한 양심적인 경찰관의 도움을 받아 경찰의 비밀 공문 '9할 5분 득표를 목표로 한 사전투표, 공개투표, 환표, 환함'을 폭로했다. 3월 4일 민주당은 사립대학의 총·학장이 자유당 중앙선거대책위원회의 지도위원으로 취임한 것은 교육공무원법 위반이라는 공문을 발송했다.[179] 그러나 3·15 선거는 심판관이 없는 선거였으므로 그 어떤 폭로와 항의에도 자유당은 꿈쩍도 하지 않았다. 자유당이 원하는 건 실력 행사였을까?

3월 5일 오후 서울운동장에서 열린 장면의 정견 발표회에 참가한 청중 가운데 고교생을 주축으로 한 1,000여 명이 종로를 거쳐 광화문 동아일보사 앞까지 가두 행진을 벌였다. 시위대는 "부정선거 배격하자", "썩은 정치 갈아보자" 등의 구호를 외쳤다. 3월 8일 대전에서는 고교생 1,000여 명이 시내 곳곳에서 시위를 벌였고, 부산에서도 비슷한 시위가 벌어졌다. 대전고 학생들은 "학원에서 선거운동이 웬 말이냐"고 외치면서 다음과 같은 결의문을 발표했다.

"소위 올챙이 정치인들이 무슨 강연을 한답시고 걸핏하면 우리를 동원하여 자유당 선전을 하였다. 선생님들에게 선거운동을 강요하여 수업에도 막대한 지장이 있었다. 최근 잇달아 일어나는 여러 가지 우리의 뜻에 배치되는 도 당국과 학교 당국의 처사에 대하여 당국은 그 잘못을 깨닫고 조속히 학원의 자유보장과 대전고의 이름을 더럽히지 않도록 강력한 시정책을 강구할 것을 결의한다. 1. 학원의 정치도구화를 배격한다. 2. 자유로운 학생 동태를 감시 말라. 3. 『서울신문』의 강제구독을 단

호히 배격한다. 4. 진리를 탐구하는 신성한 학원에 여하한 사회적 세력의 침투도 용납할 수 없다."[180]

3월 10일에는 대전상고 300명, 수원농고 300명, 충주고 300명이 시위에 참여했다. 12일 부산 해동고, 청주의 청주고 학생들도 시위를 했으며, 13일 서울에서는 일요일인데도 공명선거를 요구하는 고교생들이 궐기했다. 투표 전날인 14일 밤에는 서울, 부산, 포항, 인천, 원주, 문경 등지에서 시위가 벌어졌다.[181]

3·15 마산 시위

자유당의 하수인들은 그런 시위에도 아랑곳하지 않고 자유당이 지령을 내린 '3인조 공개투표'의 예행연습을 하고 있었다. 조정래의 『한강』은 3인조 공개투표 예행연습의 한 장면을 이렇게 묘사하고 있다.

"자아, 지금부터 다시 한번 연습을 허겄습니다. 어지께 헌 대로 세 사람씩 짝을 맞추고, 조장이 가운데 서서 붓대롱을 얌전허니 꼭 눌른 담에, 세 사람은 실수가 없는지 서로서로 투표용지를 바꿔서 확인허고, 그것을 투표함에 넣기 전에 우리 참관인헌테 곡 보이고 나서 잘 접어 투표함에 넣는 것이오. 지금부터 실습을 할 것잉께 어지께맨치로 실수하고 틀리는 일 없도록 혀야 허요. 만일에 한 조라도 틀리면 내일 저녁에 또 연습허게 된께. 다들 정신 똑똑허니 챙겼소?"

면서기의 말에 사람들은 마치 아동들처럼 큰목소리로 대답했다. 3인조 공개투표의 실습이 시작되었다. 사람들은 셋씩 조를 이루어 면서기가 지시한

대로 해나갔다. 두 번째 연습이라서 틀리는 조가 없었다.

"참말로 얄궂고 요상헌 꼴 다 보겠네." "긍께 말이시. 글라면 멀라고 투표허고 자시고 헝고. 눈감고 아웅도 유분수제." "아이고, 대통령 자리가 그리도 존가. 요 꼬라지 허는 것 아그덜헌테 낯부끄러와 워디 살갔어." 사람들은 어둠에 묻힌 길을 더듬어 집으로 돌아가며 혀를 차고 있었다.[182]

투표가 시작된 3월 15일 마산시의 민주당 간부들은 경찰의 제지를 뚫고 투표소 안으로 들어가 40% 사전투표와 3인조 공개투표를 비롯한 자유당의 부정 선거 현장을 확인했다. "3인조가 무엇인지도 모르고 짝을 찾아 헤매던 순박한 시골 여인들의 투표 행태를 목격했을 때, 더구나 투표용지조차 받지 못한 수백 명의 유권자들이 당사 앞에 몰려와 '내 표를 찾아 달라'면서 아우성치는 모습을 보았을 때 민주당 간부들은 선거의 무의미함을 절감하고 선거를 포기할 수밖에 없다고 판단했다. 이들은 당사로 돌아와 10시 30분에 선거 포기를 선언했으며, 이내 데모를 준비했다."[183]

민주당 의원 정남규를 중심으로 한 당 간부들이 앞장을 섰고, 시민과 학생들이 뒤를 따르는 시위대가 행진해감에 따라 시위군중은 수천 명으로 불어났다. 경찰이 정남규 등 당 간부들을 연행하면서 강력 대응하자 오히려 시위군중은 더욱 늘어나 밤 8~9시경엔 1만여 명이 넘었다. 경찰의 발포는 시위대를 분노하게 만들었다. 시위대는 경찰의 총격에 쫓기면서 도 자유당 당사, 『서울신문』 지국, 국민회, 남성로파출소, 파출소 소장의 집 등을 파괴했다.[184]

자유당 의원 허윤수의 집도 파괴되었다. 허윤수는 민주당으로 출마

해 당선된 후 자유당으로 당적을 옮겨 시민들에게서 '변절자'로 낙인이 찍혔을 뿐만 아니라 경찰 책임자에게 강경 진압을 요구했다는 소문이 났다.[185] 경찰의 발포로 7명이 사망하고, 870명이 부상을 당했다.[186] 이런 비극을 사전에 막았어야 할 개신교와 천주교는 안타깝게도 서로 싸우기에만 바빴을 뿐 공정 선거와 평화를 위한 그 어떤 기여도 하지 못했다.(역사 산책 8: 개신교와 천주교의 싸움 참고)

자유당의 선거 장난질

3월 15일 서울 시내에서도 산발적인 시위가 발생하는 가운데 민주당은 오후 4시 30분에 "3·15 선거는 선거가 아니라 선거의 이름하에 이루어진 국민주권에 대한 포악한 강도 행위"라 규정하고 불법·무효임을 선언했다.[187]

3·15 선거는 '불법·무효'라기보다는 그냥 '장난'이었다는 표현이 더 어울릴 그런 선거였다. 그러나 그 장난은 수많은 인명의 살상을 수반한 매우 위험한 장난이었다. 개표에 들어간 자유당은 엉뚱한 고민을 하고 있었다. 일부 지역에서는 이승만과 이기붕이 얻은 표가 총 유권자 수를 초과하는 사태가 벌어진 것이다. 군대의 개표 결과는 유권자 수의 120%가 이승만에게 표를 던진 것으로 나타났다. 그래서 또 한 번의 장난질이 시작되었다. 이승만의 득표율은 80%, 이기붕의 득표율은 70~75%로 하향 조정하라는 경찰 지령이 전국 개표소로 하달되었다.[188]

그 지령마저도 제대로 지켜지질 않아 최종 개표 장난질의 결과는 조금 더 높게 나왔다. 이승만이 88.7%, 이기붕이 79%의 표를 얻어 각각

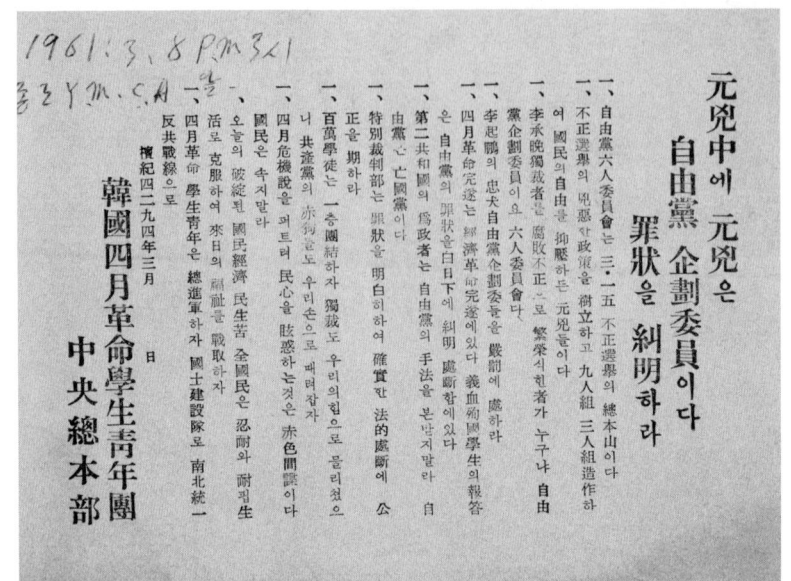

3·15 선거에서는 40% 사전투표와 3인조 공개투표 등 부정선거가 자질러졌고, 이승만과 이기붕이 얻은 표가 총 유권자 수를 초과하는 사태가 벌어지기도 했다. 3·15 부정선거 관련 전단. (대한민국역사박물관 소장)

대통령과 부통령에 당선된 것으로 나타났다. 이승만은 963만여 표였고, 부통령 후보들은 이기붕 883만여 표, 장면 184만여 표, 김준연 24만여 표, 임영신 9만여 표 등이었다.

이제 자유당 정권에 남은 건 마산 사건을 어떻게 처리하느냐 하는 것이었다. "총은 쏘라고 준 것 아닙니까?" 부통령 당선자 이기붕은 정치부 기자들과의 회견 자리에서 마산 시민들에 대한 정부의 강경 대응을 따져 묻자 그렇게 대답했다. 그는 곧 실수를 깨닫고 황급히 말을 주워 담았지만, 그건 바로 이승만 정권의 대응 방침을 시사하는 것이었다.[189]

3월 17일 치안국장 이강학은 "마산 소요 사건은 공산당의 수법에 의하여 이루어진 증거가 있어서 배후에 공산당 개재 여부를 조사 중"이라고 발표했다. 마산 경찰 당국은 마산 시위를 "공산당 지하 조직의 폭동"으로 조작했다. 경찰은 주모자로 구속한 26명을 공산당으로 몰아 혹독한 고문을 가했고, 정남규를 남조선 노동당원으로 둔갑시키고 각종 증거물을 조작해 제시했다. 마산경찰서 형사주임 노장광은 시위대 시체가 안치된 도립병원 시체실에 들어가 자신이 "인민공화국 만세"라고 쓴 전단을 숨진 학생들의 호주머니에 집어넣기까지 했다.[190]

그러나 언론과 일부 검사들이 아직 살아 있었다. 경찰의 주장이 사실무근으로 드러나자 이승만은 3월 23일 최인규, 3월 28일 이강학을 문책 해임했다. 마산 사태는 의혹투성이 상태로 일단 가라앉았다.[191]

3월 26일 이승만 생일이 돌아왔다. 동요 작가 윤석중은 『서울신문』 3월 26일자에 「여든다섯 돌 맞이」란 동요(?)를 썼다. "나날이 푸러가네/심어놓신 나무들/나날이 젊어가네/우리나라 산과 들/수많은 푸른 자손/거느리시고/여든다섯 돌 맞이하신/우리 대통령//모시고 갔다 오자/흰 눈 덮인 백두산/오다가 들어오자/진달래 핀 금강산/흰 머리 젊은 기운/어린 마음으로/여든다섯 돌 맞이하신 우리 대통령."[192]

김주열의 시체 발견

4월 11일 정오경 마산 앞바다에서 교복 차림의 10대 소년의 시체가 눈에 최루탄이 박힌 채 발견되지 않았더라면, 그 사실이 사진과 함께 널리 알려지지 않았더라면, 이승만은 여든다섯 돌을 넘어 아흔 돌이 넘을 때까지 '민족의 태양'으로 계속 군림할지도 모를 일이었다. 그러나 역사는 그렇게 돌아가지 않았다. 그 소년은 마산상고 1학년에 재학 중이던 김주열이었다. 그는 3월 15일 밤 시위에 참가했다가 실종되었는데, 실종 27일 만에 참혹한 시체가 되어 발견된 것이었다(마산서장의 명령으로 일본 헌병 출신인 경비주임이 김주열의 시체를 바다에 집어던진 것으로 밝혀졌다).[193]

그 최루탄은 직경 5cm, 길이 20cm에 탄피가 알루미늄으로 되어 있고, 꼬리 부분에는 프로펠러가 달린, 미제 고성능 원거리 최루탄으로 건물 벽을 뚫고 들어가 폭발하는 무장폭도용 최루탄이었다. 최루탄 겉면에는 "Don't use on the crowd"라고 표기되어 있었다.[194]

김주열의 처참한 시체 발견 소식을 전해 들은 시민들의 분노는 하늘을 찔렀다. 그날 밤 3만여 명의 시위대는 시청과 경찰서, 눈에 띄는 파출소마다 습격해 기물을 파괴했다. 정부 여당과 관련 있는 기관이나 개인

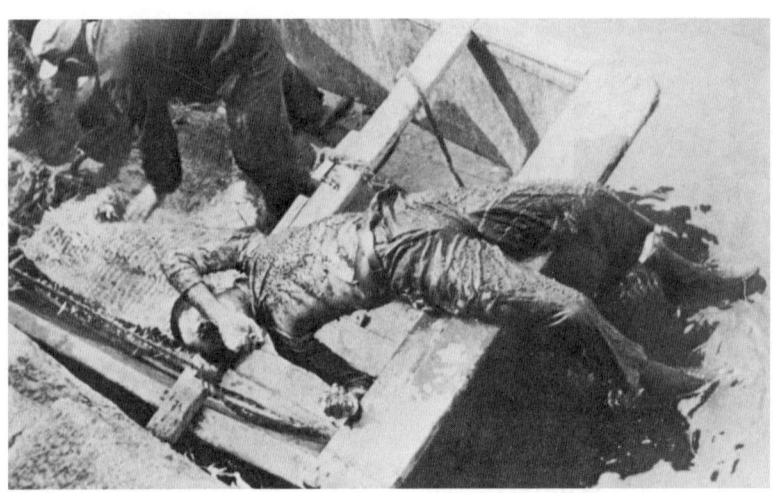

눈에 최루탄이 박힌 채 발견된 김주열의 시신은 4·19 혁명의 직접적인 도화선이 되었다. 그렇지 않았더라면, 이승만은 몇 년 더 '민족의 태양'으로 군림했을지도 모를 일이었다.

의 집까지도 습격의 대상이 되었다. 시위가 최고조에 이르렀을 때 시위 군중은 15만 명에 이르렀다. 이제 시위는 단순한 부정선거 규탄이 아니라 이승만 정권을 규탄하는 시위로 전환되었다.[195]

시위는 4월 12일과 13일까지 계속되었다. 자유당 정권은 아직도 정신을 차리지 못하고 있었다. 자유당 정권은 이 시위를 공산분자들의 배후 조종에 의한 것이라고 주장했다. 이에 『동아일보』는 4월 14일자 사설 「마산 시민을 공산당으로 몰지 말라」를 통해 이승만 정권을 규탄하고 마산 시민을 옹호했다.[196]

언론의 자유가 살아 있었다는 것, 바로 이 점이 이승만 정권과 훗날에 나타날 독재정권들과의 결정적인 차이점이었다. 당시의 언론이 이후 탄생한 박정희 정권 치하에서처럼 엄격한 통제하에 놓여 있었다면 4·19 혁명은 일어나지 않았을지도 모른다. 김진배는 4·19 혁명에 대해 "무엇이 이토록 만들었는가. 부정선거인가, 학생들의 정의감인가, 권력 내부의 혼선인가, 이승만의 고령인가. 그런 것들은 결정적 요인이라 보기 어렵다"며 다음과 같이 말했다.

"신문에 난 '한 장의 사진'이 역사를 바꾼 것이다. 뒤통수에 최루탄이 박힌 처참한 16세 소년의 시체가 마산 앞바다에 떠오르지 않았다면 그리고 이러한 사진이 부산의 신문에 그치고 서울의 신문에까지 나지 않았다면 그 4월의 일은 벌어지지 않았을 것이 확실하다. 들고일어나는 데는 시간이 필요한 것인가. 그렇지 않다면 혁명은 유권자에게 투표용지를 주지 않고 공개투표·사전투표를 자행하던 그 순간에 몽둥이를 들고 서라도 폭발했어야 했다. 마산에서 벌써 '부정선거 다시 하라', '발포 경관 처단하라' 소리가 나오는데도 서울은 3·15 이후 34일 동안 쥐죽은 듯이 조용했다."[197]

4·19 혁명의 진실

물론 서울이 34일 동안 쥐죽은 듯이 조용한 것만은 아니었다. 3월 16일 서울에서 고교생 500여 명이 "독재정치 배격한다", "마산 동포 구출하자" 등의 구호를 외치며 안국동 민주당 당사 앞에서 시위를 한 것을 비롯해 여러 건의 시위가 있었다. 그러나 한 가지 분명한 사실은 2·28 대구 학생 시위 이래로 모든 시위는 고교생들의 시위였을 뿐, 대학생들이야말로 쥐죽은 듯이 조용했다는 점이다. 4월 4일 전북대생 300여 명이 시위를 벌인 것이 대학생으로서는 전국 최초의 시위였으며, 서울의 대학생들은 여전히 조용했다.[198]

서중석은 「1960년 이후 학생운동의 특징과 역사적 공과」(1997)라는 논문에서 4월 18일에 고려대생이 나오기 전까지는 중고등학생들이 시위를 벌였다는 사실은 이 시기 학생운동의 성격을 이해하는 데 매우 중요하다고 말한다. 그는 "중고등학생들은 시위에서 '선배들은 각성하라', '선배들은 썩었다'라는 구호도 외쳤는데 대학생들은 1956년 민주당 대통령 후보 신익희가 급서했을 때 또는 이승만의 양자 이강석이 서울대 법대에 들어왔을 때를 제외하면, 1950년대가 이루 다 말할 수 없는 상황이었는데도 불구하고 움직이지 않았다"며 다음과 같이 말했다.

"이처럼 무기력하고 타락하고 개인주의적이며 청년다운 기상이 보이지 않던 대학생이 하루아침에 영웅이 되어 거리에 쏟아져 나왔다. 1960년대에 대체로 보인 현상이지만, 3~4월 항쟁기에 민중 지향의 대학생들은 아주 드물었고, 시위 리더급들도 선민의식이나 엘리트 의식을 지니고 있었다. 주요 대학 리더들은 4월 18일과 19일에 그렇게 큰 데모가 있으리라고는 예상치 못했고, 이승만 정권 타도의 구호를 외치지 않았으며, '승리의 화요일'인 4월 26일 전야와 당일에도 별다른 역할을 하지 않았다."[199]

대학생들의 시위마저도 지방 대학들에서 먼저 불붙기 시작해 "서울 학생들은 비겁하다"는 지방 학생들의 비난도 있었다.[200] 역사는 4·19 혁명을 서울의 명문대 학생들 위주로 기록하고 있고, 또 명문대 졸업자들만이 그 역사의 성과물을 전유專有해왔지만, 4·19 혁명의 진실은 그런 것이었다.

역사 산책 8

개신교와
천주교의 싸움

　이승만 정권은 1957년 3월 무당과 박수들을 일제 단속했다. 1958년 9월 문교부는 각 도에 '사이비 종교'를 조사하라는 지시를 내렸으며, 1958년 12월엔 사이비 종교 단속을 명분으로 각 종교의 교리를 심사하는 교리심사위원회를 만들었다. 1959년 1월에는 학자들을 동원해 '종교의 정의'를 내리려고 시도했고, 33개의 소종파를 사이비 종교로 발표하기까지 했다.

　이승만 정권의 이런 일련의 활동은 개신교계를 흡족하게 만들어주었을 것이다. 그러나 옳건 그르건, 이승만 정권의 그런 활동이 순수한 것만은 아니었다. 상당 부분 정치적이었다. 이승만 정권이 1959년 10월 정·부통령 선거를 앞두고 무당들의 연합단체인 '대한신정회'의 조직을 후원한 것도 바로 그 점을 말해준다 하겠다.[201]

　어찌되었건 개신교계의 이승만 절대 지지는 1960년 3·15 정·부통령 선거에서도 어김없이 나타났다. 1960년 2월에 열린 장로교 통합 측의 총회에는 이기붕이 참석해 축사를 했고, 총회는 이기붕과 공보실장 전성천에게 감사장을 수여했다. 교회 지도자들은 이승만과 자유당 지지를 표명하고, 일부 교회에서는 이승만이 '하나님의 섭리로' 4선 대통령이 된 것을 감사하는 예배를 드렸다.[202]

교회는 3·15 부정선거에 대해서도 그 주역인 이승만, 이기붕, 최인규 등이 모두 독실한 개신교 신자라는 이유만으로 그들에게 찬양을 보내기에 바빴다. 부정선거 규탄 시위가 전국을 뒤덮을 때에도 정동제일교회는 이승만 장로와 이기붕 권사에게 당선 축하 전보를 발송하고 3월 마지막 주일 예배를 '정·부통령 당선 및 이 대통령 생신 축하 예배'로 결정했다.[203]

감리교 신자이며 공보처장을 지낸 이화여대 총장 김활란은 4·19 혁명 직후 서울 시내 총장들의 모임에서 "4·19 사건은 우리가 교육을 잘못시켜 발생한 것이니, 우리 모두 이승만 대통령께 사과하러 가자"는 엉뚱한 말을 하기도 했다. 4·19 혁명 직후 종로의 기독교회관 앞에서 개신교계의 부정선거 협력에 대한 항의 시위가 벌어진 건 당연한 일이었다. 서울운동장에서 치러진 4·19 희생자 위령제도 '개신교에 대한 항의의 표시로' 불교식으로 치러졌다.[204]

3·15 선거는 과거 그 어느 때보다 더 치열한 '개신교 대 천주교' 간 싸움을 불러일으켰다. '이기붕 대 장면'의 대결 구도가 그대로 반영된 결과였다. 개신교 교회는 "기독교는 공산주의와 싸우는 것은 물론 가톨릭과도 싸워 이겨내야 한다"고 주장했다.[205] 그건 이승만의 뜻이기도 했다. 이승만은 4월 21일 주한 미 대사 월터 매카나기Water P. M. Conaughy와

만난 자리에서 4·19 혁명마저 '천주교의 음모'로 몰아붙이는 강한 적대감을 드러냈다.

"이번 시위 사태는 대중적 불만의 폭발이 아니라 장면 부통령과 천주교 노기남 주교의 공작입니다. 노 주교는 장씨가 성공하면 이를 틈타 천주교의 영향력을 확대하려는 겁니다."[206]

그게 끝이 아니었다. 강인철은 이승만 정권이 붕괴된 이후에도 장면 정부에 대한 개신교인들의 공격은 매우 격렬했다. 특히 장면 정부가 제1공화국하에서 개신교에 의해 독점되었던 형목刑牧 제도를 폐지시켰던 것은 두고두고 개신교 측의 원망을 받았으며, 많은 개신교 신자가 심지어 장면이 사망했을 때 장례를 국민장으로 치르는 것마저 못마땅하게 여겼다는 것이다.[207]

이승만의 그 어떤 문제점에도 훗날 많은 개신교인은 이승만을 '하나님의 축복'으로 여겼다. 무엇보다도 해방 당시 10만 명 선에 머물던 남한 개신교 신자 수는 1950년 말에 100만 명을 훨씬 넘어섰기 때문이다. 해방 후 15년 동안 개신교 교회는 최소한 연평균 25% 이상의 성장률을 보였다.[208]

맺는말

'소용돌이 문화'의 명암

'분단의 역설' 또는 '전쟁의 역설'

앞서 지적했듯이, 6·25가 낳은 소용돌이는 많은 지식인을 곤혹스럽게 만들었다. '악마의 저주'로 여겨져 마땅한 6·25 전쟁이 사회 발전에 기여한 점도 있다는 걸 지적하기 위해 '분단의 역설'이나 '전쟁의 역설'이라는 말이 나오게 되었다.

'분단의 역설'이라는 표현을 쓴 박명림은 『한국전쟁의 발발과 기원 II: 기원과 원인』(1996)에서 전쟁 자체는 혹심하게 파괴적이었지만 그 전쟁이 남긴 질서는 경쟁적, 다른 말로 하여 건설적이었다는 배반성을 던져주었다고 말한다. 그는 "이것은 단순히 50~60년대의 북한의 건설과 60~70년대의 남한의 건설을 두고 하는 말은 아니다. 물론 그러한 경제 건설도 중요시되어야 한다"며 다음과 같이 말했다.

"그러나 더욱 중요한 것은 남북한 간의 불꽃 튀는 경쟁과 냉전의 한

반도에의 자력적磁力的 집중은 두 국가와 분단질서를 안정시키는 기능을 수행하였다는 점이다. 그리하여 두 한국 모두 정권 수준에서는 불안과 격동이 있었으나 국가는 매우 안정적이었다. 직전 시기의 거대한 굉음이 이어진 시기의 충돌음들을 작은 소음으로 축소시켜버린 것이었다. 그러한 안정을 기반으로 두 한국은 각각 빠르게 경제와 정치, 군사 모두에서 약소국가에서 중위국가로 성장할 수 있었다."[1]

브루스 커밍스Bruce Cumings는 『브루스 커밍스의 한국현대사』 (1997)에서 차마 자기 입으론 말하지 못하겠다는 듯, 다른 학자의 견해를 빌려 다음과 같이 말한다. "웬일인지 다른 나라 사람들한테는 일어나지 않거나 거의 일어나지 않는 이런 경제성장의 몇몇 원인들을 한 학자는 다음과 같은 데서 찾는다. 한국이 성장한 것은 정확히 자본가 계급이 부재하기 때문이라는 것인데, 예컨대 라틴아메리카에서는 토착 자본가 계급들이 성장을 계속 가로막았다는 것이다. 그리고 일본 제국주의가 그냥 빼앗기만 한 것은 아니고 준 것(다른 무엇보다 '식민지 시대로부터 물려받은 강력한 국가)도 있다는 것이다."[2]

정진상은 「한국전쟁과 전근대적 계급 관계의 해체」(2000)라는 논문에서 '한국전쟁 축적 구조'를 역설한다. 6·25 전쟁이 전근대적 계급 관계를 깨끗이 청소한 것은, 혁명이 과거의 유산을 쓸어버리는 것과 같은 결과를 가져왔으며, 그걸 한마디로 표현하면 '자본의 천국'이었다는 것이다. "이러한 점에서 한국전쟁은 시민전쟁이면서 동시에 시민혁명의 성격을 가진다고 할 수 있다. 한국전쟁 이후에 형성된 계급구조는 다른 나라에서는 보기가 힘든 매우 독특한 것이었는데, 이를 '한국전쟁 축적 구조'라고 부르는 것이 마땅하다고 생각된다. 그것은 냉전체제 위에 구축된 20세기 후반 세계 자본주의의 질서하에서 자본축적에 지극히 유리한 무대였다."[3]

정성진은 한국 자본주의의 성격은 세계 자본주의와의 연계 속에서, 특히 동아시아 지역구도 속에서만 이해될 수 있다고 말한다. "일국적 시각에서 볼 때 한국전쟁이 한국 경제에 심대한 타격을 가했던 것은 분명하지만, 국제적 관점에서 볼 때 한국전쟁은 미국을 비롯한 전후 자본주의 부흥의 결정적 계기를 제공하고, 동아시아 냉전체제와 한·미·일 영구 군비경제의 구도를 확립하여 한국 자본주의의 고도축적의 원점이 되었다."[4]

이채진은 "전쟁 그 자체는 바람직하지 못한 괴물임에는 틀림이 없지만, 그 과정에서도 예상치 못한 새로운 무엇이 발아하고 창조될 수 있다는 사실을 지적할 필요가 있겠다"고 말한다. "한국전쟁에서도 전통적인 사회질서의 변화, 신흥 자본주의의 대두, 고난을 타개하려는 의지, 국가안보를 위한 결의, 여성해방의 출발, 일부 북한 주민의 남하, 국제적 감각의 향상 등 다양한 긍정적 영향을 생각해볼 수 있다."[5]

한국의 '소용돌이 문화'

그러한 역설은 문화적 관점에서 음미해볼 때에 그 실체가 더 잘 규명될 수 있을 것이다. 한국이라는 나라가 다른 나라와는 확연하게 다른 그 어떤 특질을 갖고 있는 건 아닐까? '소용돌이 문화'라는 테제에 주목해보자. '소용돌이 문화' 자체에 대한 가치 평가를 내리긴 어렵다. 그건 긍정적으로 작용하기도 하고 부정적으로 작용하기도 하기 때문이다.

'소용돌이 문화'는 양극의 두 얼굴을 갖고 있다. 그것은 인류 역사상 매우 잔인한 전쟁 중의 하나였던 6·25 전쟁의 배경이기도 했던 동시에 '한강의 기적'으로 불리는 세계에서 가장 빠른 경제발전의 동력이기도 했다.

소용돌이란 무엇인가? 그건 어느 한 곳을 향해 맹렬한 기세로 돌진하는 모습과 힘을 가리킨다. 브레이크가 없다. 극단으로 치닫고야 만다. 소용돌이에 말려들면 빠져나오는 게 불가능하다. 자주 쓰이는 '전쟁의 소용돌이' 운운하는 표현을 생각해보라. 평화로운 때라고 해서 소용돌이가 없는 게 아니다. 입시 전쟁도 소용돌이 현상이요, 유행이니 신드롬이니 하는 것도 소용돌이 현상이다.

한국 사회에 대한 분석에서 '소용돌이' 개념을 본격적으로 도입한 최초의 인물은 한국에서 10년 가까이 외교관으로 지낸 미국의 정치학자 그레고리 헨더슨Gregory Henderson, 1922~1988일 것이다. 그가 1968년에 낸 『소용돌이의 한국정치』라는 책은 한국인들의 '중앙과 정상을 향한 맹렬한 돌진'을 지적했는데, 그 중심적인 논지는 이런 것이었다.

"첫째는 한국 사회를 이해하는 핵심적 열쇠는 동질성homogeneity과 중앙집중centralization에 있으며, 둘째는 엘리트와 대중 간에 매개그룹이 없는 사회관계로 인해 한국 정치의 역학은 사회의 모든 활동적인 요소들을 태풍의 눈인 중앙권력을 향해 치닫게 하는 거센 소용돌이vortex를 닮았다는 것이며, 셋째는 이런 중앙집중의 환경 속에서 한국의 정치는 당파성, 개인 중심, 기회주의성을 보이면서 합리적 타협의 기초를 결여하게 되었다는 것이며, 마지막으로 이런 소용돌이 정치 패턴에 대한 처방은 다원주의pluralism와 분권화decentralization에서 찾아질 수밖에 없다

는 것이다."⁶

헨더슨은 한국인들이 원자화된 상태로 중앙권력에 대한 의존성이 강화되어 있는 상태에서 개개인이 위로만 올라가려는 강한 욕망을 갖고 있다고 보았다. 늘 더 높은 곳을 향하여 질주하는 그런 욕망은 교육열로 나타나고 있다는 것이다. 그는 "광적이기까지 한 교육열이 널리 인식된 바와 같이 현대화의 전제 조건이라면, 한국인들은 세계에서 가장 야심적인 국민에 속한다고 할 수 있다"고 말한다.⁷

헨더슨은 그런 특성은 개인뿐만 아니라 조직에도 그대로 나타난다고 보았다. 그는 "한국의 여러 조직들은 조직 자체나 조직원들이 중심축을 향해 상승하는 흐름에 참여하려고 하는 아메바적 성격을 갖고 있어야 했다"며 다음과 같이 말한다.

"모든 가치는 중앙권력에 속했다. 권력 기반도, 안정성도, 야심을 만족시킬 수 있는 대체 수단도 없이 권력을 향한 경쟁에 뛰어드는 사람들이 계속 증가했다. 이 사회는 높이 솟은 원추형 소용돌이라는 특유의 형태를 만들어냈다. 이와 같은 소용돌이 구조는 지금까지는 한국에서만 추적되고 있으며 기록도 그것을 증명하고 있다."⁸

'소용돌이 문화'의 양면성

헨더슨의 논지에 대해 가장 많이 제기된 비판은 오리엔탈리즘인 것 같다. 미국의 잣대로 한국 사회를 평가했다는 것이다. 그래서 한국 사회를 너무 폄하한 것 아니냐는 비판도 제기된다. 헨더슨도 그 점이 염려되어 "한국 친구들이 이 책을 읽고 자포자기적 태도를 보이지 않기를 바란

다"고 하면서 "소용돌이 이론은 만들어진 것이지 태어난 것이 아니"라고 토를 달았다.[9]

그러나 헨더슨이 괜한 '립서비스'를 한 것 같다. 앞서 지적했듯이, '소용돌이 문화'가 부정적인 것만은 아니기 때문이다. 그것이 1960년대 이후 불기 시작한 '잘 살아보세'라는 절규에도 작동해 세계에서 가장 빠른 경제발전을 이루어낸 원동력이기도 했다는 점을 감안할 때, 한국인들이 자포자기해야 할 이유가 없지 않은가. 헨더슨의 주장에 대해 중앙의 소용돌이 현상만큼이나 지역·이념·계급 균열을 중심으로 한 원심력의 작용도 거세다는 반론도 있다.[10] 그러나 그런 균열마저도 궁극적으론 중앙과 정상을 향한 구심력에 종속되는 것으로 보는 게 옳을 것이다.

헨더슨이 소용돌이 문화를 부정적인 측면에서만 보면서 그 처방으로 제시한 다원주의와 분권화가 실현되기 어려운 이유도 바로 여기에 있다. 영국의 공리주의자 제러미 벤담Jeremy Bentham, 1748~1832이 구상했던 원형감옥의 원리는 정점에 선 통치자가 모든 지방행정을 효율적으로 관리할 수 있는 체제와도 통하는 것이다.[11] 그런데 한국인들이 과연 그 효율성을 포기할까?

한국의 지정학적 위치, 남북분단 상황, 적어도 600년간 형성된 초강력 중앙집권 문화, 문화와 의식을 고착·강화시키는 미디어와 교육의 중앙 집중은 다원주의와 분권화를 매우 어렵게 만들 것이다. 그래서 다원주의와 분권화를 포기하자는 게 아니라 알 건 제대로 알고서 각오와 준비를 단단히 하자는 것이다. 헨더슨은 소용돌이 문화의 양면성을 균형되게 고찰하지 못했으며 다양한 측면을 다 포괄하지도 못했다.

한국의 '소용돌이 문화'를 총체적으로 규명하자면 정치의 과잉, 지도자 숭배, 공직의 출세 도구화, 승자 독식 문화, 패권 쟁취를 위한 분열주의. 뜨거운 교육열, 위험을 무릅쓰는 문화, 자본주의 이데올로기에 충실한 문화, 여론의 휘발성, 피곤한 삶 등이 모두 다루어져야 할 것이다. 그러나 여기에서는 1950년대를 이해하기 위한 수준에서만 '소용돌이 문화'의 양면성을 살펴보기로 하자.

과연 이데올로기가 문제였는가?

해방정국을 거치면서 격화된 이데올로기 갈등은 6·25 전쟁을 전후로 피를 부르는 학살극으로 치달았다. 그러나 이미 해방정국의 역사에서 살펴보았듯이, 그것 역시 엄밀히 말하면, 이데올로기가 사람을 죽인 게 아니었다. 피가 끓는 원한관계, 전통적인 유대관계, 대세 추종의 처세술 등과 같은 동기들로 인해 빚어졌거나 증폭된 갈등에 이데올로기가 동원되었을 뿐이다. 이데올로기는 허울 좋은 명분이거나 핑계였을 뿐 많은 경우 문제의 핵심은 밥그릇과 기득권(상징 자본 포함)을 둘러싼 갈등이었다. 윤택림이 『인류학자의 과거 여행: 한 빨갱이 마을의 역사를 찾아서』(2004)에서 말하는 충남 예산의 시양리 사람들이 겪은 6·25는 결코 예외적인 게 아니었다.

윤택림은 "대부분의 마을 사람들은 6·25를 자족지난自族之亂이라고 했다. 6·25는 북한 사람들과의 전쟁이 아니라 마을 사람들 간의 전쟁이었다. 같은 마을 내에서 이데올로기라는 가면하에 치러진 마을 사람들 간의 개인적, 감정적, 정치적 주도권 싸움이었다. 그들은 인민군은 지방 사정을 잘 몰랐다고 말했고, 학살과 공포를 가져온 것은 바로 지방 좌익과 우익이었다고 했다. 자족지난이라는 의미는 자족, 즉 자기 집단의 범주를 어떻게 정하는가에 따라서 달랐다"며 다음과 같이 말했다.

"지방 좌익 지도자들은 거의 모두 부유한 계층의 고학력 인텔리들이었다. 일제 시기부터 쌓아온 개인적인 카리스마와 마을 내에서의 개인적 불화와 감정적 대립이 오히려 가장 강력하게 작동한 갈등 변수였다. 그래서 시양리에서 이데올로기는 마을 사람들 간의 개인적 싸움, 가족 간의 불화, 정치적 경쟁이 구체적으로 드러나는 수사적·상징적 장치였다.……시양리 사람들은 6·25를 계급투쟁이 아니라 개인적 불화와 카리스마로 이해하고 있다."[12]

함석헌은 6·25 전쟁을 좌우의 충돌이 아닌, 국가주의의 충돌로 보았다. "자유주의나 공산주의나 그 체제, 이데올로기에는 차이가 있어도 개인을 그 노예로 삼는 국가주의인 것에서는 다름이 없다. 모든 권력은 필연적으로 자기보다 강한 대적을 불러일으키고야 만다. 그러므로 국가주의가 있는 한 평화는 있을 수 없다. 38선의 비극은 멸망해가는 국가주의의 고민이다. 남북 분열의 책임은 국가주의에 있다."[13]

맞는 말이지만, 이와 같은 진술은 그물코가 너무 크다. 교통사고가 났을 때, 모든 책임은 자동차에 있다는 말은 백번 맞지만 너무 허망하지 않은가? 그물코를 좀더 좁혀서 한국 특유의 '소용돌이 문화'에 주목해보자. 한국인에겐 늘 '뜨거운 피'가 문제였다. 한국인들은 단일민족으로 피가 같다고 하는 믿음이 피를 너무도 쉽게 빨리 뜨겁게 만들기도 했다. 서로 피가 다르면 '다르다'고 체념하고 넘어갈 수도 있었던 일을 '같다'고 고집하는 바람에 그 '다름'의 이유를 무엇에선가 반드시 찾아야 했고 그때에 이들에게 던져진 게 이데올로기는 아니었을까?

골육상쟁의 근본주의

이데올로기는 '메이드 인 서양'이었다. 이데올로기에 대한 탐닉은 사대주의와 기회주의의 결합이기도 했다. 한국 사회는 큰 나라에서 무언가 새로운 걸 들여오는 걸 '인정 투쟁'과 개명開明의 주요 요소로 삼았기 때문에 타협의 여지는 애초부터 한국인들의 몫은 아니었다. 3만 5,000여 명의 목숨을 앗아간 신천 학살이 황석영의 말대로 기독교와 마르크스주의라는 '손님들' 간의 투쟁이 낳은 비극이었다면, 그 비극은 '손님'을 숭배하는 한국인들의 지극한 겸양에서 비롯된 건지도 모를 일이었다. 그 겸양의 다른 얼굴은 인간의 영혼까지 비워놓는 자기 부정이었다.

전남 진도군 군내면의 동족마을 세등리에서 벌어진 학살극은 어떤가? 이 학살극을 보고 이데올로기는 피보다 더 진했다고 말해야 하는 걸까? 박명림은『한국 1950 전쟁과 평화』(2002)에서 이 지역에서 벌어진 상상을 초월하는 상호 학살을 설명할 마땅한 설명 체계는 아직 없어 보인다며 다음과 같이 말한다.

"무엇이 한 지역의 같은 성원들을 이토록 극도로 증오하게 만들었는지 우리는 묻게 된다.……세등리에서는 집안끼리 좌익과 우익으로 갈려 북한 인민군과 남한 군경의 진주와 퇴각을 계기로 상호 학살과 보복이 반복되면서 대량학살로 이어졌다.……문중 내의 파벌 투쟁으로 가문을 몰락으로 이끄는 실례에서 한국민들이 늘 자랑하는 씨족, 혈족 내의 연대와 사랑의 관념을 찾는다는 것은 전연 불가능하다."[14]

한국인들은 피의 다름을 인정하지 않기 때문에 피의 위계질서를 원했다. 동질성과 중앙집중성은 바로 그런 의식을 기반으로 해서 전 사회적으로 구축되어온 것이었다. 다름을 인정할 수 없는 순수에 대한 강박이 근친증오近親憎惡와 근린증오近隣憎惡를 낳게 했을 것이다. 이게 바로 골육상쟁骨肉相爭의 근본주의였다.

김동춘은 『근대의 그늘: 한국의 근대성과 민족주의』(2000)에서 6·25를 전후로 한 수많은 학살과 갈등은 모두 '국민'의 탄생을 위한 진통이었다고 말한다. 오직 사상적으로 의심받지 않는 반공 국민만이 국민의 자격을 얻을 수 있었고, 그렇지 않은 '동포'들은 원수 심지어는 짐승처럼 취급되었다는 것이다.

"여기서 주목할 것은 '좌익은 씨를 말려야 한다'는 혈통주의적인 사상과 실천이 분단국가 건설을 정당화했다는 점이다. 분단국가의 형성은 통상 국가 형성의 기반으로서 같은 종족, 동일한 민족이라는 공통성이 반공주의라는 '이데올로기적·정치적' 규정에 의해 무시·압도당한 데서 비롯된 것처럼 보이지만, 다른 한편으로 '대한의 아들딸'이라는 한국에서의 국민 개념은 좌익을 다른 인종 혹은 인간 이하로 취급했고 그것이 '좌익사냥'을 정당화했다는 점에서 오히려 인종주의 혹은 혈통주의에 기초해 있다는 점을 발견할 수 있다."[15]

좌익의 '우익사냥'도 다를 바 없었지만, 이런 혈통주의 논리의 실행은 다른 목소리를 침묵하게 하고 줄을 서게 만들고야마는 '소용돌이 현상'에 의해 가능한 것이었다. 국가주의와는 별개로 지도자에 대한 맹목적 추종이라고 하는 토양과 더불어 그 토양을 강화·고착시키려는 시도는 '만인에 대한 만인의 투쟁' 차원에서 일종의 먹이사슬 구조의 형태로 전개된 것이었다. 이승만은 그런 추종을 조직해내는 데에는 탁월한 능력을 보여주었지만, 그로 인해 치러야 할 희생은 너무 컸다.

"우선 그놈의 사진을 떼어서 밑씻개로 하자"

이승만이 하야 성명을 낸 1960년 4월 26일 김수영이 '흥분을 찾지 못하고' 쓴 「우선 그놈의 사진을 떼어서 밑씻개로 하자」는 시는 이승만의 시대가 사실상 왕조 시대였다는 걸 고발하는 것과 다름없었다.

"우선 그놈의 사진을 떼어서 밑씻개로 하자/그 지긋지긋한 놈의 사진을 떼어서/조용히 개굴창에 넣고/썩어진 어제와 결별하자/그놈의 동상이 선 곳에는/민주주의의 첫 기둥을 세우고/쓰러진 성스러운 학생들의 웅장한/기념탑을 세우자/아아 어서어서 썩어빠진 어제와 결별하자."

김수영은 이승만의 사진이 너무 많았다는 것도 문제 삼았다.

"이제야말로 아무 두려움 없이/그놈의 사진을 태워도 좋다/협잡과 아부와 무수한 악독의 상징인/지긋지긋한 그놈의 미소하는 사진을/대한민국의 방방곡곡에 안 붙은 곳이 없는/그놈의 점잖은 얼굴의 사진을/동회란 동회에서 시청이란 시청에서/회사란 회사에서/××단체에서 ○○협회에서/하물며는 술집에서 음식점에서 양화점에서/무역상에서 개솔린 스탠드에서/책방에서 학교에서 전국의 국민학교란 국민학교에서 유치원에서."

그리고 김수영은 그 사진이 강요된 사진이었다고 비판했다.

"선량한 백성들이 하늘같이 모시고/아침저녁으로 우러러보던 그 사진은/사실은 억압과 폭정의 방패이었느니/썩은 놈의 사진이었느니/너도 나도 누나도 언니도 어머니도/철수도 용식이도 미스터 강도 유 중사도/강 중령도 그놈의 속을 모르는 바는 아니었지만/무서워서 편리해서 살기 위해서/빨갱이라고 할까보아 무서워서/돈을 벌기 위해서는 편리해서/가련한 목숨을 이어가기 위해서/신주처럼 모셔놓던 의젓한 얼굴의/그놈의 속을 창자 밑까지도 다 알고는 있었으나/타성같이 습관같이/그저그저 쉬쉬하면서/할말도 다 못하고/기진맥진해서/그저그저 걸어만 두었던/흉악한 그놈의 사진을/오늘은 서슴지 않고 떼어놓어야 할 날이다."[16]

'우선 그놈의 사진을 떼어서 밑씻개로 하자'는 과격한 발언은 왕조 시대에서 탈출하는 것이 기존의 신성 모독에서부터 가능하다는 것을 역설한 것이었다. 그렇다면 그런 강고한 왕조 시대적 토양을 만끽하면서 강압을 행사했던 이승만 체제의 몰락은 어떻게 가능했던가? 그것 역시 '소용돌이 현상' 덕분이었다.

대중의 '과잉 순응' 전략

일찍이 신채호는 한국 동포는 공공심公共心이 거의 없는 동포라고 개탄했다. "개인이 있는 줄만 알고 사회가 있는 줄은 모르며, 가족이 있는 줄만 알고 국가가 있는 줄은 모르니 이 어찌 뜻있는 이의 통탄할 바가 아니겠는가."[17] 그러나 공공심의 결여는 강요당한 것이지 자발적 선택의 결과는 아니었다. 좀더 정확히 말하자면, 국민을 뜯어먹는 데에만 혈안이 된 국가에 대해 민중이 적응하면서 도출해낸 합리적 선택의 결과였던 것이다. 김동춘은 이승만 체제의 강력한 국가통제는 국가를 유일신으로 만들었다고 말한다.

"국가통제는 사상의 부재 나아가 무도덕적 가족주의, 무규범anomie과 동전의 양면을 이루는 것이고 사상과 이념의 부재, 이기주의로 인한 무질서와 무원칙, 도덕적 혼미는 곧 국가에 의해 억압당한 사회가 거꾸로 국가에 복수하는 것이다."[18]

그 복수는 일종의 '과잉 순응' 전략이었다. 프랑스 철학자 장 보드리야르Jean Baudrillard, 1929~2007는 사회변혁의 전략으로 현실에 '과잉 순응hyperconformist'하는 걸 제시함으로써 허무주의자·비관주의자·패배주의자·탈정치주의자로 비난받았다.

"적합한 전략적 저항은 의미와 발언을 거부하고, 거부와 비수용의 형태 그 자체인 현 시스템의 메커니즘을 '과잉 순응적인hyperconformist' 방식으로 흉내내는 것이다. 이것이 대중의 저항 전략이다. 그것은 거울의 경우처럼 시스템의 논리를 흡수하지는 않으면서 복사하고 의미를 반영시킴으로써 그 논리를 뒤집어버리는 것을 의미한다. 이것이야말로 현재로선 가장 유력한 전략이다(만약 이걸 전략이라고 부를 수 있다면)."[19]

그건 결코 '전략'이라고 부를 수 없는 허무주의의 극치를 보여주는 것이었지만, 긴 세월을 두고선 의도하지 않은 결과로 나타날 수도 있는 '역전逆轉의 정치'였다. 반공과 이승만 우상화라고 하는 소용돌이에 휘말려 들어가던 대중은 그와 동시에 자신의 안전과 번영을 꾀하기 위한 삶의 이전투구泥田鬪狗 소용돌이에도 적극적으로 뛰어들었던 것인데, 후자後者의 소용돌이가 전자前者의 소용돌이를 압도하는 현상이 일어났던 것이다. 이 두 번째 소용돌이는 바로 앞서 말한 교육열과 밀접한 관련을 맺고 있었다. 1950년대는 흔히 '교육 기적'이니 '교육 혁명'이니 하는 말로 불릴 만큼 놀라운 정도의 교육 팽창을 가져왔다.

이승만의 최대 업적

이승만 정부는 1948년부터 1960년 사이에 총예산 중 연평균 10.5%의 예산을 교육 부문에 사용했다.[20] 1인당 GNP가 100달러에도 미치지 못하던 나라의 살림살이로 보아선 매우 높은 비중이었다. 학교 교육 이외에도 별도의 '성인교육' 프로그램으로 전체 인구의 문자 해득률은 1945년의 22%에서 1952년 75%, 1959년 78%로 증가했다.[21] 이걸 긍정적으로 평가할 수 있다면 이거야말로 이승만의 최대 업적임이 틀림없다고 보아야 할 것이다. 그러나 전반적으로 보아 1950년대의 교육은 수요가 공급을 압도하고 있었다. 본문에서 이미 살펴보았듯이, 교육에 한恨이 맺혔다고 해도 좋을 정도였다.

1945년에서 1960년 사이의 변화를 보자. 초등학교 학생 수는 136만 6,024명에서 359만 9,627명으로 2.6배 증가했으며, 중학생 수는 5만 343명에서 52만 8,614명으로 11배 가까이 증가했으며, 고등학생 수는 8만 4,363명에서 26만 3,563명으로 3배 이상 증가했으며, 대학생 수는 7,819명에서 9만 7,819명으로 12배 이상 증가했다.[22]

총인구에 대한 학생 인구의 비율은 1945년 8.9%, 1948년 14.5%, 1954년 16.0%, 1960년 18.1%로 증가했으며, 중학교 재학 이상 학생 인구 비율도 1945년 0.8%, 1948년 2.1%, 1954년 3.3%, 1960년 3.6%로 증가했다.[23] 1952년에서 1960년까지의 대학생 연간 평균 증가율은 14.5%로 1960년에서 1970년 사이의 연간 평균 증가율 6.7%의 2배 이상을 기록했다.[24]

박영규는 『특별한 한국인』(2000)에서 한국인의 뜨거운 교육열은 하루아침에 생긴 것이 아니며 조상의 유산이라고 말한다. 그 교육열 속에는 양반이 되지 못한 조선 민중들의 한이 숨어 있고, 세계에 눈을 뜨지 못해 일본에 짓밟혀야 했던 눈물 어린 자각이 도사리고 있으며, 폐허 위에서 굶주린 배를 움켜잡고 외치던 처절한 울음이 있다는 것이다.

"도대체 우리에게 무엇이 있는가? 우리에게 퍼내기만 하면 돈이 되는 석유가 있는가? 가도 가도 끝이 없는 광활한 영토가 있는가? 우리에게 있는 것은 오직 사람뿐이다. 교육에 대한 한국인의 남다른 열정은 바로 이런 자각의 결과다."[25]

그런 자각의 가치를 과소평가해선 안 될 것이다. 그러나 전쟁 중에 나온 대학생에 대한 병역 특혜가 1950년대의 교육열을 자극하는 데에 큰 기여를 했다는 것도 부인할 수 없는 분명한 사실이다. 안전이 확보된 후에 교육열이 겨냥한 건 출세였다. 출세는 학력만으론 충분치 않았다. 그건 기본이고 학벌이 좋아야 했다. 대학을 졸업한다고 해서 다 취직이 되는 게 아니었다. 반 이상이 취직을 하지 못했다. 좋은 자리에 들어가려면 일류 대학을 나와야 했다. 1955년 전체 대학생 중 50%에 해당하는 4만 2,666명이 서울에 집중된 것도 바로 그런 대학의 위계질서 현상을 말해주는 것이었다.[26]

정부는 사학 방조 정책을 썼다. 재정적 기초도 없이 학생들의 등록금을 노린 대학 장사꾼들이 대거 등장했다. 학기 초 등록금 납부기에는 총통화량의 4분의 1 혹은 5분의 1이 학교로 들어갔다. 그래서 '대학은 모리배의 소굴'이라는 비난과 더불어 '대학망국론'까지 나오기도 했다.[27] 우승규는 『사상계』 1959년 8월호에 쓴 글에서 초등학교에서 대학에 이르기까지 만연해 있는 교육의 타락상을 다음과 같이 질타했다.

"돈 가지고 입학 전학이 좌우되고 진급도 낙제도 돈으로 결정되는 판이다. 우리나라엔 은행이라는 게 딴 게 아니고 학원이 은행처럼 되어 있다. 그러기에 매해 새 입학기가 되면 돈이란 돈은 모조리 학교라고 이름하는 곳으로 몰려들어 간다고 세상 사람들은 말한다. 그러한 기괴한 '학원 인플레' 현상이 이 사회의 주된 물의의 표적이 되는 것이다."[28]

『사상계』 1959년 6월호에 실린 「대학교육의 모순」이란 글은 한국인의 강렬한 교육열은 "따져보면 실질적인 교육의 내용이 아니라 형식적인 교육의 효능, 말하자면 그것으로써 얻을 수 있는 졸업증서와 간판에 대한 동경과 집착에서 오는 것"이라고 평가했다.[29] 논밭과 소를 판 돈으로 대학을 다닌 농부의 자식들 가운데 성공을 한 사람은 극소수였고 다수는 고등 실업자 신세가 되었다. 그래서 농부들의 주머니를 터는 대학을 비판하는 차원에서 상아탑을 빗대어 '우골탑牛骨塔'이라는 말까지 나왔다. 이 우골탑 행진은 1960년대는 물론 1970년대까지 계속 이어졌다.

학벌주의와 숭미주의

1950년대 우골탑 행진의 동력이었던 학벌주의와 숭미주의를 단적으로 보여주는 것이 '박사'라는 호칭일 것이다. 이승만 대통령은 자주 '이승만 박사'로 불렸다. '박사'는 결코 '대통령'보다 낮은 호칭이 아니었다. 그래서 이승만을 태양처럼 떠받드는 사람들도 '이승만 박사'로 불렀다. 조병옥도 자주 '조병옥 박사'로 불렸다. 이 두 사람은 박사, 그것도 '미국 박사'라고 하는 타이틀이 주는 후광 효과를 톡톡히 누렸다(조병옥은 진짜 박사였느냐 하는 논란이 있었지만 말이다).

미국은 한국 교육의 구세주였다. 지식인일수록 미국을 숭배하는 건 당연한 일이었을 것이다. 출세하기 위해선 어떻게 해서든 미국과 끈을 만들어야 한다는 건 누가 가르쳐주지 않아도 학생들도 잘 알고 있었다. 1958년 한 미국인은 1950년대 한국 학생들의 숭미崇美 출세주의에 대해 이렇게 말했다.

"미국 군인의 몇 가지 버릇을 배워 흉내내기로 작정한 자들을 지칭할 때 '문명화되었다'는 개념을 사용하는 것을 보고 구역질이 났다.……만약 한국의 학생들에게 미국으로 갈 기회를 준다면 한국 학교의 교실은 하루 사이에 깨끗이 한 명도 남지 않게 될 것이다."[30]

한국을 너무 폄하하는 것 같아 듣기에 좋진 않지만, 분명히 그런 점이 있었다. 장준하는 『사상계』 1957년 10월호 「권두언: 해외 유학생에게 고언苦言함」에서 과거 7년간 해외 유학생은 총 2,890명이며 그중 9할이 미국 유학생이라고 밝혔다. 그는 "이 숫자만을 본다면……낙후성을 급속히 극복하려는 민족적인 열의가 나타난 듯도 하다"고 말하고 "그러나 그중에서 유학을 마치고 돌아온 자는 불과 371명"에 불과하다고 비판했다. "대다수는 국가의 기대를 저버리고 하찮은 자기 개인의 목숨을 보전하기 위하여 갖은 핑계를 꾸며 가면서 위험지대의 권외圈外에 머물러 있기를 꾀하였다. 이것은 명백한 민족 반역행위요, 그들은 악질적 사기적 반역자다."[31]

장준하의 흥분에 전적으로 동의하긴 어려울 망정, 당시 거의 모든 대학생에게 미국이 선망과 동경의 대상이었음은 분명한 사실이다. 당연히 그들의 관심도 한국보다는 미국을 향하고 있었다. 주요섭은 1962년에 쓴 글에서 한 미국인 친구에게서 받은 편지의 내용을 공개했다.

"한국인 유학생 몇 명과 오랜 시간 이야기해본 결과 실로 뜻밖이요 놀라운 사실을 발견했소. 그들이 미국 작가 헤밍웨이, 포크너, 마크 트웨인 등에 대한 지식은 나보다 더 많고 그들의 작품도 많이 읽은 모양인데, 한국 현대작가의 이름이나 작품은 하나도 모르더군요. 한국은 문학을 안 가진 민족인지 그렇지 않으면 학교에서 한국 문학은 도무지 가르치지 않는지, 어느 것인지 알려주시면 고맙겠습니다."[32]

"점증하는 좌절의 혁명"

대학생들의 이런 학벌주의와 숭미주의는 왜 3·15 부정선거 이후 한 달이 지나서야 대학생들이 들고일어났는지 그 점을 이해하는 데에도 도움을 줄 수 있을 것이다. 대학생들이 고등학생들에게서 손가락질을 받으면서 막판에서야 들고일어났다는 것은 당시 대학 교육의 성격을 잘 말해주는 것으로 볼 수 있다. 막판에나마 들고일어섰던 것은 그들이 머리로는 민주주의에 대해 배웠기 때문이었을 것이다. 당시의 대학 교육은 주로 수입 교육이었다. 미제美製였다. 그래서 반공주의와 더불어 민주주의는 주요 교육 이념이 되었다.[33]

그러나 민주주의는 미국 수입품이었고 또 그래서 대학생들은 민주주의를 가슴이 아닌 머리로만 받아들였기 때문에 3·15 부정선거로 그들의 가슴에까지 불이 붙는 데엔 그토록 오랜 시간이 걸렸을 것이다. 그래도 미디어의 성장과 도시화가 그 시간을 단축시키는 데에 기여했을 것이다.

1960년대 초 미국의 커뮤니케이션 학자 대니얼 러너Daniel Lerner, 1917~1980는 '점증하는 좌절의 혁명revolution of rising frustration'라는 개념을 제시했다. 제3세계 국가에서 보상get이 욕구want를 따르지 못할 경우의 문제를 지적한 것이다.[34] 그게 바로 1960년 봄의 한국에서도 일어난 일이었다. 대학생의 양적 증가는 4·19 혁명 성공의 한 요인을 제공했다. 30%가 넘는 실업률로 인해 1960년에 10만 명 내외에 이른 대학생 집단의 사회적 불만은 대단했다.[35] 그 불만에 민주주의 수호라는 명분과 고등학생들에게서 받은 모욕까지 가해졌으니 그들이 어찌 들고일어나지 않을 수 있었겠는가?

당시 실업자 문제는 미국의 원조 삭감으로 크게 악화되어 있었다. 또 원조 삭감은 원조의 특혜적 배분으로 그럭저럭 평화공존을 해오던 상층 엘리트 집단의 분열도 가속화시켰다.[36] 민주주의라는 사상을 던져준 것도 미국이요, 원조 삭감으로 사회적 불만을 폭발 지경에까지 몰고 간 것도 미국이었다. 미국이 이승만 정권을 계속 지지했더라면 사태는 달라졌을지도 모른다. 그러나 미국은 이승만을 포기했다. 모든 게 미국에 의해 결정되던 때에 마무리까지도 미국의 뜻대로 이루어진 것이다.

여촌야도의 정치학

1950년대의 교육이 반공만 가르친 건 아니었다. 민주주의도 가르쳤다. 이승만 정권이 민주주의를 유린하는 가운데 서구에 대한 동경의 대상으로서 민주주의를 배운 학생들에게 민주주의는 다소 신비화된 주술과도 같은 것이었다. 1952년 부산 정치 파동 당시 동아대 학생이었던 김정문은 기독학생동지회를 만들어 독재에 저항했는데, 그의 사상적 무기는 바로 민주주의였다.

"정치 파동 직후 부산 남성여고 강당에서 한 '약소 계급의 옹호와 변론'이란 강연은 꽤나 도발적이었다. 제목 자체가 공산주의를 연상케 하는 강연에서 나는 '민주주의만이 우리나라를 구할 수 있다'고 강조했다.……대통령 암살 계획도 짰다. 기독학생동지회 멤버 3명과 이승만 암살을 모의했다. 권총 구하기와 경무대 일정 파악은 친구들이, 방아쇠를 당기는 건 내가 맡기로 했다. 곡절 끝에 계획은 무산됐지만 스물다섯 살 청년의 혈기는 장난이 아니었다. 그러나 되돌아보니 인권과 민주주의를 위한다 해도 '살인 계획'은 좀 심했다는 생각이다. 무턱대고 대통령을 제거하겠다는 발상도 약간은 돈키호테적이었다."[37]

김정문의 돈키호테적인 발상은 극단적이긴 하지만, 민주주의에 대한 인식에서 예외적인 것은 아니었다. 안전과 생존경쟁의 무기로서의 가치 때문에 폭발을 보인 교육이 이승만 정권을 무너뜨리는 힘으로 작용했다는 건 소용돌이 문화의 명암을 동시에 보여주는 것임이 틀림없다 하겠다. 교육의 폭발은 중앙집중적인 도시화와 궤를 같이했다. 도시화로 인해 수평적 커뮤니케이션의 양이 증대한 것도 이승만 체제를 무너뜨리는 데에 기여했다. 자유당의 정치적 기반은 비도시 지역에서의 이른바 '준봉투표conformity votes'였던 반면, 도시화와 교육의 확대는 '준봉투표'를 약화시키는 힘으로 작용했다.[38] 이게 바로 선거 때마다 여촌야도與村野都 현상으로 나타났다.

수평적 커뮤니케이션의 증대에서 신문의 역할도 컸다. 발행 부수 1·2위를 기록하던 『동아일보』와 『경향신문』이 각기 민주당 구파와 신파의 대변자 역할을 하는 등 강한 야당색을 보였으며, 그래서 "자유당에 편향적인 경찰은 농촌을 장악했고, 민주당에 편향적인 신문은 도시를 장악하는" 사태가 나타났다.[39]

"공적 소극성, 사적 적극성"

6·25 전쟁 기간을 포함해 1950년대 전반에 걸쳐 나타난 '만인에 대한 만인의 투쟁'도 보는 시각에 따라선 삶에 대한 '과잉 긍정'일 수도 있는 것이었다. 더는 내려갈 수 없을 정도로 절망과 부정의 밑바닥에까지 떨어졌기 때문에 갖게 되는 삶에 대한 무서운 전투성이라고나 할까? 라종일은 「한국전쟁의 의미: 한국의 입장」(1990)이라는 글에서 "이 전쟁을 통한 한국인들의 경험과 그에 대한 반응과 해석에 있어서 가장 특출한 것은 수난의 경험이 의욕의 저상이나 염세 지향적인 것이 아니고 오히려 현실에 대한 더 강한 긍정과 낙관, 그리고 현세 지향적이라는 점"이라며 다음과 같이 말한다.

"좌절이나 환멸, 실의, 그리고 심지어 실향 의식까지도 현실 도피나 염세라기보다는 왕성한 현세적 의욕을 실현할 수 없는 현실에 대한 항의의 표현이다. 이것은 역설적이며 부정적인 측면이지만, 참혹한 전쟁을 치르고 나서도 여전히 양측이 모두 염전厭戰 경향이나 평화주의적인 생각이 지배적이기보다 또 한 차례라도 전쟁을 치를 의지에 충만해 있는 것에서도 잘 나타난다."[40]

그러나 그런 의지는 '소용돌이 현상'으로 인해 나타난 부산물일 것이다. 즉, 진정으로 또 한 차례라도 전쟁을 치를 의지에 충만해 있다기보다는 생존경쟁에서 유리한 고지를 차지하기 위한 '내부 전쟁'의 격렬함이 그런 느낌까지도 주는 게 아니었겠느냐는 것이다. 6·25 전쟁을 거치면서 한국의 기독교가 기복祈福 종교로서의 성격을 확실하게 갖게 된 것도 바로 그런 전투적 자세의 이중성과 무관치 않을 것이다. 개인과 가족이 복을 누리는 것만을 지상과제로 삼은 사람들이 정치적으론 원자화된다는 건 당연한 일이었다. 6·25는 시민사회에 대한 국가권력의 절대적 우위 문화, 달리 말해 '국민의 국가'가 아니라 '국가의 국민'을 만들어냈다.[41]

'국가의 국민'은 정치를 비롯한 공적 영역에 대해선 '소극적, 순응적 멘털리티mentality'로 무장해 "불이익을 동반할 가능성이 있는 참여에 대해 극히 소극적인 태도를 갖게 되었다".[42] 그러나 공적 영역에 대한 그런 소극적인 태도가 곧 삶의 소극성을 의미하는 건 아니었다. 오히려 정반대였다. 한恨 맺힌 세월에 대한 강한 보상 심리의 작용으로 '공적 소극성, 사적 적극성' 현상이 나타났으며, 사적 적극성은 중앙과 정상을 향한 맹렬한 돌진의 양상을 띠게 되었다.

이제는 골로 가지 말자

극단의 상황에 처했던 탓에 생겨난 전투성은 한국인의 죄의식에도 큰 변화를 가져왔으며, 이는 종국엔 '위험을 무릅쓰는 문화'를 뿌리 내리게 했다. '위험을 무릅쓰는 문화'는 나중에 세계에서 그 유례를 찾기 어려운 한국의 초고속 경제발전에 큰 기여를 하게 되었다. 훗날 한국 재벌들의 성공담에 빠지지 않고 등장하는 게 바로 도박과 같은 위험을 무릅쓰고 성공을 거둔 이야기였다. 특히 '정주영 신화'를 생각해보라.

이제 그런 전통은 젊은 벤처 기업가에게도 이어졌다. 전하진은 『전하진의 e 비즈니스 성공전략』(2000)에서 "우리 민족만큼 도전정신, 모험정신 다시 말해 벤처정신이 풍부한 민족도 드물다"고 말한다.[43] 이는 '위험을 무릅쓰는 문화'의 변형으로 보는 것이 옳을 듯하다. 그러나 이런 문화는 한국인들의 삶이 전후에도 늘 전시체제하의 긴장을 유지하게 된다는 걸 의미하는 것이기도 했다. 긴장은 스트레스를 낳는다. 전시체제의 스트레스는 워낙 특별한 것이라 스트레스 해소책 역시 특별할 수밖에 없었다. '격려와 위로'는 물론 스트레스 해소를 위해서도 무언가 특별한 것이 필요했던 것이다. 그래서 1950년대 이후 기복신앙이 위세를 떨쳤지만, 오늘날엔 세계 최고의 자살율과 최저의 출산율을 기록한 나라가 되었다.

의식과 문화의 특질은 질기다는 것이다. 세상이 아무리 달라졌다 해도 의식과 문화까지 바뀌는 데엔 시간이 더 필요하다. 그러나 기존의 '6·25 심성'을 극복하지 않고선 한국인은 필요 이상으로 피곤한 삶에서 결코 벗어날 수 없다는 것 또한 분명한 사실이다. 전쟁하듯 산 덕에 남들보다 앞서갈 순 있었지만, "왜 사니?"라는 물음 앞에선 약해질 수밖에 없다. 과거엔 자식들 때문에 살았다지만, 요즘 자식들이 옛날 자식들과 같던가?

속마음에서나마 이젠 '6·25 심성'을 극복해야 한다는 데엔 모든 한국인이 동의하고 있다. 그러나 남들이 '전쟁'하는 데 나 홀로 평화적으로 살 순 없다는 생각 때문에 내키지 않는 전쟁을 계속해야만 한다. 그 '수인囚人 게임'의 딜레마에 지친 사람들은 이민을 꿈꾸지만, 그게 모든 한국인의 대안일 수 없다는 건 분명한 사실이다.

이젠 아직도 한국 사회를 지배하고 있는 1950년대의 패러다임을 재고할 때다. 이승만을 지금의 대한민국 체제의 원조 설계자라는 이유만으로 그를 떠받드는 건 참담한 일이고, 그런 사람들의 과격한 담론 이면에 숨어 있는 최소한의 일리도 인정하지 못하겠다며 그들을 '수구 냉전 세력'으로 몰아붙이는 건 너무 오만하고 독선적이다.

양 세력 사이에 건널 수 없는 강이 흐르고 있다는 건 한국인들이 1950년대의 한국 사회에서 무언가를 배우기를 포기했다는 것과 다름없을 것이다. 부정적이건 긍정적이건 소용돌이는 너무 어지럽다. 그 어느 쪽의 소용돌이에서건 벗어나 그 어느 쪽으로건 더디 가더라도 같이 손잡고 나아가는 것이 1950년대에 수많은 한국인이 흘린 피에 속죄하고 보상하는 길이 될 것이다.

6·25 전쟁 때 '골로 간다'는 말은 죽임을 당하기 위해 산골짜기로 끌려간다는 의미였지만, 전후엔 '마음의 골'이 생겼다. 사람들은 제각기 자기들만의 골로 갔다. 1950년대를 겪은 한국인들에겐 각자 마음의 깊은 골이 있다. 그러나 이제 골로 가지 말자. 골에서 벗어나자. 각자 갖고 있을지도 모를 마음의 깊은 골에서도 빠져나와 '광장'도 '밀실'도 아닌 그 어느 중간의 공간을 만들자. 이게 바로 1950년대의 한국 사회가 우리에게 주는 최대의 교훈일 것이다.

제1부 1956년

1 김혜진,「김창룡: 일제 관동군 헌병에서 대한민국 특무부 대장까지」, 반민족문제연구소,『청산하지 못한 역사 1: 한국현대사를 움직인 친일파 60』(청년사, 1994), 194쪽.
2 한길사 편집실,「사료: 1950년대의 정치적 중요 사건」, 진덕규 외,『1950년대의 인식』(한길사, 1990), 437쪽.
3 정지환,『대한민국 다큐멘터리: 독립기자 정지환의 역사 추적기』(인물과사상사, 2004), 31~33쪽.
4 조갑제,『고문과 조작의 기술자들: 고문에 의한 인간 파멸 과정의 실증적 연구』(한길사, 1987), 67~68쪽.
5 김혜진,「김창룡: 일제 관동군 헌병에서 대한민국 특무부 대장까지」, 반민족문제연구소,『청산하지 못한 역사 1: 한국현대사를 움직인 친일파 60』(청년사, 1994), 186~187쪽.
6 김혜진,「김창룡: 일제 관동군 헌병에서 대한민국 특무부 대장까지」, 반민족문제연구소,『청산하지 못한 역사 1: 한국현대사를 움직인 친일파 60』(청년사, 1994), 187쪽.
7 고은,『만인보 18』(창비, 2004), 262~263쪽.
8 한용원,「군부의 제도적 성장과 정치적 행동주의」, 한배호 편,『한국현대정치론 I: 제1공화국의 국가 형성, 정치 과정, 정책』(나남, 1990), 268쪽.
9 한용원,「군부의 제도적 성장과 정치적 행동주의」, 한배호 편,『한국현대정치론 I: 제1공화국의 국가 형성, 정치 과정, 정책』(나남, 1990), 267쪽.

10 조갑제,『고문과 조작의 기술자들: 고문에 의한 인간 파멸 과정의 실증적 연구』(한길사, 1987), 72~73쪽.
11 조갑제,『고문과 조작의 기술자들: 고문에 의한 인간 파멸 과정의 실증적 연구』(한길사, 1987), 73~74쪽.
12 조갑제,『고문과 조작의 기술자들: 고문에 의한 인간 파멸 과정의 실증적 연구』(한길사, 1987), 75쪽.
13 조갑제,『고문과 조작의 기술자들: 고문에 의한 인간 파멸 과정의 실증적 연구』(한길사, 1987), 76쪽.
14 서중석,『조봉암과 1950년대 (상): 조봉암의 사회민주주의와 평화통일론』(역사비평사, 1999), 79~80쪽.
15 조갑제,『고문과 조작의 기술자들: 고문에 의한 인간 파멸 과정의 실증적 연구』(한길사, 1987), 78쪽.
16 백선엽,『군과 나: 백선엽 회고록』(대륙연구소출판부, 1989), 314쪽.
17 조갑제,『고문과 조작의 기술자들: 고문에 의한 인간 파멸 과정의 실증적 연구』(한길사, 1987), 77~78쪽.
18 한용원,「군부의 제도적 성장과 정치적 행동주의」, 한배호 편,『한국현대정치론 I: 제1공화국의 국가 형성, 정치 과정, 정책』(나남, 1990), 267쪽.
19 한용원,『한국의 군부정치』(대왕사, 1993), 171~173쪽.
20 정해구,「백선엽: 빨치산 토벌 지휘한 월남 반공 장교」, 반민족문제연구소,『청산하지 못한 역사 1: 한국현대사를 움직인 친일파 60』(청년사, 1994), 209쪽.
21 채명신,『사선을 넘고 넘어: 채명신 회고록』(매일경제신문사, 1994), 358쪽.
22 조갑제,『고문과 조작의 기술자들: 고문에 의한 인간 파멸 과정의 실증적 연구』(한길사, 1987), 76~77쪽.
23 조현연,「정일권: 탁사(濁史)로 얼룩진 '한국의 부도옹'」, 반민족문제연구소,『청산하지 못한 역사 1: 한국현대사를 움직인 친일파 60』(청년사, 1994), 150쪽.
24 김영삼,『김영삼 회고록: 민주주의를 위한 나의 투쟁 1』(백산서당, 2000), 120쪽.
25 한길사 편집실,「사료: 1950년대의 정치적 중요 사건」, 진덕규 외,『1950년대의 인식』(한길사, 1990), 438쪽.
26 그레고리 헨더슨(Gregory Henderson), 박행웅·이종삼 옮김,『소용돌이의 한국정치』(한울아카데미, 1968/2000), 499쪽.
27 연시중,『한국정당정치실록 2: 6·25 전쟁부터 장면 정권까지』(지와사랑, 2001), 125쪽.
28 서중석,『조봉암과 1950년대 (상): 조봉암의 사회민주주의와 평화통일론』(역사비평

29 서중석, 『조봉암과 1950년대 (상): 조봉암의 사회민주주의와 평화통일론』(역사비평사, 1999), 117쪽.
30 연시중, 『한국정당정치실록 2: 6·25 전쟁부터 장면 정권까지』(지와사랑, 2001), 125~126쪽; 서중석, 『조봉암과 1950년대 (상): 조봉암의 사회민주주의와 평화통일론』(역사비평사, 1999), 117쪽.
31 홍석률, 「선거, 참정권이 걸어온 길」, 한국역사연구회, 『우리는 지난 100년 동안 어떻게 살았을까 3: 정치와 경제 이야기』(역사비평사, 1999), 42쪽.
32 서중석, 「이승만 정권 초기의 일민주의와 파시즘」, 역사문제연구소 편, 『1950년대 남북한의 선택과 굴절』(역사비평사, 1998), 59~60쪽.
33 김삼웅, 『곡필로 본 해방 50년』(한울, 1995), 87쪽.
34 서중석, 『조봉암과 1950년대 (상): 조봉암의 사회민주주의와 평화통일론』(역사비평사, 1999), 514쪽.
35 서중석, 『조봉암과 1950년대 (상): 조봉암의 사회민주주의와 평화통일론』(역사비평사, 1999), 117쪽.
36 윤용희, 「자유당의 기구와 역할」, 한배호 편, 『한국현대정치론 I: 제1공화국의 국가 형성, 정치 과정, 정책』(나남, 1990), 298쪽.
37 이재오, 『해방후 한국학생운동사』(형성사, 1984), 157~158쪽.
38 한원영, 『한국현대 신문연재소설연구 上』(국학자료원, 1999), 64쪽.
39 서중석, 『조봉암과 1950년대 (상): 조봉암의 사회민주주의와 평화통일론』(역사비평사, 1999), 119쪽.
40 서중석, 『조봉암과 1950년대 (상): 조봉암의 사회민주주의와 평화통일론』(역사비평사, 1999), 118쪽.
41 서중석, 『조봉암과 1950년대 (상): 조봉암의 사회민주주의와 평화통일론』(역사비평사, 1999), 118쪽.
42 문순태, 「鯉魚의 눈」, 『제3세대 한국문학: 문순태』(삼성출판사, 1984), 324~325쪽.
43 박태균, 『조봉암 연구』(창작과비평사, 1995), 236쪽.
44 서중석, 「조봉암·진보당의 진보성과 정치적 기반」, 『역사비평』, 제18호(1992년 가을), 22쪽.
45 서중석, 『조봉암과 1950년대 (상): 조봉암의 사회민주주의와 평화통일론』(역사비평사, 1999), 515쪽; 서중석, 「이승만 정권 초기의 일민주의와 파시즘」, 역사문제연구소 편, 『1950년대 남북한의 선택과 굴절』(역사비평사, 1998), 59~60쪽.
46 곽태섭, 「"교사는 하청업자, 싫으면 북한으로 가라": 초등교장이 여교사에 폭언」, 『경

향신문』, 2004년 4월 22일, 6면.
47   이광석, 『시라소니 평전』(동아일보사, 2003), 361쪽.
48   임광순, 「이야기로 풀어가는 정치 야사: 해공 신익희」, 『전북중앙』, 2003년 3월 27일, 7면.
49   임광순, 「이야기로 풀어가는 정치 야사: 해공 신익희」, 『전북중앙』, 2003년 3월 27일, 7면.
50   이영석, 『야당 40년사』(인간사, 1987), 44쪽.
51   임광순, 「이야기로 풀어가는 정치 야사: 해공 신익희」, 『전북중앙』, 2003년 3월 27일, 7면.
52   연시중, 『한국정당정치실록 2: 6·25 전쟁부터 장면 정권까지』(지와사랑, 2001), 123~124쪽.
53   서중석, 『비극의 현대지도자: 그들은 민족주의자인가 반민족주의자인가』(성균관대학교출판부, 2002), 169쪽.
54   박태균, 『조봉암 연구』(창작과비평사, 1995), 242쪽.
55   서중석, 『조봉암과 1950년대 (상): 조봉암의 사회민주주의와 평화통일론』(역사비평사, 1999), 131쪽.
56   서중석, 『조봉암과 1950년대 (상): 조봉암의 사회민주주의와 평화통일론』(역사비평사, 1999), 131쪽; 서중석, 『조봉암과 1950년대 (하): 피해 대중과 학살의 정치학』(역사비평사, 1999), 796쪽.
57   서중석, 『조봉암과 1950년대 (상): 조봉암의 사회민주주의와 평화통일론』(역사비평사, 1999), 147~148쪽.
58   오유석, 「이승만 대 조봉암·신익희」, 『역사비평』, 제17호(1992년 여름), 151~152쪽.
59   오유석, 「이승만 대 조봉암·신익희」, 『역사비평』, 제17호(1992년 여름), 152쪽.
60   신창균, 『가시밭길에서도 느끼는 행복: 조국통일범민족연합 남측본부 의장 송암 신창균 회고록』(해냄, 1997), 199~200쪽.
61   이광석, 『시라소니 평전』(동아일보사, 2003), 366쪽.
62   박춘석, 「트로트에 실어본 서울 엘레지」, 『월간조선』, 1994년 3월, 534쪽.
63   고성국, 「진보당의 이상과 한계」, 한배호 편, 『한국현대정치론 I: 제1공화국의 국가 형성, 정치 과정, 정책』(나남, 1990), 353쪽.
64   박태균, 『조봉암 연구』(창작과비평사, 1995), 245쪽.
65   서중석, 『조봉암과 1950년대 (상): 조봉암의 사회민주주의와 평화통일론』(역사비평사, 1999), 150~153쪽.
66   이영석, 『죽산 조봉암』(원음출판사, 1983), 218쪽; 오유석, 「이승만 대 조봉암·신익

희」, 『역사비평』, 제17호(1992년 여름), 153쪽.

67 박경수, 『장준하: 민족주의자의 길』(돌베개, 2003), 279쪽.
68 「[사설] 이 대통령의 담화를 보고」, 『동아일보』, 1956년 5월 28일자; 손봉숙, 「50년대 지방자치의 정치적 배경」, 김병찬·정정길 공편, 『50년대 지방자치: 지방행정과 의회 활동의 실태와 의미』(서울대학교출판부, 1995), 62쪽에서 재인용.
69 서중석, 「이승만과 북진통일: 1950년대 극우 반공독재의 해부」, 『역사비평』, 제29호 (1995년 여름), 156~157쪽.
70 서중석, 『조봉암과 1950년대 (상): 조봉암의 사회민주주의와 평화통일론』(역사비평사, 1999), 144쪽.
71 연시중, 『한국정당정치실록 2: 6·25 전쟁부터 장면 정권까지』(지와사랑, 2001), 109쪽.
72 연시중, 『한국정당정치실록 2: 6·25 전쟁부터 장면 정권까지』(지와사랑, 2001), 109~110쪽.
73 조용중, 『미군정하의 한국정치 현장』(나남, 1990), 267~268쪽.
74 연시중, 『한국정당정치실록 2: 6·25 전쟁부터 장면 정권까지』(지와사랑, 2001), 119쪽.
75 서중석, 「조봉암·진보당의 진보성과 정치적 기반」, 『역사비평』, 제18호(1992년 가을), 23쪽.
76 서중석, 「조봉암·진보당의 진보성과 정치적 기반」, 『역사비평』, 제18호(1992년 가을), 32쪽.
77 『한국일보』, 1957년 1월 3일자; 서중석, 「조봉암의 사회민주주의와 '제3의 길'」, 『역사비평』, 제47호(1999년 여름), 88~89쪽에서 재인용.
78 김경일, 「1950년대 후반의 사회이념: 민주주의와 민족주의」, 한국정신문화연구원 현대사연구소 편, 『한국현대사의 재인식 4: 1950년대 후반기의 한국 사회와 이승만 정부의 붕괴』(오름, 1998), 55쪽.
79 서중석, 『조봉암과 1950년대 (상): 조봉암의 사회민주주의와 평화통일론』(역사비평사, 1999), 184쪽.
80 서중석, 「조봉암의 사회민주주의와 '제3의 길'」, 『역사비평』, 제47호(1999년 여름), 85쪽.
81 박태균, 『조봉암 연구』(창작과비평사, 1995), 237~238쪽.
82 김진웅, 『냉전의 역사, 1945~1991』(비봉출판사, 1999), 81~82쪽.
83 김진웅, 『냉전의 역사, 1945~1999』, 77~78쪽.
84 심지연, 『남북한 통일방안의 전개와 수렴 1948~2001』(돌베개, 2001), 47~48쪽.

85	정태영,「조봉암 사형, 미국은 왜 침묵을 지켰나」,『역사비평』, 제11호(1990년 겨울), 426쪽.
86	정규섭,『북한 외교의 어제와 오늘』(일신사, 1997), 69쪽.
87	「[사설] 선거전의 초점은 이동되었다」,『동아일보』, 1956년 5월 9일; 손호철,『현대한국정치: 이론과 역사 1945~2003』(사회평론, 2003), 182쪽에서 재인용.
88	김태일,「민주당의 성격과 역할」, 한배호 편,『한국현대정치론 I: 제1공화국의 국가 형성, 정치 과정, 정책』(나남, 1990), 327쪽.
89	오유석,「이승만 대 조봉암·신익희」,『역사비평』, 제17호(1992년 여름), 149쪽.
90	오유석,「이승만 대 조봉암·신익희」,『역사비평』, 제17호(1992년 여름), 153쪽.
91	박태균,『조봉암 연구』(창작과비평사, 1995), 242쪽.
92	신창균,『가시밭길에서도 느끼는 행복: 조국통일범민족연합 남측본부 의장 송암 신창균 회고록』(해냄, 1997), 204쪽.
93	연시중,『한국정당정치실록 2: 6·25 전쟁부터 장면 정권까지』(지와사랑, 2001), 112쪽.
94	박명림,『한국 1950 전쟁과 평화』(나남, 2002), 156~157쪽.
95	서중석,「조봉암·진보당의 진보성과 정치적 기반」,『역사비평』, 제18호(1992년 가을), 32쪽.
96	정태영,「조봉암 사형, 미국은 왜 침묵을 지켰나」,『역사비평』, 제11호(1990년 겨울), 425쪽.
97	『한국일보』, 1957년 1월 3일자; 서중석,「조봉암의 사회민주주의와 '제3의 길'」,『역사비평』, 제47호(1999년 여름), 88~89쪽에서 재인용.
98	서중석,「미군정·이승만 정권 4월 혁명기의 지방자치제」,『역사비평』, 제13호(1991년 여름), 50쪽.
99	임광순,「이야기로 풀어가는 정치 야사: 유석 조병옥」,『전북중앙』, 2003년 5월 22일, 7면.
100	서중석,「미군정·이승만 정권 4월 혁명기의 지방자치제」,『역사비평』, 제13호(1991년 여름), 50~51쪽.
101	연시중,『한국정당정치실록 2: 6·25 전쟁부터 장면 정권까지』(지와사랑, 2001), 156쪽.
102	서중석,「미군정·이승만 정권 4월 혁명기의 지방자치제」,『역사비평』, 제13호(1991년 여름), 51쪽.
103	서중석,「미군정·이승만 정권 4월 혁명기의 지방자치제」,『역사비평』, 제13호(1991년 여름), 51쪽.

104 연시중, 『한국정당정치실록 2: 6·25 전쟁부터 장면 정권까지』(지와사랑, 2001), 157쪽.
105 임광순, 「이야기로 풀어가는 정치 야사: 유석 조병옥」, 『전북중앙』, 2003년 5월 22일, 7면.
106 임광순, 「이야기로 풀어가는 정치 야사: 유석 조병옥」, 『전북중앙』, 2003년 5월 22일, 7면.
107 서중석, 「이승만과 북진통일: 1950년대 극우 반공독재의 해부」, 『역사비평』, 제29호(1995년 여름), 157쪽.
108 서중석, 「미군정·이승만 정권 4월 혁명기의 지방자치제」, 『역사비평』, 제13호(1991년 여름), 51~52쪽.
109 서중석, 「미군정·이승만 정권 4월 혁명기의 지방자치제」, 『역사비평』, 제13호(1991년 여름), 52쪽에서 재인용.
110 서중석, 『조봉암과 1950년대 (상): 조봉암의 사회민주주의와 평화통일론』(역사비평사, 1999), 476쪽에서 재인용.
111 서중석, 『조봉암과 1950년대 (상): 조봉암의 사회민주주의와 평화통일론』(역사비평사, 1999), 478쪽.
112 임광순, 「이야기로 풀어가는 정치 야사: 유석 조병옥」, 『전북중앙』, 2003년 5월 22일, 7면.
113 연시중, 『한국정당정치실록 2: 6·25 전쟁부터 장면 정권까지』(지와사랑, 2001), 143쪽.
114 한길사 편집실, 「사료: 1950년대의 정치적 중요 사건」, 진덕규 외, 『1950년대의 인식』(한길사, 1990), 440~441쪽.
115 송원영, 「장면 부통령 저격 사건: "여러분! 나는 무사합니다. 안심들 하십시오"」, 월간조선 엮음, 『한국현대사 119대 사건: 체험기와 특종사진』(조선일보사, 1993), 137쪽.
116 연시중, 『한국정당정치실록 2: 6·25 전쟁부터 장면 정권까지』(지와사랑, 2001), 153쪽; 김진국·정창현, 『www.한국현대사.com』(민연, 2000), 98쪽.
117 한길사 편집실, 「사료: 1950년대의 정치적 중요 사건」, 진덕규 외, 『1950년대의 인식』(한길사, 1990), 442~443쪽.
118 이영석, 『야당 40년사』(인간사, 1987), 46쪽.
119 정영진, 「자장면 탄생 벌써 100년: 내년 '원조' 인천서 축제」, 『중앙일보』, 2004년 3월 31일, 11면.
120 김영미, 「외식문화의 자화상」, 한국역사연구회, 『우리는 지난 100년 동안 어떻게 살았을까 1: 삶과 문화 이야기』(역사비평사, 1998), 178~179쪽.

121 역사학연구소,『강좌 한국근현대사』(풀빛, 1995), 291쪽.
122 조정래,「움막촌 사람들」,『한강 1』(해냄, 2001), 59~60쪽.
123 박진도,「근대화 물결에 떠내려간 농촌」, 한국역사연구회,『우리는 지난 100년 동안 어떻게 살았을까 2: 사람과 사회 이야기』(역사비평사, 1998), 139~140쪽.
124 조정래,「움막촌 사람들」,『한강 1』(해냄, 2001), 59~60쪽.
125 서중석,『조봉암과 1950년대 (하): 피해 대중과 학살의 정치학』(역사비평사, 1999), 540쪽.
126 이한구,『한국재벌형성사』(비봉출판사, 1999), 66쪽.
127 역사학연구소,『강좌 한국근현대사』(풀빛, 1995), 291쪽.
128 이한구,『한국재벌형성사』(비봉출판사, 1999), 66쪽.
129 한국정치연구회,『한국정치사』(백산서당, 1990), 308쪽.
130 다카오 다니우라(谷浦孝雄),「해방 후 한국 상업자본의 형성과 발전」, 진덕규 외,『1950년대의 인식』(한길사, 1990), 312~313쪽.
131 역사학연구소,『강좌 한국근현대사』(풀빛, 1995), 289쪽.
132 역사학연구소,『강좌 한국근현대사』(풀빛, 1995), 289쪽.
133 한도현,「1950년대 후반 농촌사회와 농촌의 피폐화」, 한국정신문화연구원 현대사연구소 편,『한국현대사의 재인식 4: 1950년대 후반기의 한국 사회와 이승만 정부의 붕괴』(오름, 1998), 101~102쪽.
134 서중석,『조봉암과 1950년대 (하): 피해 대중과 학살의 정치학』(역사비평사, 1999), 547쪽.
135 박명림,「1950년대 한국의 민주주의와 권위주의: 민주주의 '제도'와 권위주의 '실천'의 역사적 조건」, 역사문제연구소 편,『1950년대 남북한의 선택과 굴절』(역사비평사, 1998), 115쪽.
136 김태일,「농촌사회의 구조 변화와 농민 정치」, 한배호 편,『한국현대정치론 I: 제1공화국의 국가 형성, 정치 과정, 정책』(나남, 1990), 454쪽.
137 김태일,「농촌사회의 구조 변화와 농민 정치」, 한배호 편,『한국현대정치론 I: 제1공화국의 국가 형성, 정치 과정, 정책』(나남, 1990), 468~469쪽.
138 정규섭,『북한외교의 어제와 오늘』(일신사, 1997), 86쪽.
139 김학준,『북한 50년사: 우리가 떠안아야 할 반쪽의 우리 역사』(동아출판사, 1995), 184쪽.
140 김학준,『북한 50년사: 우리가 떠안아야 할 반쪽의 우리 역사』(동아출판사, 1995), 184~185쪽.
141 김학준,『북한 50년사: 우리가 떠안아야 할 반쪽의 우리 역사』(동아출판사, 1995),

185~186쪽.
142 김학준, 『북한 50년사: 우리가 떠안아야 할 반쪽의 우리 역사』(동아출판사, 1995), 186쪽.
143 김학준, 『북한 50년사: 우리가 떠안아야 할 반쪽의 우리 역사』(동아출판사, 1995), 186~187쪽.
144 하야시 다케히코(林建彦), 최현 옮김, 『남북한현대사』(삼민사, 1989), 82쪽.
145 하야시 다케히코(林建彦), 최현 옮김, 『남북한현대사』(삼민사, 1989), 82쪽.
146 서동만, 「한국전쟁과 김일성」, 『역사비평』, 제51호(2000년 여름), 36~38쪽; 임경석, 『이정 박헌영 일대기』(역사비평사, 2004), 475~477쪽.
147 김학준, 『북한 50년사: 우리가 떠안아야 할 반쪽의 우리 역사』(동아출판사, 1995), 151쪽.
148 심지연, 『김두봉 연구: 잊혀진 혁명가의 초상』(인간사랑, 1993), 224쪽.
149 김학준, 『북한 50년사: 우리가 떠안아야 할 반쪽의 우리 역사』(동아출판사, 1995), 190쪽.
150 정창현, 「단독 인터뷰/전 노동당 조직부장 박영빈: "소련·중국 지지만 믿고 김일성 제거 시도"」, 『윈』, 1997년 7월, 98쪽.
151 심지연, 『김두봉 연구: 잊혀진 혁명가의 초상』(인간사랑, 1993), 225쪽.
152 정창현, 「단독 인터뷰/전 노동당 조직부장 박영빈: "소련·중국 지지만 믿고 김일성 제거 시도"」, 『윈』, 1997년 7월, 98쪽.
153 임영태, 『북한 50년사 1: 해방에서 천리마 운동까지』(들녘, 1999), 323쪽.
154 임영태, 『북한 50년사 1: 해방에서 천리마 운동까지』(들녘, 1999), 323쪽.
155 심지연, 『김두봉 연구: 잊혀진 혁명가의 초상』(인간사랑, 1993), 226~227쪽.
156 심지연, 『김두봉 연구: 잊혀진 혁명가의 초상』(인간사랑, 1993), 226쪽.
157 정원식, 「[책과 삶] 북한의 양심적 공산주의자들, 왜 사라졌나」, 『경향신문』, 2024년 8월 2일.
158 김학준, 『북한 50년사: 우리가 떠안아야 할 반쪽의 우리 역사』(동아출판사, 1995), 195쪽.
159 심지연, 『김두봉 연구: 잊혀진 혁명가의 초상』(인간사랑, 1993), 228~231쪽; 김학준, 『북한 50년사: 우리가 떠안아야 할 반쪽의 우리 역사』(동아출판사, 1995), 197~198쪽.
160 김학준, 『북한 50년사: 우리가 떠안아야 할 반쪽의 우리 역사』(동아출판사, 1995), 203~204쪽; 김창희, 『김정일의 딜레마』(인물과사상사, 2004), 77쪽.
161 김성수, 「1950년대 북한 문예비평의 전개 과정」, 조건상 편저, 『한국전후문학연구』

(성균관대학교출판부, 1993), 266~267쪽; 임영태, 『북한 50년사 1: 해방에서 천리마 운동까지』(들녘, 1999), 336쪽.

162 김성수, 「1950년대 북한 문예비평의 전개 과정」, 조건상 편저, 『한국전후문학연구』(성균관대학교출판부, 1993), 257~258쪽.

163 최인훈, 「광장」, 『광장/구운몽』(문학과지성사, 2001), 112~113쪽.

164 김동훈, 「전후 문학의 도식주의 논쟁: 1950년대 북한 문예비평사의 쟁점」, 『문학과 논리 제3호: 한국전후문학의 형성과 전개』(태학사, 1993), 76쪽.

165 임영태, 『북한 50년사 1: 해방에서 천리마 운동까지』(들녘, 1999), 337쪽.

166 김성수, 「1950년대 북한 문예비평의 전개 과정」, 조건상 편저, 『한국전후문학연구』(성균관대학교출판부, 1993), 268쪽.

167 강인철, 『한국기독교회와 국가·시민사회 1945~1960』(한국기독교역사연구소, 1996), 186쪽.

168 강인철, 『한국기독교회와 국가·시민사회 1945~1960』(한국기독교역사연구소, 1996), 186~187, 247쪽.

169 노치준, 「한국전쟁이 한국 종교에 미친 영향: 한국의 개신교회를 중심으로」, 한국사회학회 편, 『한국전쟁과 한국사회 변동』(풀빛, 1992), 248쪽.

170 김성수, 『함석헌 평전: 신의 도시와 세속 도시 사이에서』(삼인, 2001), 100~101쪽.

171 김성수, 『함석헌 평전: 신의 도시와 세속 도시 사이에서』(삼인, 2001), 107쪽.

172 김성수, 『함석헌 평전: 신의 도시와 세속 도시 사이에서』(삼인, 2001), 97~98쪽.

173 김성수, 『함석헌 평전: 신의 도시와 세속 도시 사이에서』(삼인, 2001), 97쪽.

174 조성기, 『한경직 평전』(김영사, 2003), 164쪽.

175 김영재, 『한국교회사』(개혁주의신행협회, 1992), 275쪽.

176 김삼웅, 『곡필로 본 해방 50년』(한울, 1995), 88쪽.

177 강인철, 「남한 사회와 월남 기독교인: 극우 반공체제하의 교회 활동과 반공투쟁」, 『역사비평』, 제21호(1993년 여름), 110쪽.

178 김삼웅, 『곡필로 본 해방 50년』(한울, 1995), 88쪽.

179 김삼웅, 『곡필로 본 해방 50년』(한울, 1995), 88~89쪽.

180 강인철, 『한국기독교회와 국가·시민사회 1945~1960』(한국기독교역사연구소, 1996), 256쪽.

181 강인철, 「남한 사회와 월남 기독교인: 극우 반공체제하의 교회 활동과 반공투쟁」, 『역사비평』, 제21호(1993년 여름), 110쪽.

182 강인철, 『한국기독교회와 국가·시민사회 1945~1960』(한국기독교역사연구소, 1996), 222쪽.

183 김윤식 외, 『상상력의 거미줄: 이어령 문학의 길찾기』(생각의나무, 2001), 속 날개 표지.
184 이가림, 「한 우상 파괴자의 고독」, 『64가지 만남의 방식: 서정주에서 장영주까지』(김영사, 1993), 371쪽.
185 이병주, 「동서의 복안적 시점」, 김윤식 외, 『상상력의 거미줄: 이어령 문학의 길찾기』(생각의나무, 2001), 151쪽.
186 이어령, 「우상의 파괴」, 『지성의 오솔길』(현암사, 1966), 187~188쪽; 류철균, 「이어령 문학사상의 형성과 전개: 초기 소설 창작과 창작론을 중심으로」, 『작가세계』, 제50호(2001년 가을), 347쪽.
187 김훈, 「'주어와 동사만의 글을 쓰고 싶다': 『문학사상』 권두언 집필 15년 만에 끝낸 이어령 교수」, 『내가 읽은 책과 세상』(푸른숲, 1989), 240쪽.
188 김승옥 외, 『64가지 만남의 방식: 서정주에서 장영주까지』(김영사, 1993), 239쪽.
189 한운사, 「남기고 싶은 이야기들: 구름의 역사」, 『중앙일보』, 2004년 4월 12일, 27면.
190 이상갑, 「1950년대와 전후문학」, 김윤식 외, 『상상력의 거미줄: 이어령 문학의 길찾기』(생각의나무, 2001), 537~538쪽.
191 이상갑, 「1950년대와 전후문학」, 김윤식 외, 『상상력의 거미줄: 이어령 문학의 길찾기』(생각의나무, 2001), 534쪽.
192 이상갑, 「1950년대와 전후문학」, 김윤식 외, 『상상력의 거미줄: 이어령 문학의 길찾기』(생각의나무, 2001), 542쪽.
193 강경화, 「저항의 문학, 문화주의 비평: 1950년대 비평을 중심으로」, 김윤식 외, 『상상력의 거미줄: 이어령 문학의 길찾기』(생각의나무, 2001), 53쪽.
194 송건호, 『한국현대언론사』(삼민사, 1990), 100쪽.
195 송원영, 「기자실 야화: 혼쭐이 난 두 토막의 가십」, 『대한언론인회보』, 1990년 11월 29일, 8면.
196 송건호, 『한국현대언론사』(삼민사, 1990), 101, 117쪽.
197 송건호, 『한국현대언론사』(삼민사, 1990), 99쪽.
198 이병국, 『대통령과 언론』(나남, 1987), 44쪽.
199 강인철, 「한국전쟁과 사회의식 및 문화의 변화」, 한국정신문화연구원 편, 『한국전쟁과 사회구조의 변화』(백산서당, 1999), 248쪽.
200 오제연, 「팽창하는 학교와 학생」, 김학재 외, 『한국현대생활문화사 1950년대: 삐라 줍고 댄스홀 가고』(창비, 2016), 124쪽.
201 김명환, 「[김명환의 시간여행] 68: 어린이날마다 초대형 매스게임 벌여…수천 아동, 대통령 앞 재롱떠느라 진땀」, 『조선일보』, 2017년 5월 3일.
202 오제연, 「팽창하는 학교와 학생」, 김학재 외, 『한국현대생활문화사 1950년대: 삐라 줍

고 댄스홀 가고』(창비, 2016), 126쪽.
203　김성호, 『한국방송인물지리지』(나남, 1997), 167쪽.
204　정순일, 『한국방송의 어제와 오늘: 체험적 방송 현대사』(나남, 1991), 128쪽.
205　이병주, 「방송 환경 변화에 따른 방송 광고 발전 소사」, 한국TV방송50년위원회, 『한국의 방송인: 체험적 현장기록 한국방송 1956~2001』(커뮤니케이션북스, 2002), 56~57쪽.
206　유병은, 『방송야사』(KBS문화사업단, 1998), 218~219쪽.
207　유병은, 『방송야사』(KBS문화사업단, 1998), 215쪽.
208　김민환, 『한국언론사』(사회비평사, 1996), 427~428쪽.
209　신인섭, 『한국광고발달사』(일조각, 1992), 121~122쪽.
210　김태수, 「40년 전 드라마는 어땠을까: 초창기 단막극 '사형수' 내달 드라마센터서 재연」, 『국민일보』, 1997년 11월 22일, 16면.
211　유병은, 『초창기 방송시대의 방송야사』(KBS문화사업단, 1998), 218쪽; 신인섭, 『한국광고발달사』(일조각, 1992), 122쪽.
212　이기하, 「HLKZ-TV 개국」, 한국TV방송50년위원회, 『한국의 방송인: 체험적 현장기록 한국방송 1956~2001』(커뮤니케이션북스, 2002), 140쪽.
213　유병은, 『초창기 방송시대의 방송야사』(KBS문화사업단, 1998), 221쪽.
214　백미숙, 「1950년대 생방송 텔레비전 HLKZ: '미국화'와 '잡종화'」, 한국방송학회 엮음, 『한국방송의 사회문화사: 일제강점기부터 1980년대까지』(한울아카데미, 2011), 143쪽; 최덕수, 「HLKZ, AFKN, KBS, 그리고 TBC: 텔레비전 4개 채널」, 한국TV방송50년위원회, 『한국의 방송인: 체험적 현장기록 한국방송 1956~2001』(커뮤니케이션북스, 2002), 153쪽.
215　신현준, 「소리 미디어의 사회문화사」, 유선영·박용규·이상길 외, 『한국의 미디어 사회문화사』(한국언론재단, 2007), 400~401쪽.
216　박기성, 『한국방송문화연구』(나남, 1985), 323~347쪽.
217　이성욱, 「엘비스와 매카시가 우리를 검열했다」, 『한겨레』, 2000년 5월 15일, 24면.
218　신현준 외, 『한국 팝의 고고학 1960: 한국 팝의 탄생과 혁명』(한길아트, 2005), 25쪽.
219　최지호, 「미군 문화의 상륙과 한국 스탠더드 팝의 형성」, 단국대학교 대중문화예술대학원 공연예술학과 석사학위논문, 2005년, 100~101쪽; 이나영·정민우, 「탈/식민성의 공간, 이태원과 한국의 대중음악: 이태원 "클럽"들의 형성과 변화 과정을 중심으로 (1950~1991)」, 『사회와역사』, 87집(2010년 9월), 200~201쪽 재인용.
220　신현준 외, 『한국 팝의 고고학 1960: 한국 팝의 탄생과 혁명』(한길아트, 2005), 27쪽.
221　문화체육관광부 해외문화홍보원(위택환), 『한류: K-Pop에서 K-Culture로』(문화

체육관광부 해외문화홍보원, 2012), 67~68쪽.

222 김성민, 『케이팝의 작은 역사: 신감각의 미디어』(글항아리, 2018), 26쪽.

223 다큐인포, 『부끄러운 미군 문화 답사기』(북이즈, 2004), 49쪽; 이나영·정민우, 「탈/식민성의 공간, 이태원과 한국의 대중음악: 이태원 "클럽"들의 형성과 변화 과정을 중심으로(1950~1991)」, 『사회와역사』, 87집(2010년 9월), 202쪽.

224 「김시스터즈」, 『위키백과』.

225 유니 홍(Euny Hong), 정미현 옮김, 『코리안 쿨: 세계를 사로잡은 대중문화 강국 '코리아' 탄생기』(원더박스, 2014/2015), 145~150쪽.

226 박정규, 「다큐영화 '다방의 푸른 꿈'…한국 최초 걸그룹의 미국 진출기」, 『뉴시스』, 2017년 1월 21일.

227 김화, 『이야기 한국영화사』(하서, 2001), 213쪽.

228 김화, 『이야기 한국영화사』(하서, 2001), 199쪽.

229 정미경, 「남성 팬터지의 산물, 〈자유부인〉의 성 정치학: 1950년대 〈자유부인〉 논쟁」, 여성사 연구모임 길밖세상, 『20세기 여성 사건사』(여성신문사, 2001), 138쪽.

230 김소희, 「〈아리랑〉에서 〈파업전야〉까지」, 한국역사연구회, 『우리는 지난 100년 동안 어떻게 살았을까 1: 삶과 문화 이야기』(역사비평사, 1998), 88쪽.

231 박은경, 「단성사! 기생들의 무대에서 서편제 신화까지」, 『신동아』, 2001년 5월, 526쪽.

232 이영미, 『흥남부두의 금순이는 어디로 갔을까』(황금가지, 2002), 86쪽.

233 이영미, 『흥남부두의 금순이는 어디로 갔을까』(황금가지, 2002), 86쪽.

234 김소영, 『근대성의 유령들: 판타스틱 한국 영화』(씨앗을뿌리는사람들, 2000), 170~171쪽.

235 김명환, 「[김명환의 시간여행] 35: 히트작 상영관마다 암표상 100여 명… '빠삐용' 암표 팔아 집 한 채 사기도」, 『조선일보』, 2016년 9월 7일.

236 「색연필」, 『조선일보』, 1956년 8월 1일, 석간 3면.

237 「일사일언: 깨끗한 공동변소를 만들라」, 『조선일보』, 1958년 10월 12일, 조간 1면.

238 발레리 줄레조(Valerie Gelezeau), 길혜연 옮김, 『한국의 아파트 연구: 서울 지역 7개 아파트단지의 경관 분석을 중심으로』(아연출판부, 2004), 43쪽.

239 발레리 줄레조(Valerie Gelezeau), 길혜연 옮김, 『한국의 아파트 연구: 서울 지역 7개 아파트단지의 경관 분석을 중심으로』(아연출판부, 2004), 153쪽.

240 김은신, 『한국 최초 101 장면』(가람기획, 1998), 198~199쪽.

241 「변소 개량: 불결한 변소는 정서에도 영향/화학적 정화 수세식이 이상적」, 『조선일보』, 1959년 8월 30일, 조간 3면.

제2부　1957년

1　이형근,「이승만의 용인술: 군번 1번 이형근 대장의 증언」,『월간중앙』, 1992년 11월, 447~448쪽.
2　연시중,『한국정당정치실록 2: 6·25 전쟁부터 장면 정권까지』(지와사랑, 2001), 169쪽.
3　서중석,「이승만과 북진통일: 1950년대 극우 반공독재의 해부」,『역사비평』, 제29호(1995년 여름), 158쪽.
4　연시중,『한국정당정치실록 2: 6·25 전쟁부터 장면 정권까지』(지와사랑, 2001), 169쪽.
5　연시중,『한국정당정치실록 2: 6·25 전쟁부터 장면 정권까지』(지와사랑, 2001), 170쪽.
6　연시중,『한국정당정치실록 2: 6·25 전쟁부터 장면 정권까지』(지와사랑, 2001), 171~172쪽.
7　연시중,『한국정당정치실록 2: 6·25 전쟁부터 장면 정권까지』(지와사랑, 2001), 171~172쪽; 백운선,「장경근: 독재권력의 파수꾼으로 성장한 식민지 법조 엘리트」, 반민족문제연구소,『청산하지 못한 역사 2: 한국현대사를 움직인 친일파 60』(청년사, 1994), 218쪽.
8　백운선,「장경근: 독재권력의 파수꾼으로 성장한 식민지 법조 엘리트」, 반민족문제연구소,『청산하지 못한 역사 2: 한국현대사를 움직인 친일파 60』(청년사, 1994), 218쪽; 연시중,『한국정당정치실록 2: 6·25 전쟁부터 장면 정권까지』(지와사랑, 2001), 172~173쪽.
9　서중석,『조봉암과 1950년대 (상): 조봉암의 사회민주주의와 평화통일론』(역사비평사, 1999), 205쪽; 연시중,『한국정당정치실록 2: 6·25 전쟁부터 장면 정권까지』(지와사랑, 2001), 178~181쪽.
10　조선일보사,『조선일보 역사 단숨에 읽기 1920~』(조선일보사, 2004), 107쪽.
11　이영석,「야당 40년사」(인간사, 1987), 58쪽.
12　로버트 T. 올리버(Robert T. Oliver), 박일영 옮김,『대한민국 건국의 비화: 이승만과 한미관계』(계명사, 1990), 581쪽.
13　정병준,「박마리아: 면죄부를 줄 수 없는 친일과 권력욕의 화신」, 반민족문제연구소,『청산하지 못한 역사 2: 한국현대사를 움직인 친일파 60』(청년사, 1994), 122쪽.
14　백선엽,『군과 나: 백선엽 회고록』(대륙연구소출판부, 1989), 348~349쪽.
15　고은,「영친왕」,『만인보 17』(창비, 2004), 226~227쪽.

16 하야시 다케히코(林建彦), 최현 옮김, 『한국현대사』(삼민사, 1986), 173쪽.
17 정병준, 「박마리아: 면죄부를 줄 수 없는 친일과 권력욕의 화신」, 반민족문제연구소, 『청산하지 못한 역사 2: 한국현대사를 움직인 친일파 60』(청년사, 1994), 122~123쪽.
18 박찬, 「가짜 이강석 사건: "귀하신 몸이 어찌 홀로 오셨나이까!"」, 월간조선 엮음, 『한국현대사 119대 사건: 체험기와 특종 사진』(조선일보사, 1993), 138~139쪽.
19 박찬, 「가짜 이강석 사건: "귀하신 몸이 어찌 홀로 오셨나이까!"」, 월간조선 엮음, 『한국현대사 119대 사건: 체험기와 특종 사진』(조선일보사, 1993), 141쪽.
20 박찬, 「가짜 이강석 사건」, 『월간조선』, 1993년 11월, 658~660쪽.
21 임영태, 『대한민국 50년사 1: 건국에서 제3공화국까지』(들녘, 1998), 225쪽.
22 동아일보사, 「특집 해방 30년」, 『동아연감』, 1975년, 40쪽; 정성호, 「한국전쟁과 인구사회학적 변화」, 한국정신문화연구원 편, 『한국전쟁과 사회구조의 변화』(백산서당, 1999), 35쪽.
23 리영희, 『역정: 나의 청년시대-리영희 자전적 에세이』(창작과비평사, 1988), 256쪽.
24 동아일보사, 『민족과 더불어 80년: 동아일보 1920~2000』(동아일보사, 2000), 331쪽.
25 손상익, 「다시 보는 우리 만화: 김성환 '고바우'」, 『한국일보』, 2003년 3월 27일, C6면.
26 서중석, 「이승만과 북진통일: 1950년대 극우 반공독재의 해부」, 『역사비평』, 제29호(1995년 여름), 132, 137쪽.
27 서중석, 「이승만과 북진통일: 1950년대 극우 반공독재의 해부」, 『역사비평』, 제29호(1995년 여름), 148~149쪽.
28 리영희, 『역정: 나의 청년시대-리영희 자전적 에세이』(창작과비평사, 1988), 238~239쪽.
29 이영식 외, 「강동정치학원과 지리산 유격대」, 『역사비평』, 제2호(1988년 가을), 353쪽.
30 서중석, 『조봉암과 1950년대 (상): 조봉암의 사회민주주의와 평화통일론』(역사비평사, 1999), 481쪽.
31 김명환, 「[김명환의 시간여행] 123: 50년대 병역 기피자 한 해 5만~10만 명…나이 고치기, 女裝, 자살 위장까지」, 『조선일보』, 2018년 7월 4일.
32 최진섭, 『한국언론의 미국관』(살림터, 2000), 224쪽.
33 최진섭, 『한국언론의 미국관』(살림터, 2000), 83~84쪽.
34 김학준, 『한국전쟁: 원인·과정·휴전·영향』(박영사, 2003), 410쪽.
35 서중석, 「이승만과 북진통일: 1950년대 극우 반공독재의 해부」, 『역사비평』, 제29호(1995년 여름), 148쪽.
36 『한국일보』, 1956년 3월 18일자; 서중석, 「이승만과 북진통일: 1950년대 극우 반공독재의 해부」, 『역사비평』, 제29호(1995년 여름), 148쪽에서 재인용.

37 서중석, 「이승만과 북진통일: 1950년대 극우 반공독재의 해부」, 『역사비평』, 제29호 (1995년 여름), 147쪽.
38 허욱, 「'맥아더 동상 철거 집회' 주도 진보단체 전 의장 또 국보법 위반 징역형」, 『조선일보』, 2024년 5월 18일.
39 박세길, 『다시 쓰는 한국현대사 1』(돌베개, 1988), 289쪽.
40 김진웅, 『냉전의 역사, 1945~1991』(비봉출판사, 1999), 103쪽.
41 김창수, 「한미상호방위조약과 한미행정협정」, 『역사비평』, 제54호(2001년 봄), 429쪽; 유재일, 「한국전쟁과 반공이데올로기의 정착」, 『역사비평』, 제16호(1992년 봄), 149쪽; 박세길, 『다시 쓰는 한국현대사 1』(돌베개, 1988), 286쪽.
42 김삼웅, 『한국 현대사 뒷얘기』(가람기획, 1995), 335쪽.
43 이호철, 『문단골 사람들: 이호철의 문단일기』(프리미엄북스, 1997), 15~16쪽.
44 한홍구, 『대한민국사 1: 단군에서 김두한까지』(한겨레신문사, 2003), 227~229쪽.
45 김정자, 「한국 기지촌 소설의 기법적 연구」, 김정자 외, 『한국현대문학의 성과 매춘 연구』(태학사, 1996), 124쪽.
46 오연호, 「소년소녀 사냥의 해」, 『노근리 그후: 주한미군 범죄 55년사』(월간말, 1999), 186~197쪽.
47 오연호, 「소년소녀 사냥의 해」, 『노근리 그후: 주한미군 범죄 55년사』(월간말, 1999), 187~192쪽.
48 「또 미군 헌병이 총질」, 『동아일보』, 1957년 10월 4일자; 오연호, 「소년소녀 사냥의 해」, 『노근리 그후: 주한미군 범죄 55년사』(월간 말, 1999), 192~193쪽에서 재인용.
49 「군 장비 도난 빈번: 주둔군 신분 협정 체결은 상조」, 『동아일보』, 10월 13일자; 오연호, 「소년소녀 사냥의 해」, 『노근리 그후: 주한미군 범죄 55년사』(월간 말, 1999), 196쪽에서 재인용.
50 한홍구, 『대한민국사 1: 단군에서 김두한까지』(한겨레신문사, 2003), 229쪽.
51 한홍구, 『대한민국사 1: 단군에서 김두한까지』(한겨레신문사, 2003), 229~230쪽.
52 이임하, 『계집은 어떻게 여성이 되었나: 한국 근현대사 속의 여성 이야기』(서해문집, 2004), 102쪽.
53 김종오, 『변질되어가는 한국현대사의 실상 상(上)』(종소리, 1989), 274~275쪽.
54 캐서린 H. S. 문(Katharine H. S. Moon), 이정주 옮김, 『동맹 속의 섹스』(삼인, 2002), 75쪽.
55 역사학연구소, 『강좌 한국근현대사』(풀빛, 1995), 292쪽.
56 이한구, 『한국재벌형성사』(비봉출판사, 1999), 68쪽.
57 서중석, 『조봉암과 1950년대 (상): 조봉암의 사회민주주의와 평화통일론』(역사비평

사, 1999), 444쪽.

58 이임하, 『여성, 전쟁을 넘어 일어서다: 한국전쟁과 젠더』(서해문집, 2004), 110쪽.
59 이임하, 『계집은 어떻게 여성이 되었나: 한국 근현대사 속의 여성 이야기』(서해문집, 2004), 118쪽.
60 이임하, 『계집은 어떻게 여성이 되었나: 한국 근현대사 속의 여성 이야기』(서해문집, 2004), 121쪽.
61 이재오, 『해방후 한국학생운동사』(형성사, 1984), 154~155쪽.
62 고은, 「에레나」, 『만인보 16』(창비, 2004), 26~27쪽.
63 이영미, 『한국 대중가요사』(시공사, 1998), 134~136쪽.
64 김정자, 「한국 기지촌 소설의 기법적 연구」, 김정자 외, 『한국현대문학의 성과 매춘 연구』(태학사, 1996), 125쪽.
65 한수영, 『문학과 현실의 변증법: 한수영 문학평론집』(새미, 1997), 373쪽.
66 한수영, 『문학과 현실의 변증법: 한수영 문학평론집』(새미, 1997), 373쪽.
67 장석주, 『20세기 한국 문학의 탐험 3: 1957~1972』(시공사, 2000), 75쪽.
68 고은, 『만인보 17』(창비, 2004), 182쪽.
69 리영희, 『역정: 나의 청년시대-리영희 자전적 에세이』(창작과비평사, 1988), 256쪽.
70 한수영, 『문학과 현실의 변증법: 한수영 문학평론집』(새미, 1997), 428쪽.
71 장석주, 『20세기 한국 문학의 탐험 3: 1957~1972』(시공사, 2000), 15쪽.
72 한수영, 『문학과 현실의 변증법: 한수영 문학평론집』(새미, 1997), 429~430쪽.
73 한수영, 『문학과 현실의 변증법: 한수영 문학평론집』(새미, 1997), 430쪽.
74 안문석, 『북한 현대사 산책 2: 전쟁과 사회주의 건설』(인물과사상사, 2016), 173쪽.
75 전봉관, 「"인민에게 땅 공짜로 나눠준다"더니, 김일성이 북녘의 지주 됐다」, 『조선일보』, 2025년 1월 25일.
76 복거일, 「복거일 소설 '이승만': 제2부 광복 제44장 건국 과업의 마무리」, 『월간중앙』, 2024년 12월 26일.
77 리영희, 『역정: 나의 청년시대-리영희 자전적 에세이』(창작과비평사, 1988), 265쪽.
78 임대식, 「1950년대 미국의 교육 원조와 친미 엘리트의 형성」, 역사문제연구소 편, 『1950년대 남북한의 선택과 굴절』(역사비평사, 1998), 155~156쪽.
79 리영희, 『역정: 나의 청년시대-리영희 자전적 에세이』(창작과비평사, 1988), 255~256쪽.
80 박경수, 『장준하: 민족주의자의 길』(돌베개, 2003), 268쪽.
81 이재오, 『해방후 한국학생운동사』(형성사, 1984), 117쪽; 한홍구, 『대한민국사 3: 야스쿠니의 악몽에서 간첩의 추억까지』(한겨레신문사, 2005), 172쪽.

82	박태순·김동춘, 『1960년대의 사회운동』(까치, 1991), 54~55쪽.
83	손상익, 『한국만화통사 하(下): 1945년 이후』(시공사, 1998), 102~103쪽.
84	손상익, 『한국만화통사 하(下): 1945년 이후』(시공사, 1998), 113~114쪽.
85	손상익, 『한국만화통사 하(下): 1945년 이후』(시공사, 1998), 114~115쪽.
86	김영희, 「제1공화국 시기 수용자의 매체 접촉 경향」, 『한국언론학보』, 47권 6호(2003년 12월), 317쪽.
87	김영희, 「제1공화국 시기 수용자의 매체 접촉 경향」, 『한국언론학보』, 47권 6호(2003년 12월), 318쪽.
88	노정팔, 『한국방송과 50년』(나남, 1995), 282쪽.
89	김영희, 「제1공화국 시기 수용자의 매체 접촉 경향」, 『한국언론학보』, 47권 6호(2003년 12월), 316~317쪽.
90	「"위법행위 묵인하는 것": 시경(市警) 캬바레의 '땐스' 묵인」, 『조선일보』, 1956년 1월 14일, 조간 3면.
91	「땐스홀 폐지」, 『조선일보』, 1956년 12월 21일, 석간 3면; 「카바레 요금 단속」, 『조선일보』, 1956년 12월 25일, 석간 3면.
92	「일사일언: '땐스' 유행과 부허풍(浮虛風)」, 『조선일보』, 1956년 12월 21일, 조간 1면.
93	임영태, 『대한민국 50년사 1: 건국에서 제3공화국까지』(들녘, 1998), 232쪽.
94	이영미, 『홍남부두의 금순이는 어디로 갔을까』(황금가지, 2002), 89~90쪽.
95	이영미, 『홍남부두의 금순이는 어디로 갔을까』(황금가지, 2002), 87쪽.
96	전은정, 「미스코리아 대회를 폭파하라!: 안티 미스코리아 페스티벌」, 여성사 연구모임 길밖세상, 『20세기 여성 사건사: 근대 여성교육의 시작에서 사이버 페미니즘까지』(여성신문사, 2001), 299~300쪽.
97	강인철, 「한국전쟁과 사회의식 및 문화의 변화」, 한국정신문화연구원 편, 『한국전쟁과 사회구조의 변화』(백산서당, 1999), 288쪽.

제3부 1958년

1	서중석, 『조봉암과 1950년대 (상): 조봉암의 사회민주주의와 평화통일론』(역사비평사, 1999), 458쪽.
2	김건우, 『사상계와 1950년대 문학』(소명출판, 2003), 65쪽.
3	강인철, 「남한 사회와 월남 기독교인: 극우 반공체제하의 교회 활동과 반공투쟁」, 『역사비평』, 제21호(1993년 여름), 106쪽.
4	강인철, 「한국전쟁과 사회의식 및 문화의 변화」, 한국정신문화연구원 편, 『한국전쟁과

사회구조의 변화』(백산서당, 1999), 261쪽.

5   Seymour M. Vinocour, 「Syngman Rhee: Spokesman for Korea (June 23, 1951-October 8, 1952) A Case Study in International Speaking」, Ph.D. Dissertation, Pennsylvania State University, 1953, p.82.

6   서중석, 『조봉암과 1950년대 (하): 피해 대중과 학살의 정치학』(역사비평사, 1999), 690쪽.

7   「[사설] 이 대통령의 담화를 보고」, 『동아일보』, 1956년 5월 28일자; 손봉숙, 「50년대 지방자치의 정치적 배경」, 김병찬·정정길 공편, 『50년대 지방자치: 지방행정과 의회 활동의 실태와 의미』(서울대학교출판부, 1995), 62쪽에서 재인용.

8   오유석, 「1950년대 남한에서의 민족주의」, 유병용 외, 『한국현대사와 민족주의』(집문당, 1996), 114쪽.

9   김명환, 「[광복 70년…물건의 추억] 50: 달러, 한때는 年 5000만 부 시장…1공화국 땐 '일본제' 수입에 철퇴」, 『조선일보』, 2015년 12월 16일.

10 전숙희, 「국제 펜 클럽 한국 본부 출발과 모윤숙 선생」, 한국문인협회 편, 『문단유사』(월간문학 편집부, 2002), 160~161쪽.

11 이원덕, 『한일 과거사 처리의 원점: 일본의 전후 처리 외교와 한일회담』(서울대학교출판부, 1996), 86~87쪽.

12 김정원, 『분단한국사』(동녘, 1985), 183쪽.

13 김정원, 『분단한국사』(동녘, 1985), 183~184쪽.

14 한윤정, 「다시 쓰는 한반도 100년: 이 정권 말기 '반민주화' 미 경고 무시」, 『경향신문』, 2001년 9월 15일, 13면.

15 Kyung Cho Chung, 『New Korea: New Land of the Morning Calm』(New York: Macmillan, 1962), p.16.

16 선우종원, 『격랑 80년: 선우종원 회고록』(인물연구소, 1998), 143쪽.

17 Mark W. Clark, 『From the Danube to Yalu』(New York: Harper & Brothers, 1954), p.275.

18 Seymour M. Vinocour, 「Syngman Rhee: Spokesman for Korea (June 23, 1951-October 8, 1952) A Case Study in International Speaking」, Ph.D. Dissertation, Pennsylvania State University, 1953, p.126.

19 일월서각 편집부 엮음, 『4·19 혁명론 II (자료편)』(일월서각, 1983), 314쪽.

20 이형근, 「이승만의 용인술: 군번 1번 이형근 대장의 증언」, 『월간중앙』, 1992년 11월, 446쪽.

21 김정원, 『분단한국사』(동녘, 1985), 183쪽.

22 이수자, 『내 남편 윤이상』(창작과비평사, 1998), 46쪽.
23 김정원, 『분단한국사』(동녘, 1985), 184쪽.
24 브루스 커밍스(Bruce Cumings), 김동노 외 옮김, 『브루스 커밍스의 한국현대사』(창작과비평사, 1997/2001), 427쪽.
25 이성춘, 「그때 그 시절: 이승만 대통령, 기자들 기습 질문에 노련한 받아치기」, 『기자협회보』, 2001년 2월 17일, 7면.
26 Robert T. Oliver, 『Syngman Rhee and American Involvement in Korea: 1942~1960』(Seoul: Panmun, 1978), p.286.
27 이병국, 『대통령과 언론』(나남, 1987), 42쪽.
28 강인철, 「남한 사회와 월남 기독교인: 극우 반공체제하의 교회 활동과 반공투쟁」, 『역사비평』, 제21호(1993년 여름), 106쪽.
29 David Binder, 「More Heads of State Are Reported to Have Received C.I.A. Payments」, 『New York Times』, February 19, 1977, p.9.
30 「Payments to Rhee Denied」, 『New York Times』, February 23, 1977, p.8.
31 김동춘, 「한국전쟁과 지배 이데올로기의 변화: 반공이데올로기를 중심으로」, 한국사회학회 편, 『한국전쟁과 한국사회 변동』(풀빛, 1992), 161쪽.
32 이연길, 「남북 첩보 전선의 생과 사: 6·25 전쟁 때의 첩보부대 KLO 고트(Goat) 대장 이연길 수기」, 『월간조선』, 1993년 9월, 655쪽.
33 서중석, 『조봉암과 1950년대 (상): 조봉암의 사회민주주의와 평화통일론』(역사비평사, 1999), 478쪽.
34 김학준, 『가인 김병로 평전: 민족주의적 법률가, 정치가의 생애』(민음사, 2001), 417~418쪽.
35 김학준, 『가인 김병로 평전: 민족주의적 법률가, 정치가의 생애』(민음사, 2001), 418~419쪽.
36 김학준, 『가인 김병로 평전: 민족주의적 법률가, 정치가의 생애』(민음사, 2001), 420쪽.
37 김학준, 『가인 김병로 평전: 민족주의적 법률가, 정치가의 생애』(민음사, 2001), 438~439쪽.
38 서중석, 『조봉암과 1950년대 (하): 피해대중과 학살의 정치학』(역사비평사, 1999), 690쪽.
39 김학준, 『가인 김병로 평전: 민족주의적 법률가, 정치가의 생애』(민음사, 2001), 441쪽.
40 박세길, 『다시 쓰는 한국현대사 1』(돌베개, 1988), 288쪽.
41 브루스 커밍스의 발언; 브루스 커밍스(Bruce Cumings) 외, 「해외 전문가 대담: "미는 50년 전에도 평화협정 원치 않았다"」, 『경향신문』, 2003년 7월 28일, 4면.

42 심지연, 『남북한 통일방안의 전개와 수렴 1948~2001』(돌베개, 2001), 199쪽.
43 이달순, 『이승만 정치 연구』(수원대학교출판부, 2000), 378쪽.
44 김경일, 「1950년대 후반의 사회 이념: 민주주의와 민족주의」, 한국정신문화연구원 현대사연구소 편, 『한국현대사의 재인식 4: 1950년대 후반기의 한국사회와 이승만 정부의 붕괴』(오름, 1998), 25쪽.
45 Robert T. Oliver ed., 『Korea's Fight for Freedom II』(Washington, D.C.: Library of International Speech, 1952), p.5.
46 Robert T. Oliver ed., 『Korea's Fight for Freedom II』(Washington, D.C.: Library of International Speech, 1952), pp.5~6.
47 공제욱, 「한국전쟁과 재벌의 형성」, 경상대학교 사회과학연구소 엮음, 『한국전쟁과 한국자본주의』(한울아카데미, 2000), 71~72쪽.
48 이제민, 「한국의 산업화와 산업화 정책」, 안병직 편, 『한국 경제 성장사: 예비적 고찰』(서울대학교출판부, 2001), 491~492쪽.
49 서중석, 『비극의 현대 지도자: 그들은 민족주의자인가 반민족주의자인가』(성균관대학교출판부, 2002), 155쪽.
50 서중석, 『비극의 현대 지도자: 그들은 민족주의자인가 반민족주의자인가』(성균관대학교출판부, 2002), 159~160쪽.
51 이제민, 「한국의 산업화와 산업화 정책」, 안병직 편, 『한국 경제 성장사: 예비적 고찰』(서울대학교출판부, 2001), 491~492쪽.
52 이상철, 「수입 대체 공업화 정책의 전개, 1953~1961」, 안병직 편, 『한국 경제 성장사: 예비적 고찰』(서울대학교출판부, 2001), 450, 452, 479쪽.
53 『한국일보』, 1957년 3월 29일자; 손호철, 『현대 한국정치: 이론과 역사 1945~2003』(사회평론, 2003), 165쪽에서 재인용.
54 서중석, 『비극의 현대 지도자: 그들은 민족주의자인가 반민족주의자인가』(성균관대학교출판부, 2002), 156쪽.
55 서중석, 『조봉암과 1950년대 (상): 조봉암의 사회민주주의와 평화통일론』(역사비평사, 1999), 326쪽.
56 서중석, 「이승만과 북진통일: 1950년대 극우 반공독재의 해부」, 『역사비평』, 제29호 (1995년 여름), 158쪽.
57 정태영, 『한국 사회민주주의정당사』(세명서관, 1995), 456~458쪽.
58 서중석, 「이승만과 북진통일: 1950년대 극우 반공독재의 해부」, 『역사비평』, 제29호 (1995년 여름), 158쪽; 김재명, 『한국현대사의 비극: 중간파의 이상과 좌절』(선인, 2003), 44쪽.

59 고성국,「진보당의 이상과 한계」, 한배호 편,『한국현대정치론 I: 제1공화국의 국가 형성, 정치 과정, 정책』(나남, 1990), 357쪽.
60 박태균,『조봉암 연구』(창작과비평사, 1995), 326쪽.
61 박태균,『조봉암 연구』(창작과비평사, 1995), 331~332쪽.
62 박태균,『조봉암 연구』(창작과비평사, 1995), 333쪽.
63 신창균,『가시밭길에서도 느끼는 행복: 조국통일범민족연합 남측본부 의장 송암 신창균 회고록』(해냄, 1997), 223쪽.
64 동아일보사,『민족과 더불어 80년: 동아일보 1920~2000』(동아일보사, 2000), 331~332쪽.
65 유숙란,「선거의 권위주의적 운용과 역기능」, 한배호 편,『한국현대정치론 I: 제1공화국의 국가 형성, 정치 과정, 정책』(나남, 1990), 377~379쪽.
66 오유석,「1950년 5·30 총선: 위기로 몰린 이승만 정권」,『역사비평』, 제16호(1992년 봄), 48쪽; 박명림,「1950년대 한국의 민주주의와 권위주의: 민주주의 '제도'와 권위주의 '실천'의 역사적 조건」, 역사문제연구소 편,『1950년대 남북한의 선택과 굴절』(역사비평사, 1998), 121쪽.
67 김경순,「관료기구의 형성과 정치적 역할」, 한배호 편,『한국현대정치론 I: 제1공화국의 국가 형성, 정치 과정, 정책』(나남, 1990), 241~242쪽.
68 박태순·김동춘,『1960년대의 사회운동』(까치, 1991), 16쪽.
69 연시중,『한국정당정치실록 2: 6·25 전쟁부터 장면 정권까지』(지와사랑, 2001), 113~114쪽.
70 박태균,『조봉암 연구』(창작과비평사, 1995), 342쪽.
71 서중석,「조봉암과 1950년대 (상): 조봉암의 사회민주주의와 평화통일론』(역사비평사, 1999), 450, 478쪽.
72 〈KBS 다큐멘터리극장: 유병진편〉, 1994년 1월 30일 방송; 정태영,『한국 사회민주주의정당사』(세명서관, 1995), 475쪽에서 재인용.
73 박경수,『장준하: 민족주의자의 길』(돌베개, 2003), 279~280쪽.
74 일월서각 편집부 엮음,『4·19 혁명론 II (자료편)』(일월서각, 1983), 206~207쪽.
75 연시중,『한국정당정치실록 2: 6·25 전쟁부터 장면 정권까지』(지와사랑, 2001), 176쪽.
76 연시중,『한국정당정치실록 2: 6·25 전쟁부터 장면 정권까지』(지와사랑, 2001), 184쪽.
77 정진석,『한국 현대언론사론』(전예원, 1985), 215쪽에서 재인용.
78 이용성,「1950년대『사상계』의 잡지 이념에 대한 연구」,『언론학보』(한양대학교 언론

문화연구소), 제15집(1995), 284쪽에서 재인용.
79 박경수, 『장준하: 민족주의자의 길』(돌베개, 2003), 272~273쪽.
80 정진석, 『한국 현대언론사론』(전예원, 1985), 216쪽.
81 김성수, 『함석헌 평전: 신의 도시와 세속 도시 사이에서』(삼인, 2001), 110쪽.
82 정진석, 『한국 현대언론사론』(전예원, 1985), 217쪽.
83 이용성, 「1950년대 『사상계』의 잡지 이념에 대한 연구」, 『언론학보』(한양대학교 언론문화연구소), 제15집(1995), 284쪽에서 재인용.
84 김영철, 「장준하」, 『한겨레신문』, 1990년 8월 17일, 7면.
85 임대식, 「1950년대 미국의 교육원조와 친미 엘리트의 형성」, 역사문제연구소 편, 『1950년대 남북한의 선택과 굴절』(역사비평사, 1998), 180, 182쪽.
86 김건우, 『사상계와 1950년대 문학』(소명출판, 2003), 71쪽.
87 김건우, 『사상계와 1950년대 문학』(소명출판, 2003), 68쪽.
88 서중석, 「이승만과 북진통일: 1950년대 극우 반공독재의 해부」, 『역사비평』, 제29호(1995년 여름), 161쪽.
89 김경일, 「1950년대 후반의 사회 이념: 민주주의와 민족주의」, 한국정신문화연구원 현대사연구소 편, 『한국현대사의 재인식 4: 1950년대 후반기의 한국 사회와 이승만 정부의 붕괴』(오름, 1998), 52쪽.
90 진덕규, 『한국 현대정치사 사설』(지식산업사, 2000), 226~227쪽.
91 연시중, 『한국정당정치실록 2: 6·25 전쟁부터 장면 정권까지』(지와사랑, 2001), 192~193쪽.
92 오유석, 「1958년 국가보안법 개정 파동(2·4파동)」, 『역사비평』 편집위원회, 『논쟁으로 본 한국사회 100년: 『역사비평』 통권 50호 기념 별책』(역사비평사, 2000), 252쪽.
93 김민환, 『한국언론사』(사회비평사, 1996), 397~398쪽.
94 연시중, 『한국정당정치실록 2: 6·25 전쟁부터 장면 정권까지』(지와사랑, 2001), 194쪽.
95 연시중, 『한국정당정치실록 2: 6·25 전쟁부터 장면 정권까지』(지와사랑, 2001), 194~196쪽.
96 오유석, 「1958년 국가보안법 개정 파동(2·4파동)」, 『역사비평』 편집위원회, 『논쟁으로 본 한국사회 100년: 『역사비평』 통권 50호 기념 별책』(역사비평사, 2000), 255쪽.
97 윤용희, 「자유당의 기구와 역할」, 한배호 편, 『한국현대정치론 I: 제1공화국의 국가 형성, 정치 과정, 정책』(나남, 1990), 307~308쪽.
98 한윤정, 「다시 쓰는 한반도 100년: 이 정권 말기 '반민주화' 미 경고 무시」, 『경향신문』, 2001년 9월 15일, 13면.

99   이영석, 『야당 40년사』(인간사, 1987), 62~69쪽.
100 연시중, 『한국정당정치실록 2: 6·25 전쟁부터 장면 정권까지』(지와사랑, 2001), 205~206쪽.
101 이영석, 『야당 40년사』(인간사, 1987), 62~69쪽.
102 이완범, 「1950년대 후반기의 정치 위기와 미국의 대응: 1958년 국가보안법 개정 파동을 중심으로」, 한국정신문화연구원 현대사연구소 편, 『한국현대사의 재인식 4: 1950년대 후반기의 한국 사회와 이승만 정부의 붕괴』(오름, 1998), 161쪽; 백영철, 『제1공화국과 한국 민주주의: 의회 정치를 중심으로』(나남, 1995), 169쪽.
103 이완범, 「1950년대 후반기의 정치 위기와 미국의 대응: 1958년 국가보안법 개정 파동을 중심으로」, 한국정신문화연구원 현대사연구소 편, 『한국현대사의 재인식 4: 1950년대 후반기의 한국 사회와 이승만 정부의 붕괴』(오름, 1998), 161~162쪽.
104 「14일은 '어머니날' 다채로운 행사를 준비」, 『조선일보』, 1950년 5월 11일, 2면; 「고궁에 단란한 잔치: 어머니날 기념행사 성대 거행」, 『조선일보』, 1952년 5월 10일, 2면; 「19일 어머니날 기념식전」, 『조선일보』, 1953년 5월 19일, 2면.
105 「8일 어머니날: 바다와 같이 깊은 은공」, 『조선일보』, 1954년 5월 8일, 2면.
106 「다산자를 선발 표창」, 『조선일보』, 1956년 4월 15일, 2면; 「어머니는 나라의 기반: 카네슌꽃에 빛나는 36명」, 『조선일보』, 1956년 5월 9일, 3면.
107 김명환, 「[그 시절 그 광고] 1: 베이비붐 시대… '助産대학'도 등장, 58년 개띠 해 산부인과 광고가 290회」, 『조선일보』, 2014년 1월 2일.

제4부 1959년

1 강인철, 『한국기독교회와 국가·시민사회 1945~1960』(한국기독교역사연구소, 1996), 223쪽; 윤용희, 「자유당의 기구와 역할」, 한배호 편, 『한국현대정치론 I: 제1공화국의 국가 형성, 정치 과정, 정책』(나남, 1990), 281쪽.
2 일월서각 편집부 엮음, 『4·19 혁명론 II(자료편)』(일월서각, 1983), 143~148쪽.
3 이재오, 『해방후 한국학생운동사』(형성사, 1984), 149쪽; 연시중, 『한국정당정치실록 2: 6·25 전쟁부터 장면 정권까지』(지와사랑, 2001), 201쪽.
4 조정래, 「서러운 우정」, 『한강 1』(해냄, 2001), 129쪽.
5 김삼웅, 『해방후 정치사 100장면: 해방에서 김일성 죽음까지』(가람기획, 1994), 111~112쪽.
6 연시중, 『한국정당정치실록 2: 6·25 전쟁부터 장면 정권까지』(지와사랑, 2001), 221쪽.

7   김삼웅, 『한국사를 뒤흔든 위서』(인물과사상사, 2004), 282~286쪽.
8   연시중, 『한국정당정치실록 2: 6·25 전쟁부터 장면 정권까지』(지와사랑, 2001), 201~202쪽.
9   김화, 『이야기 한국영화사』(하서, 2001), 257~260쪽.
10 손석주, 「내가 아는 임화수: "그도 시대의 희생양"」, 『주간조선』, 2003년 12월 11일, 86면.
11 호현찬, 『한국 영화 100년』(문학사상사, 2000), 117~118쪽.
12 김화, 『이야기 한국영화사』(하서, 2001), 257~260쪽.
13 이호철, 『문단골 사람들: 이호철의 문단일기』(프리미엄북스, 1997), 155~156쪽.
14 이호철, 『문단골 사람들: 이호철의 문단일기』(프리미엄북스, 1997), 156쪽.
15 이성교, 「1950년대 '현대문학' 출신들과 명동 풍경」, 한국문인협회 편, 『문단유사』(월간문학 편집부, 2002), 73쪽.
16 서중석, 「이승만 정권 초기의 일민주의와 파시즘」, 역사문제연구소 편, 『1950년대 남북한의 선택과 굴절』(역사비평사, 1998), 59쪽; 윤대원, 『일하는 사람들을 위한 한국현대사』(거름, 1990), 103~104쪽.
17 이승호, 『옛날 신문을 읽었다 1950~2002』(다우, 2002), 210쪽.
18 서중석, 『조봉암과 1950년대 (상): 조봉암의 사회민주주의와 평화통일론』(역사비평사, 1999), 510쪽.
19 오유석, 「안보국가 시기의 국가-제도정치-운동정치」, 조희연 편, 『한국민주주의와 사회운동의 동학』(나눔의집, 2001), 47쪽.
20 역사학연구소, 『강좌 한국근현대사』(풀빛, 1995), 297쪽.
21 김낙중, 『한국노동운동사: 해방후 편』(청사, 1982), 253쪽; 나카오 미치코(中尾美知子), 「1950년대 한국노동운동의 분기점: 조선방직 쟁의 연구」, 『역사비평』, 제12호(1991년 봄), 156~157쪽.
22 서중석, 『비극의 현대 지도자: 그들은 민족주의자인가 반민족주의자인가』(성균관대학교출판부, 2002), 151쪽.
23 이원덕, 『한일 과거사 처리의 원점: 일본의 전후처리 외교와 한일회담』(서울대학교출판부, 1996), 105~106쪽; 서중석, 『비극의 현대 지도자: 그들은 민족주의자인가 반민족주의자인가』(성균관대학교출판부, 2002), 151쪽.
24 이원덕, 『한일 과거사 처리의 원점: 일본의 전후 처리 외교와 한일회담』(서울대학교출판부, 1996), 106쪽.
25 이원덕, 『한일 과거사 처리의 원점: 일본의 전후 처리 외교와 한일회담』(서울대학교출판부, 1996), 108쪽.

26 이원덕,『한일 과거사 처리의 원점: 일본의 전후 처리 외교와 한일회담』(서울대학교출판부, 1996), 111~112쪽.
27 서중석,『비극의 현대 지도자: 그들은 민족주의자인가 반민족주의자인가』(성균관대학교출판부, 2002), 153쪽; 이원덕,『한일 과거사 처리의 원점: 일본의 전후 처리 외교와 한일회담』(서울대학교출판부, 1996), 109쪽.
28 조정래,『한강 1』(해냄, 2002), 96~97쪽.
29 조정래,『한강 1』(해냄, 2002), 98~99쪽.
30 이원덕,『한일 과거사 처리의 원점: 일본의 전후 처리 외교와 한일회담』(서울대학교출판부, 1996), 86~87쪽.
31 서중석,『비극의 현대 지도자: 그들은 민족주의자인가 반민족주의자인가』(성균관대학교출판부, 2002), 159~160쪽.
32 서중석,『비극의 현대 지도자: 그들은 민족주의자인가 반민족주의자인가』(성균관대학교출판부, 2002), 152~155쪽; 이원덕,『한일 과거사 처리의 원점: 일본의 전후 처리 외교와 한일회담』(서울대학교출판부, 1996), 111쪽.
33 서중석,『비극의 현대 지도자: 그들은 민족주의자인가 반민족주의자인가』(성균관대학교출판부, 2002), 153쪽.
34 서중석,『비극의 현대 지도자: 그들은 민족주의자인가 반민족주의자인가』(성균관대학교출판부, 2002), 154쪽.
35 서중석,『비극의 현대 지도자: 그들은 민족주의자인가 반민족주의자인가』(성균관대학교출판부, 2002), 159쪽.
36 서중석,『비극의 현대 지도자: 그들은 민족주의자인가 반민족주의자인가』(성균관대학교출판부, 2002), 160쪽.
37 서중석,『비극의 현대 지도자: 그들은 민족주의자인가 반민족주의자인가』(성균관대학교출판부, 2002), 174쪽.
38 서중석,『비극의 현대 지도자: 그들은 민족주의자인가 반민족주의자인가』(성균관대학교출판부, 2002), 162~163쪽.
39 연시중,『한국정당정치실록 2: 6·25 전쟁부터 장면 정권까지』(지와사랑, 2001), 113~114쪽.
40 박태균,『조봉암 연구』(창작과비평사, 1995), 393쪽.
41 박태균,『조봉암 연구』(창작과비평사, 1995), 395쪽.
42 정태영,『한국 사회민주주의정당사』(세명서관, 1995), 476쪽.
43 박경수,『장준하: 민족주의자의 길』(돌베개, 2003), 280쪽; 심지연,『해방정국의 정치이념과 노선(증보판)』(백산서당, 2014), 151쪽.

44 고성국,「진보당의 이상과 한계」, 한배호 편,『한국현대정치론 I: 제1공화국의 국가 형성, 정치 과정, 정책』(나남, 1990), 368쪽.
45 박태균,『조봉암 연구』(창작과비평사, 1995), 397쪽.
46 조정래,「하늘이여 하늘이여」,『한강 1』(해냄, 2001), 139쪽.
47 박태균,『조봉암 연구』(창작과비평사, 1995), 398쪽.
48 김태일,「민주당의 성격과 역할」, 한배호 편,『한국현대정치론 I: 제1공화국의 국가 형성, 정치 과정, 정책』(나남, 1990), 327~328쪽; 정태영,『한국 사회민주주의정당사』(세명서관, 1995), 473쪽.
49 박태균,『조봉암 연구』(창작과비평사, 1995), 257쪽.
50 연시중,『한국정당정치실록 2: 6·25 전쟁부터 장면 정권까지』(지와사랑, 2001), 113~114쪽.
51 신창균,『가시밭길에서도 느끼는 행복: 조국통일범민족연합 남측본부 의장 송암 신창균 회고록』(해냄, 1997), 221~222쪽.
52 정태영,『한국 사회민주주의정당사』(세명서관, 1995), 474쪽.
53 이헌진·박윤철,「"진보당 사건은 조작됐다": 당시 수사요원 한승격 씨 본보에 첫 증언」,『동아일보』, 1999년 8월 18일, A22면.
54 박태균,『조봉암 연구』(창작과비평사, 1995), 319, 359쪽.
55 정태영,『한국 사회민주주의정당사』(세명서관, 1995), 479쪽.
56 정태영,「조봉암 사형, 미국은 왜 침묵을 지켰나」,『역사비평』, 제11호(1990년 겨울), 427쪽.
57 정태영,「조봉암 사형, 미국은 왜 침묵을 지켰나」,『역사비평』, 제11호(1990년 겨울), 428쪽.
58 서중석,「조봉암의 사회민주주의와 '제3의 길'」,『역사비평』, 제47호(1999년 여름), 111쪽.
59 이재오,『해방후 한국학생운동사』(형성사, 1984), 149쪽.
60 이재오,『해방후 한국학생운동사』(형성사, 1984), 149~150쪽.
61 동아일보사,『민족과 더불어 80년: 동아일보 1920~2000』(동아일보사, 2000), 335쪽.
62 최서영,『한국의 저널리즘: 120년의 역사와 사상』(커뮤니케이션북스, 2002), 390~392쪽.
63 차배근 외,『우리 신문 100년』(현암사, 2001), 201~202쪽.
64 연시중,『한국정당정치실록 2: 6·25 전쟁부터 장면 정권까지』(지와사랑, 2001), 203쪽.
65 송건호,『한국현대언론사』(삼민사, 1990), 119쪽.

66 박내용, 「법관의 용기가 '곧은 신문' 지켰다: 59년 '경향 폐간 효력정지' 홍일원 재판장」, 『경향신문』, 1993년 10월 6일, 23면.
67 김해식, 『한국언론의 사회학』(나남, 1994), 74쪽.
68 김해식, 『한국언론의 사회학』(나남, 1994), 75쪽.
69 정진석, 『한국 현대언론사론』(전예원, 1985), 421쪽.
70 동아일보사, 『민족과 더불어 80년: 동아일보 1920~2000』(동아일보사, 2000), 329쪽.
71 안병찬, 『신문발행인의 권력과 리더쉽: 장기영의 부챗살 소통망 연구』(나남, 1999), 322~323쪽.
72 신인섭·서범석, 『한국광고사』(나남, 1998), 219쪽.
73 『미디어오늘』, 1996년 9월 4일, 12면.
74 박태순·김동춘, 『1960년대의 사회운동』(까치, 1991), 31쪽.
75 장하진, 「이승만 정권기 매판지배 집단의 구성과 성격」, 『역사비평』, 제6호(1989년 가을), 74~77쪽.
76 장하진, 「이승만 정권기 매판지배 집단의 구성과 성격」, 『역사비평』, 제6호(1989년 가을), 77쪽.
77 역사학연구소, 『강좌 한국근현대사』(풀빛, 1995), 293쪽; 강만길 엮음, 『한국 자본주의의 역사: 빼앗긴 들에 서다』(역사비평사, 2000), 265쪽.
78 이한구, 『한국재벌형성사』(비봉출판사, 1999), 76~77쪽.
79 박태순, 「민주·민족이념을 추구하다 쓰러진 『사상계』」, 『역사비평』, 제37호(1997년 여름), 305쪽.
80 서재진, 『한국의 자본가 계급』(나남, 1991), 71쪽.
81 정일용, 「반공독재정권을 키운 미국의 경제원조」, 『역사비평』, 제7호(1989년 겨울), 187쪽.
82 서중석, 「조봉암의 사회민주주의와 '제3의 길'」, 『역사비평』, 제47호(1999년 여름), 108쪽.
83 이제민, 「한국의 산업화와 산업화 정책」, 안병직 편, 『한국경제성장사: 예비적 고찰』(서울대학교출판부, 2001), 491~492쪽; 이상철, 「수입대체공업화정책의 전개, 1953~1961」, 안병직 편, 『한국경제성장사: 예비적 고찰』(서울대학교출판부, 2001), 454쪽; 이해주, 『한국경제발전론: 한일비교경제사적 접근』(부산대학교출판부, 1996), 124쪽.
84 이상철, 「수입대체공업화정책의 전개, 1953~1961」, 안병직 편, 『한국경제성장사: 예비적 고찰』(서울대학교출판부, 2001), 468쪽.
85 브루스 커밍스(Bruce Cumings), 김동노 외 옮김, 『브루스 커밍스의 한국현대사』

(창작과비평사, 1997/2001), 432~433쪽.
86 유인학, 『한국 재벌의 해부』(풀빛, 1991), 55~56쪽.
87 이해주, 『한국경제발전론: 한일비교경제사적 접근』(부산대학교출판부, 1996), 122쪽.
88 김경순, 「관료기구의 형성과 정치적 역할」, 한배호 편, 『한국현대정치론 I: 제1공화국의 국가 형성, 정치 과정, 정책』(나남, 1990), 242쪽.
89 이한구, 『한국재벌형성사』(비봉출판사, 1999), 87쪽.
90 공병호, 『한국기업 흥망사』(명진출판, 1993), 34~35쪽.
91 정성진, 「한국전쟁과 영구군비경제」, 경상대학교 사회과학연구소 엮음, 『한국전쟁과 한국 자본주의』(한울아카데미, 2000), 112쪽.
92 조석곤·오유석, 「압축성장을 위한 전제조건의 형성: 1950년대 한국 자본주의 축적체제의 정비를 중심으로」, 『동향과전망』, 제59호(2003년 겨울), 294~295쪽.
93 박태균, 「1950·60년대 경제개발 신화의 형성과 확산」, 『동향과전망』, 제55호(2002년 겨울), 78~79쪽.
94 박태균, 「1950·60년대 경제개발 신화의 형성과 확산」, 『동향과전망』, 제55호(2002년 겨울), 105쪽.
95 박태균, 「1950·60년대 경제개발 신화의 형성과 확산」, 『동향과전망』, 제55호(2002년 겨울), 79~80쪽.
96 김경일, 「1950년대 후반의 사회이념: 민주주의와 민족주의」, 한국정신문화연구원 현대사연구소 편, 『한국현대사의 재인식 4: 1950년대 후반기의 한국 사회와 이승만 정부의 붕괴』(오름, 1998), 25쪽; 박태순·김동춘, 『1960년대의 사회운동』(까치, 1991), 63쪽; 심재택, 「4월 혁명의 전개 과정」, 한완상 외, 『4·19 혁명론 I』(일월서각, 1983), 19쪽.
97 김흥수, 『한국전쟁과 기복신앙 확산 연구』(한국기독교역사연구소, 1999), 32쪽.
98 한영우, 『다시 찾는 우리 역사 제3권』(경세원, 2004), 186쪽.
99 정현권, 「'성냥공장 아가씨'는 무직?: '성냥 제조원' 직업 명칭 사라져…공장도 급감」, 『매일경제』, 2003년 2월 17일, 13면.
100 백영철, 『제1공화국과 한국 민주주의: 의회 정치를 중심으로』(나남, 1995), 233~234쪽; 조석곤·오유석, 「압축성장을 위한 전제 조건의 형성: 1950년대 한국 자본주의 축적 체제의 정비를 중심으로」, 『동향과전망』, 제59호(2003년 겨울), 274쪽.
101 노치준, 「한국전쟁이 한국 종교에 미친 영향: 한국의 개신교회를 중심으로」, 한국사회학회 편, 『한국전쟁과 한국사회 변동』(풀빛, 1992), 248쪽.
102 오유석, 「서울의 과잉 도시화 과정: 성격과 특징」, 역사문제연구소 편, 『1950년대 남북한의 선택과 굴절』(역사비평사, 1998), 280쪽.

103 강인철,「한국전쟁과 사회의식 및 문화의 변화」, 한국정신문화연구원 편,『한국전쟁과 사회구조의 변화』(백산서당, 1999), 274쪽.

104 김진송,『장미와 씨날코: 1959년 이기붕가의 선물 꾸러미』(푸른역사, 2006), 113~114쪽.

105 김진송,『장미와 씨날코: 1959년 이기붕가의 선물 꾸러미』(푸른역사, 2006), 115쪽.

106 오원철,『한국형 경제건설 1』(기아경제연구소, 1995), 12, 43쪽.

107 오원철,『한국형 경제건설 1』(기아경제연구소, 1995), 44쪽.

108 이호철,『문단골 사람들: 이호철의 문단일기』(프리미엄북스, 1997), 285~286쪽.

109 이호철,『문단골 사람들: 이호철의 문단일기』(프리미엄북스, 1997), 286~287쪽.

110 김병익,『한국문단사 1908~1970』(문학과지성사, 2001), 280쪽.

111 김건우,『사상계와 1950년대 문학』(소명출판, 2003), 107쪽.

112 박훈하,「서구적 교양주의의 탄생과 몰락: 이어령론」,『오늘의 문예비평』, 제27호 (1997년 겨울), 259쪽.

113 이상갑,「1950년대와 전후 문학」, 김윤식 외,『상상력의 거미줄: 이어령 문학의 길찾기』(생각의나무, 2001), 543~544쪽.

114 류철균,「이어령 문학사상의 형성과 전개: 초기 소설 창작과 창작론을 중심으로」,『작가세계』, 제50호(2001년 가을), 358~359쪽.

115 박훈하,「서구적 교양주의의 탄생과 몰락: 이어령론」,『오늘의 문예비평』, 제27호 (1997년 겨울), 259~260쪽.

116 박훈하,「서구적 교양주의의 탄생과 몰락: 이어령론」,『오늘의 문예비평』, 제27호 (1997년 겨울), 260쪽.

117 김건우,『사상계와 1950년대 문학』(소명출판, 2003), 107쪽.

118 서현진,『끝없는 혁명: 한국 전자산업 40년의 발자취』(이비컴, 2001), 76~77쪽.

119 서현진,『끝없는 혁명: 한국 전자산업 40년의 발자취』(이비컴, 2001), 80~81쪽; 정경민 · 김영훈 · 손해용,『대한민국을 즐겨라: 통계로 본 한국 60년』(한국통계진흥원, 2008), 263쪽.

120 김민환,『한국언론사』(사회비평사, 1996), 430쪽.

121 유병은,『방송야사』(KBS문화사업단, 1998), 242~243쪽.

122 김영희,「제1공화국 시기 수용자의 매체 접촉 경향」,『한국언론학보』, 47권 6호(2003년 12월), 317쪽.

123 한도현,「1950년대 후반 농촌사회와 농촌의 피폐화」, 한국정신문화연구원 현대사연구소 편,『한국현대사의 재인식 4: 1950년대 후반기의 한국 사회와 이승만 정부의 붕괴』(오름, 1998), 83쪽.

124 김성호, 『한국방송인물지리지』(나남, 1997), 251쪽; 정순일, 『한국방송의 어제와 오늘: 체험적 방송 현대사』(나남, 1991), 51~52쪽.
125 김성호, 『한국방송인물지리지』(나남, 1997), 267~278쪽.
126 노정팔, 『한국방송과 50년』(나남, 1995), 320쪽.
127 노정팔, 『한국방송과 50년』(나남, 1995), 344쪽.
128 정순일, 『한국방송의 어제와 오늘: 체험적 방송 현대사』(나남, 1991), 38~39쪽.
129 김영희, 「제1공화국 시기 수용자의 매체 접촉 경향」, 『한국언론학보』, 47권 6호(2003년 12월), 321~322쪽.
130 정종화, 『자료로 본 한국 영화사 2: 1955~1997』(열화당, 1997), 36쪽.
131 정종화, 『자료로 본 한국 영화사 2: 1955~1997』(열화당, 1997), 30쪽; 호현찬, 『한국 영화 100년』(문학사상사, 2000), 106쪽.
132 강인철, 「한국전쟁과 사회의식 및 문화의 변화」, 한국정신문화연구원 편, 『한국전쟁과 사회구조의 변화』(백산서당, 1999), 272쪽.
133 조영정, 「미국 영화에 대한 양가적 태도: '비 오는 날의 오후 세시'를 중심으로」, 김소연 외, 『매혹과 혼돈의 시대: 50년대의 한국 영화』(소도, 2003), 108쪽.
134 조영정, 「미국 영화에 대한 양가적 태도: '비 오는 날의 오후 세시'를 중심으로」, 김소연 외, 『매혹과 혼돈의 시대: 50년대의 한국 영화』(소도, 2003), 109쪽.
135 호현찬, 『한국 영화 100년』(문학사상사, 2000), 110~111쪽.
136 김명환, 「[김명환의 시간여행] 8: 외출 학생들 떨게 한 '교외 지도교사'…극장 출입 단속하다 도심 추격 전도」, 『조선일보』, 2016년 3월 2일.
137 김명환, 「[김명환의 시간여행] 73: '남녀 함께 수영', 풍기 문란으로 단속…안심하고 노는 '여학생 수영장' 등장」, 『조선일보』, 2017년 6월 7일.
138 이임자, 『한국 출판과 베스트셀러 1883~1996』(경인문화사, 1998), 166쪽.
139 이임자, 『한국 출판과 베스트셀러 1883~1996』(경인문화사, 1998), 166쪽.
140 김영희, 「제1공화국 시기 수용자의 매체 접촉 경향」, 『한국언론학보』, 47권 6호(2003년 12월), 314쪽.
141 이영석, 『야당 40년사』(인간사, 1987), 45쪽.
142 이영석, 『야당 40년사』(인간사, 1987), 70~72쪽.
143 한승조, 「한국 정치의 권력 엘리트」, 김운태 외, 『한국정치론』(박영사, 1994), 459쪽.
144 이만섭, 「나의 이력서: 조병옥 박사 새벽 자택으로 날 불러 "분당되느니 후보 지명 사퇴" 의논」, 『한국일보』, 2002년 8월 19일, 25면.
145 연시중, 『한국정당정치실록 2: 6·25 전쟁부터 장면 정권까지』(지와사랑, 2001), 219쪽; 이만섭, 「나의 이력서: 조병옥 박사 새벽 자택으로 날 불러 "분당되느니 후보

지명 사퇴" 의논」,『한국일보』, 2002년 8월 19일, 25면.

146 이달순,『이승만 정치 연구』(수원대학교출판부, 2000), 314~316쪽.
147 조정래,「자멸의 전야제」,『한강 1』(해냄, 2001), 224쪽.
148 리영희,『역정: 나의 청년시대-리영희 자전적 에세이』(창작과비평사, 1988), 299~301쪽.
149 연시중,『한국정당정치실록 2: 6·25 전쟁부터 장면 정권까지』(지와사랑, 2001), 107쪽.
150 이호철,「이승만·이기붕 출마 환영 예술인 대회」, 한국문인협회,『문단유사』(월간문학출판부, 2002), 41쪽.
151 오상원,「문단에 보내는 공개장」,『동아일보』, 1960년 5월 8일, 4면; 박태순·김동춘,『1960년대의 사회운동』(까치, 1991), 89쪽.
152 윤용희,「자유당의 기구와 역할」, 한배호 편,『한국현대정치론 I: 제1공화국의 국가 형성, 정치 과정, 정책』(나남, 1990), 281쪽.
153 박경수,『장준하: 민족주의자의 길』(돌베개, 2003), 274쪽.
154 김삼웅,『곡필로 본 해방 50년』(한울, 1995), 98쪽.
155 김삼웅,『곡필로 본 해방 50년』(한울, 1995), 99쪽.
156 박경수,『장준하: 민족주의자의 길』(돌베개, 2003), 274~275쪽.
157 김삼웅,『곡필로 본 해방 50년』(한울, 1995), 94~96쪽.
158 박태균,「임영신: 이승만에 대한 애정과 반공의 신념」, 반민족문제연구소,『청산하지 못한 역사 1: 한국현대사를 움직인 친일파 60』(청년사, 1994), 121~122쪽.
159 정병준,「박마리아: 면죄부를 줄 수 없는 친일과 권력욕의 화신」, 반민족문제연구소,『청산하지 못한 역사 2: 한국현대사를 움직인 친일파 60』(청년사, 1994), 125쪽.
160 김삼웅,『한국사를 뒤흔든 위서』(인물과사상사, 2004), 282쪽.
161 김삼웅,『곡필로 본 해방 50년』(한울, 1995), 96~97쪽.
162 정진석,『한국 현대언론사론』(전예원, 1985), 219쪽.
163 리영희,「언론노보 200호 기념 특별기고: 한국 언론인의 매저키즘과 새디즘」,『언론노보』, 1993년 6월 12일, 5면.
164 연시중,『한국정당정치실록 2: 6·25 전쟁부터 장면 정권까지』(지와사랑, 2001), 225~228쪽.
165 일월서각 편집부 엮음,『4·19 혁명론 II(자료편)』(일월서각, 1983), 66~67쪽.
166 리영희,『역정: 나의 청년시대-리영희 자전적 에세이』(창작과비평사, 1988), 304쪽.
167 김경일,「1950년대 후반의 사회 이념: 민주주의와 민족주의」, 한국정신문화연구원 현대사연구소 편,『한국현대사의 재인식 4: 1950년대 후반기의 한국 사회와 이승만 정

부의 붕괴』(오름, 1998), 56쪽; 서중석, 『비극의 현대 지도자: 그들은 민족주의자인가 반민족주의자인가』(성균관대학교출판부, 2002), 176쪽; 리영희, 『역정: 나의 청년시대-리영희 자전적 에세이』(창작과비평사, 1988), 304쪽.

168 리영희, 『역정: 나의 청년시대-리영희 자전적 에세이』(창작과비평사, 1988), 302쪽.
169 리영희, 『역정: 나의 청년시대-리영희 자전적 에세이』(창작과비평사, 1988), 304쪽.
170 이만섭, 「이승만 몰락, 피플파워 현장: 이만섭 전 국회의장 회고 3·15 마산 의거」, 『신동아』, 1995년 4월, 312쪽.
171 이만섭, 「나의 이력서: 조병옥 박사 새벽 자택으로 날 불러 "분당되느니 후보 지명 사퇴" 의논」, 『한국일보』, 2002년 8월 19일, 25면; 이재오, 『해방후 한국학생운동사』(형성사, 1984), 160쪽.
172 연시중, 『한국정당정치실록 2: 6·25 전쟁부터 장면 정권까지』(지와사랑, 2001), 230쪽.
173 이재오, 『해방후 한국학생운동사』(형성사, 1984), 161쪽; 리영희, 『역정: 나의 청년시대-리영희 자전적 에세이』(창작과비평사, 1988), 304쪽.
174 이재오, 『해방후 한국학생운동사』(형성사, 1984), 161쪽에서 재인용.
175 이재오, 『해방후 한국학생운동사』(형성사, 1984), 162쪽.
176 조정래, 「자멸의 전야제」, 『한강 1』(해냄, 2002), 227~228쪽.
177 이재오, 『해방후 한국학생운동사』(형성사, 1984), 162쪽.
178 조정래, 「자멸의 전야제」, 『한강 1』(해냄, 2002), 230~232쪽.
179 동아일보사, 『민족과 더불어 80년: 동아일보 1920~2000』(동아일보사, 2000), 335쪽; 리영희, 『역정: 나의 청년시대-리영희 자전적 에세이』(창작과비평사, 1988), 304쪽; 이재오, 『해방후 한국학생운동사』(형성사, 1984), 162쪽.
180 이재오, 『해방후 한국학생운동사』(형성사, 1984), 162~163쪽.
181 동아일보사, 『민족과 더불어 80년: 동아일보 1920~2000』(동아일보사, 2000), 338~339쪽.
182 조정래, 「자멸의 전야제」, 『한강 1』(해냄, 2001), 237~238쪽.
183 연시중, 『한국정당정치실록 2: 6·25 전쟁부터 장면 정권까지』(지와사랑, 2001), 233쪽.
184 연시중, 『한국정당정치실록 2: 6·25 전쟁부터 장면 정권까지』(지와사랑, 2001), 234쪽.
185 정용욱, 「이승만 정부의 붕괴(3.15~4.26): 이승만 정부의 대응 및 미국의 역할과 관련하여」, 한국정신문화연구원 현대사연구소 편, 『한국현대사의 재인식 4: 1950년대 후반기의 한국 사회와 이승만 정부의 붕괴』(오름, 1998), 240쪽.

186 동아일보사, 『민족과 더불어 80년: 동아일보 1920~2000』(동아일보사, 2000), 340쪽.
187 유숙란, 「선거의 권위주의적 운용과 역기능」, 한배호 편, 『한국현대정치론 I: 제1공화국의 국가 형성, 정치 과정, 정책』(나남, 1990), 387쪽.
188 연시중, 『한국정당정치실록 2: 6·25 전쟁부터 장면 정권까지』(지와사랑, 2001), 232쪽; 리영희, 『역정: 나의 청년시대-리영희 자전적 에세이』(창작과비평사, 1988), 305쪽.
189 이만섭, 「이승만 몰락, 피플파워 현장: 이만섭 전 국회의장 회고 3·15 마산 의거」, 『신동아』, 1995년 4월, 309쪽.
190 연시중, 『한국정당정치실록 2: 6·25 전쟁부터 장면 정권까지』(지와사랑, 2001), 234쪽.
191 이재오, 『해방후 한국학생운동사』(형성사, 1984), 165쪽; 동아일보사, 『민족과 더불어 80년: 동아일보 1920~2000』(동아일보사, 2000), 340쪽.
192 김삼웅, 『곡필로 본 해방 50년』(한울, 1995), 97~98쪽.
193 조갑제, 『고문과 조작의 기술자들: 고문에 의한 인간 파멸 과정의 실증적 연구』(한길사, 1987), 81~82쪽.
194 이재오, 『해방후 한국학생운동사』(형성사, 1984), 167쪽.
195 연시중, 『한국정당정치실록 2: 6·25 전쟁부터 장면 정권까지』(지와사랑, 2001), 236~237쪽.
196 동아일보사, 『민족과 더불어 80년: 동아일보 1920~2000』(동아일보사, 2000), 341쪽.
197 김진배, 「4·19 살리기」, 『뉴스메이커』, 1995년 5월 4일, 96면.
198 이재오, 『해방후 한국학생운동사』(형성사, 1984), 166쪽.
199 서중석, 「1960년 이후 학생운동의 특징과 역사적 공과」, 『역사비평』, 제39호(1997년 겨울), 25~26쪽.
200 박태순·김동춘, 『1960년대의 사회운동』(까치, 1991), 63쪽.
201 강인철, 『한국기독교회와 국가·시민사회 1945~1960』(한국기독교역사연구소, 1996), 247쪽.
202 강인철, 『한국기독교회와 국가·시민사회 1945~1960』(한국기독교역사연구소, 1996), 223쪽; 김영재, 『한국교회사』(개혁주의신행협회, 1992), 275쪽.
203 강인철, 『한국기독교회와 국가·시민사회 1945~1960』(한국기독교역사연구소, 1996), 223쪽.
204 강인철, 『한국기독교회와 국가·시민사회 1945~1960』(한국기독교역사연구소, 1996), 223쪽.
205 강인철, 『한국기독교회와 국가·시민사회 1945~1960』(한국기독교역사연구소,

	1996), 256쪽.
206	김성진,『한국정치 100년을 말한다』(두산동아, 1999), 184쪽.
207	강인철,『한국기독교회와 국가·시민사회 1945~1960』(한국기독교역사연구소, 1996), 255~256쪽.
208	강인철,『한국기독교회와 국가·시민사회 1945~1960』(한국기독교역사연구소, 1996), 198, 249~250쪽.

맺는말

1	박명림,『한국전쟁의 발발과 기원 II: 기원과 원인』(나남, 1996), 889쪽.
2	브루스 커밍스(Bruce Cumings), 김동노 외 옮김,『브루스 커밍스의 한국현대사』(창작과비평사, 1997/2001), 420쪽.
3	정진상,「한국전쟁과 전근대적 계급 관계의 해체」, 경상대학교 사회과학연구소 엮음,『한국전쟁과 한국 자본주의』(한울아카데미, 2000), 52~54쪽.
4	정성진,「한국전쟁과 영구 군비경제」, 경상대학교 사회과학연구소 엮음,『한국전쟁과 한국 자본주의』(한울아카데미, 2000), 102쪽.
5	신일철,「한국전쟁의 역사적 의의」, 양호민 외,『한반도 분단의 재인식 1945~1950』(나남, 1993), 425쪽.
6	김달중,「해제: 소용돌이의 한국정치」, 그레고리 헨더슨(Gregory Henderson), 박행웅·이종삼 옮김,『소용돌이의 한국정치』(한울아카데미, 1968/2000), 6~7쪽.
7	그레고리 헨더슨(Gregory Henderson), 박행웅·이종삼 옮김,『소용돌이의 한국정치』(한울아카데미, 1968/2000), 346쪽.
8	그레고리 헨더슨(Gregory Henderson), 박행웅·이종삼 옮김,『소용돌이의 한국정치』(한울아카데미, 1968/2000), 514~519쪽.
9	그레고리 헨더슨(Gregory Henderson), 박행웅·이종삼 옮김,『소용돌이의 한국정치』(한울아카데미, 1968/2000), 51쪽.
10	김인영,「당파적 사회의 협의제와 조합주의」, 김재한 편,『분열의 민주주의』(소화, 2001), 209쪽.
11	박태호,「근대적 주체의 역사이론을 위하여」, 김진균·정근식 편저,『근대주체와 식민지 규율권력』(문화과학사, 1997), 64~65쪽.
12	윤택림,『인류학자의 과거 여행: 한 빨갱이 마을의 역사를 찾아서』(역사비평사, 2004), 191~192쪽.
13	김동춘,『전쟁과 사회: 우리에게 한국전쟁은 무엇이었나?』(돌베개, 2000), 45쪽.

14 박명림,『한국 1950 전쟁과 평화』(나남, 2002), 259쪽.
15 김동춘,『근대의 그늘: 한국의 근대성과 민족주의』(당대, 2000), 187~188쪽.
16 이재규,『시와 소설로 읽는 한국 현대사 1945~1994』(심지, 1994), 79~80쪽.
17 김동춘,『근대의 그늘: 한국의 근대성과 민족주의』(당대, 2000), 281쪽에서 재인용.
18 김동춘,『근대의 그늘: 한국의 근대성과 민족주의』(당대, 2000), 280~281쪽.
19 Jean Baudrillard, 「The Implosion of Meaning in the Media and the Implosion of the Social in the Masses」, Kathleen Woodward, ed. 『The Myth of Information: Technology and Postindustrial Culture』(Madison, WI: Coda Press, 1980), p.148.
20 백영철,『제1공화국과 한국민주주의: 의회 정치를 중심으로』(나남, 1995), 231쪽.
21 백영철,『제1공화국과 한국민주주의: 의회 정치를 중심으로』(나남, 1995), 232쪽.
22 정성호,「한국전쟁과 인구사회학적 변화」, 한국정신문화연구원 편,『한국전쟁과 사회구조의 변화』(백산서당, 1999), 48쪽.
23 강인철,「한국전쟁과 사회의식 및 문화의 변화」, 한국정신문화연구원 편,『한국전쟁과 사회구조의 변화』(백산서당, 1999), 294쪽.
24 박명림,「1950년대 한국의 민주주의와 권위주의: 민주주의 '제도'와 권위주의 '실천'의 역사적 조건」, 역사문제연구소 편,『1950년대 남북한의 선택과 굴절』(역사비평사, 1998), 119쪽.
25 박영규,『특별한 한국인: 박영규의 속 시원한 우리 역사, 우리 문화 이야기』(웅진닷컴, 2000), 163쪽.
26 강인철,「한국전쟁과 사회의식 및 문화의 변화」, 한국정신문화연구원 편,『한국전쟁과 사회구조의 변화』(백산서당, 1999), 265~266쪽.
27 임대식,「1950년대 미국의 교육 원조와 친미 엘리트의 형성」, 역사문제연구소 편, 『1950년대 남북한의 선택과 굴절』(역사비평사, 1998), 140쪽; 오욱환,『한국사회의 교육열: 기원과 심화』(교육과학사, 2000), 259쪽; 오제연,「팽창하는 학교와 학생」, 김학재 외,『한국현대생활문화사 1950년대: 삐라 줍고 댄스홀 가고』(창비, 2016), 118쪽.
28 김경일,「1950년대 후반의 사회 이념: 민주주의와 민족주의」, 한국정신문화연구원 현대사연구소 편,『한국현대사의 재인식 4: 1950년대 후반기의 한국 사회와 이승만 정부의 붕괴』(오름, 1998), 49쪽.
29 김경일,「1950년대 후반의 사회 이념: 민주주의와 민족주의」, 한국정신문화연구원 현대사연구소 편,『한국현대사의 재인식 4: 1950년대 후반기의 한국 사회와 이승만 정부의 붕괴』(오름, 1998), 50쪽.

30 김동춘, 『근대의 그늘: 한국의 근대성과 민족주의』(당대, 2000), 152쪽에서 재인용.
31 김건우, 『사상계와 1950년대 문학』(소명출판, 2003), 72~73쪽.
32 강인철, 「한국전쟁과 사회의식 및 문화의 변화」, 한국정신문화연구원 편, 『한국전쟁과 사회구조의 변화』(백산서당, 1999), 296쪽에서 재인용.
33 박명림, 「1950년대 한국의 민주주의와 권위주의: 민주주의 '제도'와 권위주의 '실천'의 역사적 조건」, 역사문제연구소 편, 『1950년대 남북한의 선택과 굴절』(역사비평사, 1998), 119쪽.
34 Daniel Lerner, 「Toward a Communication Theory of Modernization」, in 『Communications and Political Development』, Lucian W. Pye, ed. (Princeton, N.J.: Princeton University Press, 1963), pp.327~350.
35 임대식, 「1950년대 미국의 교육 원조와 친미 엘리트의 형성」, 역사문제연구소 편, 『1950년대 남북한의 선택과 굴절』(역사비평사, 1998), 141쪽; 이용성, 「1950년대 『사상계』의 잡지 이념에 대한 연구」, 『언론학보』(한양대학교 언론문화연구소), 제15집(1995), 267쪽.
36 김동춘, 「민족민주운동으로서의 4·19 시기 학생운동」, 『역사비평』, 창간호(1988년 여름), 35쪽.
37 김정문, 「나의 이력서: 한국전에 얽힌 사연」, 『한국일보』, 2004년 3월 9일, A23면.
38 김태일, 「민주당의 성격과 역할」, 한배호 편, 『한국현대정치론 I: 제1공화국의 국가 형성, 정치 과정, 정책』(나남, 1990), 335~336쪽.
39 김태일, 「민주당의 성격과 역할」, 한배호 편, 『한국현대정치론 I: 제1공화국의 국가 형성, 정치 과정, 정책』(나남, 1990), 336~337쪽.
40 라종일, 「한국전쟁의 의미: 한국의 입장」, 김철범 편, 『한국전쟁을 보는 시각』(을유문화사, 1990), 87쪽.
41 전상인, 『고개 숙인 수정주의: 한국현대사의 역사사회학』(전통과현대, 2001), 168~169쪽.
42 김동춘, 『분단과 한국사회』(역사비평사, 1997), 21~22쪽.
43 전하진, 『전하진의 e 비즈니스 성공전략』(북마크, 2000), 54쪽.

한국 현대사 산책
1950년대편 3권(개정증보판)

ⓒ 강준만, 2025

초판 1쇄　　　　2004년　7월　3일 펴냄
개정증보판 1쇄　2025년 10월 10일 찍음
개정증보판 1쇄　2025년 10월 17일 펴냄

지은이 | 강준만
펴낸이 | 강준우
인쇄 · 제본 | 지경사문화

펴낸곳 | 인물과사상사
출판등록 | 제17-204호 1998년 3월 11일

주소 | (04031) 서울시 마포구 동교로22길 29 성지빌딩 301호
전화 | 02-325-6364
팩스 | 02-474-1413

www.inmul.co.kr | insa@inmul.co.kr

ISBN 978-89-5906-814-2　04900
　　　978-89-5906-811-1　(세트)

값 22,000원

이 저작물의 내용을 쓰고자 할 때는 저작자와 인물과사상사의 허락을 받아야 합니다.
파손된 책은 바꾸어 드립니다.